K Obricht

# Zur 25. Dogmatisierung der vatikanischen Papstlehren

K Obricht

**Zur 25. Dogmatisierung der vatikanischen Papstlehren**

ISBN/EAN: 9783743302235

Hergestellt in Europa, USA, Kanada, Australien, Japan

Cover: Foto ©Lupo / pixelio.de

Manufactured and distributed by brebook publishing software
(www.brebook.com)

K Obricht

# Zur 25. Dogmatisierung der vatikanischen Papstlehren

Zur fünf- und zwanzigjährigen Dogmatifirung
der vaticanischen Papstlehren:


# Fragen ohne Antwort

über

die römische Zukunftstheologie
und die alte katholische Christenlehre

von

## H. Obricht.


„Die Kirche Christi hat nie einen
tödtlicheren Schlag erhalten, als am
18. Juli 1870".

Bischof Hefele von Rottenburg.


Halle a/S.

Verlag von Eugen Strien.

1896.

# Inhalt.

# Berichtigungen.

| | | | | | |  | |  | |
|---|---|---|---|---|---|---|---|---|---|
| S. | 19 | Zeile | 17 | von | unten | lies: | grundſätzlich | ſtatt: | grundätzlich. |
| „ | 20 | „ | 15 | „ | oben | „ | eine | „ | ein. |
| „ | 30 | „ | 7 | „ | „ | „ | der | „ | des |
| „ | 42 | „ | 20 | „ | „ | „ | Carthago | „ | Chartago. |
| „ | 61 | „ | 19 | „ | „ | „ | Mileve | „ | Milevi. |
| „ | 65 | „ | 10 | „ | unten | „ | Heinrich III. | „ | Heinrich VII. |
| „ | 94 | „ | 18 | „ | „ | „ | Zwergconcils | „ | Zwergenconcils. |
| „ | 118 | „ | 13 | „ | „ | „ | Concil | „ | Cocil. |
| „ | 118 | „ | 7 | „ | „ | „ | Calocſa | „ | Colocza. |
| „ | 171 | „ | 5 | „ | „ | „ | Welt= | „ | Welt. |
| „ | 173 | „ | 15 | „ | „ | „ | Proskyneſe | „ | Proskynäſe. |
| „ | 179 | „ | 14 | „ | „ | „ | Kirchengeſetze | „ | Kirchengetze. |
| „ | 181 | „ | 1 | „ | oben | „ | laſſen | „ | gelaſſen. |
| „ | 181 | „ | 4 | „ | „ | „ | ex | „ | es. |
| „ | 185 | „ | 21 | „ | „ | „ | Würzburg | „ | München. |
| „ | 190 | „ | 18 | „ | „ | „ | abgeſchwächt | „ | abgeſchmächt. |
| „ | 191 | „ | 15 | „ | „ | „ | , — | „ | , |
| „ | 219 | „ | 21 | „ | „ | „ | Pontifex | „ | Potifex. |
| „ | 220 | „ | 10 | „ | unten | „ | Gaudentius | „ | Gaudentiuro. |
| „ | 232 | „ | 10 | „ | oben | „ | Lucius III. | „ | Lucius VII. |
| „ | 240 | „ | 10 | „ | unten | „ | 1842 | „ | 1542. |
| „ | 255 | „ | 18 | „ | „ | „ | Felſen | „ | Feſen. |
| „ | 336 | „ | 12 | „ | „ | „ | Maestoso | „ | Maëstoso. |

# Erster Theil.

---

## Vorbild. Verleitung.

In der zu Coblenz im August 1890 veranstalteten öffentlichen Generalversammlung der Katholiken Deutschlands hatte Herr Dr. Korum, Bischof von Trier, in längerer schwunghafter Rede der Zuversicht Ausdruck gegeben, daß eine umfassende Rückkehr der nichtrömischen Christen in die heutige Papstkirche die Zeit herbeiführen werde, in der „nur ein Credo durch die deutschen Gaue ertöne."

Angesichts der göttlichen Verheißung einer endlichen Einheit von Hirt und Heerde — nicht in der römischen, sondern — in der gesammten christlichen Kirche konnte die Begrenzung des bischöflichen Ausblickes auf die deutschen Gaue kaum gerechtfertigt, gleichwohl aber nicht anders denn auf das antirömische Deutschland berechnet erscheinen, und so mußte dieses bischöfliche Wort als ein Ruf an die deutschen Christen zur Unterwerfung unter das eine, das soll im Munde eines päpstlichen Bischofs heißen unter das päpstlich-römische Credo ins Land hinaus erschallen. Es war aber mehr als ein bloßer Ruf! Denn gleichzeitig hatte der Herr Bischof seine Zuhörer auch als „eine Armee Gottes" zum gemeinsamen Kampfe aufgerufen und ihr die Weihe des Apostolats ertheilt als einer Armee unter Waffen, nämlich „den Waffen des Geistes", deren Kämpfer nur verlangten, „als Apostel hinauszugehen, überall hin das Licht bringen zu dürfen, die Welt von den Gefahren der Sittlichkeit zu erretten."

Einen Einwurf gegen diese Heeresbildung oder eine Zwischenfrage über seine Waffen- und Kampfesart mag der Redner an dieser Stelle für unmöglich, wohl aber die aufgerufenen Waffenbrüder des Geistes und Apostolates als nach Fähigkeit und Zahl reichlichst vor sich versammelt erachtet haben. Hinausziehende Apostel, die in die deutschen Gaue das päpftliche Licht des einen wahrhaftigen Credo „bringen dürfen“, Männer von echt apostolischem Geiste, Kämpfer für das eine wahrhafte Christen=thum des römischen Lehrstuhls, unter dessen erleuchtenden und erwärmenden Strahlen allein die Einheit von Hirt und Heerde emporsprießen kann: das mußte den Stolz der Coblenzer General=Versammlung und nichts weniger denn eine Niederlage aller nichtrömischen Christen bedeuten. Denn die „Armee Gottes“ und die „Waffen des Geistes“ können ja zuletzt doch nur siegen!

Entschlossen, diesen heranziehenden Aposteln nicht aus dem Wege zu gehen, gewappnet durch reiches Wissen auf den Gebieten der Philo=sophie, Theologie und Kirchengeschichte, und gestählt in gläubiger Be=geisterung für die Wahrheiten der christlichen Heilslehre, gestellte sich dem Rufer im Geistesstreite ein hochverdienter Führer der Altkatholiken, Herr Professor Dr. Weber in Bonn, der Generalvicar des Herrn Bischof Dr. Reinkens, und erklärte alsbald in seiner Ansprache auf dem ersten internationalen Altkatholikencongresse in Cöln vor den versammelten zahlreichen Laien, Seelsorgern und Bischöfen, sowie den Vertretern fast aller romfreien christlichen Kirchen der Erde, daß er den Herrn Bischof ausdrücklich und feierlich auffordere, die Waffen des Geistes an ihm oder sonst einem unterrichteten Altkatholiken zu versuchen und bezüglich der beiden vaticanischen Hauptdogmen (Unfehlbarkeit und Universalepiscopat) das Licht zu bringen, dessen wir Altkatholiken nach seiner Ansicht noch ermangeln. Die Art der Be=lehrung über den Abfall von der Lehre Christi sollte der Wahl des Herrn Bischofs selbst überlassen sein, jedoch müsse, falls derselbe münd=liche Belehrung wünsche, die Zuziehung von Zeugen in gleicher Zahl für jede Partei und die wortgetreue Stenographirung von allem Ver=handelten gestattet sein.

Welch' ein Gewinn für die vaticanische Kirche, welch' ein Sieg für die ultramontane Partei, wenn ihr Herold und Vorkämpfer nun in eigener Person und in beredtem Geistestourniere die ersten Sporen für diese seine selbstgerufene Gottesarmee verdienen wird!

In der That war ein Anzeichen für einen gemeinsamen Kampf=platz der beiden Herrn Doctoren=Professoren hervorgetreten. Denn der Herr Bischof, der frühere Professor der Theologie zu Straßburg, hatte in seiner Coblenzer Rede im Anschluß an einen Ausspruch des Apostel Paulus ausgerufen: „Wir schämen uns unsers Glaubens nicht, der heiligen Lehren, die wir von unsern Vätern ererbt haben“. Ihm war das geständnißreiche Wort entflohen, der Prüfstein für die Heiligkeit einer Lehre müsse der sein, daß sie als Erbthum aus dem christlichen Alterthum dargethan und als Offenbarung aus Christi Munde befestigt sei. Einer solchen „heiligen Lehre" wollte der Herr Bischof, indem er als Apostel zu lehren und zu bekehren auszog, sich zusammt seiner Armee nicht schämen! Also auch ihm war der geschichtliche Nach= weis ununterbrochener Überlieferung von Christi Wort und Offen= barung der Scheitelpunkt zu jedem Für und Wider des Dogmenstreites, und mit Recht dürfen wir in seinen Worten lesen, daß F ü h r e r w i e M a n n s c h a f t sich schämen wollen, als Gottes Wort zu deuten oder gar wissentlich zu vertheidigen, was nachweisbar als Menschen= wort erkannt oder aus Zeitereigniß nur zu M e n s c h e n w e r k entwickelt oder gar als j ü n g s t e Ü b e r l i e f e r u n g vom letzten Vater oder von der vorletzten Großmutter her ererbt ist.

Die Hoffnung, daß auf diesem gemeinsamen Fehdeplatze geschicht= licher Nachfragen und Beweise die Geister auf einander stoßen würden, war also eine begründete. Der Herr Bischof würde mit Vorführung der Schrifttexte und der Überlieferungen von der Apostelzeit her, gleich= zeitig aber auch mit deren Erklärung und Auffassung gemäß den Aus= sprüchen der Kirchenväter des Orients wie des Occidents und mit den Thatsachen aus der Kirchen= und Profangeschichte vorzugehen gehabt haben. Eine auf kirchlichem Boden vollzogene Erforschung und Klärung all' dieses Stoffes war längst, zumal seit den letzten mehr wie 20 Jahren, Allen vor Augen gelegt. Die Bitte an einen Theologieprofessor um Belehrung in seiner eigenen Doctrin und Professur konnte also gerade von diesem geschichtlichen Gebiete aus ohne besondere Geistesanstrengung erfüllt werden. Und so sprach Herr Professor Weber denn in seinem Briefe an den Herrn Bischof unter Betonung des unendlichen Werthes einer Beendigung des Kampfes und der Gesammteinkehr in das eine Credo die Hoffnung aus, daß Bischöfliche Hochwürden ihn verständigen würden, wann, wo und wie dieselben i h m oder „welchem andern u n t e r r i c h t e t e n A l t k a t h o l i k e n die erbetene Belehrung zu Theil werden zu lassen die Gewogenheit haben wollten".

Hat der Herr Bischof dieser von ihm selbst genährten Hoffnung entsprochen? Hat der Doctor der Gottesgelahrtheit sein Wort eingelöst und den angekündigten Belehrungsact vollzogen, hat der gelehrte Jesuitenschüler und geschulte Jesuitenlehrer sein Geistesschwert ge= schwungen und seiner Gottesarme vorangekämpft? Ist er als Apostel

1 *

hinausgegangen, überall hin das Licht zu bringen, während ihm doch Alles geebnet war, „überall hin das Licht bringen zu dürfen und die Welt von den Gefahren der Sittlichkeit zu erretten"?

Hören wir ihn selbst in seinem Antwortschreiben vom 24. October 1890!

Zunächst verweigert Herr Dr. Korum eine öffentliche Religions= disputation! Da er aber wohl selbst einsieht, daß er nicht zu solcher, sondern zu der von ihm angebotenen, in einer ihm genehmen Weise zu versuchenden Belehrung aufgefordert worden, so verwahrt er sich alsbald gegen eine jede! — Sodann kann er zwar diesen Wortlaut seiner Rede nicht verwischen, aber er „versteht nicht recht", wie dieselbe „zu einer solchen Herausforderung Anlaß bieten konnte." — Zuletzt entweicht er aber mit kurzer Wendung der von ihm selbst gesteckten Mensur und den von ihm selbst gewählten Waffen der geschichtlichen Beweisführung! Er verweigert nicht nur „dogmatische oder historische Erörterungen", sondern verschiebt auch plötzlich den Streitsatz! Denn an die Stelle der Unfehlbarkeit und des Universalepiscopats des Papstes rückt er jetzt die Infallibi= lität und den Primat des Petrus, indem er deren Verheißung in den Worten von Petrus, dem Felsen, auf den die Kirche gebaut sei, vorfinden will.

Und jetzt scheint es einen Augenblick, als habe dennoch der Ab= scheu vor öffentlicher Disputation seinen Meister gefunden; denn der Brief setzt plötzlich an: „Ich denke mir, daß . . . ." Und so tritt der Herr Bischof mit seinem Cardinalgedanken für einige Augenblicke wie zu einem kurzen entscheidenden Einzelkampfe in die Helle hervor. „Ich denke mir", schreibt er — und nun denkt er etwas nie Ge= leugnetes! — „daß· diese bekannte Verheißung des Herrn an Petrus wohl auch für den 18. Juli 1870 ihre Geltung hat."

Aber indem der Herr Bischof sich das gedacht hat, sollte er sich nicht dazu gedacht haben: Aber fragt mich nur nicht, wie oder für wen, wo oder für was es Geltung von jeher hatte und heute haben darf?

Und dann denkt er des Fernern ebenso, „daß die Verheißung an alle Apostel: Gehet hin und lehret alle Völker . . . . Siehe, ich bin bei Euch alle Tage bis zum Ende der Welt, wohl auch für den 18. Juli 1870 ihre Geltung hat".

Und indem der Herr Bischof sich dies gedacht hat, muß er sich nicht hinzu gedacht haben, daß alle Apostel gerade nicht gegangen sind, die Völker das zu lehren, und daß in den ersten fast 1200 Jahren der Kirche seine bischöflichen Vorgänger in Trier wie in Rom auch nie und nirgends die Völker das gelehrt haben, was Pius IX. am 18. Juli 1870 trotz und entgegen den Aposteln und der apostolischen Überlieferung allen Völkern wie eine Offenbarung Christi und eine nothwendige Heilswahrheit anbefohlen hat?

Und doch hat der bischöfliche Streiter nach seiner Meinung nun gewonnenes Dogmenspiel! Er setzt schnell an Stelle der Apostel den Papst, an Stelle der ältesten Heilslehre die römische Zukunftstheologie, an Stelle der heiligen allgemeinen christlichen Kirche die päpstlich commandirte römische Theil- und Restkirche! Denn:

da die Kirche die „Säule und Grundveste der Wahrheit ist," so lehrt nach seiner Meinung die römische Papstkirche unfehlbar stets die Wahrheit!

da eine „Autorität der durch den Beistand des Papstes unfehlbaren Kirche Christi" gesetzt ist, so hat nach seinen Schriftstellen der Bischof von Rom, und nur er allein, jederzeit diesen göttlichen Beistand und diese unfehlbare Autorität!

da der die Kirche nicht Hörende ein Heide und öffentlicher Sünder ist, so ist unbestreitbar nur der ein Christ, der die allgemeine christliche Kirche in ihrer Übereinstimmung mit den seit tausend Jahren der römischen Verpapstung entgegengetretenen Theilkirchen absetzt und nun an deren Stelle die besondern und theilweise unchristlichen Lehren der vereinzelten päpstlichen Theilkirche auf den Thron erhebt, um dem die ganze allgemeine Kirche in sich bergenden und von jeher unfehlbaren Papste selbst das Opfer des Verstandes bringen zu dürfen!

Und mit dieser Echtheit der Begriffe, mit solcher Exegese der heiligen Schrift und unter so tiefsinniger Erfassung der Offenbarung Christi und ihrer Geschichte zog sich der redelaute Einzelkämpfer schleunigst in die Vorhut seiner deutschen katholischen Heilsarmee zurück, ja noch weiter! Er flieht vor dem Gegner weit weg und gelangt rückwärts in die Nachhut, verschwindend unter dem Hintertreffen der andern Redelauten oder dem lautlosen Troß der Schlachtenbummler und Marodeure.

\*   \*   \*

Das theologische Duell um das Historisch-Christliche war auf dem Schimmel von Bronzell davon gekommen. Aber da der bischöfliche Streit-apostel hinausgezogen war, überallhin das Licht der neurömischen Theo-logie zu bringen, so vermeinte er dieses Licht ausstrahlen zu lassen aus der dunkeln Stille eines Klosters. In solcher sich christlichen Übungen zu unterziehen, empfahl er dem Lichtbedürftigen. Wenn jedoch damit dessen Bedenken immer noch nicht ihrer Finsterniß enthoben seien, dann werde er selbst zu einem geheimen, nie aber zu einem öffentlichen Zwiegespräch bereit sein.

Es blieb dem herausgeforderten Altkatholiken also ein beengter Licht-blick, Herrn Dr. Korum noch coramiren zu dürfen, und darum willigte er sofort unverdrossen in die dunkle Beengung des Klosters und theilte dies in seinem Erwiderungsschreiben vom 24. November 1890 seinem hohen bischöflichen Belehrer mit.

Aber dieser! — In jenem düstern Trotz von Nachzüglern seiner Geistesarmee war er unauffindbar geworden. Und um nun sogar dem geheimen Zwiegespräch zu entrinnen, ließ er seinen Gegner der Kloster-haft entgehen; denn dessen Bitte um Bezeichnung eines Klosters für jene geistliche Cur prallte ab an einem Mundtodten.

# Zweiter Theil.

## Vollführung. Verhör.

„Ein großes Muster weckt Nacheiferung." In den Augen der deutschen Katholiken hatte der römische Bischof mit seinen wenigen Textworten der Schrift schnell einen ehrenvollen Sieg über den Generalvicar des altkatholischen Bischofs errungen. Ich weiß nicht, ob allein schon in diesem hohen Vorbild Verlockung genug lag oder ob noch einer andern Verleitung ich es zu verdanken habe, daß man auch mir, und nicht einmal mehr mit Schrifttexten, dazu ein studirter Pfarrherr dem Laien, eroberungslustig näher trat. Ohne wissenschaftliche Belehrung, ohne die glorreich bewährten „Waffen des Geistes" und die Lichtübertragung durch ausziehende Apostel sollte so eine Art von reifer Frucht in den Schooß des alleinseligmachenden Papstthums fallen, ein anscheinend Kampfes= müder in das sichere Lager eines geheuchelten Vaticanismus übernommen werden.

Man erinnerte sich nicht mehr, daß Herr Professor Weber sogar auch für irgend welchen unterrichteten Altkatholiken die Wohlthat der verheißenen bischöflichen Belehrung erbeten hatte. Da der Professor vor der Welt mit den wohlfeilsten Mitteln geschlagen worden war, was verhinderte oder was erheischte es, einen Laien in seiner Stube unter vier Augen zum Kniefall zu bringen! Und warum hat man diesen knie= fälligen Laien gerade in mir voraussetzen wollen?

So finde ich mich denn an einem schönen hellen Junitage auf meinem Arbeitszimmer plötzlich von dem Besuche eines geistlichen Herrn überrascht. Eine erstaunte Besichtigung der Figur und der Züge vermag meinem Gedächtniß keine bestimmte Erinnerung vorzuführen; jedoch taucht mir das Bild des niedrigen schwarzen Hutes mit breiter Krämpe und rücklings baumelnden Quästchen über dem glatten Gesichte mit den halb= geschlossenen Augen wieder auf. — Gleichzeitige Verbeugung beiderseits, und ich beginne voll Erstaunen: „Was verschafft mir die Ehre? Nehmen Sie gefälligst Platz", indem ich gespannt auf jedes hervorquellende Wort dem Zwecke dieses Eintretens entgegensehe.

Der Herr beginnt: „Ich bin im Begriffe, in der jetzt gegründeten . . . . . pfarrei meine Besuche zu machen, und da wollte ich auch hier im Hause vorsprechen. Ach, ich bin ja früher, wie Sie sich erinnern werden, hier häufig bei Ihren Verwandten gewesen . . . . ach, die sind ja hinüber= gegangen . . . . bei dem seligen Vater bin ich ja öfter gewesen und bei der Tante . . . . die habe ich ja bis zu ihrem Tode regelmäßig besucht. O ja, ja — "

Meine Vorstellungen werden klarer, und ich gestatte mir die Frage: „Sie waren, wenn ich mich richtig erinnere, damals Caplan an . . . ?"

Er: „Ich war Vicar an der . . . . . kirche, jetzt bin ich Pfarrvicar für die neue . . . . . pfarrei", — damit werde ich vergewissert, daß ich Herrn . . . . vor mir sitzen habe — „und da komme ich auch gerne in dieses Haus, wie ich schon sagte, in dem ich ja so oft bei Ihren frommen Angehörigen gewesen bin . . . . ich wollte Ihnen mittheilen . . . . wenn Sie mich einmal . . . . es könnte ja einmal so kommen . . . . wenn Sie mich nöthig hätten, ich Ihnen dann gerne . . . . hilfreich wäre".

Ich: „Sie wissen doch Herr Pfarrer, ich bin altkatholisch, und das ganz und aus Überzeugung.

Er: „Ja gewiß, aber . . . . es wäre, wie ich sagte, ja vielleicht einmal möglich, daß Sie mich nöthig hätten . . . . und da würde ich Ihnen meine Dienste erweisen".

Ich: „Ich will Ihnen sagen, seit mehr wie einigen zwanzig Jahren habe ich mich — ich hatte von frühen Jahren an viel Interesse an kirch= lichen und theologischen Dingen — gerade um das Wissenswerthe zur modernen Papsttheorie bemüht und fast alles seitdem erschienene Wissen= schaftliche verfolgt . . . . "

Er (mit der rechten Hand hin= und herwedelnd, bedeutet mir seine Geringschätzung dieser Studien): „Ja, ja — erlauben Sie, ich will gar nicht streiten, ich gehe auf Gründe gar nicht ein. Aber damit sie mich erkennen, will ich Ihnen sagen, ich sorge bei meinen Schulkindern ganz besonders, daß sie den religiösen Frieden halten lernen. Darum sage ich ihnen oft genug, andern Kindern, z. B. den protestantischen, gegenüber dürften sie nicht so den Katholiken hervorkehren, dürften diese in Nichts empfinden lassen, daß sie die Katholiken wären".

Die Unterhaltung stockte. Mir war der Zusammenhang dieser Duldungslehre mit dem praktischen Besuchszwecke unklar.

„Nun", hob ich wieder an, „meinen Angehörigen in der damaligen Zeit habe ich widerstehen müssen, ich sagte mir: Thu' was soll, komm' was woll'! Nach dem, was ich aus der Dogmatik und der Geschichte sicher vor mir hatte, war es bei mir mit den neuen Dogmen Nichts, und was dann kam .... freilich! viel Unerfreuliches, viel Hartes.... Aber damit konnten ja sichere Gründe und Überzeugungen nicht abgethan werden."

„Er: „Hm, hm." — Die Unterhaltung wollte wieder in Stillstand kommen. Mein Besuch hielt aber Platz, und so beschloß ich, ihm und seiner Absicht näher zu treten. „Sie dachten sich also, Herr Pfarrer, daß ich Sie eines Tages um Ertheilung der Sacramente bäte?"

Er: „Jawohl, ich komme zu Ihnen als Pfarrer, wie zu meinen Pfarrkindern".

Ich: „Sie sagten mir so etwa, daß Sie gerne jetzt in dieses Haus kämen. Besuchen Sie denn auch oben in den Etagen die Familien?"

Er: „Wer wohnt jetzt noch hier im Hause?"

Ich: „Da über mir wohnt noch ein Infanterie-Hauptmann mit seiner Frau und darüber noch eine kleine Familie. Die sind aber alle protestantisch."

Er: „Nein — zu Protestanten gehe ich nicht."

Ich: „Sie wollen also mir Altkatholiken die Sacramente anbieten. Sie würden mir solche aber doch nicht ohne Weiteres ertheilen, ohne Etwas von mir zu verlangen .... vor Allem wohl, daß ich widerriefe und mich unterwürfe?"

Er (mit fast geschlossenen Augen): „Ja, ja, daß müßten Sie".

Ich (lächelnd): „Und das soll ich nach dem Allem, was ich von dem katholischen Glauben während meines Lebens gelehrt worden bin und besonders in den letzten 23 Jahren in mich aufgenommen habe?"

Er: „Hm .... hm, hm." — Seine Augen sind merkwürdig verhängt, fast unauffindlich. Er bleibt aber sitzen!

Ich fahre fort: „Und was ist Ihrerseits gegen all' diese altkatholische Literatur geleistet? .... Natürlich, es ist auch Nichts zu leisten, um die ganze kirchliche Vergangenheit umzuwerfen. — Oder — das glauben Sie doch selbst nicht, daß man, wie Herr Bischof Korum unserm Generalvicar Professor Weber gegenüber wollte —"

Er (die Augen nun öffnend und mich plötzlich anblickend): „So, so .... hm, hm ...."

Ich fahre fort: „mit der Stelle von Petrus dem Felsen die Unfehl=
barkeit des Papstes bewiesen habe und sich mit der schlichten Wendung,
Christus könne am 18. Juli 1870 seine Kirche nicht im Stiche gelassen
haben, dem Streit zu entziehen vermöge!"

Er: „Aber, Herr ....., ich will ja gar nicht streiten, ich sagte
Ihnen von vorneherein schon, ich würde nicht streiten."

Ich: „Also ohne Beweise, ohne Belehrung oder Widerlegung ver=
langen Sie, daß man sich dem Papste unterwerfe! Dann halten Sie es
à la Bonifaz VIII. für gerechtfertigt: omnis creatura Romano Pontifici
subjecta!"*)

Beengende Verlegenheit breitete sich über die ganze Figur meines
Vis-à-vis, seine Augenlider senkten sich wieder; unbewußt mußte ich Ab=
scheu hervorgerufen haben. Und doch wich er nicht. Ohne Lust, noch
mehr Arbeitszeit zu verlieren, muß ich mich also dennoch zu Weiterem
entschließen.

„Sie kennen doch, Herr Pastor, die Exegese über die Schriftstellen,
auf die Herr Bischof Korum sich damals berief?" (Stumme mitleidige
Verneinung.) „Auf die Stelle von Petrus dem Felsen kann man sich
doch nicht berufen, von der hat ja mindestens das ganze erste Jahrtausend
eine ganz andere Auffassung, denn von einer persönlichen Unfehlbarkeit
des Bischofs zu Rom. Wollen Sie die Stellen der Kirchenväter dazu
nicht einmal einsehen? Ich habe sie da in der Sammlung des Herrn
Professor Langen in Bonn. Von dem sind Anfangs der siebziger Jahre
vier Hefte erschienen, die die ganze Exegese über die sogenannten Papst=
stellen enthalten. Da oben" (ich zeige auf das Büchergestell) „stehen sie,
in einen Band zusammengebunden, mit der Überlieferung bis zur Refor=
mationszeit und darüber hinaus. Soll ich Ihnen den Band reichen?
Da können Sie sehen, wie Alles allmälich verfälscht wurde und ganz
anders ist, als man Sie gelehrt hat."

Mein Besuch vollzieht jetzt eine stumme Abwehr mit der rechten
Hand, die dann mit ihrem Seidenhandschuh unter den sich schließenden
Augen über die Junihitze seiner linken Wange herniederfährt.

„Ja, gefälscht", fahre ich fort, denn ich muß ja für diesen unauf=
bringlichen Besucher die Kosten der Unterhaltung tragen. „Da ist zum
Beispiel: ubi Petrus, ibi ecclesia ausgesprengt worden, das ist ein

---

*) „Jedes Geschöpf ist dem römischen Pontifex unterworfen" (Bulle: Unam
sanctum vom 15. November 1302.)

römisches Schlagwort, mit dem man die Katholiken gründlich getäuscht hat. Irenäus schrieb einmal: ubi Christus, ibi ecclesia. Das heißt doch sicherlich nicht, wo der Papst ist, da ist die christliche Kirche! Beim Papste ist allenfalls die Papstkirche! — Sagen Sie mir doch, wo soll denn je Einer in der altchristlichen Zeit so Etwas gedacht oder geschrieben haben, nur wo der römische Bischof sei, nur da sei auch Christus mit seiner Kirche! — Und so ist es auch, wenn man ausruft: Roma locuta, causa finita. Wenn Augustinus auch nur je mit einer Silbe einen herrschen= den Papst oder einen bevorrechteten römischen Bischofsstuhl erwähnt hätte! Seine Worte in jener Predigt lauten dahin, zwei Synoden hätten bereits entschieden und damit sei die Sache beendet. Er schließt dann mit dem Wunsche, es möge nun einmal auch der Irrthum ein Ende haben. — Und weiter, der Mißbrauch mit der Stelle: Befestige Deine Brüder. Ja, sollen nicht auch Sie die Brüder befestigen? Das hat Niemand bisher, auch noch nie ein Kirchenvater oder wer sonst, für den Ausgangsmoment einer persönlichen Unfehlbarkeit auffassen können! — Und dann die falsch übersetzte Irenäus=Stelle, als ob aller Glaube von Rom komme, während es doch umgekehrt heißt, daß alle Glaubensüber= lieferungen nach Rom kämen, nämlich durch die Tausende von Reisenden, von denen sie dorthin colportirt werden, daher man in dieser Stadt alle Überlieferungen der Kirche beisammen finden müsse. — Sehen Sie, Herr Pfarrvicar, das Alles könnten Sie dargelegt finden in den Büchern von Langen und von Schulte da droben."

Er: „Hm . . . . hm, hm."

Ich: „Und nun ein unfehlbarer Papst! Papst Honorius wurde doch conciliarisch als Ketzer verurtheilt, dagegen kann doch Niemand ankommen. Und die folgenden Päpste haben dann mit ihrer Unfehlbarkeit dem unfehl= baren Vorgänger als Ketzer geflucht und ihm das Anathem nachgerufen."

Er (das Haupt etwas erhebend mit lächelndem Ausdrucke): „Oh . . . . ja, ja Herr . . . . ., mit der Honoriusgeschichte . . . . da läßt sich noch Einiges sagen."

Ich: „Nun was denn?" . . . . (Pause. Keine Antwort. Die schwarz= seidene linke Hand gleitet über die linke Wange, dann über die rechte und unter das Kinn. Die Mittagstemperatur ist nämlich hoch gestiegen! Die Augenlider sind wieder fast ganz eingesenkt.) „Lesen Sie doch — . gegen diesen Autor werden Sie nichts einwenden, das ist Bischof Hefele, der galt als der größte Kenner der Conciliengeschichte — lesen Sie doch dessen lateinische Abhandlung „Causa Honorii papae". Sie ist zur Zeit des Concils in Rom abgefaßt, mußte aber in Neapel gedruckt werden. Sie erinnern sich ja, daß damals den römischen Druckereien durch Pius IX. als weltlichen Regenten der Druck der gegen sein neues Dogma gerichteten Schriften bei Strafe verboten worden war; daher mußte Hefele seine Schrift im Auslande, in Neapel, drucken lassen. Als ich mir von fern her ein Exemplar hatte kommen lassen, wissen Sie, wer der Erste war, der es von mir entliehen hat: Herr Dechant . . . . . hier. Der hatte damals Freude an meinem theologischen Fleiß, besuchte meinen Vater auch hier im Hause öfters und gab mir vortreffliche Winke gegen das Unfehlbarkeitsdogma. Wo sind die Zeiten hin! Ich habe diese Schrift bis heute nicht von ihm zurückbekommen, S i e könnten sich ja solche nun von ihm geben lassen."

Stumme abwehrende Bewegung seinerseits mit der rechten Hand, aber keinerlei Bewegung zum Fortgehen. Ich fahre aber nothgedrungen fort:

„Ja, gegen Hefele ist doch Nichts zu sagen, er hat ja auch hernach, als er umschlug, dieses sein Werkchen nicht mehr umwerfen mögen."

Er: „Aber wegen Honorius . . . . da könnte man streiten . . . . Nun sehen Sie doch! Die Kirche muß doch ein sichtbares Fundament haben, sie ist ja sichtbar, . . . ."

Ich falle ein: „Ja wohl, soweit sie in die Sichtbarkeit tritt! Außerlich ist sie in ihrer greifbaren Erscheinung wahrzunehmen, ihrer Natur und ihrem inneren Wesen nach ist sie geistig, unsichtbar!"

Er, als ob er das nicht erwartet habe, in erstauntem Bedenken. Erneute Pause, in der er den begonnenen Untersatz zu dem sichtbaren Fundamente nicht wieder aufnimmt.

Ich: „Und nun können Sie mit Ihren Confratribus den Papst unmöglich für unfehlbar halten, denn: Sie singen doch in der Kirche und bei der letzten Frohnleichnamsprocession haben Sie es gewiß noch an einem der vier Altäre mitgesungen", — dabei singe ich ihm im richtigen Litaneienton vor: — „Ut papam nostrum in sancta fide conservare digneris, und das Volk antwortet: Te rogamus audi nos!"

Er: „Nein — nein, so bitten wir nicht, so lautet's nicht. (lächelnd:) Wir sollten so für den Papst beten?"

Ich: „Gewiß, thun Sie es. Wenn ich auch so aus dem Kopfe um ein Wort anders citiren sollte — wie ist denn der richtige Text, Herr Pastor? . . . .*) Gebetet wird doch für den Papst, daß er nicht abfalle, da-

---

*) Vgl. denselben im dritten Theil Nr. 58 unten.

mals, 1870, habe ich das bei der hiesigen Procession noch singen hören; doch wohl nicht weil er unfehlbar ist!"

Er (vor sich blickend): „Ja — aber ...." (dann für einen Mo= ment mit hellen Augen mich vergnügt anblickend) „aber doch, Herr...., so ist der Text nicht."

Ich: „Sie wollen nun einmal mit Silben streiten. Sie besitzen ja den Text, sehen Sie ihn nach. Übrigens hat ja die Kirche bei verschie= denen Anlässen für die Rechtgläubigkeit des Papstes das Volk beten lassen." —

Mein Besuch erhob sich noch immer nicht. Das Ende dieser langen Stunde war noch fern! und mir war sie halb und halb amüsant geworden. Wirklich greift jetzt mein hochwürdiger Herr ein, rückt sich etwas auf dem Stuhle vor und spricht: „Nur das Eine, Herr ....., das bedenken Sie! Christus sagt, auf Dich, Petrus, will ich meine Kirche bauen, also nur die auf dem Papste beruhende Kirche ist diese meine!"

Ich (mit hellem Lachen): „Ei, ist denn das blos die römische Papst=Kirche? ruht die denn überhaupt auf Petrus? Wo soll denn die morgenländische Kirche ohne Papst hin, allein die 60 Millionen Russen, sollen die alle aus der Kirche Christi herausgesetzt sein, weil sie damals nicht mehr mit dem römischen Bischofe zu dessen Ueber= hebung mitmarschiren wollten? Und die Griechen, welche blieben, wie sie seit Christi Zeit waren? Alle die Kirchen, außer der römischen, stehen die auch außerhalb „meine" Kirche? Das glauben Sie doch gewiß selbst nicht'"

Er (sprachlos): .... „hm .... hm, hm." Aber er entweicht nicht. Nun wieder fahre ich fort:

„Und dann erst, Herr Pfarrer, all' die Fälschungen in dem vatica= nischen Decret selbst! Das ist ja zusammengesetzt aus einigen Dutzend Verdrehungen von Stellen, Veränderungen in den Texten der Kirchen= väter, den Aussprüchen der Concilien u. s. w., das ist ja voll von positiven Fälschungen! Herr von Schulte hat das gründlich nach= gewiesen, auch in seinem Buche zusammengestellt, ein famoses Werk aus dem canonischen Rechte und der Geschichte gearbeitet über die Concilien und Päpste gegenüber dem falschen vaticanischen Decret vom 18. Juli 1870. Das kennen Sie nicht? Sehen Sie, das steht auch da droben, soll ich Ihnen das herunternehmen?"

Er — mit wieder geschlossenen Augen wehrt mit beiden Händen ab.

Ich: „In dem Buche sind auch alle die Quellen dazu abgedruckt, die kann man im Urtexte lesen und vergleichen, griechische und lateinische. Ich möchte es Ihnen empfehlen, und dann die neue Ausgabe vom Döllinger'schen Janus, herausgegeben von Professor Friedrich in München. Ohne dieses Buch kann gar Niemand mitreden; dem sind jetzt auch massenhaft die Quellen beigedruckt."

Nun erhob sich mein Vis-à-vis. Ich that desgleichen. Während es noch so dasteht, denke ich: du mußt ihm noch mit seinen eigenen Gewährsleuten kommen, Bischof Hefele und den Dechant hier hast du gebracht ....:

„Erlauben Sie noch, Herr Pastor, Sie haben gekannt und geschätzt den seligen Religionslehrer ..... am Gymnasium hier. Ad vocem: Concil fällt mir ein — ich glaube, es war in der Untersecunda, da ein Schüler über die Mehrheitsbeschlüsse der Concilien Bemerkungen laut werden ließ, da wurde Herr ..... ganz unwillig und raisonirte drein: Ihr meinet doch nicht, bei den Concilien da ginge es zu mit dem Abstimmen wie jetzt in den demokratischen Versammlungen? Nein, die Bischöfe kommen zusammen und werden gefragt ein Jeder, erstens: was wurde über diesen Satz in deiner Diöcese von jeher geglaubt, zweitens: was ist jetzt Glaube in derselben — darüber haben sich die Bischöfe vorher gründlich zu unterrichten — und drittens: was ist dein eigener Glaube. So geht es auf den Concilien! Dann hören sich die sämmtlichen Bischöfe gegenseitig und finden, was christlicher Glaube darüber ist. Da wird nicht mit Majorität beschlossen! — Und nun nehmen Sie einmal dagegen das letzte Concil, wie ist es da zugegangen? soll es denn überhaupt angängig sein, daß, wenn man in der Theologie einmal über Etwas neugierig ist, der heilige Geist vom Himmel herabgenöthigt und auf die Zungen all' der Einzelnen herabgerufen werden kann, um da der Neugierde wegen ein Geständniß abzulegen?"

Mein Versucher hat genau aufgepaßt. Er scheint unterdeß eiliger geworden zu sein. Allein er kann sich noch nicht trennen, obwohl die Hitze des Mittags, ich will nicht sagen der Discussion, sich gar sehr zu erkennen giebt. „Aber bedenken Sie, Herr .....", intonirt er nochmals, „daß der Heiland gesagt hat, auf dich, Petrus, will ich meine Kirche gründen; an den Papst müssen wir also doch glauben. Ja! der Papst!"

Ich (in etwas feierlichem Ton): „Credo in unam sanctam ecclesiam catholicam. An die glaube ich, aber nicht an jenen unfehlbaren obersten Herrn derselben in Rom!"

Und damit waren wir der Thür näher gelangt. Mein Besucher schaute noch einmal mit halbverhängtem Blick auf mich, seine Augensterne waren aber wie untergegangen. Er blieb vor mir stehen, und so griff ich in seine Ansicht von „meine Kirche" zurück. „Sehen Sie, Herr Pfarrvicar, das Weite, Große", (dazu strecke ich nach rechts und links weit die Arme aus), „dieses Ganze, das ist „meine Kirche". Das hat keinen römischen Beherrscher, keinen unfehlbaren universalen Bischof in Rom, hatte auch nie einen solchen. Aber der Papst wollte auf einen Herrschaftsposten hinauf, immer höher auf einen Thron — und da empört sich „meine Kirche". Der Orient verwünscht diese römischen Gelüste und schleudert den Bann auf den Papst. Da geht „meine Kirche" in zwei Stücke, nämlich so", — (jetzt halbire ich den ausgebreiteten Raum mit dem rechten Arme) — „nun ist dieser Theil der Kirche schismatisch gegen die römische, diese ist aber ketzerisch, nämlich Ihre sogenannte „meine Kirche". Und in ihr führt der Papst das Gebäude seiner absoluten Herrschaft immer höher hinauf. Je höher der Papst steigt, desto mehr entfernt er sich von der katholischen Gesammtkirche." (Meine Rechte geht jetzt mit der Fingerspitze allmälig in die Höhe.) „Sehen Sie, nun kommt der heilige Vater allmälig immer mehr in den Bau hinauf, in den Thurm, und ganz oben ist er nun auf der Thurmspitze angelangt, als höchster Herrscher, Gesetzgeber und was Alles, in und außer der Kirche, als der Gottheit Nächster. Wo aber soll „meine Kirche" sein?"

Keine Antwort. Verblüfftheit, Kunstpause. Ich beginne im Zimmer auf und nieder zu schreiten, den Abschied dieses Herrn Gottesgelehrten jetzt gewärtigend. Er aber steht; dann spricht er im Tone und anscheinend auch im Zustande eines Gekränkten: „Das muß ich Ihnen aber sagen — daß Sie in solcher Art reden — daß Sie dies so behandeln — nein .... das ist nicht schön .... ich muß Ihnen sagen, das ist nicht schön von Ihnen."

Ich: „Ja nun — ist diese Darstellung unrichtig? Kann denn Jemand, der diese Dinge klar vor Augen hat, sie anders darstellen? Ich wenigstens wollte sie Ihnen so etwas drastisch darlegen."

Er: „Ich habe Ihnen gleich im Anfange gesagt, daß ich mich mit Ihnen gar nicht in Streit einlassen wolle."

Ich: „Nun dann erlauben Sie, Herr Pfarrer, Ihr bloßes Erscheinen bei mir ist schon der Streit." .... Pause .....

Er: „Ich habe gemeint, daß Sie mit Ihrem altkatholischen Pfarrer zerfallen seien."

Ich: So, so? — wie so? Wissen Sie, da auf dem Stuhle, auf dem Sie soeben gesessen, auf dem hat der vorgestern auch noch gesessen."

Neue Verblüfftheit. Neue Kunstpause. Er: „Nun, ich habe Ihnen ja nur vorstellen wollen, daß, wenn Sie einmal meine Dienste nöthig hätten, ich Ihnen gefällig werden könne."

Ich: „Und womit? .... Sehen Sie, ich habe Bischof, Gemeinde, Priester, Sacramente — ich habe wirklich keinen Bedarf für Sie.".....

Tiefgesenkter Blick meines Versuchers, der endlich nach der Thürklinke greift. Glänzende Hitze auf seinen Wangen. Die Mittagssonne ist auf ihrer Höhe angelangt! Mir liegt noch das Anerbieten der „Gefälligkeit" auf der Seele, für die ich widerrufen und mich unterwerfen sollte, bevor sie mir erwiesen würde. Aber nicht darauf will ich zurückkommen, sondern erwäge nur, eine Gefälligkeit sei der anderen werth, und da füge ich noch in freundlichem Tone hinzu:

„Umgekehrt, Herr Pfarrer, möchte ich Ihnen auch meine Gefälligkeit anbieten. Ihre priesterliche werde ich ja nicht in Anspruch nehmen, aber Mensch zu Mensch: wenn ich Ihnen einmal in meinem Fache eine Gefälligkeit erweisen kann, dann herzlich gerne meinerseits."

Damit hatte mein Bedränger seinem Zeitdiebstahl die Grenze unter meiner Zimmerthür gesetzt. Indeß, denke ich, ein freundlicher Besuch erheischt einen freundlichen Gegenbesuch! Während ich an der Thür noch ein Abschiedscompliment machen will, dreht sich der Herr Pfarrvicar halb um sich selbst, so daß ich noch in schneller Fassung hinzusetzen kann: „Ihren Besuch werde ich natürlich erwidern" — noch erfolgt ein kurzer, gleichsam sorgenvoller Blick des schon halb Entschwundenen, dem ich alsbald mit Pointirung meines gutgemeinten Vorhabens entspreche: „Nein Herr Pfarrer, im Ernste — das muß ich doch" — und dann harre ich, ob es noch zu einem Abschiedsknix kommen will, erschaue aber nur mehr den totalen schwarzen Rücken, hoch über dem die schwarze Rechte den breitkrämpigen schwarzen Hut zielbewußt seinem Platze zuführt. —

Ich bin mir selbst zurückgegeben. Der kühne Patrouilleur kam, sah — und endlich ging er auch. Sein Ausmarschiren als Dr. Korum'scher „Apostel" mit dessen „Waffen des Geistes" hat dem „einen Credo" in den „deutschen Gauen" nicht einmal einen altkatholischen Laien eingebracht!

Aber nun der Gegenbesuch! Ich würde zwar die Schwelle des Pfarrhauses überschreiten; aber wird sie mir freigegeben werden? Außerdem könnte ja das heutige Verhör des jüngern Mannes zum Studium der vom dem ältern aufgewiesenen, leicht erreichbaren Quellen oder mindestens zum Denken über einzelne Vorhaltungen angeregt haben. Herr Dr. Korum schrieb doch damals an Herrn Dr. Weber: „Ich denke mir, daß." .... Warum dürfte ein „auf Wink des Bischofs hin" absetzbarer Beamte nicht auch einmal über die Schriftstellen denken und vielleicht weiter denken? Beim Schmieden der „Waffen des Geistes" möchte ich aber nicht hindernd dazwischen treten. Also: Ich werde das Eine meiden und das Andere fördern können, wenn ich den Gegenbesuch schriftlich ab= statte. Ich will das Verhör zu einer umfassenderen Untersuchung und zur Ausfragung des so kühn Eingedrungenen ausdehnen, zwei oder höchstens drei Dutzend Visitenkarten mit Fragen zusammenstellen und mit deren Zusendung den Gegenbesuch abstatten. Die Sammlung könnte heißen: Römische Scheidekunst, besser aber noch: Deutsches Scheidewasser auf falsche Textstellen und päpstliche Aus= wüchse. Einerlei! Beantwortung der Fragen, wenigstens der grund= legenden, wird priesterliche Pflicht des Herrn Adressaten sein!

So entstanden die nachfolgenden, von der Übermenge des Stoffes dictirten kleineren und größeren Abschnitte bis zu der vorliegenden, vorher nicht beabsichtigten Zahl von 160. Ich ließ sie unter der einfachen Etiquette: „Fragen über den römischen Primat und Papst" be= gleitet von dem bischöflichen Spruche der Portugiesen dem Herrn Pfarrvicar zugehen. Im Geiste, und nicht gerade in prophetischem, gab ich schon damals der Schrift den Titel, den ich heute und — wie der langersehnte Bescheid ohne jeglichen Entscheid endlich bestätigen muß — nun mit vollem Rechte ihr an die Stirne setzen darf.

Daß ich nur auf competenteres Urtheil und Auffordern hin zu der ursprünglich nicht beabsichtigten Veröffentlichung schreite, bedarf wohl keiner Versicherung. Die nur allmälich und stückweise erfolgte Bearbei= tung rechtfertigt wohl die Bitte um Entschuldigung für theilweise Zer= splitterungen oder Wiederholungen bei einzelnen Stoffen, da andernfalls bei der immer mehr anwachsenden und nur mit Unterbrechungen zu be= wältigenden Masse der Fragen das Vorhaben für mich unausführbar geworden wäre.

Etwas Erschöpfendes sollte und konnte nicht geleistet werden. Manche naheliegenden Fragen mußten umgangen werden. Daß einzelne Stoffe unverhältnißmäßig gegen andere in der Behandlung ausgedehnt worden sind, möge um so eher entschuldigt werden, als die nicht für die Oeffentlichkeit bestimmte Niederzeichnung nur in freiester Weise, der Selbstentwickelung wie der Liebhaberei gemäß, erfolgt ist. Möge die Arbeit zur Steuer der Wahrheit und Hebung der alten christlichen Lehre ihren Weg zu den vielen lauen Herzen und trägen Geistern finden!

# Dritter Theil.

---

## Untersuchung, Ausfragung
### oder
## Katholische Fragen ohne römische Antwort,

gerichtet

an den vaticanischen Glaubenslehrer, bischöflichen Gottesgelehrten, hiesigen
städtischen Seelenhirten:

### Herrn Pfarrvicar .........

### Ohn' Entscheid — Kein Richtscheit!

(Spruch der Portugiesen.)
„Gott schreibt auch nach krummem Richtscheit grad".
Unfehlbarkeits-Hirtenbrief des Trierischen Bischof Eberhard [1870].

## I.
## Evangelien und Concilien.

Quoniam omne quod natum est de Deo, vincit mundum:
et haec est victoria quae vincit mundum, fides nostra.*)
(1. Joh. 5, 4.)

1. Wenn Christus seiner Kirche „ein einziges Organ seiner
Inspiration" hätte verleihen wollen, wenn zu dem Ende Petrus die
göttliche Bevorzugung einer in ihm selbst gründenden und nicht einmal
durch die Übereinstimmung mit der Kirche bedingten Unfehlbarkeit hätte
erhalten sollen, so würde Christus ihm diese menschlicherseits nie zu
ahnende und nie zu begreifende Wundergabe durch klare, die Sache selbst be=
zeichnende, aber nicht durch bildliche oder deutbare Worte zugesichert haben.

Er würde die Schöpfung eines kirchlichen Offenbarungs=
organes mindestens in gleich bestimmtem Ausspruche, wie die Einsetzung
von Taufe und Abendmahl, vollzogen haben.

---

*) „Weil Alles, was aus Gott geboren ist, die Welt besiegt: denn das ist
der Sieg, der die Welt besiegt: unser Glaube".

**2.** Kann nun, da die Worte Christi nach seinem eigenen Ausspruche nicht vergehen werden, eine solche Einsetzung in seiner Kirche, der grundlegende Theil ihrer Verfassung, alsbald schon nach seiner Himmelfahrt verkannt oder gar mißachtet in das Gegentheil verkehrt worden sein? Müßten nicht gerade die ältesten kirchlichen Zeugnisse, so auch gerade das 1883 aus dem Jerusalemer Codex veröffentlichte Literaturdenkmal: „Lehre der zwölf Apostel" (vom Schluß des ersten oder Anfang des zweiten Jahrhunderts stammend), diese von Christus gewollte Einrichtung aufweisen oder doch wenigstens abspiegeln? Es ist aber tausend Jahre hindurch in der Kirche keine einzige Frage der Lehre durch einen päpstlichen Spruch zur Entscheidung gebracht worden; es ist dreizehnhundert Jahre lang in der ganzen Kirche und ihrer Literatur über die Lehre von einem Herrscher in Rom nur volles Schweigen vorhanden. Warum ist in keinem Glaubensbekenntniß, keiner Katechese, keiner Schrift eines Kirchenvaters auch nur ein Wort verzeichnet vom römischen Papste, geschweige denn von dem gottbegnadeten unfehlbaren Munde zu Rom, geordnet über der Kirche und als Universalbischof über allen Kirchenfürsten, sowie als dreifach gekrönter „Allherrscher" über allen Mächten des Himmels, der Erde und unter der Erde?

**3.** Mußten nicht die allgemeinen Kirchenversammlungen beim Bestehen einer solchen Lehre geradezu überflüssig sein und, wenn sie zu grundsätzlich dogmatischer Äußerung noch keinen Anlaß hatten, doch unter deren Eindrucke stehen und jedenfalls ihr entsprechende Entscheidungen erlassen? Galt in Nicäa (325) nicht lediglich der Grundsatz einer Kirche ohne Papst, eines Concils der ganzen Kirche ohne einen römischen Berufer, Leiter oder Bestätiger? Standen die Einzelkirchen nicht frei von Rom unter ihren Patriarchen und Bischöfen — diese in den ersten 6 Jahrhunderten ebenfalls „Päpste" genannt —? Oder läßt der Ausspruch dieses ökumenischen Concils, daß der Patriarch von Alexandrien gleiche Rechte in Ägypten und Lybien habe, wie die Patriarchen von Rom und Antiochien, einen Vorrang des später sogenannten „Nachfolgers Petri" für solche Landstrecken, geschweige denn für die ganze Kirche auch nur halbwegs erkennen?

**4.** Ist nicht nach Gründung der östlichen Kaiserresidenz in Constantinopel der damalige Grundsatz, den kirchlichen Rang eines Bischofs nach der Größe und Bedeutung seiner Stadt zu bestimmen, wie vordem für Rom, so nun auch für Constantinopel festgehalten und geradezu conciliarisch bestimmt worden?

2*

Die zweite ökumenische Kirchenversammlung in Constantinopel (381) hat dieses kirchliche Gemeinbewußtsein eines Ehrenranges der Stadt und ihres Papstes in seinem 3. Canon dahin zum Ausdruck gebracht, daß der Patriarch von Constantinopel jetzt, da diese Stadt Neu-Rom geworden, den Vorrang der Ehre gerade so haben solle, wie der von Alt-Rom, jedoch unmittelbar hinter diesem.

Hat nun die orientalische Kirche, als sie, dieser Entscheidung getreu, Rom gegenüber niemals von dem Grundsatze des „primus inter pares" abgegangen ist, geirrt, indem sie den römischen Patriarchen des Abendlandes selbst bis zu den Folgen eines Schisma der Gesammtkirche, eben nur als den „Ersten unter Gleichstehenden" anerkennen wollte?

Umgekehrt: hat die abendländische Kirche zusammt ihrem Papste geirrt, als sie jene conciliarische Entscheidung des Orients zu der ihrigen machte?

5. Wäre anders es nicht ein Verketzerung von Christi Wort und der überlieferten Lehre, sowie eine Abirrung von der allgemein geltenden conciliarischen Wahrheit gewesen, daß das zweitfolgende ökumenische Concil nun sogar dem römischen Patriarchen einen Rang- und Rechtsgleichen setzte in dem Patriarchen von Constantinopel?

Hat doch die allgemeine Kirchenversammlung in Chalcedon (451) die römische Ehre und Macht gewissermaßen getheilt und gekürzt, indem sie bestimmte, es solle, nachdem zu Constantinopel dieser Stadt nur der zweite Rang zuerkannt worden, jetzt die Macht dieses Patriarchens sich auch über alle dortigen Nachbarländer erstrecken.

Wie durfte es geschehen, daß die — wenn auch nur anererbte — Rechtsstellung des hl. Petrus in der Kirche nun Christus zuwider einer Verkümmerung oder gar Herabsetzung unterworfen werde? Geht doch die Entscheidung des Kanon 8 von Chalcedon dahin, daß die Väter in Constantinopel der alten Roma wegen ihres Charakters als der alten Kaiserstadt Vorrechte eingeräumt und nun auf denselben Grund hin auch dem heiligsten Stuhle von Neu-Rom die gleichen Rechte zugebilligt hätten, indem die Stadt, die durch das Kaiserthum und den Senat geehrt und mit den Vorrechten der alten Kaiserstadt ausgestattet sei, auch in kirchlicher Beziehung erhöht sein müsse, und daß daher gleiche Ehre und Macht, wie sie der Bischof von Alt-Rom habe, dem von Neu-Rom zustehen solle.

6. Die Zuwendung und Vertheilung sogenannter Primatsrechte ist also eine conciliarisch dekretirbare! Oder war nicht schon 381

die päpstliche Rangliste dahin aufgestellt, daß gewisse Ehren und
Rechte dem alten Rom theilweise ab= und auf den neurömischen Vor=
rechtssitz überdecretirt worden? Wäre im Verneinungsfalle nicht das
Trullanische Concil (692) im Irrthum gewesen, als es den Primat
des Patriarchen von Constantinopel über das Morgenland als
einen kirchlich gerechtfertigten erklärte?

Und wenn dies: begriff denn dieses decretabele Vorrecht in sich die
Unfehlbarkeit für den römischen Papst? und wenn dies: dann als
einen von der Gesammtkirche unabhängigen und dieser sogar über=
legenen, rein persönlichen Schatz „im Schreine der Brust"
des römischen? und wenn auch dies: warum nicht mit demselben zu=
decretirten Rechte auch des neurömischen Papstes?

7. Da nun diese Concilien nicht geirrt haben: können die römischer=
seits so unverdrossen angerufenen drei sogenannten Papststellen des Evan=
gelium noch Etwas bedeuten oder entgegen den Concilien, die selbst auf
ihren Grund hin entschieden haben, Etwas beweisen?

Wenn es überhaupt möglich wäre, aus Aussprüchen Christi die
päpstliche Fülle der Wissenschaft, Weisheit und Macht heraus=
zudeuten, so würden die Christus näher stehenden Apostel und Jünger
diese Deutung als die allein richtige gekannt und seinem Auftrage gemäß
in den neugegründeten Gemeinden zur Ausübung gebracht haben! Es
würden die größeren Geister und helleren Lichter jener glorreichen kirch=
lichen Vergangenheit sie vor annähernd neunzehnhundert Jahren erschaut
und verkündet und seitdem weitergetragen, die ältesten unfehlbaren Päpste
nur sie als verbindliche Kirchenlehren befohlen und die Concilien nur sie
als Grundlage ihrer Entscheidungen erachtet und geehrt haben!

Wenn es aber halbwegs möglich wäre, aus jenen Worten Christi
— deren richtige Niederzeichnung aus seinem Munde und ebenso deren
richtige Übersetzung nicht beanstandet — die Offenbarung einer an
Petrus und seine sogenannten Nachfolger geknüpften persönlichen Unfehl=
barkeit herauszulesen, hätte dann Christus nicht eine unausreichende
Offenbarung, eine Verhüllung und Irreleitung gegeben, also
seiner Sendung und der göttlichen Absicht zuwider die Wahrheit derart
erschwert und geradezu vorenthalten, daß er thatsächlich Irrglauben hinter=
lassen nnd eine nothwendiger Weise zuerst schismatisch, dann ketzerisch
und zuletzt mehrfach ketzerisch gehaltene Kirche gegründet haben würde?

Und wenn dem zur Abhilfe äußerstenfalls das Zeugniß echter Offen=
barung aus Christi und der Apostel Mund durch die Gesammtkirche her=

gestellt werden sollte, waren es dann nicht wieder gerade die ökumenischen Kirchenversammlungen, welche gleich Nicäa, Constantinopel und Chalcedon zur Entscheidung berufen gewesen und dann sicherlich auch zu denselbigen uns vorliegenden Entscheidungen gelangt wären?

Oder: hat denn die ganze alte Kirche jene in der Zeit allmälig angemaßten Papstqualitäten auch nur dem Namen nach gekannt, sind sie vielleicht auf irgend einer Kirchenversammlung nach dem großen Schisma auch nur zu einem schüchternen Zugeständniß gelangt? Haben nicht im Gegentheil gerade Constanz, Basel und auch Trient theils verneinende, theils verdammende Entscheidungen gegen jene Anmaßungen Roms erlassen, und zwar ohne daß die romwidrigen Kirchen von ihrer beharrlichen Verwerfung jener Papstinterpretationen auch nur die geringste Störung ihrer Verfassung oder Schmälerung ihrer Heilswahrheiten und Gnadenmittel erfahren hätten?

8. Die drei sogenannten Papststellen beweisen nicht einmal den geringsten Machtvorrang für Petrus gegenüber den andern Aposteln. Oder kann der Auftrag an Petrus (Joh. 21, 15 ff.): „Weide meine Schafe, weide meine Lämmer", denn ernstlich eine Verleihung der „lehramtlichen Vollgewalt" zur Klärung von vorhandenen und Offenbarung von neuen Dogmen enthalten?

Petrus wird, nachdem er die Apostelwürde durch seine dreifache Verleugnung verloren, sich dann beschämt in seine Schmach zurückgezogen, auch dem Leiden und Sterben des Herrn ferngehalten hatte, seiner Reue wegen „in das so schwachherzig weggeworfene Apostelamt wieder eingesetzt", aber nur nachdem er, um seine Liebe befragt, in dreimaliger Betheuerung derselben seine damalige Sünde gebüßt hat.

Ist nun nicht sogar von der weitestgehenden Meinung aus, die in diesen Worten mehr als die Übertragung der Hirtensorge auf alle Apostel, ja sogar die eines Primates in der Kirche lesen will, noch ein unbegreiflicher Sprung erforderlich, um zu der Glaubensregel eines persönlich unfehlbaren, sowie dem Allgemeinglauben der Kirche und der Überlieferung aller Vorzeit überhobenen Universalbischofs zu gelangen?

Wenn aber dieser Sprung geschehen soll, ist dann Petrus der einzige Hirt, oder erkennt nicht in den Worten: „Petrus liebst du mich? Weide meine Schafe!" die ganze alte Kirche eine Ansprache an alle Apostel und eine Anordnung des Apostolates für alle zukünftigen Bischöfe?

Wenn endlich dennoch diese Worte sogar die Verleihung einer

göttlichen Kraft zu zukünftigen Offenbarungen aus dem immer=
währenden unerschöpflichen „Schreine der Brust" enthalten
sollen, wäre dann in jenen Verleihungsworten nicht auch, wie jene Weide,
so diese Kraft den Nachfolgern eines jeden Apostels, also für die ganze
Zukunft der Kirche allen Bischöfen, von Christus zugesprochen?

9. Indem nun hier dem Petrus das Amt eines Hirten gegeben
wird, warum sollte gerade er mehr erhalten haben, als die übrigen
Apostel, die keiner Verleugnung schuldig und von diesem Amte nie ab=
gesetzt worden waren?

Und warum soll er mit dieser Verzeihung und Wiederaufnahme
nun auch zum alleinigen Hirt und ausschlaggebenden, allein voll=
wichtigen Leiter der Kirche, sogar zum gebietenden Fürsten der
Apostel erhöht worden sein? Wird er neben der Begnadigung mit der
Würde seiner hirtenamtlichen Anstellung nun sogar für seine Nach=
folger ein Mehr erhalten haben, dessen selbst seine Amtsgenossen, und
vor allen diesen auch Paulus zu ihrem Berufe nicht bedurft haben?

Selbst Papst Leo I. der Große (440—461), der das Hirtenamt
von Christus als eine große und wunderbare Theilnahme an seiner
eigenen Macht dem Petrus in besonderer Weise übertragen sein läßt,
fügt (in seiner epistola 89) hinzu, daß, wo immer Christus beabsichtigt
habe, daß die andern Apostel Etwas mit Petrus gemein haben sollten, er
stets durch diesen das gegeben habe, was er den übrigen verlieh.

Wie ist damals also der „Apostelfürst" aufgefaßt worden? Welche
andern denn Führerrechte auf begangener Bahn hatte ihm bei=
gemessen:

Gregor von Nyssa († um 395), der die Apostel Petrus, Jakobus und
Johannes als die Exarchen und Koryphäen bezeichnet mit dem Zusatze, daß
alle drei gleich an Würde seien, weil sie stets von Christus vor den übrigen
Aposteln ausgezeichnet worden, während alle als Grundsteine der Kirche,
Säulen und Grundvesten der Wahrheit, sowie ewige Quellen des
Heils zu erachten seien, die den großen, reichen göttlichen Strom der Lehre
hervorfließen lassen —

oder Chrysostomus († 407), der Paulus in seiner Demuth be=
wundert, wie er den Petrus (Gal. 1, 11) aufsucht, obwohl er ihm gleich
an Ehre und Würde war, und wie er, ebenbürtig den andern Aposteln, sich
gerade zum Beweise der Gleichheit aller mit dem Ersten derselben in Vergleichung
stellt (Gal. 2, 3) —

oder der Areopagite (um 500), der die Wahl des Mathias dahin
schildert, daß der Koryphäe der Jünger sich mit ihm gleichgeordneten
hierarchischen Zehnzahl zu dieser Wahl versammelt habe —

oder das 5. ökumenische Concil zu Constantinopel (555), welches
ausdrücklich die gleiche Bedeutung aller Apostel beim Lehren und speciell beim
Entscheiden auf dem Apostelconcil darauf gründet, die Gnade des heiligen Geistes
sei jedem einzelnen Apostel so reichlich zu Theil geworden, daß er nicht des
Rathes des andern bedurft habe, die Apostel hätten aber dennoch nicht über
ihre Streitfrage anders als in gemeinschaftlicher Versammlung entscheiden wollen,
nachdem ein jeder seinen Ausspruch mit Zeugnissen aus der heiligen Schrift
belegt hätte —

oder Papst Zacharias (741—752), der in seinem 5. Briefe die Lehre der
Apostel gleichstellt mit der ihres sogenannten Apostelfürsten, indem er bezeugt:
„Durch das Licht des Paulus und Barnabas blieb und bleibt die katholische
Kirche unter dem Schutze Christi hellglänzend durch ihre und des Apostelfürsten
Petrus Lehren erleuchtet"?

**10.** Wie urtheilt insbesondere hierüber Augustinus? Auch nach
ihm sind die dem Petrus gegebenen Vollmachten und Aufträge allen
Aposteln ertheilt, indem von ihm ausgeführt wird:

„Wenn zu Petrus gesagt wird: Liebst du mich? Weide meine Schafe!
so wird dies zu allen Aposteln gesagt. (de Agone Christ Nr. 32.)

In seinem Sermo 295 No. 4 wird zwar Petrus als der Erste der
Apostel erklärt, aber nicht als der Einzige unter den Schülern Jesu, der
würdig war, die Schafe des Herrn zu weiden. Wenn Christus nur zu
Einem redet, so wird die Einheit empfohlen; zu Petrus redet er in
erster Linie, weil Petrus unter den Aposteln der Erste ist."

Und obwohl Augustinus in seinem Sermo 296 No. 5 ff. ausdrücklich
auf Rom zu sprechen kommt, ist ihm die römische Auslegung fremd!

„Ja, meine Brüder", predigt er, „ich will euch etwas Zeitgemäßes sagen.
Was dem Petrus übergeben, was dem Petrus aufgetragen worden ist, haben
auch die andern Apostel, nicht blos Petrus allein gehört und uns überliefert.
Wir weiden euch, wir werden mit euch (von Christus) geweidet."

Und dann fährt er Nr. 11 daselbst fort:

„Uns hat der Herr seine Schafe übergeben, als er sie Petrus übergeben,
wenn anders wir auch nur ein wenig würdig sind, in Petri Fußstapfen zu treten.
Uns hat der Herr die Schafe übergeben. Ihr seid seine Schafe; mit Euch gehören wir zu seinen Schafen, denn wir sind Christen."

Auf diese Weise konnte Augustinus mit Recht dahin gelangen, im
Gegensatze zu Paulus als dem novissimus apostolorum (dem Spätesten
der Apostel), Petrus als den primus apostolorum (den Ersten der
Apostel) zu bezeichnen.

**11.** Bestätigt sich das nicht durch Petrus selbst in seiner Auffassung
der ihm übertragenen Pflicht der Weide? Ist es nicht klar gesagt im
5. Kapitel seines ersten Briefes, da er die Ältesten ohne Unterschied,

Bischöfe und Priester, als zu derselben Weide berufen, ermahnt: „Weidet die Heerde Gottes, die bei euch ist, indem ihr die Aufsicht führt." Der Auftrag Christi und die Obliegenheiten der Weide enthalten also keine Zumessung einer Gewalt, geschweige denn an einen Apostel allein, und am Wenigsten die einer alleinigen und persönlichen Gewalt gerade für Petrus und außerdem für seine Nachfolger zum Zwecke untrüglicher und sogar über die Offenbarungswahrheiten hinausschreitender Lehrent= scheidung! Oder:

Ist diese Gewalt nicht geradezu von ihm untersagt mit dem Zusatze: „Weidet die Heerde Gottes.... nicht gebieterisch über das Erbtheil ... die Jüngern unterthan den Ältesten, Alle aber demüthigen Sinnes gegen einander"? (2. Pet. 3, 2.) Hätte doch ein Papst Gregor, Innocenz oder Bonifaz so gesprochen, so gehandelt!

Ist die Weide der christlichen Gemeinde nicht von ihm selbst als eine gleichmäßig „allgemeine und apostolische" dahin ausgeübt, daß er die zer= streuten Fremdlinge, an die er schreibt, keineswegs allein auf seine Worte verpflichtet, sondern auf die vorhandenen und gegebenen des Pro= pheten und auf „unsere Gebote, die wir sind Apostel des Herrn und Heilandes." Hätte doch ein Pius IX. und in seinen Schreiben an die orientalische und die englische Kirche ein Leo XIII. das eingehalten und befolgt!

**12.** Nach der zweiten Stelle, der bei Lukas (22, 31. 32), hat Christus für Petrus, dem er seinen Abfall vorausgesagt, während er die Flucht seiner Jünger voraussah, gebetet, daß sein Glaube nicht aufhöre (verloren gehe), und nun ermahnt er ihn, daß er, wenn er sich bekehrt haben werde, seine Brüder stärken solle. Denn diese bedurften der Stärkung, weil sie alle zeitweise ihn verließen.

Nun hat der Herr aber nur für Erhaltung des jetzigen Glaubens des Petrus gebetet! Hat er denn die Möglichkeit der Stärkung Dritter auf zukünftig zu entdeckende Glaubenssätze des Petrus gründen wollen? Oder enthält das Gebet um Erhaltung im Glauben und um Schutz gegen Verleugnungsschwäche auch die Verheißung der Unmöglich= keit des wiederholten Falles und der Möglichkeit der Prophezie neuer Lehrsätze? Hat denn Christus gesagt: „Ich habe für Dich gebetet, daß Dein Glaube nicht wanke, wenn und so oft Du alte oder neue Glaubens= entscheidungen triffst"?

Was berechtigt überhaupt dazu, gegenüber dieser ersten und ältesten Überlieferung und dieser einmüthigen Auffassung der Väter eine neue zu ersinnen?

Ist denn mit dem erbetenen Nichtwanken dem Petrus vielleicht ein Amt in der Kirche verliehen? Ist eine höchste Autorität der Lehrentscheidung für ihn und sogar für alle ferneren Bischöfe seines damals noch unbekannten dereinstigen Bischofssitzes gegeben worden? Und vor Allem: War denn das Gebet Christi von zwingender Natur für Petrus?

— Und doch muß es das sein, so daß Petrus nicht mehr vom Glauben abweichen kann, wenn an ihm eine Unfehlbarkeit im Glauben zu Stande kommen und in der Kirche gleich Christi Wort verewigt sein soll!

Hat doch Christus für Alle, die der Vater ihm gegeben, das Gebet gesprochen (Joh. 17, 11) „Erhalte sie in deinem Namen, .... daß sie Eins seien gleich uns." — Und doch konnten Spaltungen entstehen und Christus hat sie vorhergeschaut, indem er (Luk. 18, 8) die Sorge aussprach: „Wenn des Menschen Sohn kommt, wird er auch den Glauben finden auf Erden?"

Also kann in dem Gebet, daß der Glaube des Petrus nicht aufhöre, ebensowenig die Unfehlbarkeitsgabe für ihn liegen, als in jenem Gebete Christi die zwingende Unfehlbarkeitskraft für alle die, welche der Vater ihm gegeben, und am Wenigsten eine sich fortsetzende und weiter übertragende!

**13.** Und nun fährt das Gebet des Herrn fort: „Heilige sie in deiner Wahrheit .... ich bitte aber nicht allein für sie, sondern auch für die, so durch ihr Wort an mich glauben werden, auf daß auch sie Alle Eins seien, wie du Vater in mir bist und ich in dir." Dieses Gebet, für alle damaligen Jünger, wie für alle zukünftigen Gläubigen der fernsten christlichen Zeit gesprochen, muß im consequenten Sinne der Infallibilisten den zwingenden Erfolg haben, daß alle dereinstigen christlichen Individuen, Stationen, Kirchen zu ununterbrochener Heiligkeit und Seligkeit im Glauben gezwungen sind und vor Abfall und Irrthum geschützt sein werden!

Wenn aber das Gebet dahin ging, daß der Glaube nicht aufhöre, enthält dies denn mehr als die Gebetshoffnung, daß Petrus seinen Glauben behalte und vor Verleugnung und Unglauben dann fernerhin bewahrt bleibe! Wird denn die Gebetserhörung dahin erwartet, daß Petrus nicht nur seinen jetzigen Glauben an den Erlöser behalte, sondern auch Macht und Gewalt zu Glaubensentscheidungen und Wahrheitsenthüllungen überirdischer, nichtgeoffenbarter Art für sich und seine Nachfolger erhalten solle?

**14.** Im Besondern die Stelle von Petrus und dem Felsen (Matth. 16, 18) anlangend, — deren wörtliche Echtheit und deren richtige Über-

ſeßung nach den wörtlichen Ausdrücken Chriſti wiederum nicht beanſtandet,
wie ſind dieſe Worte deutbar und wie ſind ſie auch verſchiedenartig in
der Kirche von der Apoſtelzeit bis zur heutigen gedeutet worden?

Die Einen verſtehen unter dem Felſen den Glauben des Apoſtels,
die Andern den Apoſtel ſelbſt; denn alle Apoſtel hatten durch Petrus ihren
Glauben an ihn als den Sohn des lebendigen Gottes bezeugt. Andere
bezeichnen Chriſtum ſelbſt oder das Erkenntniß des Glaubens an ihn als
die Grundveſte der Kirche. Kann nun der heutige Papſtkatholik aus dieſer
Stelle die perſönliche, von der Uebereinſtimmung mit der Kirche
unabhängige Unfehlbarkeit des jedesmaligen Biſchofs von Rom
herausleſen, und zwar insbeſondere auch noch Angeſichts der ſofort von
Chriſtus nicht den Zwölfen, ſondern dem Petrus allein gegebenen Zurecht=
weiſung: „Weiche von mir, Satan; denn du ſuchſt nicht das, was Gottes
iſt, ſondern was des Menſchen iſt?"

15. Wenn Petrus ſolche Gnadenfülle erhalten gehabt hätte, wo hat
er ſie lehrend oder handelnd von ſich bezeugt, wo ſie ſeinen Mitapoſteln
oder einer chriſtlichen Gemeinde gegenüber je in Anſpruch genommen?
Hat er von dieſer göttlichen Eigenſchaft irgendwo einen Gebrauch
zu machen auch nur verſucht?

Da er vielmehr ſelbſt Nichts von ſolcher Wundernatur weiß, ſo
ermahnt er ſeine Genoſſen, die Mitpresbyter, zur Aufſicht neben ihm,
dann würden ſie die unverwelkliche Krone vom Oberhirten erlangen. Er
bittet die Aelteſten, daß ſie die Heerde Gottes nicht gebieteriſch über das
Erbtheil, ſondern als Vorbilder weiden. Iſt das nicht ein Verzicht auf
Herrſchaft, die Verneinung einer ſolchen Bedeutung, als ob er alleiniges
und univerſelles Vorbild ſein dürfte, und entſpricht das nicht dem Weſen
des Mannes, der von ſeinem Meiſter „Kleingläubiger" (Matth. 14, 28)
und von ſeinem Schüler Markus (6, 52; 8, 17; 17, 21; 16, 14) ein dem
Unverſtande, der Härte des Herzens und der Verblendung Unterlegener
genannt wird?

Er ermahnt (1. Petr. 2, 13), jeder menſchlichen Ordnung, dem König
oder deſſen Statthaltern gehorſam zu ſein, kennt aber keine ihm oder dem
Papſte unterworfene irdiſche Ordnung oder ſogar Kirche und ermahnt
nicht zum geiſtigen Gehorſam gegen ihn als Kirchenherrſcher, ſondern zur
gläubigen Ergreifung des Wortes Chriſti, deſſen Reich nicht von dieſer
Welt iſt, und zur bürgerlichen Unterordnung „um Gottes willen".

Auch die Apoſtelgeſchichte bezeichnet aus dem Munde des Petrus,
als er „voll des heiligen Geiſtes" vor dem Hohen Rathe zu Jeruſalem

Zeugniß von Christus ablegt, gerade diesen als Eckstein der Kirche und als deren Oberhaupt (Apost.-Gesch. 4, 11; 5, 31).

In seinem ersten Briefe nennt Petrus (2, 7; 5, 4) wiederholt Christum den Eckstein und den Oberhirten der Kirche. Nirgends redet oder schreibt er von einem in ihm selbst beruhenden Grundstein, von einer eigenen Oberherrlichkeit. Und wer kann das als Bildlichkeit auffassen, da Paulus, der sein Evangelium mit dem des Petrus übereinstimmend gefunden hatte (Cor. 3, 11; Eph. 2, 20; 4, 15 u. s. w.), Christum als das Fundament, das Haupt, den Hohenpriester und das Oberhaupt über die ganze Kirche verehrt, die „auf die Grundveste der Apostel und Propheten erbaut ist, wo da ist der große Eckstein Er selbst, Jesus Christus.‟

Ist es doch gerade Paulus, der die Corinther tadelt, daß die Einen des Paulus, die Andern des Apollo, die Andern der Kephas sein wollen: denn Alle sollen Christo gehören!

Und wenn Petrus die Einen durfte „des Kephas sein‟ lassen, warum hat er sie denn in seinem 2. Briefe (3, 2) nicht an sein Evangelium erinnert und auf seine Predigt verpflichtet, zumal er soeben (2, 1) vor den „falschen Propheten unter dem Volke‟ und den „falschen Lehrern‟ gewarnt hatte, „welche werden Irrlehren des Verderbens einführen, den Herrn verleugnen . . . . und über sich selbst schnelles Verderben bringen‟? Er weist aber (3, 4) nicht auf sich hin, sondern, „daß ihr eingedenk seid der von den Propheten vorhergesagten Worte und unserer Gebote, die wir sind Apostel des Herrn und Heilandes.‟ Er weiß, daß er nicht zu unfehlbaren Lehraussprüchen aus sich oder zu Ergänzungen der gegebenen christlichen Lehre befugt oder befähigt und nicht als herrschender Fürst über die Apostel oder über die Staaten und Regenten gesetzt ist!

16. Keiner seiner Mitapostel, kein Evangelist, Presbyter oder Diakon, keine von ihm selbst oder von einem andern Apostel gegründete Gemeinde hat jemals Etwas von einer solchen Fähigkeit des Petrus gewußt, hat also niemals von ihm eine Berühmung derselben gehört gehabt, geschweige denn dieselbe je anerkannt oder sogar angerufen! Umgekehrt hat Paulus das Gegentheil bezeugt.

Und nicht nur, daß Christus solches nicht angeordnet hatte: hat er es denn nicht geradezu verboten?

a) Angelangt im Hause zu Capernaum beantwortet er die Streitfrage der Jünger, wer der Erste oder Größte sei, mit der Weisung, daß der, so der Erste sein wolle, „der Letzte sei von Allen und Aller Diener.‟ (Mark. 9, 33.)

b) Als die übrigen Apostel über Jakobus und Johannes unwillig wurden, rief er sie zu sich, um gewissermaßen prophetisch über die Papstanmaßungen den Stab brechend ihnen vorzuhalten: „Ihr wißt, daß die, welche als Fürsten der Völker in Ansehen stehen, sie überherrschen und daß die Machthabenden Herrschaft über sie ausüben: bei euch ist es aber nicht so; sondern wer da will groß sein, der sei euer Diener, und wer da der Erste sein will, der sei Aller Knecht; denn auch des Menschen Sohn ist nicht gekommen, daß er sich dienen lasse, sondern daß er diene und gebe sein Leben zur Erlösung für Viele." (Mark. 10, 35—45.)

c) Als Christus sein Urtheil über die Schriftgelehrten und Pharisäer, die auf dem Markte gegrüßt sein und Rabbi genannt sein wollen, abgibt, verurtheilt er auch den Vorrangseifer unter seinen Jüngern: „Ihr aber sollt nicht Rabbi genannt sein wollen, denn Einer ist euer Meister, ihr aber alle seid Brüder; ihr sollt keinen auf Erden Vater nennen, denn Einer ist euer Vater, der in den Himmeln; ihr sollt nicht Lehrer genannt sein wollen, denn Einer ist euer Lehrer, Christus; wer der Größeste unter euch ist, soll euer Diener sein." (Matth. 13, 8—11.)

17. Und wie standen die Evangelisten gegen Petrus? Der Evangelist Markus begleitete denselben ebenso wie den Paulus auf den Bekehrungsreisen. Soll er sein Evangelium von Petrus erlauscht oder von ihm dem unfehlbaren Lehrer unterwegs erfragt haben? Und wenn er es auch auf den Reisen mit Paulus von diesem erfragt hatte, so hatte doch dieser ergiebigste und schreibfleißigste Apostel seine Lehre niemals von Petrus genommen.

Später begleitet der Evangelist Lukas den Petrus auf seinen Reisen. Erfahren wir denn irgendwo, daß er von diesem Etwas entnommen habe? Anders konnte die Kirche keine Evangelisten erhalten aus Nichtaposteln, es seien denn Hörige des Petrus gewesen!

18. War Petrus aber in solch' hervorragender Weise vor den andern Aposteln ausgezeichnet und in seinen Nachfolgern gesegnet, dann mußte nach seinem Tode z. B. der Evangelist und Apostel Johannes seine Lehre der des Linus, als des Nachfolgers Petri (?) auf dem römischen Bischofsstuhle, anpassen und in seinen letzten Lebensdecennien bei den Inhabern dieses Stuhles Belehrungen über die neuen Petrinischen und päpstlichen Offenbarungssätze nachsuchen, wie nicht minder jeder andere auf einem apostolischen oder einem Patriarchensitze folgende Bischof. Dann würde Johannes von da an seine von Christus im Apostolate erhaltene Unfehlbarkeit der Lehre als eine mangelhafte eingebüßt gehabt haben! Denn der Nachfolger Petri trug nun, und zwar er allein, die der ganzen Kirche verliehene Unfehlbarkeit „im Schreine seiner Brust". Nun dürfte Johannes in seinem Evangelium, in seinen Sendschreiben und zumal in der geheimen

Offenbarung Nichts mehr niederzeichnen, wozu er nicht den Inhalt, aber auch den Takt und Herzschlag sich vorsichtiger Weise von Rom verschafft oder worin er nicht vorher das Examen und die Censur des Linus (?) überstanden, und wofür er nicht dessen urbischöfliche und centrale Approbation glücklich erlangt hatte!

Jetzt stand der Apostel=Evangelist nicht höher, wie jedes spätere Papstungeheuer, nicht klüger als der 16(18)jährige Enkel des Marozia, Papst Johann XII., und nicht ehrwürdiger, als Theophylactus, das Kind auf dem Papstthron, der jugendliche Papstbräutigam Benedikt IX! Er stand so etwa auf der Stufe eines heutigen Bischofs oder Laienschriftstellers, dessen Schreibwerk von der päpstlichen Censur nicht beanstandet zu werden braucht, da es vollständig vom Papste und seiner Congregation beeinflußt oder gar vorgeschrieben worden war!

Soll Christus das gewollt, soll er das wirklich in der „Weide der Lämmer" und dem „Felsen" des ihn gläubigbekennenden „Petrus" ausgedrückt haben?

19. Wie konnte überhaupt zu Lebzeiten des Petrus bereits unter den Aposteln ein dogmatischer Streit entstehen, wie konnte damals schon ein Concil mit theologischen Debatten im Beisein und unter den Augen des die Unfehlbarkeit unabhängig von ihnen in sich bergenden Petrus zweckmäßig, geschweige denn nöthig werden? Hätte der unfehlbare Petrus, als in Antiochien die Streitfrage über die Beschneidung brennend geworden, nicht sofort und allein eine autoritative Entscheidung „aus sich selbst" erlassen müssen?

Straft denn nicht schon die Möglichkeit dieses Apostelconcils die Behauptung von einem persönlich unfehlbaren Papste Lügen? Mußte nicht mindestens er auf dieser Zusammenkunft von Aposteln, Vorstehern und Laien den Vorrang und Vorsitz haben, er bei seinem Eintreten so wie Pius bei Beginn des vaticanischen Concils, mit Fußfall der Apostel verehrt, dann er allein gehört werden, und er allein trotz des Widerspruchs der erschienenen Apostel und Laien seine vorverkündete falsche Meinung zur ausschlaggebenden Entscheidung erheben? War dann ja doch schon eine Verhandlung und noch mehr eine Gegenmeinung ein Verbrechen, und zwar von der Art und Bedeutung des Anathems von Pius wider die Anti=Infallibilisten am 18. Juli 1870! Oder haben sich damals schon die Apostel, Evangelisten, Bischöfe, Priester, Diakonen und Laien dem unfehlbaren Papste mit Zurückhaltung, Wegbleiben oder, um Petrus nicht wehe zu thun, mit Fußkuß unterworfen? Wie anders! Es tritt Meinungs=

austausch und Abstimmung ein. Petrus giebt zwar zuerst seine (infallibele?) Stimme ab; allein der Beschluß des Concils wird nicht nach dieser, sondern vielmehr nach des Jakobus Ausspruche formulirt und nicht in des Petrus Namen oder nach Erlangung seiner hochfürstlichen Bestätigung, sondern im Namen Aller, auch der anwesenden Laien, erlassen!

**20.** Wie steht Paulus neben und gegen Petrus? Die Schrift ant=antwortet: von vorneherein selbständig in der Lehre! ohne Be=fragen oder Berathen des Petrus, ohne von diesem auch nur aufgesucht, geschweige denn unterrichtet worden zu sein! ohne ihn 3 Jahre und dann 14 Jahre lang zu sehen oder zu sprechen! als „ein Apostel nicht von Menschen und nicht durch einen Menschen, sondern durch Jesus Christus und Gott den Vater, der ihn erwecket hat von den Todten." (Gal. 1, 1.)

Stellt er sich nicht als Heidenapostel dem von Christus erwählten Apostel Petrus als dem Hauptapostel der Juden zur Seite?

Dann reichen dem Paulus in Jerusalem Jakobus und mit diesem Kephas und Johannes, die drei Säulen der Kirche, die Hand zum Zeichen der Übereinstimmung ihrer beiderseitigen Lehren, nicht aber zur Bestätigung, daß die Paulinische Lehre jetzt der Petrinischen conform sei oder conform gemacht worden sei!

Warum hat nicht Petrus, und er allein und selbständig, als unfehl=barer Lehrer diese Kritik der Paulinischen Lehre vorgenommen, er allein als stellvertretender Mund Christi und des heiligen Geistes deren „Katho=lizität" festgestellt? Vielmehr sind nach Paulus alle Apostel „Diener Christi und Verwalter der Geheimnisse Gottes".

**21.** Hat denn nicht Paulus (3. Capitel des 1. Corintherbriefes und Gal. 2, 6 ff.) seine Gleichstellung mit Petrus dargelegt? Er sagt: „Ich habe gepflanzt, Apollo hat begossen . . . . So ist denn weder der Etwas, welcher pflanzet, noch der, welcher begießet, sondern Gott, welcher das Gedeihen giebt. Der Pflanzende aber und der Begießende sind Eins, . . . . denn wir sind Mitarbeiter Gottes; Gottes Acker, Gottes Gebäude seid ihr. Nach der Gnade Gottes, die mir gegeben ist, habe ich, als ein weiser Baumeister, den Grund gelegt; ein Anderer baut darauf. Jeder aber sehe zu, wie er darauf bauet. Denn einen andern Grund kann Niemand legen, als den, der gelegt ist, welcher ist Christus Jesus."

**22.** Paulus bezeichnet (Ephes. 2, 20) die Gläubigen als Haus=genossen Gottes, erbauet auf die Grundveste (nicht des Petrus, sondern) der Apostel und Propheten! also diese sind das Fundament der Kirche! Und er setzt sofort hinzu, daß der große Eckstein aber

Jesus Christus selbst sei. Zu den Aposteln und Propheten sind nach seinen Worten (das. 3, 5) neben ihm selbst, dem in seinem Apostolate die Gnade Gottes anvertraut ist, alle die zu rechnen, denen die Erkenntniß dieses Geheimnisses Christi jetzt durch den Geist geoffenbaret sei, d. h. die mit besondern Gaben ausgerüsteten christlichen Lehrer, — also alle Bischöfe und die besonders begnadeten Theologen zusammt allen Hausgenossen Gottes, denen als Gesammtkirche die nie erlöschende Gnade der Unfehlbarkeit verliehen worden ist.

23. Endlich hat Paulus (Gal. 2, 1—11) dem Petrus „ins An= gesicht widerstanden", da er ihn auf falscher Fährte verirrt befunden, „weil er zu tadeln war". Und wenn dem unfehlbaren Apostel wider= standen werden durfte, weil nach der mit der seinen übereinstimmenden Lehre des Paulus der Widerstand nicht bloß Recht, sondern sogar Pflicht geworden, soll da ein Bischof von Rom, auf den Rosen der Unfehlbarkeit gebettet, keinen Widerspruch erfahren dürfen, wenn die Lehre Pauli, wie die Petri selbst, ihn Lügen straft?

Ist nicht gerade Paulus der in den kirchlichen Schriften vorzugs= weise „Apostolus", der von Tertullian „doctor nationum", von Andern „doctor" oder „magister gentium" genannt wird? wird er nicht ebenso wie Petrus und neben demselben unendlich oft als „princeps apostolorum", Apostelfürst, gerühmt?

Hat die damalige Zeit nicht vielmehr auch den Paulus als gleich= stehenden Kirchenfürsten erhoben? Der heilige Cyrill von Jerusalem (294) nennt Petrus und Paulus die praesules ecclesiae; ein Bischof von Tessalonich schreibt an Papst Hormisdas (515), Rom sei von Petrus und Paulus erhoben zur „veneranda sedes eorum"; und sogar ein Papst Gelasius I. (495) rühmt beide, weil beide die römische Kirche ge= heiligt hätten. Welche Vorstellung hat sich also der Christ vom Apostel= fürsten, dem römischen Erzbischof, zu machen? welche hat Pius am 18. Juli 1870 der Christenheit aufgeladen und anbefohlen?

24. Oder werden die sogenannten Nachfolger Petri in Rom irgend ein= mal als „Heiligkeit" oder als höchstbegnadete Fürsten der Bischöfe und Herrscher über die Kirche amtlich bezeichnet? Das Concil von Sardika betitelt den Papst Julius „Geliebter Bruder", das in Rom selbst gehaltene von 372 (nicht minder das von 378) den damaligen Papst, den heiligen Damasus, als „römischen Bischof" und dann mehrfach als „Vorsteher der römischen Kirche". Die römische Gemeinde nennt ihn ihren (nicht der Gesammtkirche) papa.

Cyprian und seine Synode reden den Papst Stephan als „Collegen", „Bruder" und „Mitminister" an.

Statt des Apostelfürsten und Universalbischofs findet sich für die Stellung des „römischen Bischofs" nur die Anrede: „Euer Apostolat" und wohl auch: „Heiligster Erzbischof der Stadt Rom". Die Päpste selbst, wie in der ersten Hälfte des 5. Jahrhunderts Zosimus, Bonifacius und (gegenüber der Räubersynode in Ephesus) Leo I. bezeichnen sich als „Erzbischof der Stadt Rom", Papst Felix nennt sich „Erzbischof der heiligen katholischen Kirche der Stadt Rom", und die Anrede der römischen Erzbischöfe an ihre Collegen auf den übrigen Bischofssitzen ist: „Brüder" oder „Geliebte Brüder"! Was ist da von den Unfehlbaren selbst über die römische Herrlichkeit und Fürstlichkeit gedacht, gewußt oder geglaubt gewesen? —

Kann man danach, um andere Consequenzen hier einstweilen zu umgehen, dem Petrus sogar eine gesetzgeberische Befähigung, geschweige Berechtigung außerhalb des Grundes und entgegen dem Funda= mente beimessen, die in der Offenbarung Christi gegeben sind? Darf man ihm sogar die unerhörte Bevorzugung und Bevorrechtigung zur so= genannten Enthüllung angeblicher fernerer, denn der von Christus seiner Kirche anvertrauten, Heilswahrheiten gestatten? Dem Papst= gläubigen liegt der Beweis ob!

Oder ist hier Widerstand Gewissensgebot und christliche Pflicht gegenüber Gott, dem man mehr gehorchen muß, als seinem angeblichen „Stellvertreter in Rom" und dessen Leibtheologen oder dessen Satelliten und Trabanten oder irgend einem der Menschen hienieden?

## II.

## Kirchenlehrer.

„Aber ich wünschte, mit Gott zu rechten, wenn ich euch vorher als Lügenschmiede gezeigt und verkehrter Lehren Verehrer. Und o daß ihr schwieget, um für weise zu gelten! Höret also meine Rüge . . . . Bedarf denn Gott eurer Lüge, daß ihr Trugvolles redet für ihn. (Job. XIII, 3—7.)

25. Wo gründet denn nun die der Kirche verheißene Unfehlbarkeit, was und wo ist der Felsen, auf den die Kirche gebaut ist? Kommt doch der heutige Papstkatholik in den schärfsten Widerspruch mit den größten Kirchenlehrern der alten ungetheilten Kirche!

Leo der Große, Gregor von Nazianz, Chrysostomus be= tonen Petri Glauben und Bekenntniß, da auf diese die Kirche gegründet sei. Cyrill von Alexandrien versteht unter dem Felsen des Petrus Tugendhöhe. Hieronymus erklärt: „Das Fundament, das der apostolische Baumeister gelegt hat, ist allein unser Herr Jesus Christus."

Eusebius (gestorben 340) sagt ähnlich: „Der Fels aber war Christus, auf den die Kirche gegründet wurde. Dieser nun ist der Berg und der Fels und der Grundstein der Kirche. Er dürfte es wohl allein sein, gemäß dem, der gesagt hat: einen andern Grundstein kann Niemand legen."

Was war also die damalige Auffassung von Petrus dem Felsen?

26. Der heutige Papstkatholik kommt in Widerspruch mit der kirch= lichen Ueberlieferung der ersten 13 Jahrhunderte der Kirche.

Seit wann existirt denn überhaupt der Ruf des römischen Bischofs als eines officiellen Kirchenlehrers, seit wann eine Unterscheidung von Aussprüchen des Papstes als Privatgelehrten und von Kathe= dralentscheidungen desselben als höchsten Kirchenlehrers und soge= nannten „Lichtes vom Himmel?"

Thatsache ist, daß bis zum 6. Jahrhundert Niemand von einem Bisthum des heiligen Petrus in Rom, und bis zum 14. Jahrhundert Niemand von einer solchen im Bischofe von Rom bestehenden Gnaden= häufung und von einer solchen Bedeutung römischer Papstaussprüche überhaupt eine Vorstellung gehabt hat! Oder welcher Papstkatholik hätte sie bis heute nachzuweisen vermocht!

27. Wenn damals sich ein Papst vor dem Zusammentreten eines Concils der Noth gehorchend und der Bitte über eine Glaubensfrage ausgesprochen hatte, so erklärte er sogar eine conciliarische Ent= scheidung für dennoch nöthig und legte dann sein päpstliches Schreiben zur Aburtheilung durch's Concil freiwillig möglichst sofort diesem vor. Dachte ein solcher an eine ihm innewohnende Fähigkeit cathe= draler Unfehlbarkeit?

Sein Schreiben konnte gebilligt werden, wie das Leo's des Großen an den Patriarchen Flavian von Constantinopel bezüglich der Eutychianischen Lehre von der 4. ökumenischen Synode gebilligt wurde. Stützte man sich in solchem Falle auf den Brief des Papstes oder auf den Beschluß des Concils? Letzterer hatte sich doch nicht auf erstern gestützt! Aber die Papstentscheidung konnte verworfen werden, wie es Honorius auf dem Concile in Constantinopel widerfuhr. Stand denn nun dieses Concil über dem Papste, oder behauptete der Papst, wie er pflichtmäßig auf

Grund seiner Unfehlbarkeit gemußt hätte, die Unfehlbarkeit seines Urtheils gegenüber dem Concile?

28. Wenn der Papst Siricius (385—398) eine Ahnung von der ihm anvertrauten Kraft gehabt hätte, wie durfte er alsdann eine Entscheidung von sich abwenden und sie dem zweifelhaften Concile zuschieben? Er lehnte aber die Aburtheilung der Irrlehre des Bischof Bonosus ab! Er hatte also kein anderes Wissen von seinen Eigenschaften, als das seiner Unwissenheit und seiner menschlichen Irrthumsfähigkeit! Und zu deß' Zeichen setzt er noch hinzu, daß ihm keine Competenz zu solcher Entscheidung beiwohne; denn diese ruhe in erster Linie bei der Synode der Bischöfe, weil dieser „judicandi facultas" gegeben sei; ihm convenire es nicht, „quasi ex synodi autoritate" zu judiciren, daher er seine Norm erst von der Bischöfe Meinung entnehmen wolle.

29. Es war dieser Papst nun, wie es das vatikanische Dekret will, „aus sich und nicht aus dem Consense der Kirche" unfehlbar. Also hat er ja dennoch gefehlt und war als Unfehlbarer fehlbar, weil er im Auffassen und Wissen von seiner Unfehlbarkeit eine fehlerhafte Entscheidung gegeben hat! Gerade für die damalige Zeit fragt man sich aber, wie jenes Dogma, wenn es ein Offenbarungssatz gewesen, bei der damals mehr wie je auftretenden Noth der Glaubensstreitigkeiten habe unerkannt und sogar verkannt und ungeübt bleiben können, und wie der Papst, als „der höchste Lehrer und Unterweiser der Kirche (doctor ac Magister)", habe nicht beachtet und zu conciliarischen Glaubensentscheidungen sogar als unwesentlich und vollends entbehrlich habe erachtet werden können?

30. Womit könnte beseitigt werden, was St. Augustinus von der Petrus-Fels-Stelle verkündet:

„Die Kirche geht nicht unter, weil sie auf den Fels gegründet ist, von dem Petrus seinen Namen erhielt. Denn Fels kommt nicht von Petrus, sondern Petrus von Fels, wie nicht Christus von Christ, sondern Christ von Christus benannt wird. Darum nämlich sagte der Herr: Auf diesen Felsen will ich meine Kirche bauen, weil Petrus gesagt hatte: Du bist Christus, der Sohn des lebendigen Gottes. Auf diesen Felsen also, den du bekannt hast, will ich meine Kirche bauen. Der Fels war nämlich Christus. Weil nämlich Christus der Fels war, war Petrus das christliche Volk."

Ist denn diese Auffassung nicht echt der heiligen Schrift entsprechend und insbesondere im Einklang mit Petrus selbst (1. Brief 2, 6 und ff.) bezüglich des von ihm bezeichneten Grundsteines, des Felsens und des christlichen Volkes, oder wäre hier St. Augustin nicht vollkommen getreu dem Petrinischen Ausspruch:

„Zu ihm seid ihr gekommen als dem lebendigen Grundsteine . . . . und auch ihr als lebendige Steine darüber gebaut, ein geistiger Tempel, eine heilige Priesterschaft . . . . Siehe, ich lege in Sion einen Grund= und Eckstein . . . . und wer an ihn glaubt, wird nicht zu Schanden werden . . . . Den Ungläubigen ist er ein Stein des Anstoßes und ein Fels des Strauchelns . . . . Ihr aber seid das auserwählte Geschlecht, die königliche Priesterschaft, das heilige Volk, das erworbene Eigenthum."

**31.** Und dann endet St. Augustinus mit den Worten:

„Auf diesen Felsen, den du bekannt hast, auf diesen Felsen, den du erkannt hast, d. h. auf mich selbst, den Sohn des lebendigen Gottes, will ich meine Kirche bauen. Auf mich will ich dich aufbauen, nicht mich auf dich."

Fürwahr, fast muß dieses vornehmste Licht der christlichen Glaubens= lehre im Geiste den Mißbrauch der Petrus=Fels=Stelle vorausgesehen haben, der in den folgenden Jahrhunderten von Rom aus betrieben und dann im Vatican auf die Höhe getrieben werden sollte, ihn und seinen Gewährsmann, den wirklich innerhalb der erhaltenen Offenbarung unfehl= baren Apostel Petrus selbst, aus dem Register der rechtgläubigen Christen ab= und dem der Ketzer des 18. Juli 1870 zuzusetzen!

**32.** Und nun in der Zeit nach Augustinus — was ist da Kirchen= glaube bezüglich des Felsens gewesen? Man widerlege die Aussprüche von Rufinus (408): „Christus ist sowohl Fels als Haupt. Von diesem Felsen sagt der Herr selbst: Und auf diesen Fels will ich meine Kirche bauen."

Theodoret (etwa 458) gestorben): „Denn da jener sagte: Du bist Christus, sagte dieser: Auf diesen Fels will ich meine Kirche bauen. Nennt Euch also nicht nach Menschen; denn Christus ist das Fundament."

Cassiodor (etwa 565 gestorben): „Nach den Worten: Du bist Petrus — kann die Kirche nicht erschüttert werden, sie, die auf den festesten Fels, d. i. den Herrn Christus, aufgebaut ist."

Procopius (um 590): „Zuerst legte er als Grundstein den Glauben auf den Felsen, der Christus ist; und so reihte er die Tugend an."

Endlich Gregor der Große (gestorben 604): „Du bist Petrus," sagte er. — „Er selbst nämlich ist der Fels, von dem Petrus seinen Namen erhielt und auf den er seine Kirche zu bauen verhieß."

**33.** Giebt es also eine nach Menschen benannte Kirche, eine des heiligen Petrus und seiner etwaigen Nachfolger auf dem sogenannten Stuhle Petri, giebt es eine Papstkirche oder eine römische in dem Sinne einer römisch=katholischen oder (wie sie will:) der schlechthin allei= nigen katholischen Kirche?

Jedenfalls giebt es nur eine allgemeine christliche Gesammt=

kirche! Nur sie ist die katholische Kirche, und die römische ist nur eine Theil- und Restkirche, und das nicht einmal von jener Gesammtkirche, sondern, wie die russische Kirche ein Theil der morgenländischen, so ist die römische ein Theil der abendländischen Theilkirche! Und noch das ist zu hoch bestimmt! Die Geschichte der römischen Kirche zeichnet sie als den Rest von einem Theile der abendländischen Hälfte der Gesammtkirche.

Oder könnte die eine „Kirche des heiligen Petrus und seiner Nachfolger" jene christlich-katholische ganz und selbst sein? Wäre sie denn mehr wie auch die des heiligen Petrus in Antiochien, die der 12 Apostel in Jerusalem, die des heiligen Markus in Alexandrien, die zu Ephesus unter dem heiligen Johannes und die zu Jerusalem unter den beiden Jacobus u. s. w.? Ist sie, soweit sie vorhanden, etwas Anderes als jene vaticanische, nicht mehr katholische Restkirche?

**34.** Ist sie nicht gerade als solche in ihrer Losreißung vom Theile der Hälfte des Ganzen höchst irrthumsfähig? Sind ihre Concilien nicht schlichte Local- oder höchstens Particularsynoden? Kann die Stimmenmehrheit derselben mit oder ohne oder gegen Papst oder Papstmeinung einem neuen dogmatischen Satze das ersetzen, was ihm ein- für allemal und für immer Mangels einer Offenbarung durch Christus abgeht? Oder giebt es, wie Particular- und Localsynoden, auch National-, Particular- und Localdogmen von solchen Concilien? Wenn mittels eines solchen sogenannten verpflichtenden Concilsspruches und sogar mittels einer vom Papste selbst ohne oder trotz Concil aus sich gegebenen Entscheidung neue Lehren gegen die Schrift, die Apostelaussprüche und Ueberlieferungen der Gesammtkirche in die römische Restkirche eingeführt werden, welchen Werth können sie für diese, welchen für die andern nicht römischen Theilkirchen und erst für die katholische Gesammtkirche haben? Was würde bei solchen Lehrentscheidungen jener Restkirche aus der christlichen Gesammtkirche werden müssen? Was würde aus der Einheit des Katholicismus werden, wenn einmal alle Theilkirchen, ihre Synoden und sogar Häupter nach freier Forschung in ihrer eigenen oder gar der römischen Weise zu dogmatisiren sich verstatteten? Doch wohl in traurig vermehrter Erneuerung das, was gegenüber der Bekämpfung der anfänglichen Papstanmaßungen schon einmal geschehen, als der Orient den Occident für schismatisch erklärte und in den Bann that: vervielfältigte Spaltung der Gesammtkirche, Vereinzelungen und Befehdungen der Theilkirchen unter einander, eine immer mehr und mehr sich vollziehende Vereinzelung unter

Losreißung aller Kirchen von einander, sowie von der Grundlage und Verfassung, die Christus gegeben, endlich die fortschreitende Ausgeburt von dogmatischen Utopien oder gar nationalen Liebhabereien, von Einzel= ideen oder mönchischen Spintisirereien, dann unter vielfältigster Ent= stellung des Urbildes und der Urlehren der apostolischen Kirche ein Zu= eilen auf das Irrlicht päpstlicher Zukunftstheologie mit dem Uebermaaß falscher Neulehren eines römischen Doctors, unfehlbaren Entdeckers und Entscheiders, des trügerischerweise jüngst neugeschaffenen Stellvertreters des offenbarenden heiligen Geistes!

**35.** Wenn die römische Theologie dennoch weitergehen und gegen die älteste Ueberlieferung Etwas als Heilswahrheit und Zwangsdogma verkünden will, worauf kann sie sich stützen? Was beweist z. B. die oft angerufene Stelle des Irenäus († 202) in dessen Schrift contra haereses lib. III. cap. III. für die Person des Papstes und seine Unfehlbarkeit? Sie lautet in der uns erhaltenen schlechten lateinischen Übersetzung:

„Ad hanc enim ecclesiam propter potiorem (Rom setzte dafür: potentiorem) principalitatem necesse est omnem convenire ecclesiam, hoc est, eos qui sunt undique fideles, in qua semper ab his, qui sunt undique, conservata est ea quae est ab apostolis traditio" oder in er= klärender Übertragung: Da in ihr (der römischen Kirche) immer von denen, die von überallher dorthin kommen, die von den Aposteln her= stammende Überlieferung erhalten worden ist, so ist wegen ihres höhern Vorzugs erforderlich, daß jegliche Kirchen oder vielmehr deren Gläubigen von überallher zu ihr (nach Rom) zusammenkommen.

Handelt es sich denn hier nicht lediglich um die Frage, wo die aposto= lische Tradition der Lehre am Besten zum Ausdruck gelange und warum gerade in Rom sich das Zeugniß der überlieferten apostolischen Lehren am kräftigsten auspräge? Es ist nach Wort und Sinn lediglich gesagt, daß das Zeugniß derer, „die von überallher sind", einen höhern Werth genieße und der Stadt Rom einen solchen zuwende, indem es dort als das Gesammtergebniß und Einheitszeugniß der von den viel= fachen andern Kirchen her nach Rom reisenden Gläubigen erkennbar werde.

Wenn nun die Stadt diese Prinzipalität genießt, warum will sie deren Bischof für sich allein besitzen? Ist denn der Person des Papstes eine solche zugesprochen, von ihm eine Thätigkeit oder Wirksamkeit be= hauptet, ein entscheidender Werth vermuthet, eine That oder auch nur die geringste Zuthat erwartet? Es ist doch allenfalls nur eine Parallele dieser Kundgebungen aus der weitesten Kirche mit der vielseitigen Zeugen=

schaft der Väter auf den ökumenischen Concilien gegeben, dem Papste persönlich also höchstens ein mit diesen gleichwerthiges Einzelzeugniß zugestanden!

36. Da das griechische Original dieser Stelle fehlte, haben die Papsttheologen leichthin convenire ad (irgendwohin zusammenkommen) mit convenire cum (übereinstimmen mit . . .) vertauscht, was im Grie= chischen συμβαινειν προς voraussetzte und auf das lateinische consentire (übereinstimmen) hinauskam. War das nicht an sich schon Fälschung?

Nun besitzen wir aber ein Schreiben von der Gemeinde desselbigen Bischof Irenäus, Lyon, herrührend und offenbar von ihm selbst oder doch nach seinen obigen Worten abgefaßt und an eben diese römische Gemeinde gerichtet, das denselben Gedanken dahin ausdrückt: Της ενθα δε πανη-γυρεως· εστι δε αυτη πολυανθρωπος εκ παντων των εθνων ερχομενων εις αυτην.*)

Ist damit nicht συμβαινειν ausgeschlossen und συνερχεσθαι εις.. (nach einem Orte hin zusammengehen) dargethan, ist damit nicht der Sinn gegeben, daß in Rom die Zeugenschaft der christlichen Wahrheit, die Bekundung der Tradition aus ihrer Ubiquität polyanthropisch und international durch die zu Wagen, zu Pferde oder per pedes apostolorum dort Ankommenden zusammengetragen und dadurch zur Erscheinung ge= bracht werde?

Da ist doch wohl Rom nicht Quelle im herrschenden Centrum, son= dern Stapelplatz auf neutralem Gebiet! Die Lehre auch der römischen Kirche ist bewahrt und geschützt unter dem Einflusse der Lehren aller und namentlich der übrigen ebenso apostolischen Kirchen, d. i. also der ganzen katholischen Kirche. Und wenn der römische Papst das Geschenk seines weitesten Segens ertheilt, dann müßte er ihn in Dankbarkeit zunächst orbi, dem befruchtenden Erdkreis, und danach erst urbi, der empfangen= den Stadt Rom, zulenken!

37. Aber wo ist denn überhaupt vom Bischofe dieser römischen Station für sich und ohne seine Kirche, geschweige denn ohne und gegen die Gesammtkirche die Rede? Und ist denn Rom einzig und allein in dieser begünstigten Position eines Allerwelts=Reisezieles?

Dieselbe aus dem Zusammenströmen asiatischer, ägyptischer, palästi= nischer Christen sich bildende Fundstelle der kirchlichen Überlieferung

---

*) „Denn es ist eine wahre Völkeransammlung daselbst; die Stadt ist nämlich von vielen Menschen aus all' den Völkerschaften besucht, welche in die= selbe kommen."

mißt zwei Jahrhunderte später Gregor von Nazianz der zweiten Reichshauptstadt Constantinopel, dem Neurom der Christenheit, bei, indem er sie bezeichnete als „das Auge der Welt" in der von allerwärts alles Hohe zusammenströme, von der als dem gemeinsamen Emporium des Glaubens Alles ausgehe.

**38.** Etwa hundert Jahre später schreibt der Erzbischof Firmilian von Neucäsarea (225), der jene Irenäus-Schrift gekannt haben wird, jedenfalls aber deren Sinn im Munde führt, nichts von einer solchen Papststellung, vielmehr erklärt er: „Alle, die getauft sind, gehören der Kirche an." Die alte Kirche in ihrer Einheit verstand diese Stellung, befolgte ihre Meinung, mißbrauchte sie aber nicht in dem papistisch-römischen Sinn der Zukunft! Freilich beanspruchte Bonifaz VIII. in seiner bekannten Bulle: Unam sanctam (18. November 1302), daß jede menschliche Creatur dem römischen Bischof unterworfen sei. Freilich nahm diese Gewalt im Jahre 1855 Bischof Martin in Paderborn für seinen römischen Universalbischof und obersten Lehnsherrn, Pius IX., mittels Hirtenbriefes wieder in Anspruch! Was ist aber nun die alte katholische Lehre? was ist die neue päpstliche und ist diese noch katholisch?

**39.** Wie traten Cyprian und Firmilian gegen den Papst Stephan (253—257) auf?

Dieser widersprach der auf mehreren Synoden bestätigten Lehre, nach der die außerhalb der Kirche in getrennten Genossenschaften ertheilte Taufe ungiltig sein sollte, und ging so weit, daß er diese Kirchen von der Gemeinschaft mit sich ausschloß. Da sprachen ihm Cyprian wie Firmilian jedes Recht zu derartigem Eingreifen unter scharfen Rügen über seine Anmaßung ab und die andern östlichen Kirchen blieben, unbekümmert um diese Papstentscheidung, bei der abweichenden Praxis. Kann die damalige Kirche und ihr Episcopat auch nur die entfernteste Ahnung von einem persönlich unfehlbaren Papste gehabt haben?

**40.** Ist in der Art der uns bekannten Thätigkeit der Localsynoden, der Gemeinden und ihrer Bischöfe beim Auftreten von Glaubensstreitigkeiten auch nur das Minimum, vielleicht eine Vorstufe oder ein Keim der persönlichen Papstunfehlbarkeit zu entdecken? oder ist deren Gegentheil allein herrschend und anerkannt? Warum überhaupt schritt man in der alten ungetheilten Kirche zu Concilien?

Bei der arianischen Lehrstreitigkeit hätte schon die langjährige Dauer des Kampfes gegen diese ein- und umgreifendste Irrlehre zur Anrufung einer Papstentscheidung nöthigen müssen. Man wußte nicht nur nichts von dieser Lehrautorität, man handelte auch gegen und ohne den Papst: Der Kaiser berief eine Reichssynode nach Nicäa, das I. ökumenische Concil beschloß in Abwesenheit des Bischofs von Rom, seine Entscheidungen sind nicht einmal von diesem bestätigt! sie sind, wie die der ersten 8, allein ökumenischen Concilien, von den Kaisern auf den Synoden selbst bestätigt; nicht Papst Sylvester hat sie als Glaubens= sätze öffentlich verkündigt, sondern Kaiser Constantin hat sie in förmlichem Edict als Staatsgesetze promulgirt!

**41.** Welche Glaubensmeinung über den Papst können die Väter des 2. ökumenischen Concils zu Constantinopel gehabt haben, da sie zusammentraten ohne päpstliche Initiative, ohne Theilnahme oder auch nur Vertretung des römischen Bischofs, geschweige denn, daß sie eine Bestätigung des letztern verlangt hätten — und hätten sie diese nicht umsomehr erforderlich finden müssen, als es sich um Erweiterung des apostolischen und nicänischen Glaubensbekenntnisses damals handelte?

**42.** Aus dem Munde des Hieronymus beweist gerade das Wort: Cathedram Petri et fidem apostolico ore laudatam censuit con-sulendam, daß nicht die cathedra an sich Glauben schaffen, nicht der Inhaber derselben aus sich Wahrheit schöpfen könne, sondern daß erst durch die Verkündigung und Überlieferung aus der Apostel Mund das Lob eines Glaubenssatzes erwachse und daß man zu dessen Feststellung sich nicht bei der cathedra, sondern bei ihr in Verbindung mit der apostolischen Lehre Rath zu holen habe. Also hat nach diesem Aus= spruche statt blinder Unterwerfung die Prüfung einzutreten, ob im einzelnen Falle der Papst in Übereinstimmung mit der Über= lieferung der Apostel gelehrt habe oder nicht!

Ebensowenig beweisen die Worte des Hieronymus: „propterea inter duodecim unus eligitur, ut capite constituto schismatis tolleretur occasio"*) Etwas für die Entscheidungsfähigkeit des gewählten Ersten; denn nicht ein schon vorhandenes Schisma soll er mit seinem unfehlbaren Spruche schlichten können, sondern als Erster unter den Gleichen soll er gewählt sein, um Ursachen und Gelegenheiten zu Spaltungen von der Kirche fernzuhalten oder eintretenden Falles zusammen mit den Gleichen beheben zu können!

**43.** Von Augustinus besitzen wir den Ausspruch: „Diejenigen sind Schismatiker, welche sich von der Lehre und der Gemeinschaft dieser

---

*) „Deshalb wird unter Zwölfen Einer erwählt, damit unter Einsetzung eines Hauptes Gelegenheit zu einem Schisma behoben werde."

apostolischen Stühle absonderten." Also diese waren ihm einzeln gleichwerthig und gemeinsam vollwichtig! — Was sollen nun die oft angerufenen beiden Stellen desselben: I. (Romana ecclesia) „in qua semper apostolicae cathedrae viguit principatus" stellt doch nur Rom unter dem Vorrang eines Apostelsitzes hin, so daß also der vormalige Apostel und die von ihm hinterbliebene Lehre, nicht der jeweilige individuelle Bischof, dieser Cathedra den Vorrang gibt, daher auch die andern apostolischen Kirchen mit ihrer Überlieferung gleichen Vorrang vor andern nachgegründeten Kirchen behaupten. Keinesfalls konnte Augustinus auf anderm Standpunkte stehen, wie Irenäus keinesfalls in Widerspruch mit den oben aufgeführten drei Concilsentscheidungen treten. Auch bei der papalistischsten Auffassung dieser Stelle kann sie nie ein Beleg für Unfehlbarkeitsglauben ihres Verfassers werden.

Dem Standpunkte der Gleichwerthigkeit mit Rom schließt sich denn auch Pelagius I. (555 bis 560), nichts wissend von einem Lehrvorzuge der römischen Kirche, mit der Mahnung an, daß man sich bei auftauchenden Glaubenszweifeln der Lehre der apostolischen Kirchen (also Antiochien, Alexandrien und Jerusalem neben Rom) anschließen solle. II. Iam enim de hac causa (der Pelagianer) duo concilia (Mileve und Chartago) missa sunt ad sedem apostolicam: inde etiam rescripta venerunt (die ostafrikanischen Synodaldecrete). Causa finita est: utinam aliquando finiatur error*). Danach hat also nicht Rom der damaligen Irrlehre ein Ziel gesetzt und nicht hat Augustin die ihm angedichtete Logik: „Roma locuta: res finita" verbrochen. Ein solcher Ausspruch besteht nicht! Nicht Rom, nicht der römische Bischof hat gesprochen, sondern zwei Concilien haben durch ihre Decrete die Pelagianische Lehre als eine irrige verworfen — und diese Decrete sind in Rom durch Innocenz I. gebilligt worden. Aber abgesehen von Rom und Concilien war dem heiligen Augustin die von ihm als aperta pernicies (offenbares Verderben) bezeichnete Verirrung so klar liegend, daß sie ihm auch ohne Rom und Concilien beendet schien.

Darin täuschte er sich nun! Nicht die Sprache Roms, sondern der Ausspruch des ökumenischen Concils zu Ephesus (431) hat der Häresie das Ende bereitet. Und gerade weil er auf den Papst jenes Gewicht nicht legte, hatte er auf jene beiden conciliarischen Entscheidungen

---

*) „Über diesen Streit sind nämlich schon zwei Concilien nach dem apostolischen Stuhle entsandt worden. Von da sind auch Bescheide eingegangen. Der Streit ist also zu Ende: o, daß nun auch einmal der Irrthum beendet wäre!"

gefußt, indem er jede Nachprüfung abwies mit den Worten: „Damnata ergo haeresis ab episcopis, non adhuc ab episcopis examinanda."*)

**44.** Haben denn nicht Päpste offenbare Häresieen damals gelehrt oder auch unterstützt und waren darin selbst häretisch? Als Marcellus, Bischof von Ancyra (Helfer des Athanasius) Lehren vorbrachte, die offenbar sabellianisch waren, irrte Papst Julius I. (336), indem er ihn auf seiner römischen Synode für einen Rechtsgläubigen erklärte.

**45.** Als Athanasius nach der echten Lehre den ketzerischen Arianismus verfolgte, irrte Papst Liberius (353—366), da er, um sich die Rückkehr aus der Verbannung vom Kaiser zu erkaufen, in die Verdammung des Athanasius einstimmte und das arianische Glaubensbekenntniß unterschrieb.

„Anathema Dir Liberius!" riefen damals die eifrigen katholischen Bischöfe — und die sollen den Papst für anders als fehlbar gehalten haben? oder die Gesammtkirche soll ihn für unfehlbar gehalten haben?

**46.** Die von der Autorität der Kirche und der Glaubensregel redenden Schriften der Kirchenväter, eines Tertullian, Cyprian und Augustinus, auch des Vincenz von Lerins, beziehen sich nie auf Entscheidungen der Päpste und lehren nirgends, daß man die Meinung derselben einzuholen habe.

Alle diese kennen nur die kirchliche Überlieferung unter den bedingenden Merkmalen, daß eine Lehre immer, überall und von Allen geglaubt worden sei!

**47.** Haben denn diese Kirchenväter überhaupt je daran gedacht, daß die Zahl der Glaubenssätze überhaupt vermehrt werden könne, daß dies durch eine aus sich selbst schöpfende Macht des römischen Bischofs geschehen könne?

Augustinus setzt zur Vorbedingung der Taufe nur: Glauben an Gott den Schöpfer, an die Dreipersönlichkeit Gottes und an die Verdienstlichkeit des Erlösungswerkes Christi. Die so glaubenden Getauften stehen in der Mitgliedschaft der Kirche Christi! sie stehen, obwohl „menschliche Creaturen", nicht nach der Bulle „Unam sanctam" Bonifaz VIII. in der „Botmäßigkeit des Papstes."

**48.** Hat Augustinus vorausgesetzt oder gar gehofft, dieselben würden mit weiterm Fortschreiten im Glauben zum Wunderglauben und

---

sogar zu einem schrift= und traktionswidrigen Wunderglauben bezüglich der Person des Papstes gelangen?

Im Gegentheil geht sein Ausspruch in einer Unterrichtsschrift vom Jahre 393 dahin: „Der katholische Glaube ist mit der größten, sprachlich erreichbaren Kürze den Gläubigen" — auch den Papstgläubigen? — „bekannt und ihrem Gedächtniß eingeprägt in dem Symbolum. Was zu glauben, zu hoffen und zu lieben sei, ist leicht zu sagen; denn siehe, Du hast" — auch Du, Papstgläubiger? — „das Symbolum und das Gebet des Herrn: was ist kürzer zum Anhören oder Lesen? was leichter dem Gedächtnisse anzuvertrauen?"

Aber wie umfangreich muß das Wissen um alle die neuen päpst= lichen, theologisch=philosophischen und Wunderbogmen der sogenannten heutigen Kirche sein? Und, wenn wir sie auch nicht wissen können, wir müssen sie alle glauben, sobald nur ein (Gott weiß wie) zum römischen Bischofssitze gelangter Unfehlbarer als so betitelte „katholische Kirche" sie zu glauben vorgestellt hat, andernfalls sind wir trotz der ge= einten alten Kirche, der apostolischen Zeugnisse und der Kirchenväter, ins= besondere des Kirchenlichtes Augustinus, als Ketzer in Verdammniß erklärt auf ewig!

**49.** Gregor I., der Große (590—604) verbat sich den „gottes= läslerlichen und frevelhaften Titel: ,ökumenischer Patriarch'." Erstens hatte er also keinen Begriff von seinem Universalepiscopat, zweitens noch viel weniger von seiner Infallibilität, drittens nannte er jeden Anklang an diese Undinge sogar Gotteslästerung und Frevel!

Infallibiliste! Was willst du noch mehr aus dem Munde eines nach deiner Meinung unfehlbaren Papstes, und dazu eines so „großen"?

### III.
### Kirchengeschichte.

Wie schön ist die Geschichte!
Es lernt sie Mancher früh,
Und Mancher lernt sie später,
Und Mancher manchmal nie.

**50.** Wie kann man an der Auffassung der alten Kirche noch zweifeln oder wie den vielgläubigen und wundergläubigen Dogmatismus der auf= strebenden Papstherrschsucht vertreten gegenüber jenem Bekenntnißschreiben des Augustinus, gegenüber der fernern Irenäus=Stelle (III. 4, 1.): Et si de aliqua modica quaestione disceptatio esset, nonne oporteret in autiquissimas recurrere ecclesias, in quibus apostoli conversati sunt et ab eis de praesenti quaestione sumere quod certum et re liquidum est? Quid autem si neque apostoli quidem Scripturas reliquissent nobis, nonne opportebat ordinem sequi traditionis, quam tradiderunt eis, quibus committebant ecclesias?*) gegenüber folgendem Mahnschreiben (commonitorium contra haereses) des Vincenz von Lerins vom Jahre 434 (?) Cap. 3: In ipsa item catholica ecclesia magnopere curandum est, ut id teneamus, quod ubique, quod semper, quod ab omnibus creditum est. Hoc est enim vere proprieque catholicum; quod ipsa vis nominis ratioque declarat; quae omnia fere universaliter comprehendit. Sed hoc ita demum fiet, si sequamur universitatem, antiquitatem, consensionem. — Cap. 10 . . . adnunciare ergo aliquid Christianis catholicis, praeter id quod acceperunt, nunquam licuit, nusquam licet, nunquam licebit; et anathematizare eos, qui adnuntiant aliquid praeterquam quod semel acceptum est, nunquam non oportuit, nusquam non oportet, nunquam non oportebit."**) Tragen nicht gerade die von der Christenheit überwundenen oder von allgemeinen Concilien verurtheilten Irrlehren das Kennzeichen, nicht von Allen in jeder Kirche zu jeglicher Zeit geglaubt worden zu sein?

51. Wenn die neue Lehre der Unfehlbarkeit und des Universalepiscopates das Erforderniß des Alters und immerwährender Anerkennung, sowie überall und übereinstimmend bestandener Geltung für sich aufweisen

---

*) Und wenn über irgend eine nicht allzu bedeutende Frage Streit war, würde es nicht nöthig sein, auf die ältesten Kirchen zurückzugehen, in denen die Apostel noch verkehrt haben, und von ihnen für die gegenwärtige Frage zu entnehmen, was sicher und sachlich klar ist? Was aber, wenn die Apostel uns nicht einmal Schriften hinterlassen hätten, wurde dann nicht nothwendig, dem Gang der Überlieferung zu folgen, welche sie denen übertrugen, denen sie ihre Kirchen anvertrauten?"

**) „In dieser katholischen Kirche ist ferner dafür besonders Sorge zu tragen, daß wir das festhalten, was überall, was immer, was von Allen geglaubt worden ist. Denn das ist wahrhaft und im eigentlichen Sinne katholisch, wie es die Bedeutsamkeit des Namens und die Vernunft selbst erklärt; denn diese umfaßt Alles fast universell. Aber dies wird erst so zu erreichen sein, wenn wir die Allgemeinheit, das älteste Herkommen, die Übereinstimmung zur Richtschnur nehmen möchten . . . . Also den katholischen Christen Etwas verkündigen, außer dem was sie empfangen haben, war nie erlaubt, ist nirgends erlaubt, wird niemals erlaubt sein, und diejenigen in den Bann erklären, welche eine Lehre verkündigen außer der, die sie einmal empfangen haben, war stets nöthig, ist überall nöthig und wird stets nöthig sein."

könnte, so hätten doch längst die Theologen eines Gregor und Innocenz und alle die römischen Curialisten des nach seiner Vergottung strebenden Papstthums hiefür die Nachweise zur Hand gehabt und der Christenheit klar dargelegt.

Da man die Entstehung und Ausbreitung dieser Lehre, die Mittel ihrer Berühmung und Empfehlung, auch ihrer zwangsweisen Aufdrängung geschichtlich darthun kann: wann ist sie denn jemals auch nur in einer einzigen Kirche des Orients und Occidents allgemein geltend gewesen?

52. Wann ist sie überhaupt jemals in jedem Theile der katholischen Kirche bekannt gewesen! Keine Katechese, keine Schrift kann der römische Papsttheologe vorlegen, die eine Andeutung, geschweige denn eine Entwickelung dieser Papstherrlichkeit enthielte. Die abendländische Kirche kannte in den 1000 Jahren ihrer Vereinigung mit der morgenländischen dieselbe so wenig wie diese selbst! Dreizehn Jahrhunderte lang war dieselbe der ganzen Kirche seitens auch gerade ihrer unfehlbaren Päpste vorenthalten! Wie die Minoritätsbischöfe auf dem vatikanischen Concile erklärten, ist sie dem katholischen Volke in ihren Diözesen nicht vorgestellt, und, wie der damalige Bischof Krementz bezeugte, war sie auch 1870 noch ganzen Theilen seiner ermeländer Diözese nicht einmal dem Namen nach bekannt! Soll denn dieses Bischofs Diözese allein so ununterrichtet im Glauben der römischen Kirche damals gewesen sein?

53. Auch verlangt ja Tertullian (im 2. Jahrhundert der Kirche) für die Giltigkeit eines Glaubenssatzes die Probe, daß derselbe als ein einheitlicher in der ganzen Kirche anerkannt gewesen! Es wird auf die andern Bischofssitze, auf die großen, von den Aposteln gegründeten Kirchen Bedacht genommen. Diese stellt er in ihrer Uebereinstimmung sogar über Rom! Ecquid verisimile est, ut tot ac tantae (ecclesiae) in unam fidem erraverint? (Tertullian c. 25 de praescr. haer).*)

54. Umgekehrt gibt aber das Bekenntniß eines noch so großen Theiles der Kirche keinen, auch nur einigermaßen gewichtigen Beweis für deren Alter, wohl aber einen greifbaren Beweis für den Mangel der Ubiquität und der allgemeinen Zustimmung! Oder hat der

---

*) Ist es denn wahrscheinlich, daß so viele und so große Kirchen sich in denselben einen Glauben hinein verirrt hätten?

Umfang und die fast allgemein gewordene Annahme der arianischen Irrlehre den Mangel ihres Alters und ihrer Allgemeingiltigkeit zudecken können? „Ingemuit totus orbis et Arianum se esse miratus."*) (Hieronymus dial. adversus Luc. ferianos. No. 19). Kann also die (obwohl nur scheinbare) Zahl der (anscheinend) an den römischen Unfehlbaren Glaubenden Etwas beweisen oder Apostolizität und allgemeine, von jeher geübte Zustimmung bezüglich der neuen Lehre ersetzen und ergänzen? wird nicht auch hier ein Aufseufzen des infallibilistisch gewordenen römischen Erdkreises das anologe Ende so unserer zweiten größten, wie jener ersten größten Glaubensverirrung des 4. Jahrhunderts sein?

**55.** Darf sich der Christ einer Prüfung der Erfordernisse wahrer Glaubenslehre entziehen? muß er denn nicht prüfen und scheiden, da der Apostel ermahnt, Alles zu prüfen und das Gute zu behalten?

Der unfehlbare Papst Gelasius (492—496) (tractatus quartus de vinculo anathematis) bejaht diese Frage: „Weil in den heiligen Büchern auch die Profanitäten Einzelner und Verübung von Verbrechen erzählt werden, müssen wir deshalb Alles, weil es in denselben steht, gleichmäßig verehren und befolgen? Da St. Petrus, der erste der Apostel, meinte, die Gnade des neuen Testaments sei ohne Abweichung von den Einrichtungen des alten Gesetzes zu predigen, auch Einiges unter Verkehrung („Simulation") bei den Juden und Heiden vornahm, muß man deshalb auch das befolgen, was sein Mitapostel mit Recht rügt und was er später consequent selbst vermied, und muß man das in gleicher Weise annehmen, wie das Heilsame, das er, als erster Apostel gelehrt? Ist etwa auch seine richtige Lehre mit dem, was ihm menschlich begegnete, zu verwerfen oder ist jene noch schwache Unwissenheit wie seine vollendete Wissenheit als Lehre anzunehmen? . . . . Sagt doch der Apostel: „Alles prüfet, was gut ist behaltet." Also dem Petrus konnte in der Lehre Menschliches begegnen — aber seine Nachfolger sind Übermenschen!

**56.** Den Papst Honorius (625—638) anlangend ist festgestellt, daß er von 3 Patriarchen befragt, in seinen dogmatischen Schreiben monotheletische Aussprüche gethan hat. War er also unfehlbar?

---

*) „Der ganze Erdkreis seufzte und wunderte sich, daß er Arianisch geworden war."

Angenommen er war es, so war es nicht sein Nachfolger Martin, der im Jahre 649 jene dogmatischen Aussprüche auf einer Synode von 105 Bischöfen als ketzerisch verwarf, so war es ferner nicht das von Kaiser Constantin im Jahre 680 nach Constantinopel berufene 6. ökumenische Concil!

Konnte es denn überhaupt berufen werden, wenn die damalige Kirche nicht einen dogmatischen Papsterlaß, sei es des Honorius, sei es des Martin für irrthumsfähig hielt?

Konnte das Concil, wie es wirklich im Jahre 680 gethan, den Papst Honorius als Ketzer verdammen, und zwar in feierlichster Weise und ohne jeglichen Einwurf, wenn es von Papstunfehlbarkeit auch nur die entfernteste Vorstellung hatte? Übrigens ist Honorius von 3 ökumenischen Concilien und von den Päpsten zweier Jahrhunderte hindurch als Ketzer benannt worden!

57. Angenommen nun aber, daß dieses Concil von 680 wie vordem der unfehlbare Papst Martin geirrt habe, so sind wieder die unfehlbaren Päpste, welche in der Folge darauf dem Concile und dem Papst Martin mit seiner Synode beipflichteten, die den Honorius als einen Ketzer in den Kirchen des Orients wie des Occidents ausriefen und in den Kirchenbüchern löschten, nicht unfehlbar! Und was sind denn nun die folgenden Päpste, welche sämmtlich nach dem liber diurnus den Papsteib dahin leisten: „Auctores vero novi haeretici dogmatis Sergium, Pyrrhum . . . . una cum Honorio . . . . . cum omnibus haereticis scriptis . . . . . nexu anathematis devinxerunt, qui unam execrabiliter asserebant voluntatem?"

Wem wird es angesichts dessen noch möglich sein zu verkennen, daß, selbst wenn keine dogmatische Erklärung des Honorius vorläge oder wenn dieser dabei als doctor und magister der Kirche aufgetreten wäre, damals Jahrhunderte lang keine andere Meinung die allgemeine und die eines jeden Christen, Klerikers oder Concils gewesen, als die: Es können Lehrentscheidungeen eines Papstes für irrig erklärt werden; es müssen daher solche auch irrig sein können; es besteht die Möglichkeit einer ketzerischen Lehre aus des Papstes Munde: daher besteht auch das Recht der Verdammung eines solchen als Ketzers, und daher gibt es keine Papstunfehlbarkeit!

58. Andernfalls — was würde aus dem canonischen Rechte C. VI. Dist. XI. werden: „Damnatur Apostolicus, qui suae et fraternae salutis est negligens . . . . Item ex dictis Bonifacii mar-

tyris . . . . Hujus culpas istic redarguere praesumit mortalium nullus, quia cunctos ipse judicaturus a nemine est judicandus, nisi deprehendatur a fide devius; pro cujus perpetuo statu universitas fidelium tanto instantius orat, quanto suam salutem post Deum ex illius incolumitate animadvertit propentius pendere\*). Beweist dieses Beten nicht die furchtsame Überzeugung, daß der Papst der Christenheit falsche Lehren ertheilen könne? Ist das nicht die von früher her bestehen gebliebene kirchliche Bitte für den Papst, die in der Allerheiligen-Litanei und der bekannten Lection der Frohnleichnamsprozession wiederkehrt (ut dominum Apostolicum et omnes ecclesiasticos ordines in sancta religione conservare digneris\*\*), die zu ihrer nothwendigen Voraussetzung einzig und allein nur das Gegentheil der Unfehlbarkeit haben kann?

**59.** Seit Gratian ist die durchgehende, sich gleich bleibende Ansicht, daß der Papst in Ketzerei fallen und dann von der Kirche gerichtet werden könne! Hat doch auch im Jahre 1870 der hochgelehrte Benedictiner-Abt Haneberg in München, der spätere Bischof von Speyer, seinen Widerspruch gegen das neue Dogma noch darauf gestützt, daß sein Patron und Stiftsheiliger Bonifazius ausgesprochen: „Der Papst wird von Niemand gerichtet außer wenn er vom Glauben abirrt." Seine Überzeugung, daß die Kirche der ersten 8 Jahrhunderte von dieser Lehre der päpstlichen Unfehlbarkeit Nichts gewußt habe, ist auf obigen Canon gestützt, und dieser ist im Einklang mit dem 21. Canon des 8. allgemeinen Concils von Constantinopel (869), sowie mit der 4. und 5. Sitzung des von wenigstens 3 unfehlbaren Päpsten bestätigten Concils von Basel!

Wenn jener Abt Haneberg sich hernach der römischen Macht in der hoffnungsvollen Meinung unterwerfen zu sollen geglaubt hat, weil ein vom lieben Gott zu erwartendes zukünftiges Concil die vom Papste usurpirten Rechte der Bischöfe diesen hoffentlich wieder zuwenden werde, so ändert eine so beweggründete Unterwürfigkeit Nichts an dem Aus-

---

\*) „Ein Papst, der seines und seiner Brüder Heiles Vernachlässiger ist, wird verurtheilt. . . . . Keiner der Sterblichen vermißt sich, die Verschuldungen eines solchen zu rechtfertigen, weil der, welcher Alle richten wird, zwar von Niemandem gerichtet werden darf, wohl aber dann, wenn er vom Glauben abirrend erfunden werde; für seinen bleibenden Stand" (im Glauben) „betet die Allgemeinheit der Gläubigen um so beständiger, weil sie ihr Heil nächst Gott von der Unversehrtheit" (seines Standes im Glauben) „abhängig erachtet."

\*\*) „Daß Du den Papst und alle kirchlichen Stände in der heiligen Religion erhalten wollest: Wir bitten Dich, erhöre uns."

spruche des Bonifazius und der Überzeugung gemäß dem ganzen vor=
maligen Rechts= und Glaubensſyſtem in der katholiſchen Kirche.

60. Thatſächlich hat kein einziger Patriarch der abendländiſchen
Kirche, kein römiſcher Biſchof im erſten Jahrtauſend eine Glaubensunter=
ſcheidung an oder für die ganze Kirche erlaſſen. Die alte Auffaſſung
über den römiſchen Papſt — und noch in manch' andern Diözeſen hieß der
Biſchof „Papſt" — blieb conſtant bis zum Beginn des 9. Jahrhunderts.
Derſelbe hatte nicht die geringſte Gewalt über das Dogma; die Kirche
hatte keine Vorſtellung, daß ihm ſolche zuſtehe, und er ſelbſt lehnte es
ab, ſich den Vätern einer Synode gleich zu ſtellen.

So that es Leo III. gegenüber den von Carl dem Großen zu ihm
geſandten Biſchöfen, die deſſen Bedenken wegen der Einführung des
„filioque" in das Glaubensbekenntniß der vorherigen ökumeniſchen Con=
cilien vortrugen, indem Leo denſelben erklärte: ego me illis non dico
praeferam, sed etiam illud absit mihi, ut coaequare praesumam. . . . .
nec tamen legendo aut docendo a d d e r e quidpiam e i d e m s y m b o l o
i n s e r e n d o praesumimus."*)

Was haben die Iſidoriſchen Fälſchungen 40 Jahre ſpäter dagegen
fertig gebracht?

61. Und nun hat Pius IX. ſelbſt ſein Lieblingsdogma, wie vor=
dem das der unbefleckten Empfängniß o h n e ein C o n c i l, ſo jetzt g e g e n
d a s C o n c i l verkündet! Da müſſen wir alſo mit dem Papſte Gelaſius
prüfen, und zwar ſo perſönlich Pius den IX. prüfen, wie Gelaſius den
Petrus geprüft hat!

Es ſoll Pius IX. in allen Theilen wiſſend und Unfehlbares kündend
ſein, obwohl er niemals auch nur halbwegs das mittelmäßige Wiſſen in
theologiſchen Dingen erreicht hat, obwol er mit 20 Jahren wegen Epi=
lepſie zu keinem Theologieſtudium gelangen konnte, ſich um gnädigen Erlaß
der ihm unmöglichen Studien bewerben mußte, propter nescitiam dispensa-
tus (wegen Unwiſſenheit entſchuldigt) erſt mit 34 Jahren in den geiſt=
lichen Stand treten durfte, dann bei einem frommen Prieſter Namens
Graziofi etwas Theologie trieb, mit 37 Jahren endlich die Prieſterweihe,
und zwar nur unter der Bedingung erhielt, privatim und nur mit Bei=
hilfe eines Prieſters Meſſe leſen zu dürfen, ſein ganzes Leben lang keine

---

*) „Ich werde für mich gewiß keinen Vorzug vor jenen beanſpruchen,
aber auch das ſei mir ferne, daß ich mich ihnen gleich zu ſtellen mir anmaße. . . .
und am Wenigſten vermeſſen wir uns, jenem Glaubensbekenntniß im Leſen
oder Lehren Etwas durch Einſchaltung zuzufügen."

theologische Bildung genossen, Wissenschaftlichkeit sogar niemals be=
kundet hat, mit 50 Jahren als Erzbischof von Toledo durch Papst
Gregor XVI. zum Bischof von Imola begrabirt worden, dann aber
durch den Herausgeber seiner Reden von sich erklären ließ, der Papst sei die
unter den Menschen redende Stimme Gottes und insbesondere
er der einzige wahre Retter der Gesellschaft, die ohne ihn
rettungslos verloren sei; denn auch er könne von sich sagen: „Ich bin
der Weg, die Wahrheit und das Leben."

Würde Papst Gelasius hier nicht gerade wie bei Petrus gefragt
haben, ob Unwissenheit . . . . gleich vollendeter Wissenheit als Lehre
der allgemeinen Kirche angenommen, geprüft und gut befunden, und
darum beibehalten werden müßte.

## IV.

## Papstgeschichte.

„Greif' nur hinein
In's volle" Papstes=„Leben,
Und wo Du's greiffst,
Da ist's interessant" —
Nur nicht für den Papstfabulant!

**62.** Kommt der römische Unfehlbarkeitsgläubige denn nicht in
Verlegenheit gegenüber folgenden geschichtlichen Papst=Thatsachen?

Papst Stephan VII. erklärte (896) den Papst Formosus für
einen unrechtmäßigen Papst und seine Weihen für ungiltig; er hatte
hiezu seine römische Synode zur Seite.

Sein Nachfolger Johann IX. erklärte (898) dies für falsch und
verbot die Wiederweihen und Wiedertaufen.

Papst Leo IX. lehrte (1049), daß die von Ketzern und Schis=
matikern ertheilten Weihen also auch die der armenischen und orien=
talischen Bischöfe nichtig seien.

Papst Eugen III. (1145—1153) und das Rheimser Concil
(1148) lehrten dasselbe.

Das 3. lateranensische Concil erklärt dann im Jahre 1179 im
2. Capitel, daß die Weihen, welche die Häresiarchen O. und G. und
Str. und die durch diese Geweihten vorgenommen hätten, ungiltig wären.

Endlich ergeht auf dem Concil von Trient (can: 4. de sacr.
ord. Sess: XXIII.) die Erklärung von dem character indelebilis (der
unzerstörbaren Kraft) der Priesterweihe! Waren jene Päpste oder Con=

4*

cilien in der Lehre über diesen Charakter nun fehlbar? und welche von ihnen waren unfehlbar?

**63.** Gibt es denn nicht vielfache weitere, von den Päpsten als Lehrern der ganzen Christenheit dieser mit sogenannter höchster Autorität aufgenöthigte Entscheidungen, z. B. auf dem Gebiete der Moraltheologie, welche absolut falsch sind?

Zum Beispiel: Päpste, welche Fürsten absetzten und andere ein= setzten, welche Völker vom Treueide entbanden, welche ganze Länder in's Interdict legten unter Verbot an deren Klerus, Christi Sendung folgend zu lehren, zu taufen und die Sacramente zu spenden, thaten dies „als oberste Richter der Christenheit" und — um die Ausdrücke Pius IX. selbst (vom 20. Juli 1871 gegenüber dem Cardinal Asquini und der von ihm vorgeführten Deputation der Akademie der katholischen Religion in Rom) wörtlich zu gebrauchen: — „als Richter in weltlichen Dingen über Fürsten und einzelne Völker," als welche sie sich die „Anerkennung der Christenheit" errungen (?) hatten.

Ist denn nicht durch amtliche Anwendung eines Moralgesetzes seitens des „obersten Richters der katholischen Christenheit" dieses nun als allgemein geltendes und verbindliches vorgeschrieben? ist nicht durch Aufstellung desselben seitens des „Hirten und Lehrers aller Christen" dieses nun auch „kraft dessen apostolischer Autori= tät" — so das Unfehlbarkeitsdecret! — als amtlich erlassenes und verpflichtendes der Christenheit zur Nachachtung aufgelegt?

**64.** Ist die Unterscheidung von Cathedralsprüchen und Privat= sprüchen überhaupt möglich, oder nicht vielmehr hinfällig und sogar trügerisch? Wörtlich angewendet ist sie bekanntlich nie!

Wenn zu einem Cathedralspruche gehört, daß eine wörtliche An= führung in demselben enthalten sei, der Papst rede nun hiermit ex cathedra, dann gab es und gibt es überhaupt keine Cathedral= sprüche; dann hat keiner jener früheren Päpste überhaupt je ex cathedra gesprochen, keiner von dieser seiner Fähigkeit und dem Grund= wesen seiner Stellung und seiner Macht Etwas gewußt — er war irrend über das Grundwesen seiner Stellung! Es gibt also keine be= rechtigten, geschweige denn an und für sich irrthumsfreien Papst=Erlasse! Auch der als dogmatischer Erlaß anerkannte Syllabus Pius IX. ist dann glücklicherweise ein Privatgespräch, eine Einzelmeinung, kein kirchliches Gesetz! Privatsprüche von bindender dogmatischer Bedeutung gibt es dann überhaupt nicht in der kirchlichen Geschichte und Literatur.

Wenn es auch Privatmeinungen von einschneidender Natur oft= mals gegeben haben mag, so hat doch kein einziger Papst jemals solche ausdrücklich zu verpflichtenden Aussprüchen oder Lehren erhoben. Im andern Falle wären sie dann aber auch eben im modernen Sinne der Curie wieder Cathedralsprüche, als solche verkündet und trugvolle Proben für Sein oder Nichtsein einer unfehlbaren Cathedra in Rom!

**65.** Ein ferneres, zugleich noch in anderer Richtung beweisendes Bei= spiel einer absolut falschen päpstlichen Morallehre liegt ja klar zu Tage!

Sind nicht durch die falsche Wiedergabe des Lukas=Textes (6,35): „nihil inde sperantes" unfehlbare Päpste und Concilien hinter's Licht geführt worden? Denn seit Ende des 8. Jahrhunderts verdammten sie alles Zinsennehmen auf Grund des falschen Textes: „Und wenn ihr denen leiht, von denen ihr hoffet wiederzubekommen, welcher Lohn ge= bühret Euch? .... leihet ohne Etwas dafür zu hoffen, so wird Euer Lohn groß sein" ..... (so Allioli. — „Und leihet, ohne daß ihr Etwas davon hoffet," so Kistemaker.)

Empfiehlt diese, obwol unrichtige Text=Wiedergabe nicht, zu leihen auch wenn Capital und Zinsen verloren scheinen?

Wie wurde das verkannt! Es verdammen Päpste und Concilien alles und jedes zinsbare Gelddarlehen und belegen das Zinsennehmen mit Kirchenstrafen. Oder ist die Existenz eines (unfehlbaren?) Cathedral= spruches zu bestreiten bei Alexander III. (1179), der hinzufügt, daß von diesem Verbote nie dispensirt werden könne, bei Clemens V. (1311), der auf dem abendländischen Concil von Vienne erklärt, es sei Ketzerei, zu behaupten, daß das Zinsennehmen keine Sünde sei, bei Gregor IX. (1227—1241), der sogar das Zinsennehmen von Geldvorschüssen für den Seehandel, deren dieser so nöthig zur Existenz bedurfte, für verdammlichen Wucher erklärt? — Ist es denn eine irrthumslose Auslegung, an Stelle des für einzelne Fälle gegebenen Rathes einer Handlung das Gebot der für jegliche Fälle nothwendigen Unterlassung ihres Gegentheils zu setzen?

**66.** Und nicht nur private falsche Textauslegung! auch falsche kirchliche Gesetzgebung! Die gedachten Päpste hatten ein göttlich geoffenbartes Moralgesetz, ein gewissermassen von Christus selbst erlassenes, im Gewissen für die Ewigkeit verpflichtendes Verbot verkündet!

Da zeigt sich — zum Überfluß für den Nicht=Papstgläubigen! — die jenen unfehlbaren Kirchenlehrern verschlossen gebliebene Fehlbarkeit des Abschreibers. Er mußte statt: „nihil inde sperantes" abschreiben: „nihil desperantes."

Diese Worte bedeuten also nicht das Verlorengeben des Capitals sammt Zinsen, auch nicht das Verzichten auf Zinsen; sie gehen in ihrer sittlichen Bedeutung soweit, zu empfehlen, daß wir dem benötheten Neben= menschen auch dann mit dem Unsrigen helfen mögen, wenn wir selbst da= durch in Entbehrungen kommen könnten, „indem wir in Nichts in Ver= zweiflung gerathen", sondern im Gottvertrauen einer bessern Vergeltung harren, wie sie verheißen ist in den angeschlossenen Worten: „Und euer Lohn wird groß sein und ihr werdet sein Kinder des Allerhöchsten."

67. War es für einen fehlbaren Interpreten denn überhaupt schwer aus dem falschen Texte den richtigen, durch die Idealität der Vorschrift so nahe gelegten Sinn zu erschauen? Und weiter: durfte einem sogar unfehlbaren Ausleger, und erst dem von Gott gesetzten unfehlbaren obersten Lehrer der Kirche der wahre Sinn verhüllt geblieben sein? Oder war jene päpstliche Cathedral=Lehre nicht geradezu mehr wie ein starker Mangel an Einsicht bei dem Unfehlbaren? und zwar nicht blos in Beziehung auf Humanität und Wissenschaft, sondern auch in ethischer, juristischer, socialpolitischer und nationalökono= mischer Hinsicht? Sollte der Herr in ein solch' fehler= und mangelhaftes Gefäß seine Wissenheit und Unfehlbarkeit eingefüllt haben?

In der That wurde „eine unübersehbare Verwirrung der Gewissen", — haben wir sie nicht auch nach den vaticanischen Decreten vom 18. Juli 1870 erlebt? — „des socialen wie merkantilen Verkehrs herbei= geführt" und „dem Handelsstande ein drückendes schweres Joch" aufge= bürdet; vor Allem wurde der Haß gegen die Juden geschürt, deren zins= liche Darleihen man nun nöthig hatte, denen man so stets neue Geld= massen zuführte und dann als Wucherern, sowie als Menschen= und Staats= feinden Verdächtigungen und grausame Verfolgungen erregte. Hier in= scenirte der unfehlbare Gesetzgeber von Rom aus zuerst die Jagd der Juden auf Gelder und Zinsen und dann ebenso die blutige Jagd der Christen auf die Juden!

68. Was vor Allem hätte aber jene falschen Cathedralsprüche müssen vermeiden lassen? — Die Erkenntniß der Päpste selbst ging bereits da= hin, daß sie trotz aller Reichthümer bei den tausendfachen grenzenlosen Bedürfnissen ohne Zinsennehmen pekuniär nicht mehr bestehen könnten, und darum hatten sie selbst für sich persönlich die Gepflogenheit einge= führt, in den verschiedener Herren Ländern reichlich Zinsen zu nehmen. Konnten sie nun das Gegentheil des von ihnen in ihrer Unfehlbarkeit sanctionirten Sittengesetzes selbst ausüben und gleichzeitig das Gegentheil

ihrer unfehlbaren Ausübung unter Bannfluch als eine moralische Ver=
kehrheit verwerfen? In letzterem Falle haben sie somit sich selbst in
den Kirchenbann gesteckt! denn:

Unter den Augen der Päpste und in engster Verbindung mit der Curie
bestand das ausgebildetste Banquiergeschäft; die Banquiere des Papstes
genossen statt des anderwärts überall ihre Stammgenossen treffenden
Bannstrahles als bevorzugte päpstliche Klasse eine geschützte Aus=
nahmestellung gegenüber dem „evangelischen Gebote" seiner damals
unfehlbaren Heiligkeit, des irdischen Stellvertreters Christi! sie waren
sogar zum Zwecke unnachsichtlichen Beitreibens von Zinsen und Capitalien
mit päpstlichen Censuren bewaffnet worden!

Kann man sich solch' unwissende und selbstgetäuschte, solche cultur=
feindliche und dogmenwidrige, aber schlau=selbstsüchtige Päpste noch als
unfehlbare Offenbarer eines angeblich von Christus uns aufgelegten
Sittengesetzes auch nur im Entferntesten vorstellen?

**69.** Neben diesem mit Unfehlbarkeit unvereinbarlichen Mangel
an Einsicht und der hervortretenden Absicht des päpstlichen Stuhles zeigt
dieser dann aber auch noch weiter gehenden Überfluß an Absichten:
denn was Alles hätte doch dem Zinsnehmer, der nicht vom Papste privi=
legirt und von jenem göttlichen Gebote dispensirt worden war, in Folge
des Bannes geschehen können?

Hätte nun doch jeder zur Zinszahlung angehaltene Schuldner seinen
noch so nachsichtigen Gläubiger mit Mordwaffen zum Schweigen bringen
können! Denn der Zinsnehmende war (wie heute noch der mit der alten
Kirche fortglaubende, die neuen Dogmen aber ignorirende Altkatholik)
nicht nur zu einem über sein Seelenleben verhängten Tode verurtheilt,
sondern auch der vom Unfehlbaren gestatteten Mordwaffe eines jeden
Fanatikers (d. i. blinden Papstgehorsamen) preisgegeben, während alsdann
sein ganzes Vermögen den Kindern und Angehörigen entzogen und der
Kirche verfallen war! „Denn wir", verkündet im Decret Gratians
(C: 23. Qu: 5. c: 47.) der unfehlbare Papst Urban II. (1085—1099)
ex cathedra: „erklären diejenigen keineswegs eines Mordes schuldig,
welche vom Eifer ihrer katholischen Mutter gegen Excommunizirte
entbrennen und erfolgreich eine Anzahl derselben umbringen."
Und zu dieser Cathedralentscheidung hat bekanntlich der lauteste Herold
der päpstlichen Unfehlbarkeit, der Cardinal Turrecremata, die
Ausdehnung verzeichnet, daß der keinerlei Strafe verdiene, welcher in
wahrem Eifer einen Gebannten um's Leben gebracht habe. Schließt sich

biefer Lehre, als einer nun allgemein gewordenen, nicht von den Jesuiten Bellarmin (1542—1621) mit den Worten an: „Haeretici excommuicari jure possunt, ut omnes fatentur, ergo et occidi. Probatur consequentia, quia excommunicatio est major poena quam mors temporalis;" ferner: liegt sie nicht der Jesuitenlehre zu Grunde von de Escobar (1589—1669): „sed (filios) eos (parentes) posse etiam occidere, si ad deserendam fidem vi compellant..... non tamen in vincula tradere, ut fame depereant," und von Fagundez (1577—1645): „Filii christiani et catholici .... nec solum eis (patribus) poterunt alimenta negare, si eos a fide catholica avertere conentur, sed eos etam poterunt juste occidere cum moderamine inculpatae tutelae, si filios ad deserendam fidem vi compellant."*)

70. Wie ist zu deuten, was jeder römische Katholik ganz verschweigen oder vergessen muß, daß es nämlich vom Beginn des Christenthums an ganze Landstrecken unter ihren Bischöfen gab, die gar keinen Papst in ihren Landeskirchen kannten und nie, auch bis heute nicht, in eine Berührung, geschweige denn Anerkennung oder sogar Abhängigkeit von dem unfehlbaren Universalbischof in Rom gekommen sind. Dies steht geschichtlich fest von folgenden altchristlichen bischöflichen Kirchen:

1. von der Armenischen Kirche, die von den Aposteln Bartholomäus und Thabbäus gegründet, aber in dieser römischen Papstlehre nicht unterrichtet worden ist;

2. von der durch das Blut Tausender von Märtyrer gefestigten und geheiligten Syrisch-Persischen Kirche in Mesopotamien, und

3. von der Äthiopischen oder Abyssinischen Kirche.

Diese Kirchen haben nie von einer obersten Kirchengewalt in Rom Etwas gewußt und Rom hat sie stets mit seinen Ansprüchen der Beherrschung verschont! Ferner hat

---

*) „Ketzer können mit Recht excommunizirt werden, wie Alle zugestehen, also auch getödtet. Diese Schlußfolge wird bewiesen, weil die Excommunication eine größere Strafe ist, als der zeitliche Tod." — Escobar: „Wenn Eltern die Kinder mit Gewalt antreiben, ihren Glauben zu verlassen, so können die Kinder sie auch tödten .... nicht aber dürfen sie dieselben in Fesseln legen, damit sie verhungern." — Fagundez: „Christliche und katholische Kinder dürfen ihren Eltern nicht nur die Nahrung verweigern, wenn dieselben sie vom katholischen Glauben abzuwenden versuchen, sondern dieselben auch mit Recht tödten unter rechtmäßiger Ausübung der Nothwehr, wenn sie die Kinder mit Gewalt zum Verlassen des Glaubens zwingen."

4. die Frisch-Altbritische Kirche wenigstens Jahrhunderte lang in voller Selbständigkeit neben der Römischen Kirche bestanden;

5. die Fränkische Kirche unter den Merovingern und

6. die spanische unter den Westgothen hatte bei aller Verehrung für den ersten Bischof der Christenheit weder einen Universalbischof in Rom, noch ein oberstes Recht des Papstes als Lehrer, Gesetzgeber oder Richter auch nur im Entferntesten kennen gelernt. Sie haben nie in Rom an dieser unfehlbaren Quelle der Dogmatik geschlürft!

Sind sie deßhalb der reinen Lehre baar erachtet oder je als außerhalb der katholischen Kirche stehend verdächtigt worden? Hat man je zufolge ihres Mangels an einem Universalbischof in Rom die Rechtmäßigkeit ihrer Landesbischöfe und den priesterlichen Charakter ihres Klerus — insbesondere auch in Rom selbst — angezweifelt? Ist bezüglich der Kirchengemeinschaft je mit diesen Kirchen eine Schwierigkeit erwachsen oder eine Beanstandung erhoben worden?

71. Nicht nur daß die geeinte katholische Kirche weder eine Papstunfehlbarkeit, noch einen Universalepiscopat gekannt hat, sondern die orientalische Hälfte hat sich wegen der Herrschaftsbestrebungen der römischen Bischöfe von der abendländischen trennen müssen, hat sie für nicht mehr katholisch und von der christlichen Lehre abgefallen erklärt, endlich sie unter Ausspruch des Bannes über den römischen Papst gänzlich von sich abgestoßen.

In der orientalischen Kirche besteht also das alte Bekenntniß und Kirchenthum fort. Sie protestirt, nachdem sie durch die Dogmatisirung jener päpstlichen obersten Alleinherrschaft vom 18. Juli 1870 aus dem Mitleid der Trennung in den Haß der Ketzerei gestoßen worden, auch heute noch in ihren sämmtlichen Kirchen (von allein 60 Millionen Seelen in der Russischen) gegen eine Stellung des Papstes, der mehr als „der Erste unter Gleichen" in der Gesammtkirche werden wollte und in seiner Theilkirche Rest es theilweise auch thatsächlich geworden ist.

72. Kann denn überhaupt das, was vorher als Wahrheit und Glaubenssatzung in der Kirche festgestellt und lange Jahrhunderte hindurch auch unangefochten überall in Geltung geblieben war, wieder umgestoßen werden? Zu Beginn des 15. Jahrhunderts hat die von der Kirche und den Päpsten als ökumenisch bezeichnete Synode von Constanz, ebenso später das Baseler Concil den Satz: „Der erste Stuhl wird von Niemand gerichtet" verworfen und an dessen Stelle erklärt, der Papst sei so gut wie jeder Christ in Sachen des Glaubens und der Kirchenverbesserung

einem allgemeinen Concil unterworfen. Dieser Ausspruch ist durch das unfehlbare Urtheil der Päpste Martin V., Eugen IV., Nicolaus V. und Pius II. für richtig und giltig erklärt worden. Also bleibt's bei ihm!

73. Auch die Baseler Kirchenversammlung ist gerade in dieser ihrer früheren Periode bis zur Verlegung nach Ferrara (also 1431 bis 1437) von den Päpsten anerkannt worden. Wenn nun diese Aner=kennung dem römischen Stuhle die Unfehlbarkeit abgesprochen hat, ist sie dann nicht auch für römische Katholiken dem Papst ein= für allemal vor der ganzen Kirche abgesprochen und haben nicht diejenigen Päpste, welche in ihrer Unfehlbarkeit die Entscheidungen von Constanz und Basel bestätigten, damit für alle Päpste und für sich selbst ein Dogma der Un=fehlbarkeit als ketzerisch für alle Zeit verdammt?

So lange nicht Pius IX. — mit oder ohne seine vaticanische Synode des schismatischen Abendlandes — die alte Lehre der ungetheilten Kirche, sowie deren Feststellung seitens seiner Vorgänger, des canonischen Rechtes, sowie des Constanzer und des Baseler Concils vernichtet und begraben hat, nimmt er die Bestätigungen seiner Vorgänger als die seinigen auch gegen sich in An=spruch und so lange muß er geschichtlich und dogmatisch nur als Todten=gräber seines Universalepiscopats und seiner Unfehlbarkeit dastehen!

Wenn der Papstgläubige das verkennen oder abstreiten will, wie kann er streitlos dem Trienter Concile gegenüber bestehen?

Hier bleibt dem römischen Kirchenlehrer nur übrig, das Constanzer Concil, insbesondere die Decrete der 4. und 5. Sitzung, aus der Ge=schichte zu löschen, das Baseler Concil in seinen bis zur Verlegung nach Ferrara getroffenen, von den Päpsten anerkannten Entscheidungen zu=sammt den päpstlichen 4 Bestätigungsbullen Lügen zu strafen — dann aber dennoch jene 4 Päpste wie alle andern als unfehlbar zu verehren!

74. Das Baseler Concil hatte ein Nachspiel in Florenz, und zwar in einem dort ergangenen Decrete, das als Papstentscheidung in die Wagschale der Papstfehlbarkeit gelegt werden muß.

Nachdem durch den Weggang der griechischen Geistlichkeit und ihres Kaisers Johannes Palaeologus von diesem Florentiner Concil die letzte Spur einer Ökumenizität gewichen war, wurde am 22. November 1439 von Papst Eugen IV. in feierlichem dogmatischem decretum pro Armenis die Lehre gegeben, die Materie des Sacramentes der Priester=weihe sei die Überreichung des Kelches und der Patena (porrectio in-strumentorum); unter Aufblähung dieser im Abendlande erst nach dem Jahre 1000 aufgekommenen Ceremonie wird die biblische und traditio=

nelle Handauflegung beseitigt und für dieses Sacrament eine nur un=
genaue, wirkungslose Form vom Papste eingeführt.

Was anders kann diese feierlich verkündete Belehrung des Papstes,
„der seine Brüder im Glauben stärken und unterweisen wollte", sein,
denn ein sogenannter Cathedralspruch? und warum soll sie nicht „unfehl=
bar richtig" sein? Noch von Papst Clemens VIII. (1592—1605) ist der
Versuch wiederholt worden, dieselbe den Orientalen als maßgebend und
verbindlich aufzuoctroyiren. Also ist sie zugleich auch dessen unfehlbarer
Cathedralspruch? Und doch ist sie auch nach römischem Dogma
von jeher Ketzerei!

Danach kann auch offenbar eine Befolgung dieses päpstlichen Decrets,
wer weiß wie vielemal, in der abendländisch=römischen Kirche wirklich
erfolgt und eine unbestimmbare Anzahl von Priester= und Bischofsweihen
mit allen weiter gewirkten Sacramenten und Weihen in ungiltiger Weise
vorgenommen worden sein!

Vorzüglich in Rom kann wohl unter jenen Päpsten so schrift= und
lehrwidrig geweiht worden sein. Gerade in Italien mögte die anbe=
fohlene neue Weise vielfache Wurzeln geschlagen haben.

**75.** Wer weiß, wie vielfältig die Succession aus diesen Weihen
war, und ist nun der zu tadeln, der es sogar in Zweifel zieht, ob Pius IX.
nicht der Nachgeweihte eines so unrichtig Geweihten, also eines Unge=
weihten, und daß er darum nicht einmal Subdiakon, geschweige denn
Priester gewesen sei? was ist dann seine Verkündigung der unbefleckten
Empfängniß Mariä und die seiner eigenen Unfehlbarkeit werth? Und
ist es denn sicher, daß die 148 italienischen Bischöfe, — von denen an=
grenzender Länder nicht zu reden, — welche am 18. Juli 1890 das
neue Glaubensbekenntniß in Rom bejahten, gerade nur von solchen
Bischöfen succediren, welche nicht mit der Florentiner Ceremonie, sondern
mit der von Christus geordneten Handauflegung geweiht waren? ist denn
unzweifelhaft eine conciliarische Zusammensetzung vorhanden gewesen oder
wie viele Pseudo=Pröbste, Nicht=Prälaten und =Bischöfe, Schein=Cardinäle
waren da versammelt, um, statt eines Apostelconcils mit Laien, ein
Laienconcil ohne Apostel herzustellen?

**76.** Was ist davon zu halten, daß 1517 das zum 5. lateranen=
sischen Concil erhobene italienische Taschenconcil mit seinem unfehl=
baren Papste Leo X. oder besser: dieser Unfehlbare mit jenem Fehlbaren
als geoffenbarte Glaubenswahrheit verkünden konnte, der Klerus sei nach
göttlichem Rechte frei von aller bürgerlichen Gewalt, habe keine Unter=

thanenpflicht und werde durch weltliche Gesetze nicht gebunden, die prag=
matische Sanction sei in Frankreich aufgehoben und die reformato=
rischen Canones von Constanz und Basel damit für Frank=
reich abgeschafft, der Papst habe vollste Herrschaft über alle Con=
cilien und die Oberhoheit über alle Regenten und deren Reiche?

Rangiren denn: 1. das Taschenconcil Italiens über dem Baseler
des Occidents? 2. die Einzelunfehlbarkeit Leo's X. über der Solidar=
unfehlbarkeit von Martin V. mit Eugen IV., Nicolaus V. und Pius II.?
3. Nicäa, Constantinopel, Chalcedon sammt Constanz hinter Leo X.?
4. Winkelcongreß, Taschenconcil, Räubersynode, päpstlich bestätigtes
Rumpfconcil über oder unter dem Papste? Endlich: Wie rangiren
diese letzteren untereinander? —

Gibt nicht die Geschichte die Antwort auf das Taschenconcil!

„Wenige Monate darauf wurden von einem deutschen Professor einige
Thesen an dem Thore der Kirche zu Wittenberg angeheftet, zehn Jahre später
wurde Rom mit seinen aus der ganzen Welt erpreßten Schätzen die Beute deut=
scher Landsknechte, und vierzig Jahre später war eine halbe Welt, waren die
thatkräftigsten Nationen unwiederbringlich von Rom getrennt.“ So Döllinger,
indem er hinzufügt: „Ein gründlicher Widerwille gegen das unersättliche, stets
weitergreifende italienische Priesterthum wird sich der Geister immer mehr und
mehr bemächtigen .... Auch die menschliche Glaubensfähigkeit hat ihre Grenzen,
und Tertullian's credo quia absurdum findet in dem heutigen Europa keinen
Nachhall mehr. Gleicht auch der menschliche Geist darin dem Leibe, daß, wenn
seiner Verdauungskraft allzuviel und zu fremdartiges zugemuthet wird, auch bei
ihm Ekel und Erbrechen eintritt.....“ Jetzt (1870) werde man erleben: als
Seitenstück der Synode vom Jahre 449 „eine Schmeichlersynode neben
der alten Räubersynode.“

V.

## Nachfolge Petri.

„Melius est, ut scandalum oriatur, quam veritas
relinquatur.“*)          S. Bernardus.

**77.** Wenn aber Petrus wirklich diese unbegrenzte und practisch
unbegrenzbare Macht bezüglich noch nicht geoffenbarter göttlicher Wahr=
heiten gehabt hätte, wie und wo ist denn von Christus weiter bestimmt,
daß solche als fortdauernde Fähigkeit zur sogenannten Enthüllung
neuer Glaubenssätze und zur sogenannten Weiterentwickelung der von ihm

---

*) „Es ist besser, daß eine Schandgeschichte entstehe, als daß die Wahrheit
im Stiche gelassen werde.“

geoffenbarten jedesmal auch einem fernern und gerade dem römischen Bischofe zu Theil werde?

Wenn Christus eine so weitestgehende Befähigung und Befugniß als eine in der Kirche nie erlöschende hätte schaffen wollen, hätte er die Gründung dieses Institutes mit ausdrücklichen Worten kundgegeben, das= selbe mit sacramentaler Förmlichkeit ausgestattet und dessen geschichtliche Fortdauer ebenso vorgeschrieben wie gesichert.

Beweist denn nicht gerade die infallibilistische Auffassung der Lukas= Stelle (22, 32), wenn die Unfehlbarkeit denn nun einmal durch Christi Gebet verliehen sein soll, das vollkommene Gegentheil, daß Christus näm= lich nur für Petrus gebetet hat, daß dessen Glaube nicht wanke?

Die Väter ohne Ausnahme haben diese Stelle nicht anders ver= standen. Und wo findet sich bei den zahlreichen Anwendungen derselben auch nur eine einzige, die an eine Unfehlbarkeit des Petrus in anderer Gestalt, als an die aller Mitapostel denkt, geschweige denn eine Unfehl= barkeit und einen Universalepiscopat auch aller folgenden römischen Bischöfe behauptet?

Cyprian, Hilarius, Chrysostomus, die 2 afrikanischen Synoden, die karthagische und die von Milevi, Augustinus, Palladius, Leo, Theodoret haben in jener Stellung nichts Weiteres als die Bezeichnung der indi= viduellen Tugend des Glaubens gefunden, welche in Petrus durch die positive dreimalige Verleugnung geschwächt, aber nicht derart erloschen war, daß sie nicht durch das Gebet Christi wieder erstarkt wäre. Darf man zum Machtzwecke der römischen Bischöfe mehr in jener Stelle finden?

**78.** Christus hätte dann also auch den weitern Träger dieser wahrhaft göttlichen Macht mit vollkommenster Sicherheit bestimmen, jeden= falls auch den Aposteln die Anleitung hinterlassen müssen, wie und wo sie diese seine Schöpfung zu einer bleibenden und stets gesicher= ten in der Kirche machen könnten und sollten!

Da von der Nichtbeachtung dieses Gottesspruchs das ewige Heil abhängen sollte, so fragt sich: Mußte denn nicht die jedesmalige Gewiß= heit gegeben sein, jenen Träger mit mathematischer Präcision zu fixiren, und mußte nicht der sichere Weg geoffenbart werden, 'auf dem der echte Nachfolger Petri seinerseits in den Besitz göttlicher Bevorzugung und zu der unzweifelhaften Gewißheit desselben gelange? sowie ferner:

Sollte dieselbe von selbst von Petrus auf dessen Nachfolger und von ihm auf die fernern Päpste überspringen? oder diesen stets von Neuem zuwachsen? oder sich jedesmal nur auf den nächsten Nachfolger übertragen, und zwar vielleicht durch selbständigen Willensact beider, vielleicht ohne Freiwilligkeit des Empfängers, vielleicht ohne oder gegen die Erkenntniß des in jenes Geheimniß nicht Eingeweihten, vielleicht gegen den festen Willen eines dasselbe als Ketzerei Verdammenden? sollte diese geheimnißvolle Machtbefugniß jedesmal neu vom Himmel herab ge= langen, durch welches Mittel oder sichtbare Zeichen unterscheidbar werden, insbesondere von welchem Momente an ihre Wirksamkeit und Zuver= lässigkeit haben? Warum hat Christus, wenn er überhaupt einmal die Papstunfehlbarkeit offenbarte, nicht auch dies Alles uns geoffenbart?

**79.** Endlich: Wodurch und wie ist durch Christus diese übernatür= liche Begabung örtlich einem Bischofssitz verheißen? ist sie denn in Petrus damals schon von Palästina aus gerade dem römischen Stuhle, ist sie einem oder ist sie jedem andern später von Petrus gegründeten Bischofssitze zugesichert? oder hatte Petrus persönlich und wie oder wo von Christus, wenn überhaupt einen Auftrag, dann speziell einen solchen bezüglich der perpetuirlichen Unfehlbarkeit und des Uni= versalepiscopates gerade für Rom und allein für Rom erhalten? Konnte sie nicht auch dem französischen Papste in Avignon und dem ita= lienischen in Viterbo, Pavia, Mailand zustehen? Insbesondere auch: Wenn sie an Rom und dessen Bischofsitz gebunden sein sollte, hat denn Christus Rom zur ewigen Stadt erhoben, daß es auf unverrückbarem Flecke der Erde, auf unversenkbarem Littorale Italiens stehen, unver= schüttet und unverweht bleiben könne, so lange seine Kirche steht und er bei ihr ist, nämlich „bis zum Ende der Tage"? Warum hat Christus auch das Alles uns nicht geoffenbart?

**80.** Was sagt die kirchliche Überlieferung zu dieser göttlichen Unauslöschlichkeit eines nach Inhalt und Grenzen dehnbaren, daher unbeschränkten Lehramtes des Bischofs von Rom?

Eine Gründung des römischen Bisthums durch Petrus, eine Nach= folge der römischen Bischöfe auf diesem Sitze, selbst eine derartige über die Summe der geoffenbarten Wahrheiten hinausschreitende Entscheidungs= kraft des jedesmaligen Papstes sogar einmal zugegeben: Was sagt uns die Geschichte über die Art ihrer Fortsetzung?

Die heilige Schrift und die kirchliche Überlieferung schweigen! Nicht die Geschichte, aber die römische Sage erzählt uns, Petrus habe vor seinem Tode den Linus zu seinem ersten Nachfolger bestimmt. Mit der Wahrheit der Sage wäre wohl Weiteres, als bloße Willkür des Petrus,

nämlich die nothwendige Befolgung einer ihm von Christus ge=
wordenen Anordnung gegeben!

In diesem Falle gibt es keinen andern Weg zur Erlangung der
Papstgnaden für den Jungpapst, denn durch Ernennung seitens des ster=
benden Altpapstes! Dann sind alle römischen Bischöfe hinter Linus keine
echten Päpste mehr geworden! Dann ist Johannes Maria Mastai nicht
einmal mehr Nachfolger irgend eines Papstes, geschweige denn des Petrus
selbst geworden!

Wenn dann Rom vielleicht im ersten christlichen Jahrhundert noch
hinter Linus echte Nachfolger desselben kraft Ernennung gesehen
hätte, hörte dann nicht mit dem Tode des Papstes, dessen Nachfolge zum
ersten Male anders bestimmt wurde, die Reihenfolge der Ernennung
und mit ihr die Unfehlbarkeit ein= für allemal auf?

In diesem Falle hatte die Kirche dann kein geoffenbartes, von Christus
angeordnetes Ersatzmittel mehr für diesen Ausfall einer ebenso unentbehr=
lichen als unersetzbaren Gnaden= und Weisheitsquelle. So gab es keine
Möglichkeit der Rückgewinnung ihrer obersten Lehrinstanz mehr! Die
Unfehlbarkeit, mit der nach dem Decrete vom 18. Juli 1870 Christus
seine ganze Kirche ausgerüstet sehen wollte, war damals längst schon in
ihrem Träger begraben und dieses Decret konnte durch seine Verspätung
die nicht einmal galvanisirte Leiche keineswegs in der Kirche neuerwecken
oder auch etwa neubeleben zu einem bleibenden Organe ihres nothwen=
digsten Bestandes.

81. Wenn aber keine Anordnung Christi besteht, so besteht auch
keine Übertragung! Dann war Maria Mastai Feretti weder der Unfehl=
barkeit von Gregor XVI., noch der eines Vorgängers desselben theilhaftig
geworden! Denn schon dieser selbst laborirte an demselben Manco.

Muß sich der römische Gottesgelehrte nicht fragen: Wie kann denn
Pius IX. sein Charisma erlangt haben? welch' anderer Weg der Gna=
denerwerbung und welches mathematische Mittel zur Erledigung der Per=
sonalfrage stand noch zu Gebot und konnte noch einer göttlichen Norm
gemäß Personal=Unfehlbarkeit herbeiführen?

Es hat die Kirche thatsächlich dies niemals gewußt, dies natürlich
auch in ihrem Nichtwissen von jener Gnadenbegabung nie zu wissen be=
gehrt; denn sie kennt, auch seitdem die römische Kirche von Allgewalt
und Unfehlbarkeit wissen will, noch immer keinen Act der Gewinnung
derselben! Auch seitdem hat die Curie keineswegs über die Gewinnungs=

art derselben zu denken begonnen, sondern stets ohne Weiteres den neuen Papst als den neuen Begnadeten anerkennen und verehren lassen.

82. Nun ist der neue Papst aber nicht ein durch den heiligen Geist in besonderer Weihe begnadeter, sondern nur ein durch Wahl und thatsächliche Anerkennung erstehender erster Beamte der abendländischen Kirchenhälfte, hernach der römischen Theil und jetzt der vaticanischen Restkirche! Wohl mag er durch die Wahl in weltlicher Beziehung das Oberhaupt der römischen Wahlmonarchie geworden sein. Wie aber erwuchs der römische König dann zum Papst und wie der papa-re dann zum infallibelen Papst, zum Universalbischof und zum Universalherrscher der Welt?

Von Vererbung vom Vater auf den Sohn, von einer geistigen Deszendenztheorie zwischen Papst-Vater (heiliger Hormisdas: 514—523) und Papst-Sohn (Sylverius: 536—540) nicht zu reden — wen erkannte die Kirche an und wie wurde der gefunden, welcher dem Erbkreis als höchster Richter und Lehrer aufoctroyirt oder mindestens zur Anerkennung präsentirt wurde?

Bestand dafür — abgesehen von einer Einsetzung — eine feste Überlieferung, die sich als von Christus ausgehend bewahrheiten ließ?

Es bestanden allerdings mehrere Methoden, sogar viele, nicht nur die verschiedensten, sondern auch die verwerflichsten! Es walteten mehrere entgegengesetzte und abwechselnde, dazu mehrere entgegengesetzte zur selben Zeit für die mehrern gleichzeitigen und sich befehdenden Päpste! Der nach dem einen irdischen Recept Gewählte wurde nach einem andern menschlichen Urtheile abgesetzt, und von dem absetzenden Spruchcollegium wurde ein dritter gewählt, der nun ein neuer Unfehlbarer im Sinne des alsdann neuesten canonischen Decretes war!

Man vergegenwärtige sich die verschiedenen, nachgewiesenen historischen Methoden!

Ist die älteste richtig? Da wurde, wie andere Bischöfe, auch der von Rom durch Klerus und Laien gewählt, um unfehlbar zu werden! Wohl mochte das menschliche Mittel der sogenannten Stimmenmehrheit von Klerus und Laien den Bischof bezeichnen, dem der Auftrag Christi und die Gnaden der Berufung nach dessen Vorschrift zu Theil werden sollten. Wie konnte einem solchen aber eine von Christus nicht vorgezeichnete Wahl weitere unbegrenzte Gnade und Macht, sogar göttliche Attribute verleihen? Wo ist denn, wenn durch Wahl eines Bischofs diesem mehr wie Bischöfliches übertragen werden soll, der Entstehungsgrund dieses Mehr zu finden?

Oder ist die fernere richtig? Da entstehen Päpste zu Rom durch Bestimmung der Kaiser oder germanischer (das heißt arianischer) Könige, durch Ernennung seitens des ostgothischen Königs, der dieses Recht gewaltsam an sich gerissen hatte, oder gar der Abgeordneten desselben, welche in die streitige Wahl eingriffen!

oder die deutsche? Denn die deutschen Kaiser erschaffen unfehlbare Päpste, zuweilen unter dem Druck, zuweilen auch unter der Zustimmung der römischen Großen, zuweilen nach dem stürmischen Willen des Volkes. Unter den fränkischen Königen kann die Wahl nur erfolgen in Abhängigkeit von denselben, da sie die Wahl des Neugewählten erst bestätigen, wenn dieser ihnen den Treueid geleistet hat.

Dann besitzt Kaiser Otto I. die Macht der Erschaffung des unfehlbaren Papstes, und zwar gemäß Bewilligung Leo's VIII., der diesen Modus in seiner Unfehlbarkeit für richtig hielt. Und die drei Ottonen haben nun selbst die gottbegnadeten vorbestimmten Unfehlbaren jener Zeit herausgefunden und auf den Thron der Unfehlbarkeit erhoben, damit sie in Echtheit unfehlbar würden!

84. oder die Creaturenwirthschaft? Der römische Stuhl fällt unter den gotteslästerlichsten Mitteln und Manövern einer der römischen Adelsfactionen zu. Und was für Individuen sind da „die Lehrer und Meister", die Führer und Verführer von Parteien und von Weibern, die unheiligen Väter von Kindern und auch die heiligen Väter von der römischen Kirche selbst und von deren neuen Dogmen!

Wie gelangten nun die Creaturen einer Marozia anders denn durch deren Creation zum Sitz und Besitz der römischen Unfehlbarkeit?

oder die kaiserliche Ernennung? denn nochmals erhält ein deutscher Kaiser, Heinrich VII., das Recht der Papsternennung, und viermal erschafft er den sicher von ihm herausgefundenen echten Candidaten als den neuen Träger der persönlichen Unfehlbarkeit!

oder die Wahl der Cardinäle? Als ob Christus solche gekannt und gewollt und ihnen irgend welches Recht zugemessen oder ihnen überhaupt irgend ein kirchliches Ämtchen aufgetragen habe! In der Paulinischen Kapelle des vaticanischen Palastes werden sie, wenn man die päpstlichen Bullen über die Wahlen ihnen vorliest, „unfehlbare Berather der ewigen Weisheit" genannt; diese Unfehlbarkeit scheint aber eine etwas fragliche zu sein! Denn der heilige Geist wird in der Beletage desselben

Palastes zuerst erfleht und dann, nachdem die päpstlichen Garden die Wache desselben übernommen haben und alle Eingänge bis auf acht Drehmaschinen (ruote) zur Speisezuführung geschlossen worden sind, auch erwartet.

Wird nun der gewählte infallibele Berather der ewigen Weisheit nachträglich durch die Wahl auch persönlich und selbständig unfehlbar, wie das vaticanische Decret vom 18. Juli 1870 diese Eigenschaft an ihm aufgedeckt hat?

Vordem war die Wahl nicht durchschlagend zur Papst- und Infallibelwerdung; denn der Papst war erst vorhanden und fertig, wenn der Kaiser mit seiner Bestätigung ihm zur Gewinnung der Papsteigenschaft zu Hilfe gekommen war! Haben wir hiermit nicht ein weltlicherseits ausgedachtes und ausgeübtes Recht zu Amtsernennung und Würdeverleihung vor uns? oder nach welcher göttlichen Ordnung werden im Wege einer collegialischen Wahl, einer fürstlichen Ernennung oder Bestätigung in der Kirche Gnaden ertheilt, Wunder gewirkt und göttliche Fähigkeiten an einen Sterblichen geheftet? nach welcher Verheißung sind die Cardinäle zu solchen Wirkungen geeigenschaftet, in ihrer Zahl und Voraussetzung, in ihren Erfolgen und deren Vorbedingungen bestimmt, sei es als Vorstufe zur kaiserlichen Ernennung, sei es als Wahlkörper mit eigener Selbständigkeit, sei es — das muß hinzugefügt werden: durch Compromiß als Einzel- oder Collectivstimme?

Denn Mangels Einigung im Wahlkörper können die Wahlorgane, die einzeln den Beistand des heiligen Geistes zur Auffindung des bestinirten unfehlbaren Universalbischofs jeder für sich erfleht hatten, sich von dem Wahlgeschäfte zurückziehen; sie verbleiben eben Körper und Organe, aber den geistigen und eventuell inspirabeln Theil ihrer Innerthätigkeit übertragen sie auf einen einzigen Kopf. Dieser ernennt nun „per compromissum" den neuen Papst! Und im Jahre 1316 erklärt der Cardinal Jacob von Ossat, mit dieser Collectivstimme betraut, seinen Amtsgenossen im Conclave einfach, daß er der nunmehrige Unfehlbare sei mit dem Wahlresultate: „papa ego," „ich: der unfehlbare Papst Johann XXII.!" Woher kann ihm da die Unfehlbarkeit gekommen sein?

Das zwölfte Jahrhundert hatte zwar unter der Norm gestanden, daß alle Cardinäle wählen müßten, damit Unfehlbarkeit zu Stande komme. Man ging darüber hinaus und ließ die Offizialen des päpstlichen Stuhles einbegriffen sein; man ging davon herunter und ließ den Geist und Muth eines einzigen Cardinales ausreichend sein, daß er sich selbst für Amt hinieden und Macht da drüben in die erforderliche Höhe lanciren konnte!

Es genügt eine Stimme, während das ganze Collegium der Anwesenden nur mit zwei Dritteln der Stimmen hiezu befähigt war, und in diese. konnte auch der mit einer kirchlichen Strafe belegte Cardinal oder Offizial eingezählt werden! denn die „Moralität des Wirkenden" mindert nicht die „Heiligkeit des Werkes", auch nicht die Fähigkeit zum Wirken des Wunders einer Vergöttlichung an einem fehlbaren und sündhaften Priester zu Rom!

Ist das Christi Wort, der Apostel Überlieferung, der frühern Kirche Bewußtsein? ging soweit selbst eines Gregor oder Innocenz Vergewaltigung oder auch sogar des Jahres 1870 Verbrechen bezüglich des Papstwerdens und bezüglich der Möglichkeit des Infallibelwerdens?

**85.** Wer ist wählbar? Bald nur mehr ein Cardinal, obwohl vordem sogar ein Laie! Warum nicht jeder zum Bischofssitze — mindestens zum römischen — befähigte Kleriker, Cardinaldiakon oder Cardinalpriester? Als ob der vielleichtige Linus Cardinal unter Petrus in Rom hätte sein müssen und nachgewiesenermaßen gewesen wäre, um die Nachfolge in dessen Unfehlbarkeit und Allgewalt gewinnen zu können!

Daneben muß der Begeisterungserhebung eines Cardinals mit der Adoration und der Ausrufserhebung eines solchen auf Grund göttlicher Inspiration der Collegen nunmehr Werth und Wirkung einer nothwendigen christlichen Anordnung beigelegt werden!

Und bei all' diesen und trotz diesen päpstlicherseits eingeführten Wahlordnungen gilt noch der sogenannte accessus: Die Cardinäle lassen den Candidat der Unfehlbarkeit und des Universalepiscopates, obwohl sie ihn „mit eigenem übernatürlichem Triebe" in ihrem Innern gelesen haben, dennoch durchfallen und treten nun einzeln dem Triebe und den treibenden Kräften der andern Cardinäle zu Gunsten des Gegencandidaten bei, den sie gerade nach ihrem ersten „übernatürlichen Trieb" als den Candidaten der Fehlbarkeit hatten erkennen müssen, und zwar unter hartnäckigster Selbstverleugnung der eigenen von Oben stammenden Erleuchtung so lange, bis dieser Gegencandidat allmälich zwei Drittel der Stimmen und durch diese die Unfehlbarkeit und den Universalepiscopat erlangt hat!

**86.** In welchem Wahlgesetz ist denn nun die echte Wirksamkeit vollauf verbürgt? Doch wohl in jedem! eben jedes ist von einem unfehlbaren Papste dahin erlassen, daß es zum Papstsein, d. h. also zum Unfehlbarsein führt. An der Unfehlbarkeit des Gesetzgebers auf dem Papstthrone hängt also auch die eines jeden nach seinem Recepte inthronisirten

Nachfolgers! und das auch bei den sich widersprechendsten und corrigirend=
sten, sei es guten, sei es schlechten Recepten! Ja, die Beseitigung eines
frühern als falsch durch den spätern Unfehlbaren verneint die Unfehlbar=
keit sämmtlicher demselben gemäß gewordener frühern Päpste!

Die Verbürgung lag also wohl oder übel — wer entschied das? —
nicht sowohl in dem von Bonifacius II. (530), nach dem der Papst
bei Lebzeiten seinen Nachfolger wählt und das dann als den canonischen
Bestimmungen zuwiderlaufend zurückgenommen wurde, als auch in dem
seines Nachfolgers Johann II. (532), welcher die Geldsumme für die
königliche Bestätigung einer Papstwahl bestimmte. Doch nicht sowohl in
dem von Hadrian III. (834), wie auch in dem dasselbe (898) wieder
aufhebenden von Johann IX., das sich sogar oder obwohl es sich sogar
auf eine zustimmende römische Synode stützte! Doch nicht sowohl in
allen diesen, wie auch in dem Cardinalsgesetz von Nicolaus II., das
mittels der römischen Kirchenversammlung im Lateran (1059) nur die
durch Cardinäle gewählten Päpste für giltige erklärte! Doch nicht eben=
sowohl in der Conclave=Institution von Gregor X., obwohl diese
die Geltung durch das 2. Lyoner Concil 1274 erhalten, wie in der die=
selbe theilweise wieder aufhebenden Institution Hadrian's V., seines
ersten Nachfolgers, und wie in der dieselbe ganz wiedereinsetzenden von
Coelestin V? Am Ende wohl in dieser letztgedachten, da sie auf dem großen
Concil zu Vienne (1311) durch Clemens V. bestätigt ist! Aber nun ist nur
der von Gott zur Unfehlbarkeit befähigt zu erachten, der vorerst von
einem Unfehlbaren zum Cardinal ernannt worden und die höhern Weihen
erlangt hat, nachher aber von dem österreichischen, französischen oder spa=
nischen Cabinet nicht als minder genehm oder gar mißfällig bezeichnet
worden! Oder: Können die Cardinäle, indem sie einen Accessus oder
ein Compromiß vornehmen dürfen, nicht auch solche bezüglich der Wahl=
ordnungen belieben?

Endlich: Wenn ein unfehlbarer Papst den einen Modus als den
Weg zur Unfehlbarkeit erklärt und sanctionirt hat, ist dann der den ent=
gegengesetzten unwirksamen später sanctionirende Papst nicht ein Opfer
seiner Fehlbarkeit? oder gibt es statt gar keines geoffenbarten Weges zur
Unfehlbarkeit deren 2, 4, 6 widersprechende oder deren so viele, als
verschiedene Wahlordnungen verschiedener Päpste ergangen sind? oder
führen alle Wege nach Rom zur Unfehlbarkeitsquelle eines neuen
Papstes? — Und dann bleibt doch immer wieder die Frage:

87. Verleiht vielleicht Acclamation, Quasi=Inspiration, Compromiß,

Abstimmung (scrutinium) oder Zutritt (accessus) den Ausbruch der persönlichen Unfehlbarkeit? oder eröffnet die Feststellung des Wahlergebnisses, dessen Verkündung von den Loggien der St. Peterskirche herab oder die Vorstellung des Neugewählten (urbi et orbi) an die Stadt und den Erdkreis oder zuletzt dessen Aufsitzen auf die sella stercoraria das Einspringen der göttlichen Prärogative, das Aufwallen des ersten Moments einer Möglichkeit giltiger Anwendung derselben? Könnte nicht auch die wirkende Kraft anwachsen durch die sogenannte „Weihe des Papstes", durch die Besitzergreifung vom Throne, durch die Inthronisation unter der Tiara mit den drei Kronen der Macht im Himmel, auf Erden und unter der Erde, im „Fegefeuer", durch die Huldigung des Volkes und Klerus, durch Anerkennung der Person und etwa schon ergangener Aussprüche als Cathedralsprüche seitens der römisch-katholischen Bisthümer anderer Zonen und Länder? Endlich: Wie weiß der Gewählte selbst, wann und ob jetzt schon ihm Unfehlbarkeit innewohne, woran kann er den Moment des Einschießens der überirdischen Kraft in die irdische Hülle erkennen?

Wie aber stellte sich die göttliche Verheißung, daß dem neuen Papste diese Himmelsgabe zu theil werde, in dem Falle ein, wenn die Cardinäle sich zu keinem Acceß oder Compromiß verstehen wollten, so daß von 2 Curien 2 neue Päpste, ein französischer und ein italienischer Papst, zugleich gewählt wurden?

Wie unterscheidet der römische Christ sicher und schnell den einen begnadeten Papst von dem andern gleichzeitigen Pseudopapst und dem dritten gleichzeitigen Gegenpapst, zumal wenn einer — und im schwierigsten Falle der letzterstandene — das Wahlergebniß eines großen Concils auf seiner Seite hat? Oder können überhaupt zwei Päpste neben einander bestehen, etwa auch so, daß einer mit dem andern zusammen, wie früher etwa mit dem Concile zusammen, die Unfehlbarkeit besitzen und ausüben kann?

88. Wie stellt sich das Problem eines doppelten Papstthums überhaupt bezüglich seines Entstehungsgrundes? Kann man auf die Frage, welcher der beiden Päpste der echte sei, eine erledigende Antwort dahin finden: „Derjenige, der richtig gewählt ist"? — Zur Zeit der vielen anderen Methoden der Papstfindung kann dieser Bescheid gar nicht und zur Zeit der Wahl durch Cardinäle nicht bis zur Sicherheit unseres Wissens und Gewissens Geltung gewinnen. Nun aber des Weitern: Wenn ein Papst wirklich richtig bestimmt und sogar von den kirch-

lichen und weltlichen Mächten anerkannt ist, kann es alsbann einen neuen Grund geben, durch den beim Fortbestehen der ersten Unfehlbarkeit eine zweite für den neucreirten Papst entstehen soll? Die römische Kirche muß, so lange sie an der persönlichen Unfehlbarkeit festhält, und der unfehlbare Papst kann, da er dieselbe jedesmal für seine Person in Anspruch nimmt, zu seiner Sicherung, auch zur Gesetzesfixirung und Beruhigung seiner Beherrschten diese Antwort streng logisch ertheilen.

Wie stellt sich das Recht einer zweiten Papstcreirung zunächst, wenn der erste echte Papst abdankt? Im 15. Jahrhundert behauptete das erste damalige Licht der Wissenschaft, der Cardinal Nikolaus von Cues, daß ein Zurücktreten vom Papststuhle unmöglich und ungiltig, dagegen eine Entsetzung des Papstes zulässig sei, und zwar darum, weil die verliehene Fähigkeit „durch den formativen Strahl von oben" mit der Person ein= für allemal verbunden sei. Ergibt das, analog angewandt auf die Zukunftstheologie der modernen Unfehlbarkeit, nicht: der so wider Recht thatsächlich abdankende Herrscher in Rom kann nicht von seiner anerzeugten Innerlichkeit durch einen eignen Willensact zurücktreten, nicht von seiner Unfehlbarkeit abdanken? Es darf also kein zweiter höchster Pontifex geschaffen werden, oder mindestens ist der zweitgeschaffene nicht Inhaber derselben oder einer zweiten, der drittgeschaffene nicht Inhaber dieser oder einer dritten Unfehlbarkeit, und solches darf wenigstens so lange nicht geschehen, als der erste und andernfalls der andere der vorentstandenen Päpste lebend das einzige und untheilbare Gut bei sich beherbergt, welches das vaticanische Decret als „eine Gnadengabe" und „ein Vorrecht" bestimmt, „das der eingeborene Sohn Gottes mit dem höchsten Hirtenamte zu verbinden die Gnade hatte."

Wie aber ist der dennoch zweiterkorene Unfehlbare auf dem Papstthrone aufzufassen? Muß es nach der Geschichte von 1305—1417 geurtheilt nicht gleichzeitige Duplicate so der Infallibilität wie der Obidienzen, so eine italienische wie eine französische geben? oder muß das nicht eine Unfehlbarkeit fortbestehend ohne Pontificat oder ein Pontificat entstehend ohne Infallibilität darstellen? Andernfalls kann für den Vaticanismus überhaupt von einer Unfehlbarkeit nicht die Rede sein! Und vor Allem die stets unbeantwortete Hauptfrage:

Es gebe was es wolle — wie soll die neue Infallibilität begründet, wie die alte beim spätern Tode des ersten Inhabers dem nun übrigbleibenden Candidaten sei es anerschaffen, sei es übertragen werden?

Als der Einsiedler Petrus de Murone aus seiner Waldesclause auf einem Esel in Rom eingeritten und (1294) auf den päpstlichen Stuhl erhöht war, mußte er als Coelestin V. im Besitze der Unfehlbarkeit sein. Als er ein Jahr später abtrat und den päpstlichen Stuhl hinter sich ließ, ließ er da auch die Infallibilität zurück? — Er hatte doch wohl in seiner Unfehlbarkeit das Ab= danken für gestattet gehalten; also wäre dasselbe gestattet! Vielleicht umgekehrt hat er von einer ihm innewohnenden Unfehlbarkeit gar Nichts gewußt; dann ist weder Coelestin, noch sonst ein Papst je unfehlbar gewesen. — Allein Pius IX. erklärte ihn am 18. Juli 1870 für unfehlbar, und so war er in seiner Unfehl= barkeit zur Abdankung unter Zurücklassung dieses Vorrechtes gelangt: andernfalls wäre ja sein Nachfolger Bonifaz VIII. gar nicht unfehl= bar geworden! War er aber doch der unfehlbaren Überzeugung einer Ab= dankung ohne Verlust dieses Vorrechtes gewesen, so mußten in ihm und Bonifaz zwei gleichzeitige vollkommene Unfehlbarkeiten trotz der dritten gleichzeitigen der christlichen Kirche selbst im Schlosse Fumore und auf dem Throne zu Rom herrschend sein! Es erledigt sich damit aber noch nicht die Hauptfrage: Auf welche Weise hat Bonifaz sei es ein zweites, sei es seines Vorgängers „Vorrecht" gewinnen können? — Ferner:

Als Pius VII. der Gewalt Napoleon's, der ihm 1805 die Rückkehr von Paris nach Rom unmöglich machen wollte, die denkwürdigen Worte entgegen= setzte: „Vor unserer Abreise von Rom haben wir einen giltigen Entsagungsact für den Fall, daß wir in's Gefängniß geworfen würden, unterzeichnet. . . . . Wenn das Project, auf das man sinnt, ausgeführt sein wird, dann wird Euch Nichts in den Händen bleiben, als ein armer Mönch Barnabas Chiaramonte genannt", hat er da eine Entsagung für ungültig gehalten?

Wenn eine solche aber bei Pius VII. aus prinzipiellem Grunde ungültig gewesen wäre, so hätte auch die Unfehlbarkeit ihre Endschaft nicht erreicht, und wie konnte dann irgend Jemand die Macht haben, zu seinen Lebzeiten mittels Cardinalswahl einen neuen Träger der Unfehlbarkeit zu schaffen? Und doch bestimmt Pius VII. in seiner Unfehlbarkeit die Möglichkeit und als deren Ver= wirklichungsmittel die Wahl durch die Cardinäle; dabei kennzeichnet er sich als den übrigbleibenden schlichten Mönch! Das ist im Sinne des vaticanischen Decrets: ein gewesener Papst mit heimgegangener Infallibilität.—

Noch bei jedenfalls bestehender Infallibilität hat Pius VII. die Neuwahl lediglich für seinen Verzichtsfall als Gewinnungsmodus der „Gnadengabe der Wahrheit" bezeichnet. Soll in diesem unfehlbaren Urtheile nicht das Urtheil der Fehlbarkeit liegen bezüglich der Neuwahl für jeden andern Fall?

Bei alledem bleibt aber in den Worten Pius VII. die Bestätigung, daß man in Rom seitens der Laien wie der Cardinäle und besonders des Bewahrers jenes giltigen Entsagungsactes, des Cardinals Pignatelli, nicht am Wenigsten seitens des Papstes selbst, an die Probleme einer Thronentsagung oder einer Abdankung von der Unfehlbarkeit gar nicht gedacht hat, indem man damals auch nicht an die persönliche Verbindung des Papstes mit derselben denken konnte und mogte! Je mehr aber der vaticanische Papst selbst und allein die Unfehl= barkeit in sich bergen, je mehr er selbst Fleisch der Gottheit geworden sein soll, desto consequenter wird doch die Einheit in der Person des Gottähnlich= oder Gottgewordenen eine unzerstörbare werden müssen! Beseitigt denn nicht gerade diese prinzipiell jede Möglichkeit des Erlöschens der Unfehlbarkeit im Falle einer Entsagung oder Abbankung seitens des Throninhabers?

89. Und wie verwickelte sich für Kirchenrecht und Gläubigkeit der Fall einer unfreiwilligen Aufgabe, eines gewaltsamen oder simonistischen Verlustes des Pontificates? Ein erstgewordener Papst steht gegen einen oder mehrere nachgeschaffene. — Ist hier jenes unerlaubte Mittel der thatsächlichen Thronentziehung ein erlaubtes zur neuen Erschaffung einer Unfehlbarkeit in dem zweiten und ist dessen ge= waltsame Entsetzung eine fernere Zulässigkeit zur persönlichen Verbindung einer dritten Unfehlbarkeit mit dem dritten thatsächlichen Throninhaber? Und wie interessant gestaltet sich dann erst dieser Fall für den römischen Mystiker, wenn der heruntergestoßene Papst, und zwar unter nie ver= pönten Manövern, wieder auf den Thron zurückgelangt, wenn ferner der nun vertriebene von Neuem obenauf zu kommen versteht und wenn sich noch des Öftern das Aggrabirungs= und Degrabirungsschauspiel wieder= holt? Wie und wann könnte der nachgeborene Unfehlbare dem vor= geborenen den Rang in der „heilbringenden Wirksamkeit des apostolischen Amtes" und „in dem Vorrecht", welches „mit dem höchsten Hirtenamt verbunden ist", streitig machen.

1. Theophylaktus, eine Laie, das Gräflein von Tusculum, kommt durch den Einfluß seiner Brüder in noch nicht mannbarem Alter (1033) auf den Stuhl zu Rom. Als Papst Benedict IX. ist er nun mittels der Güte seiner För= derer auch zur Unfehlbarkeit gefördert! Aber das römische Volk empört sich gegen ihn, und er inhaltlich seiner Unfehlbarkeit wird vom Throne verjagt. War nun Thron und Unfehlbarkeit vacant? oder war seine Unfehlbarkeit bleibend in dem (nach Alzog) „viehisch=lasterhaften" Schreine seiner Kindesbrust geborgen?—

War er unfehlbar geblieben, welche Macht konnte dann einen neuen Papst mit Unfehlbarkeit schaffen? Vielleicht hatte die dem Papstthum innewohnende Gottesgabe gewissermaßen den character indelebilis, einerlei, ob sie ihm vom deutschen Kaiser oder von dem römischem Volke zugewendet war. Und wenn nicht, so hatte sie vielleicht, obwohl Rom die Erhebung, Weihung und Salbung eines Papstes nie auf solche Stufe herabdrücken wollte, die Natur eines Sacra= mentale.

Konnten Kaiser oder Volk überhaupt denn ein Sacramentale wirken? konnten und durften sie, wenn der Statthalter Christi noch anwesend war, das= selbe bei dessen von ihnen selbst herbeigeführter Thronentsagung erneuern und sogar mehrfache neue Exemplare solcher Gottähnlichkeit in's Dasein setzen? —

2. War aber beim Herabstiege vom Stuhle seine Unfehlbarkeit zu Rom zurück= geblieben, wurde sie dann (1038) für ihn neugewonnen, als der, welcher die

Macht dazu haben wollte, Kaiser Conrad II., nach Rom eilend ihm diesen Stuhl zurückerwarb? Warum sollte die Kaisermacht nicht Unfehlbarkeit, die gleich= sam von dem Unwürdigen geflohen war, ihm nun zum zweiten Male impräg= niren! Benedict war alsdann durch das Medium der Kaiserwaffen re= infallibilisirt! —

3. Aber als Conrad II. Rom den Rücken gedreht, hat das römische Volk seinen noch minorennen Unfehlbaren bereits vertrieben, und in Sylvester III. sich den gemeinten echten Papst gewählt. Hat nun Benedict durch diese Gewalt seine Unfehlbarkeit einbüßen können? kann das Volk sie nehmen, sie etwa auf einen Andern überwälzen oder sie nöthigenfalls auch neu in diesem erzeugen? Müßte es nicht wunderlich sein, daß Volksgewalt hier nach zwei Seiten hin die entgegengesetzten Wirkungen des Gebens und Nehmens erzielt hätte?

4. Nun wird Benedict durch den Magnateneinfluß seiner Brüder Peter und Gregor von Tusculum zurück und zum dritten Male auf den Stuhl der Unfehlbarkeit hinaufgebracht! Hatte er seine ursprüngliche Unfehlbarkeit einge= büßt gehabt, so muß die gräfliche Machenschaft der Würde ihm auch die neue Errungenschaft der Würde eingebracht haben; letztere war also das Werk römischer Granden und Throngehilfen! Und an diese muß ein solches Gnadengeschenk in der Kirche alsdann geheftet sein können!

Und wenn die Benedict=Granden das hier vermogten, mußten es die Syl= vester=Granden nicht ebenso dort vermögen? — Aber wie, als nun beide sich gegenüber standen? wie gestaltete sich das Verhältniß zu dem ein Mal unfehl= bar Gewordenen für den zum dritten Male Infallibelen? Die Benedictus= brüder Peter und Gregor besaßen die Macht einer Neucreirung, und so hatten sie mittels dieser zum zweiten Male ihren Papstjüngling in Besitz und Recht der Unfehlbarkeit gesetzt. Hatte sein Gegner Sylvester solche ebenfalls oder sogar jetzt noch, als seine geistlichen Brüder ihn, den besitz= und rechtlos Gewordenen, an den Stufen des unfehlbaren Thrones in seiner geistlichen Im= potenz verschmachten ließen?

5. Nach drei Monaten, die der mannbar gewordene heilige Vater Benedict zu seiner Besserung dahin verwendete, daß er sich die moralischen Fesseln der Verlobung mit einer ihm verwandten Gräfin in Rom anzulegen schien, weiß ein frommer römischer Erzpriester, Namens Johannes, daß man mit Geld die Unfehlbarkeit erwerben kann! Das von ihm in Rom unter verschiedenem Vorgeben gesammelte Capital wird ein Kaufpreis für die Erst= geburt jener Gottesgabe, das Linsengericht für die Unfehlbarkeit! Benedict räumt seinen Wunderposten als Kaufsgegenstand dem neuen Papst Gregor VI. ein. Kann also auch Simonie, die den Erwerb einer jeden kirchlichen Pfründe ungiltig machte und den Verüber in Kirchenstrafe stürzte, zur Unfehlbarkeit emporheben? Oder war wohl diese Papstmache wirkungslos? denn Benedict hielt an seinem character indelebilis fest! Mit welchem Recht? war er denn nicht mehr, und zwar neben und trotz Sylvester, unfehlbar?

6. Benedict verjubelte Baarschaft und Brautschaft und bestieg zum vierten Male den römischen Stuhl! Drei Unfehlbarkeiten der Kirche Christi bestanden: in einem Weichling, einem Weibling und einem Käufling, und diese

neben der Unfehlbarkeit der Kirche selbst! Wer von den dreien wird das tüch=
tigste, welcher von ihnen das berechtigteste Gefäß der Infallibilität gewesen, wer
entweder nie berechtigt oder seines Rechtes wieder verlustigt worden sein? Es
sollte wohl der lustigste und luftigste am Ehesten gnadenbar geworden sein, als
er jener Baarschaft bar wurde! Aber umgekehrt: er ist eben wieder im Besitz
und so ist er auch eben wieder im Rechte des Stuhles und der Amtsgnaden.
Der Magnaten= und Kaiserpapst Benedict trägt wieder die göttliche
Krone der Unfehlbarkeit (die ihm doch nur allein von den Verleihern, den Magnaten
und dem Kaiser, wieder entzogen werden könnte), und zwar über und gegenüber
dem einen Papste der Volksmacht und dem andern Papste der Capitals=
macht! In welchem der drei Concurrenten wird nun die Unfehlbarkeitsbasis
am felsenfestesten gewesen sein müssen: in der demokratischen Secundogenitur,
dem 3. Sylvester? in dem plutokratischen Tertiärgebilde, dem 6. Gregor? oder
in dem unreinen Urerzeugniß, dem 9. Benedict?

7. Kaiser Heinrich III. entwickelt eine neue Macht zur Setzung der neuen
Infallibilität; 1046 hält er eine Synode in Sutri ab und jagt alle drei
Päpste zum bösen Geiste der Fehlbarkeit. — Der römische Stuhl und mit ihm
die Unfehlbarkeit ist also wie gewinn=, so verlierbar durch den Kaiser allein oder
in Verbindung mit einer italienischen Synode! Wollte Christus einen solchen
Statthalter, ein solches Werkzeug eines fortdauernden Offenbarens und eine
solche „Hülle seines eigenen Fleisches", aus dem, „wenn es spricht, er selber
spricht", hier auf Erden haben? soll er keine Voraussicht des Kommenden und
nicht einmal die Weisheit eines menschlichen Regenten besessen haben, um seinem
Staat und der Welt neben dem natürlichen Übel noch solch' übernatürliches
Unheil heiliger Väter auf gleichzeitigen Stühlen aufzulegen?

Der Kaiserpapst war kaiserlich aufgestiegen und kaiserlich niedergegangen.
Sollte vielleicht, falls diese erste und zweite Entthronung ihm die Infallibilität
nicht entziehen konnten, die dritte Remedur oder die dritte Dosis oder diese dritte
Operation nun ein= für allemal aus dem Schreine seiner Brust die Wunder=
kraft und aus der „Hülle seines Fleisches" den „verborgenen Jesus Christus"
freigemacht haben? vielleicht konnte erst mit dem „repetatur dosis" die Cur
der Austreibung des vermeintlichen guten Geistes von Erfolg begleitet sein!

8. Benedict resignirte. Es erwächst aber gerade wieder hier die wissenschaft=
liche Schwierigkeit, ob die bei ihm allenfalls haften gebliebene „Gnadengabe
der Wahrheit und des nie" (in ihm während seines Lebens) „abneh=
menden Glaubens" durch die Macht des Verzichts ausgetrieben werden
könne. Diese Schwierigkeit erstarkt, da er trotz der Resignation zum vierten
Male auf den Papstthron zurückkehrt. Und sie verstärkt sich weiter, als auch
Papst Sylvester unter erneuten Anstrengungen seiner Facienten in der Höhe
gehalten wird. Endlich wird die Local= und Personalfrage der Unfehlbarkeit
eine menschlicherseits unlösbar verworrene, als Papst Gregor VI. zwar abdankt,
aber seine unerloschene Unfehlbarkeit (in Begleitung Hildebrand's, des
spätern Gregor's VII., und des deutschen Kaisers) nach Deutschland trägt!

Wenn ein Verzicht auf den Papstthron überhaupt erlaubt war, wie konnte
die einmal eingeschossene Gotteskraft unter dem Drucke menschlicher Willens=

kraft in ihrer Geburtszelle wieder hinter ihren Entstehungsgrund und unter ihren Nährboden zurückschießen? war mit dem (wenn zulässig) vorgenommenen Scheiden aus der Statthalterschaft Christi nun auch die eingepflanzte Meister=schaft des stets frischen und freien christlichen Offenbarens ausgeschieden? 9. Nun setzte in Sutri (1046) Heinrich III., als die Synode ihm Recht und Macht zur Creirung eines neuen Unfehlbaren zugestanden hatte, Suidger, den Bischof von Bamberg, als Clemens II. zum Papste ein. Wenn nicht mit eigenem Rechte, dann als Vertreter des Volkes und der Sy=node fand er den gottbestimmten Stellvertreter Christi auf Erden, jedoch nur für ein einziges Jahr! Diese problematische, neben drei problematischen Unfehl=barkeiten bestehende vierte — jede selbstständig und getrennt, kein Klee=Vier auf demselben Stengel! — hatte 1047 bei ihrem Versterben, sei es einen Er=satz in dem überlebenden Benedict und Sylvester, sei es eine Nieder=lage in Benedict, erfahren.

10. Wenn die Geschichte die Fragen dieser Gnaden= und Throneswechsel lösen kann, so hat zur Aufhellung des Mystikers der anfängliche Kaiserpapst Benedict sein fait accompli siegreich vollzogen: er kehrt als Unfehlbarer zum vierten Male auf den päpstlichen Stuhl zurück. Wem diese Aufhellung durch solche Räthsellösung zu mystisch bleibt, der hat die neue Schwierigkeit zu bekämpfen, daß Benedict, nun aller Unfehlbarkeit bar, solche durch das Gift, an dem sie bei Clemens II. entschlummert war, und durch seine mehrfache Dosis Geld frei und dann sich zu eigen gemacht haben muß! Denn während der acht Monate seiner Alleinherrschaft muß er zweifelsohne die Infallibilität wieder im Schreine seiner tapferen und braven Mannesbrust getragen haben, wenn die Kirche nicht statt vormaliger dreifacher nun mit gar keiner päpstlichen Unfehlbarkeit, leider aber nur mit ihrer ursprünglichen eigenen, ausgestattet ge=wesen sein soll.

11. Und abermals überließen die Herrscher der Papstwahl dem deutschen Herrscher die Ernennung des von ihm wirksam erschauten neuen Can=didaten der Infallibilität: sein geliebter Poppo, Bischof von Brixen, wurde erkannt und als Damasus II. (1047) befördert. Aber von Neuem staune der Mystiker der Geschichte! Während Benedict mit oder ohne Unfehlbarkeit im Kloster büßt, genießt Damasus nur 23 Tage ohne oder mit Unfehlbarkeit seine Gnaden= und Standeserhöhung. Und wem hier der „Finger Gottes" zu mystisch verbleibt, der mag sich erinnern, daß von 973 bis 1073 zwei und zwanzig Päpste sein und nicht sein mußten, damit Gregor VII. die Erhöhung der Päpste zur persönlichen Heiligkeit, die Erniedrigung der Kirche zur „Magd des Papstes" unter dessen Thrannis und die der sämmtlichen weltlichen Regenten zu absolut unterworfenen „Ausgeborenen des Satans" proclamirte. —

12. Jedenfalls muß Benedict seine Papstqualität und seinen Unfehlbarkeits=besitz als Gnaden indelebelen Charakters erkannt gehabt haben, und bei seiner Unfehlbarkeit muß dieses Erkennen dogmatische Bedeutung enthalten! nachdem auch der auf Damasus II. gefolgte Leo IX. nur 6 Jahre (bis 1054) auf dem Stuhle Petri geherrscht, eilt Benedict zur 5. Besteigung des vorbesessenen Thrones. Aber ohne die Frage, wie und wodurch er von Neuem zur Höhe des von ihm

erniedrigten Stuhles berechtigt gewesen sei, noch in fernere Verwickelung zu treiben: Benedict IX. ruht seit dem 10. Mai 1056 im Tode und hat, obwohl unfehlbar verstorben, der Kirche nicht einmal darüber Gewißheit hinterlassen können, wann und wie lange — die alten Papstverzeichnisse reden von 11, 13 oder 14 Jahren — eine berechtigte Regierung mit Infallibilität seinerseits bestanden hat. Christus scheint indeß seine Kirche vor unfehlbaren, insbesondere gleich= zeitigen und sich bekämpfenden Producten dieser sogenannten incarnirten Wesen= heit auf Erden behütet zu haben! Muß aber nicht doch wohl durch alles mit ihnen Entstandene und Vergangene, in ihnen Aufgeloderte und Erloschene mindestens das bewiesen sein, daß jene Zeit und ihre Factoren, vor Allem die Päpste selbst, von einer „Gnadengabe des nie abnehmenden Glaubens" an „den Papst, der nicht blos der Repräsentant Jesu Christi, sondern auch Jesus Christus selbst verborgen unter der Hülle des Fleisches" ist, keine Ahnung, geschweige denn einen felsenfesten Glauben gehabt haben!

**90.** Ist denn nun — Papstthum mit Unfehlbarkeit in unauslösch= licher Fortdauer einmal angenommen — Pio nono nach allem dem noch denkbar und vorstellbar gewesen, als der nach göttlicher Ord= nung unzweifelbar richtige und nach dieser Ordnung auch mit dem Gna= denbesitz der persönlichen Unfehlbarkeit ausgestattete Papst?

oder ist er vielleicht, wenn auch den irdischen Thatsachen und dem menschlichen Rathe nach Papst gewesen, dennoch nach theologischen Grund= gesetzen nie in die „Offenbarungs=Unfehlbarkeit des ersten Apostels einge= rückt," nie mit derselben bedacht gewesen, weil er auf keinerlei göttlich geordnetem Gnadenwege in diesen übernatürlichen Zustand versetzt wor= den, sintemalen Christus einen solchen Weg überhaupt nicht angeordnet, also auch nicht anordnen gewollt hat?

Oder hat Christus zwar den Weg zu dieser Gnade nicht gegeben, aber dennoch die Gnade selbst gegeben!

**91.** Oder ist Pio nono, wenn auch einmal thatsächlich und juri= stisch und sogar theologisch als Papst vorausgesetzt, dennoch am 18. Juli 1870 vielleicht nicht mehr Papst gewesen?

Denn es besteht doch das Bedenken, auch nach den römischerseits anerkannten Autoritäten, daß der Papst vom Papat abfallen kann und hierdurch von selbst desselben verlustig sein soll!

Oder bestimmt nicht auch Turrecremata, der Vertreter Eugen's IV. in Basel (1437) und sein Sachwalter in Mainz (1439), daß nicht so= wohl ein Papst wegen seiner Ketzerei von einem Concile abgesetzt werde, als vielmehr erklärt werde, er sei gar nicht Papst, denn „der Papst, der irrt, ist gleichsam nur mehr der Leichnam eines Papstes, an dem die Kirche nach Gutdünken Justiz üben kann;" ferner, daß der Papst durch Ketzerei unter alle Gläubigen herabsinke, in Folge dessen er dann durch die Kirche entweder gerichtet oder als durch Gott gerichtet erklärt werden könne, endlich daß dies stets vorliege, wenn er eine Irrlehre feierlich definire und sie den Christen als eine katholische zur Annahme vorschreibe. — Und doch soll das 16. Jahrhundert, und dazu trotz des Trienter Concils, vom Infallibilismus gläubig durchdrungen gewesen sein!

## VI.

### Römisches Glaubensbekenntniß.

„Gewiß, der uns mit dieser Denkkraft schuf,
Voraus zu schaun und rückwärts, gab uns nicht
Die Fähigkeit und göttliche Vernunft,
Um ungebraucht zu schimmeln."

Shakespeare, Hamlet (IV, 4.)

**92.** Der römische Katholik hat in seinem Glaubensbekenntniß („Professio fidei" gemäß Rituale Trevirense von 1873) zu versichern: „Ich nehme festiglich an die apostolischen und kirchlichen Überlieferungen und die Satzungen und Verordnungen der Kirche, und ich verstehe die heilige Schrift nach demjenigen Sinne, den die Kirche festgehalten hat und noch hält; dieser steht es zu, über den wahren Sinn und die Erklärung der heiligen Schriften zu urtheilen, und ich will solche nie anders, als nach der einhelligen Übereinstimmung der heiligen Väter annehmen und erklären."

Wo beruhen nun nach der katholischen Lehre und auch nach dem Concil von Trient die Quellen der Glaubenslehren? Beruhen sie in den „apostolischen und kirchlichen Überlieferungen" und den „übrigen Satzungen und Verordnungen der Kirche", mit andern Worten (gemäß jenem römischen Texte): in den Überlieferungen, Satzungen und Verordnungen der römischen Theilkirche?

Nach ältester christlicher Lehre und auch nach dem Concil von Trient ist allein richtig, daß nur durch die heilige Schrift und die apostolische Überlieferung Glaubenslehren bestimmt werden können und daß keineswegs eine blos theologische Überlieferung zum Glaubenssatz erhoben werden kann. Oder sind „apostolische Überlieferung" des Trienter Concils dasselbe wie „kirchliche oder theologische Überlieferungen"? oder sagt das Tridentinum nicht, daß apostolische Überlieferung gleichbedeutend sei mit dem apostolischen Glaubensbekenntniß?

also ist der römische Bekenntnißtext geradezu conciliswidrig, fälschlich und verfänglich!

**93.** Wenn nun bis in's 14. Jahrhundert die Lehre von der päpst= lichen Unfehlbarkeit so wenig eine kirchliche Überlieferung für sich hatte, daß sie noch gar nicht zu Tage getreten war, wenn Nicäa, Con= stantinopel und Chalcedon conciliarisch gegen dieselbe entschieden, auch noch die Väter der Scholastik (Alexander von Hales, Alanus von Ryssel, Albert der Große) eine Erörterung dieser Lehre vermieden haben, wenn Petrus Lombardus (1150) in seinem Lehrbuche sie nicht gekannt und dann erst Thomas von Aquin (1274) in seinem theo= logischen Systeme, getäuscht durch die gefälschte Schrift des Pseudo=Cy= rillus, sie in schwankendem Ausdrucke zu lehren begonnen, wenn endlich ein Papst wie Innocenz III. von sich eingestanden hat, daß er aus Un= glauben in Irrthum fallen und wegen einer in Glaubenssachen begangenen Sünde von der Kirche gerichtet werden könne, wie muß dann der römische Katholik die in obigem Glaubensbekenntnisse gelobte Treue bewahren? darf er die neue Papstlehre „festiglich annehmen und nie anders erklären", obwohl gegenüber Thomas von Aquin noch im Jahre 1388 die Theologen der Pariser Universität eine Aufstellung von dessen Irr= thümern gemacht und — ohne die Fälschungen seiner imposanten Quellenzeugnisse auch nur zu ahnen, — seine Lehre zu den Irrthümern geworfen und als „Ketzerei" bezeichnet haben, quia in causa fidei a summo pontifice appellari potest ad concilium generale . . . . . . et manifestum est, quod ad ipsum pertinet concilium, in causis fidei definire?*) Oder ist die Bewahrung solcher Treue Treubruch? Und ist nicht vielmehr in obigem Versprechen, die alte apostolische und tra= ditionelle Lehre beizubehalten, geradezu die Verpflichtung eines Bekennt= nisses gegen die Unfehlbarkeit und Alleinberechtigung der römischen Päpste enthalten?

**94.** Wenn ferner die heilige Schrift und die Tradition von den Aposteln her feststellen, daß alle Menschen mit der Erbsünde be= haftet sind und auch bezüglich Maria der „Gottesgebärerin" keine Aus= nahme machen, darf dann der römische Katholik, und zwar troß obiger Glaubensversicherung, die heilige Schrift anders und in einem neuen, von

---

*) „Weil in einer Glaubensstreitigkeit vom Papste zum allgemeinen Concil appellirt werden kann, und es offenbar ist, daß es gerade dem Concil eignet, in Streitigkeiten des Glaubens zu entscheiden."

dem kirchlich festgehaltenen Sinne abweichenden verstehen oder den frommen Ausdruck von der „Empfängniß der unbefleckten Maria" mit gewissen Orden und mit Pius IX. in den unfrommen Spruch von der „unbefleckten Empfängniß Mariä" umwandeln, also in ein Dogma, von dem die apostolische Zeit, wie die Überlieferung, wie Maria und ihre Eltern niemals Etwas geahnt und dem sich ein heiliger Bernhard, ein unfehlbarer Papst Innocenz III., vor Allen selbst auch Thomas von Aquin widersetzt hatten!

Oder bleibt er nach obigem Versprechen an die heilige Schrift gebunden, zumal eine entgegengesetzte allgemeine Auffassung sich niemals geltend gemacht hat, geschweige denn durch die einstimmige Erklärung der heiligen Väter gebilligt gewesen ist?

**95.** Wann und wo ist je eine zeitliche Grenze gegeben worden, auf der die apostolische und kirchliche Schriftlehre und Glaubensüberlieferung veralten oder hinfällig werden und theologische Speculationen und päpstliche Marienhuldigungen über deren Trümmern ihre Herrschaft gründen könnten?

Darf solchen Ereignissen gegenüber der katholische Christ — insbesondere auch nach beschworener Treue zu obigem Bekenntniß —, die neue Lehre gegen „die heilige Schrift" und gegen „die einstimmige Übereinstimmung der heiligen Väter" eintauschen?

**96.** Und wenn nun der römische Papstgläubige in seinem Glaubensbekenntnisse Obiges als seinen Glauben versichert und betheuert hat, darf er dann in demselben Athem auch „geloben und schwören, dem römischen Papste, dem Nachfolger (?) des heiligen Apostelfürsten Petrus und Stellvertreter (?) Jesu Christi wahren Gehorsam leisten" zu wollen?

Oder steht das in einem greifbaren wissentlichen Gegensatz gegen einander?

Und wenn derselbe durch jenes Glaubensbekenntniß im Weiteren „unbezweifelt annimmt und bekennt, was von den heiligen Kirchensatzungen und allgemeinen Kirchenversammlungen und besonders von dem hochheiligen Kirchenrathe von Trient bestimmt und erklärt worden ist," ist er dann nicht zum Festhalten an Nicäa, Constantinopel, Chalcedon, Constanz, Basel und (gerade auch) Trient in seinem Gewissen verpflichtet?

Und wenn derselbe nun noch, wie es im Schlusse jenes Glaubensbekenntnisses heißt, alle diesem Schrift- und Traditionsglauben „widersprechenden Meinungen und jegliche Irrlehren, welche von der Kirche"

(das ist von der Papstkirche) verworfen und verflucht sind, ebenfalls verdammt, verwirft und verflucht, was begeht derjenige, welcher trotz alledem
zur Annahme der widersprechenden Meinungen, der Irrlehren und Papst-
entscheidungen, der Curialismen und Vaticanismen, endlich der Entscheidungen der abendländischen Synode von Trient und des unmaßgeb-
lichen Schein- und Schmeichlerconcils von 1870 auffordert und verpflichtet?

97. Und wenn derselbe endlich seit 1874 außer jenem Glaubensbekenntniß auch dessen Zusatz beschwören soll, den man ihm dahin bei-
gegeben hat, daß er „festhalten soll, was das vaticanische allgemeine (?)
Concil über den Primat und das unfehlbare Lehramt des Papstes erklärt und festgestellt hat", beschwört er dann nicht „Für" und „Wider"
zugleich? hat er ja doch im Eingange bereits die apostolischen Überlieferungen (das ist das apostolische Glaubensbekenntniß), die heilige
Schrift nach ihrem kirchlichen Sinne und der einstimmigen Übereinstimmung der heiligen Väter, endlich das tridentinische allgemeine (?) Concil bereits als seine Glaubensnorm eidlich auf sich genommen?

Als ob 1870 im Vatican überhaupt hierüber eine conciliarische
Erklärung und als ob in Trient nicht geradezu die ganz entgegengesetzte
Erklärung in's Dasein getreten wäre!

98. Trient zunächst anlangend — war der hochheilige Kirchenrath von Trient ein ökumenisches Concil? oder war er eine Synode des
päpstlich verbliebenen Theiles der abendländischen Hälfte der ganzen
katholischen Kirche? jedenfalls waren die morgenländischen Kirchen
dort nicht vertreten, noch weniger die protestirenden Theile der abendländischen Christenheit.

Aber als damals die Definirung der Unfehlbarkeit erfolgen sollte,
war ein allgemeines Bewußtsein von derselben auch nur bei der päpstlichen Kirche des Abendlandes vorhanden gewesen?

### Wie stand es in Deutschland?

Die gegen die protestantische Lehre streitenden Theologen hatten
schon darum die Untrüglichkeit der Päpste bekämpft, weil sie deren Lehren
und überhaupt die römisch-päpstliche Dogmengeschichte als ein günstiges
Fahrwasser der Reformatoren und einen Vorschub für die Protestanten erkannt hatten.

### Wie in Frankreich?

Hier herrschte mit mächtigstem Einflusse die Pariser Hochschule, die vor
wie nach den Papst unter die Aussprüche der Concilien beugen wollte.

## Wie in Spanien?

Von dem hervorragendsten Theologen dieses Landes, Alfons Ma=
drigal, genannt Tostado, war noch im 15. Jahrhundert mit den Con=
stanzer und Baseler Beschlüssen die Superiorität des Concils über den
römischen Bischof vertheidigt worden. Erst die Inquisition hat den letzten
Widerspruch zum Schweigen gebracht.

In Rom selbst war dagegen jetzt bereits die Predigt des Bischofs
Cornelio Musso von Bitonto gestattet: „Was der Papst sagt, ist als ob
es von Gott gesagt sei. In göttlichen Dingen halten wir ihn für Gott,
in Sachen der Glaubensmysterien würde ich dem einen Papst mehr
glauben, als tausend Augustinus, Hieronymus, Gregorius."

**99.** War damit nicht die Frage flagrant und die Entschei=
dung dringend nöthig geworden? hatte doch Papst Paul IV. (1555)
in einem Consistorium erklärt: „Meine Gewalt ist unbeschränkt, und das
Gegentheil zu behaupten ist offenbare Ketzerei", und dann der ganzen
Welt „betreffs der Fülle seiner apostolischen Gewalt" (Bulle „Cum ex
apostolatus of officio") verkündet, daß er als oberster Pontifex der Stell=
vertreter Gottes auf Erden sei, die vollste Obergewalt über die Völker
und Königreiche habe und in dieser Welt überhaupt von Niemand ge=
richtet werden könne, sowie daß ein ketzerischer Regent ohne Rechtsforma=
lität vom Throne gestoßen und der Todesstrafe verfallen sei, in Folge
dessen ihm, wenn auch aus Menschlichkeit, kein Mitmensch mehr eine
Hilfe leisten dürfe, und wenn ein Regent dem andern eine solche leiste,
so sei er seines Landes und Besitzes verlustig zum Vortheil der papst=
gehorsamen Fürsten, die sich desselben alsdann bemächtigen mögen.

**100.** Und wie kam die Frage zur Verhandlung auf der Trienter
Synode?

Es handelte sich gegenüber den Curialisten darum, daß nur der
Papst, nicht aber die Bischöfe ihre Einsetzung von Gott und durch gött=
liche Anordnung hätten. Die spanischen Bischöfe hielten die altkirchliche
Lehre am 13. Oktober 1562 zum Schrecken der päpstlichen Legaten mit
Erfolg dahin aufrecht, daß die Bischöfe der Kirche ihre Stellung und
Befugnisse nicht vom Universalbischofe zu Rom, sondern auf Grund ihrer
göttlichen Einsetzung besäßen.

Und nun stellten die Jesuiten am 20. Oktober 1562 durch ihren
Wortführer, ihren jungen General Jakob Lainez, ihre unerhörte Lehre
klar und begreiflich genug in einer Rede vor, deren Hauptinhalt so un=
wahr wie kühn Folgendes darbot:

Die Kirche ist in Knechtschaft geboren ohne Macht und Gerichtsbarkeit. Christus hat sie unbeschränkt und monarchisch beherrscht. Dasselbe hat Petrus und jeder seiner Nachfolger zu thun: zu weiden die Schafe, Thiere, welche keine Vernunft und folglich auch keinen Antheil an ihrer eigenen Regierung haben. Der Papst ist also einziger und unbeschränkter Monarch über die Kirche. Wenn die Bischöfe von Christus irgend welche Fähigkeiten erhalten hätten, so könnte der Papst nicht vollständiger Machthaber und Beherrscher der Kirche sein. Darum sind sie prinzipiell ohne Rechte und Befugnisse, und darum waren auch die Apostel gar nicht von Christus, sondern von Petrus ordinirt und mit Gerichtsbarkeiten versehen worden. Wenn Andere behaupten, die Apostel seien von Christus gewählt worden, so setzen sie hinzu, damals habe dieser ja nur gethan, was eigentlich Petrus zu thun gehabt habe. Wenn Christus die Kirche als Grund und Stütze der Wahrheit bezeichnet und denjenigen, der sie nicht hört, als Heiden und öffentlichen Sünder bezeichnet, so bezieht sich das nicht auf sie, sondern auf den Papst. Wenn man an die Unfehlbarkeit der Kirche glaubt, so darf man das nur, weil der Papst unfehlbar ist und man an dessen Unfehlbarkeit glauben muß. Richtig ist der Einwurf, daß die Bischöfe, wenn sie nicht von Christus ihre Macht haben, einem Concile nur menschliches Ansehen geben können, auf dem sie irren können, sie in Compagnie wie sonst als Einzelne; aber wenn der Papst dem Concile mit seiner Macht und seinem Ansehen beitritt, dann wird es erst ein Concil und kann göttliches Ansehen beanspruchen! Zwar heißt es, daß die Väter im Namen des heiligen Geistes versammelt sind; aber letzteres heißt, daß sie durch den Papst versammelt sind; und dies wiederum heißt, daß sie das zu verhandeln und zu beschließen haben (nicht was eine Verordnung des heiligen Geistes ist, sondern:) was durch die Approbation des Papstes als eine Verordnung des heiligen Geistes angesehen werden muß: Denn nicht von diesem ist das Decret eines Concils gemacht, vielmehr erhält es erst durch die päpstliche Bestätigung die gesetzliche Kraft. Wie zahlreich daher auch die Concilsbischöfe versammelt sind, so entscheidet auf jedem Concile doch nur der Papst. Alle Entscheidungen der Concilien erfolgen kraft der Gewalt, die der Papst von Gott und das Concil vom Papst hat; ohne des Papstes Gewalt und Ansehen hat das Concil weder den Beistand des heiligen Geistes, noch Unfehlbarkeit, noch Macht: denn diese hat es von dem, zu dem Christus gesagt hat: Weide meine Lämmer.

**101.** Und wie hat nun die Synode auf diese Vorlage des Jesuitenordens geantwortet?

Es ist nicht fraglich, daß die althergebrachte, gegen bloße Majoritätsbeschlüsse der Synoden gerichtete kirchliche Anschauung und Praxis noch im episcopalen Bewußtsein existirte. Abgesehen von Vincenz von Lerins („Sequemur autem universitatem hoc modo, si hanc unam fidem veram esse fatemur, quam tota per orbem terrarum confitetur ecclesia")*)

---

*) „Der Allgemeinheit werden wir entsprechen, wenn wir bekennen, dieser eine Glaube sei der wahre, den die ganze Kirche über den Erdkreis hin bekennt."

war durch den Ausspruch und Gebrauch aller ökumenischen Concilien jenes natürliche Erforderniß der übereinstimmenden Zeugnisse aus allen Theilen der Kirche unter moralischer Einhelligkeit aller Bischöfe geheiligt.

**102.** Oder bedarf dies eines historischen Beweises? Wir lesen von den ökumenischen Concilien:

a) dem ersten (325) zu Nicäa: „Fidei formula communi consensu composita concilium dimisere."*) Nur 2 von 318 Bischöfen dissentirten;

b) dem zweiten (381) zu Constantinopel, daß die 36 macedonia= nischen Bischöfe die Annahme des nicänischen Bekenntnisses verweigerten und daß dann die katholischen einstimmig das Decret beschlossen;

c) dem dritten (431) zu Ephesus, daß es von der ersten Sitzung an die nestorianische Häresie verdammte und seine Entscheidung mit voller Einstimmigkeit seiner 274 Bischöfe verkündete;

d) dem vierten (451) zu Chalcedon, daß Leo der Große selbst die Einstimmigkeit bezüglich der Entscheidung seines Briefes an Flavius be= zeugt, indem er an Theodoret berichtet, er habe drei Dinge zu verzeichnen: den Widerspruch, dessen Prüfung und die schließliche Zustimmung zu seinem Briefe („ipsa quoque veritas et clarius renituit, . . . . dum quae fides prius docuerat, haec postea examinatio confirmavit . . . . quae nostro (Deus) prius ministerio definierat, universae fraternitatis firmavit assensu);**)

ferner, daß in den folgenden feierlichen Sitzungen vor mehr wie 600 Bischöfen der Kaiser Marcian und die Kaiserin Pulcheria bezüglich einer von der Commission abgefaßten Formel vor Schluß noch fragen ließen, ob diese, nachdem sie von Allen unterzeichnet sei, auch die Mei= nung Aller ausdrücke, und dann constatiren ließen: „Wir glauben Alle so, wir haben Alle mit Unanimität unterzeichnet."

Soll man noch das Florentiner Concil (1439), das letzte vor dem Trienter, hinzunehmen? Hier wurde die Achtung vor der Minorität (den Vertretern der morgenländischen Kirche) ausdrücklich und doctrinell festgestellt, weil man einsah, daß Einheit der Lehre und der Kirche nur

---

*) „Nachdem das Concil die Glaubensformel mittels allgemeiner Überein= stimmung zusammengestellt hatte, wurde es entlassen."

**) „Auch erglänzte die Wahrheit selbst um so heller, . . . . . denn was unser Glaube vordem gelehrt hatte, das bestätigte hernach unsere Prüfung . . . . . . was vorher Gott mittels unseres Amtes als Lehre bestimmt hatte, befestigte er nun durch die Zustimmung unserer sämmtlichen Brüder."

durch Einheit der Entscheidung erreicht werden könne. Es forderte Bessarion, der gelehrte Erzbischof, in einem dogmatischen Vortrage von dem Concile: „Debere ecclesiam Dei unum in locum congregatam de rebus dubiis judicare ac secundum praecepta divinae legis communi omnium consensu ferre sententiam . . . . . Assueverant iidem majores nostri communiter haec agi debere et quae communia sunt communi consensu oportere terminari."*)

Auch darf man für die Zeit nach dem Trienter Concil das 5. Lateranensische Concil (1512) hinzunehmen, auf dem die stärkste Opposition nur eine Minorität von 5 Stimmen gegen 95 erreicht hat.

**103.** So hatte auch der Cardinal Nikolaus von Cues betreffs der Einheit des Concils gegenüber der Spaltung des Baseler Concils sein Postulat gestellt. Und war denn (z. B. für Trient selbst) eine andere Praxis eingeführt?

Selbst Pius IV. hatte noch seinen Legaten die Weisung gegeben Nichts entscheiden zu lassen, was nicht allen Vätern genehm sei. Und einer der anwesenden Theologen, Payba de Andrada berichtet, Wochen und Monate lang habe man ein Decret wegen Bedenken einiger weniger Bischöfe zurückgehalten und erst nach langen und sorgfältigen Berathungen unter Einstimmigkeit der Väter publizirt.

Und endlich: War dieses Erforderniß nicht ein absolut nöthiges und dringendes angesichts des „großen Abfalles zu Seleucia und Rimini, als annähernd 600 Bischöfe das gemeinsame Bekenntniß verleugneten und preisgaben, partim imbecillitate ingenui, partim taedio peregrinationis evicti?)"**)

**104.** Und wie vollzog sich nun die Abstimmung vom 20. Dezember 1562 bezüglich jener Jesuitenvorlage?

Der Erzbischof von Paris erklärte diese Lehre für eine unerhörte, die vor 50 Jahren von Cajetan, als er habe Cardinal werden wollen, aufgebracht, aber von den berühmten Theologen der Sorbonne in Paris

---

*) „Die nach einem Orte hin versammelte Kirche Gottes müsse über zweifelhafte Dinge aburtheilen und mit gemeinsamer Übereinstimmung Aller nach den Vorschriften des göttlichen Gesetzes das Urtheil finden. — Eben diese unsere Vorgänger hatten es als hergebracht angesehen, daß diese Verhandlungen gemeinsam gepflogen und daß diese Dinge, die Allen gemeinsam sind, auch durch die gemeinsame Übereinstimmung Aller festgestellt werden müßten."

**) „Bewältigt theils von der Schwäche ihrer Einsicht, theils von dem Überdruß ihrer Reise(=abwesenheit)."

stets verurtheilt worden sei. Nach ihr werde aus dem Reiche Gottes eine welt=
liche Tyrannei und aus der Braut des Herrn eine der Prostitution eines
einzelnen Menschen preisgegebene Sclavin gemacht, aus den Bischöfen
würden absetzbare Stellvertreter des nunmehr einen und einzigen Bischofs
in Rom.

Und der Erzbischof von Granada mit den spanischen Bischö=
fen trat dem französischen Episcopate bei. War also Einhelligkeit vorhan=
den, und zwar a) der Zeugnisse, daß und wo — und b) des richterlichen
Erkennens, daß immer und überall und übereinstimmend so die Lehre
Christi von den Aposteln her gelautet habe? war also die Möglichkeit eines
einheitlichen Urtheils selbst nach der Meinung des Jesuiten Bagot vom
Jahre 1645 („Universitas sine . . . . . . antiquitate et consensione stare
non potest; quod autem triplici illa probatione confirmatur, est haud
dubie ecclesiasticum et catholicum")*) damals noch vorhanden?

Und als nun so bereits der neuen Ordenslehre die Giltigkeit ab=
gesprochen war, weil 54 Bischöfe gegen 127 dieselbe schon verneint hatten,
erhielten die Minoritätsbischöfe Zuwachs gegenüber den Curialisten: der
Cardinal von Lothringen erschien am 13. November 1562 mit 14 Bi=
schöfen, 3 Äbten und 18 Theologen (darunter 12 von der Sorbonne)!

**105.** Und wie suchte Rom nun zu contrecarriren?

Dem Könige von Frankreich schickte der Papst Hilfsgelder, dem von
Spanien die Bitte um Zügelung seines Episcopates. Von dem letztern
erging sogar ein Befehl, daß die Bischöfe sich von allen dem päpstlichen
Ansehen und dem heiligen Stuhle präjudicirenden Schritten fern halten
sollten, andernfalls sie in königliche Ungnade verfallen würden. Allein es
ist bekannt die Ausdauer der sich als selbständige Nachfolger der Apostel
fühlenden Bischöfe von Frankreich und Spanien, nicht minder ihr Vor=
wurf an die Curialisten, daß für sie der heilige Geist im Post=Felleisen
von Rom nach Trient komme, während die italienischen die Vorwürfe von
„französischen Krankheiten" und von „spanischem Aussatz" nicht unpro=
birt ließen.

War denn damit nicht schon der Jesuitenangriff auf die altüber=
lieferte Lehre der apostolischen Kirche, wenn auch unter curiosen Umständen
zurückgewiesen? bedurfte es am 15. Juli 1563 noch der Feststellung, daß

---

*) „(Die Kirche) kann in ihrer universalen Einheit ohne . . . . das Alter
und die Übereinstimmung nicht bestehen; was aber durch jenen dreifachen Nach=
weis bestätigt wird, ist sicherlich kirchlich und katholisch."

sich eine Minorität von 89 Bischöfen und Lehrern gegen 127 Curialisten gestellt hatte, und der Einsicht des Papstes Pius IV., daß man solche Definitionen nur unanimi consensu ergehen und die streitigen Artikel lieber fallen lassen wolle, um die vom Carbinal von Lothringen angedrohte Losreißung der französischen Kirche von der römischen nicht zur That werden zu lassen?

**106.** Und noch im Besonderen das System des Universalbisthums — hatte sich nicht ein unfehlbarer Papst von der Größe eines Leo I. (440 bis 461) gegen die angemaßte Titulatur des Patriarchen von Constantinopel, Johannes Jejunator, in den vorwurfsvollsten Entgegnungen ergangen?

Jener Patriarch von Constantinopel hatte den Titel: „ökumenischer Bischof" für sich in Anspruch und in Übung genommen. Dies rügte in seiner Unfehlbarkeit Papst Leo der Große und wies die Einführung dieser gefälschten Verfassung der Kirche zurück, indem er schrieb: „in diesem Ausdruck liegt nur eine Verkehrung des Glaubens; noch hat kein Bischof sich diesen Titel angemaßt, um sich nicht mit etwas Besonderm zu rühmen und dieses allen andern Brüdern abzusprechen; wenn Einer sich unvernünftiger Weise zum universalen Bischof erhebt, vernichtet er die Ehre, die in gleichem Maße allen Bischöfen zukommt!"

Durfte dieses einsetzungs-, geschichts- und traditionswidrige System denn nun überhaupt noch in Trient zur Sprache gebracht werden?

Als nun dennoch sogar eine Vorlage von Rom aus eingeschickt wurde, hat nicht das Concil dieser „Keßerei" — als solche hatte sie der Erzbischof von Granaba gestempelt — ein- für allemal die Existenz abgeschnitten, indem es in seinem Decrete der Kirche die alte apostolische Ordnung vindicirte, daß die Hierarchie aus Bischöfen, Priestern und Dienern bestehe, daß vom heiligen Geiste die Bischöfe gesetzt seien als Nachfolger der Apostel zur Regierung der Kirche? verwarf das Concil nicht die päpstlicherseits geforderte Anerkennung des Satzes, daß die Regierung der Kirche ein ausschließliches Vorrecht des heiligen Petrus und seiner Nachfolger sei? verwarf es nicht auch den beanspruchten Zusatz, nur für die Kirche, welche der Sorge des Bischofs anvertraut worden, sei dieser zum Regieren — und zwar nicht vom heiligen Geiste, sondern vom heiligen Vater — eingesetzt?

Hat endlich nicht der diesen Beschluß gutheißende und veröffentlichende Papst Pius IV. einen unfehlbaren Spruch gethan, oder soll und kann er hiebei von seiner Unfehlbarkeit unbewußt oder absichtlich vielleicht keinen Gebrauch gemacht haben? ober könnte man einen Unfehlbaren mit dem Interdum dormitat Homerus entschuldigen?

**107.** Damals verwarf der hochheilige Kirchenrath von Trient auch die „Wahrheit" von der unbefleckten Empfängniß Mariä! oder was heißt es, daß die Bischöfe ihr, der verehrungswürdigen „Gottesgebärerin," die Erbsünde weder zu= noch aberkennen können? und da sie sich nun an die Cathedralaussprüche von Sixtus IV. (lib. III. Extravag. commun. tit. XII. cap. 1 und 2) anschließen, der nicht bloß in all' seiner theo= logischen und philosophischen Gelehrsamkeit, sondern auch in all' seiner Unfehlbarkeit selbst nicht wußte und nicht entscheiden konnte, ob unbefleckte oder befleckte Empfängniß vorliege, kann da ein späterer Papst behaupten, daß eine Überlieferung von den Aposteln her stets und überall in der Kirche zu Gunsten derselben bestanden habe und dem Concile zu Bewußt= sein gekommen sei? war da nicht für alle Zeiten die Thatsache festgestellt, daß Christus darüber seiner Kirche in dem depositum fidei (Unterl= ge des Glaubens) Nichts hinterlegt hatte, daß keine apostolische Überlieferung allgemeines und jederzeitiges Glaubensgut der Kirche jemals geworden sei?

Darf nun das von Papst Pius IX. allein und ohne Concil der Kirche gegebene Dogma vom 8. Dezember 1854 mehr wie römisch=dogmatischen Werth behaupten? Sixtus IV. hatte denjenigen mit den Ketzerstrafen belegt, der den Bestreiter der unbefleckten Empfängniß einen Ketzer nenne. Pius IX. erklärte für einen echten und wirklichen Ketzer denjenigen, der das Wunder der unbefleckten Empfängniß zurückweise. War dadurch dieser Papst nicht von jenem mit Ketzerstrafen belegt? war jener nicht von diesem für einen echten und wirklichen Ketzer erklärt? War nun jener Papst oder dieser Papst bei seiner Cathedralentscheidung unfehlbar? Sixtus wußte trotz seiner Unfehlbarkeit nichts Sicheres über die Empfängniß Mariä. Pius hatte eine total abweichende Unfehlbarkeit; denn er wußte das Nicht= Sichere als Sicherstes!

Sixtus erkannte in seiner Unfehlbarkeit die kirchliche Überlieferung bezüglich dieses Dogma für unbewiesen. Pius fand in scrinio pectoris mühelos die Enthüllung, daß die nicht nachweisbare Überlieferung auf einer nachgewiesenen mystischen Thatsache beruhe, daß durch deren Vor= existenz die Prüfung der Tradition zu umgehen und die aufgetauchte fromme Meinung vollbegründet sei bis zur Unumstößlichkeit und Wahrheit einer von Christus selbst gegebenen Offenbarung!

Nach Sixtus war der unfehlbare Pius wie ein Ketzer zu bestrafen; nach Pius war der unfehlbare Sixtus nicht irreformabel; denn Pius nahm auf sich zu entscheiden, was jenem trotz seiner Unfehlbarkeit nicht einleuchten wollte. Also war Sixtus gegenüber Pius nicht unfehl= bar; denn Pius reformirte ihn! Nach Sixtus war irreformabele Wahr= heit, daß er und die Trienter Bischöfe und die Kirche nicht wußten und niemals gewußt hatten, wie es um jene irdisch=menschliche Empfängniß gestanden. Also war der unfehlbare Pius gegenüber Sixtus im Irrthum über eine von ihm sogenannte Heilswahrheit! Oder aber mußte er nach alter Lehre und Praxis der Kirche hier eben leicht in Irr= thum fallen, weil er ohne Zeugenschaft der Bischöfe und ohne Richterspruch einer ökumenischen Kirchenversammlung seinen irreformabeln Vorgänger umwerfen gewollt hat?

In welchem Sinne und mit welchem Rechte konnte nun der Jesuit Schrader diesen Act als „einen dem Pontificat Pius IX. ganz eigenthüm= lichen" bezeichnen, indem er hinzufügt, „wie ihn kein früheres Pontificat aufzuweisen hat! Denn der Papst hat dieses Dogma selbständig und aus eigener Machtvollkommenheit ohne Mitwirkung eines Concils definirt?"

108. Und nun die Pius=Dogmen vom Jahre 1870, die gegen das damalige Concil durchgesetzt und publicirt worden sind? Es fragt sich doch zunächst: Konnten denn überhaupt conciliarisch einmal abgethane Fragen zum zweiten Male vorgelegt oder einer neuen Entscheidung unter= zogen werden?

Die Bischöfe und Theologen in Trient hatten als Zeugen der That= sachen das apostolische Alter und die ununterbrochene Einstimmigkeit aller Kirchen bezüglich der päpstlichen Unfehlbarkeit und des Universalepisco= pats nicht aufrecht halten können. Sie legten für ihre Nationen, für die ganze Vorzeit und gerade für die hervorragenden katholischen Lehr= schulen das Zeugniß der Nichtexistenz solch' unerhörter Dogmen ab.

Konnte dieses Zeugniß entkräftet oder rückgängig gemacht, oder konnte sogar das Concil Lügen gestraft und das Gegentheil jener Ent= scheidung nachträglich ausgesprochen werden? vielleicht als Unzulänglich= keit der Wissenschaft der Einzelnen oder als Beschränktheit der Einsicht Aller, vielleicht als Irrthum in den damals vorgetragenen Thatsachen? sind überhaupt nach römischer Lehre Concilien irrthumsfähig gewesen, wenigstens die damaligen? Denn jetzt gibt es keinen Episcopat mehr im Sinne der frühern und der alten Kirche! jetzt ist ein Concil nur mehr Versammlung päpstlicher Beamteter und Beauftragter oder direct Be= fohlener! Die ganze und volle von Christus seiner Kirche verheißene Unfehlbarkeit ist dem Papste überwiesen und nur mehr allein beim Papste vorhanden! Jetzt kann ein Concil die Lüge, und der Papst das Dogma aussprechen.

**109.** Hat denn Pius IX. nicht auch im Jahre 1870, als er seine Unfehlbarkeit und seinen Universalepiscopat zu Dogmen erheben haben wollte, von dieser Unfehlbarkeit und diesem Universal=Episcopate bereits als ihm zustehenden Gewalten Gebrauch gemacht? mit andern Worten: Wird der römische Katholik für das vaticanische Concil die Er = fordernisse einer wahrhaften Kirchenversammlung als vor= handen und jene beiden Dogmen, als auf conciliarischer Entschei= dung beruhend, annehmen können? Fehlte nicht dem Concile jedes nothwendige Erforderniß seiner Giltigkeit,

## VII.
### Mängel des vaticanischen Concils.

„Allgemeine Begriffe und großer Dünkel sind immer auf dem Wege, entsetzliches Unglück anzurichten."                    Goethe.

und zwar A., vor seiner Ankündigung jeder, auch nur halbwegs bringende Grund und Zweck? Die Jesuitenlehre war in Trient nicht nur leer ausgegangen, sondern auch gänzlich verworfen worden. Aber die Jesuiten hatten unentmuthigt und auch ungehindert weitergearbeitet. Die gallikanischen Freiheiten waren aufgehoben, die Bulle „Unigenitus" durchgeführt, Febronius beerdigt, Bellarmin als Heiliger verehrt, der Jesui= tenorden wieder hergestellt, De Maistre und La Mennais in der Kraft ihrer Lehren erstanden, die jesuitische Unbefleckte Empfängniß nicht ein= mal mehr von den Thomistischen Dominikanern bekämpft, — endlich Car= dinal Geißel in Cöln, nicht als der einzige derartige Bischof und Lehrer, gründlich damit beschäftigt, seinen Klerus zur Anerkennung der Papst= unfehlbarkeit zu zwingen und das Volk an dieselbe „zu gewöhnen."

War denn irgendwo ein Gegner aufgestanden, der die neuerdings großgezogene Sucht um neue Dogmen und Papstherrschaft hätte schwächen oder herabdrücken wollen? war selbst bei der ersten römischen Er= wähnung von einem Concile 1864, vor dem Erscheinen des Syllabus, eine irgendwie drängende Veranlassung zu einem solchen gegeben? Herrschte denn in der Kirche oder in dem christlichen Volke eine Glaubens= streitigkeit oder gar Spaltung? War Episcopat und Klerus nicht seit 1848 der Staatsaufsicht weithin aufs Vollständigste entwachsen? war die von den Jesuiten und Pius IX. geförderte Lehre, die sogenannte „Krönung des Gebäudes", unterdeß schon tief genug in Saft und Blut der katholischen Völker aufgenommen und eingedrungen? und wenn sie es war, bildete sie eine Heilswahrheit nach 1870 Jahren, während deren doch das Christenheil ihrer wirklich nicht bedurft hatte? Und wenn es sich um eine nöthige und dringliche Heilswahrheit handelte, war dann nicht ein ökumenisches Concil mit Zulassung, ja sogar auch mit auf= richtiger Einladung der losgerissenen Theile der Kirche erforderlich?

Kann man von dem vaticanischen Concile Mangels Betheiligung der nie unter Rom gestandenen und der von Rom zur Trennung ge= nöthigten Kirchen anders denn von einem conciliabulum, statt von einer Repräsentation der Gesammtkirche reden?

110. Fehlte nicht B. bei seiner Ankündigung jede Kundgebung über die zu gewärtigenden Gegenstände der Berathungen und Definirungen?

Am 26. Juni 1867 eröffnete Pius IX. in geheimem Consi= storium den versammelten etwa 500 Bischöfen zum ersten Male seine Concilsabsicht und erklärte in der von ihm verlesenen Allocution den Zweck dahin, daß die nöthigen Heilmittel für die zahlreichen Übelstände der Kirche durch gemeinsame Berathungen zur Anwendung gebracht wer= den sollten, damit die Irrthümer verscheucht und die unbesiegbare Macht der Kirche, sowie der Triumph des Reiches Christi unter dessen all= seitiger Ausbreitung auf Erden erzielt würden.

War nun den Bischöfen auch nur eine Andeutung von der beab= sichtigten Berathung über Unfehlbarkeit und Universalepiscopat gegeben, damit sie die Zeugnisse ihrer Diözesen erforschten und die Überlieferungen ihrer Kirchen feststellen könnten? oder waren sie hiervon nicht durch die Kundgabe undurchschaubarer Vorhaben von Pius IX. auf andere Wege abgelenkt und von jeglichen Studien ferngehalten, die allein sie zu Zeugen und Richtern bezüglich einer etwaigen apostolischen Tradition der ge= planten Lehren hätten erheben können?

Und als der Erzbischof Haynald von Kalocsa jenen 500 Bischöfen den ihm aufgetragenen Entwurf einer Adresse an den Papst vorlegte, als dabei ihm in naiver Form von gewisser Seite eine harmlose Einfü= gung der Unfehlbarkeit in dieselbe angesonnen wurde, hat nicht er selbst und mit ihm ein Theil des französischen Episcopates sofort dem wider= standen? sind diese Bischöfe, nachdem so auch jede Andeutung von zu gewär= tigenden Dogmenvorlagen unterblieben war, nun nicht zu ihren Sitzen heim= gekehrt, ohne im Entferntesten eine derartige Vorlage auch nur zu ahnen?

Ist das nicht auch aus dem Munde des Bischofs bestätigt, der dem von Rom aus nach Würzburg in sein Kloster zurückgeschickten Carmeliter=

pater Ambrofius Kaes feine Trauer ausfprach mit ben Worten: „Ich wäre froh, wenn mich Jemand heimfchickte; man hat uns Bifchöfe hier= hin zum Concil commandirt, ohne uns zu fagen, was wir berathen follen; jetzt, da ich es weiß, würde ich mit Freuden bem Concil und Rom den Rücken kehren"?

**111.** Unterblieb nicht fogar noch in der **Berufungsbulle** vom 29. Juni 1868 jebe Enthüllung der Pläne des Papftes? Unter ber Ver= fchweigung ber echten Abfichten ift von Pius IX. als Prüfungsftoff **nur** bezeichnet: I. Förberungsmittel, a) ber größern Ehre Gottes, b) ber Unver= fehrtheit bes Glaubens, c) ber Würbe bes Gottesbienftes, d) bes ewigen Heiles ber Menfchen, e) ber Disziplin unb Bilbung ber Geiftlichen, f) ber Beobachtung ber Kirchengefetze, g) ber Verbefferung ber Sitten, h) bes Unterrichtes ber Jugenb unb i) bes allgemeinen Friedens unb ber Ein= tracht Aller! II. Maßnahmen zur: a) Behebung aller Übelftände von ber Kirche unb von ber bürgerlichen Gefellfchaft, b) Rückführung ber Ver= irrten auf bem rechten Weg ber Wahrheit, ber Gerechtigkeit unb bes Heiles unb c) Wieberbelebung unb Ausbreitung ber heilbringenben Lehre zu beren Herrfchaft unb unter Ausrottung ber Lafter unb ber Irrthümer unferer erhabenen Religion.

Hat ber Papft nicht faft burch jebe biefer elf Pofitionen bie von ihm geplanten Sätze bicht berührt, aber auch mit berechneter Abficht ebenfo bicht verfchleiert? Ift nicht burch bas von Pius felbft controllirte unb geleitete römifche Leibjournal bie Aufmerkfamkeit gerabe auf Anderes, wie z. B. bie Bulle Unam sanctam von Bonifaz VIII. (1302), gelenkt worben, bie ben König nur burch Erlaubniß bes Papftes ber Krone würdig unb ber Regierung fähig werben läßt unb bie nun vom Concil offenbar zur göttlichen Einrichtung unb Wahrheit erhoben werben follte?

Ift bann in bem Enbe Dezember 1869 vom Papfte vorgelegten Schema constitutionis dogmaticae de doctrina catholica etc. unb im Befonbern in bem über bie Unfehlbarkeit ber Kirche handelnben cap. IX bes Schema über bie Kirche Chrifti überhaupt vom Papfte ober in bem über ben Primat bes römifchen Pontifex handelnben cap. IX über= haupt von beffen **Unfehlbarkeit** auch nur mit einem Worte ge= fprochen gewefen?

**112.** Endlich hat Pius IX. nicht bie Elemente, bie ihm als offen= bar ftörenb mit ihrer angeftammten Verneinung bes Papftabfolutismus bekannt waren, unter Betonung biefes letztern von ber Thüre ber Concils= aula ferngehalten?

Welchen Zweck sollte die Einladung der nichtunirten orientalischen Bischöfe am 8. September 1868 haben unter dem Vorwurfe, daß ihr Schisma von dem Teufel herrühre, der auch das erste Schisma im Paradiese herbeigeführt, und daß solches nur zu heben sei durch bedingungslose Unterwerfung unter ihn, „das Centrum der katholischen Wahrheit und Einheit"?

Welchen voraussichtlichen Erfolg mußte das Schreiben an die Protestanten und Akatholiken zu Wege bringen unter der Zurechtweisung, daß sie sich von der Vernunft und Geschichte getrennt hätten und sich jetzt zu der Autorität des Papstes bekehren müßten, welche die Überzeugungen der menschlichen Vernunft zu regieren und die Handlungen der Menschen im Privat- und öffentlichen Leben zu leiten hätte?

**113.** Wie wurde C. die Vorbereitung bezüglich der Berathungen und Thesen von Pius IX. behandelt? war in den Commissionen irgendwie ein einziger Antiinfallibilist, ein einziger auch nur Halbblut-Absolutist? Hieß es alsdann im Winter 1868 etwas mehr, als den Schein eines gewissen Grades von Wissenschaftsachtung wahren, daß man drei deutsche Gelehrte, den Benedictinerabt Haneberg und die Professoren Hefele und Alzog, zwar nach Rom citirte, dort aber zeitweise sehr geschickt auf Seite schob, zeitweise sehr kräftig mundtodt machte?

Waren nicht die ausgesprochensten Papalisten: Perrone, Franzelin, Schrader mit den Cardinälen Reisach und Bilio, theils in der dogmatischen und theils in der kirchenpolitischen Commission die treibenden Kräfte der infallibilistischen Agitation?

**114.** Und besorgten etwa die Bischöfe, die gelehrten Theologen, der Klerus oder die kirchlich gesinnten Laien die Vorbereitung? ist irgendwo vor dem Concil über Papst, Primat, Papat, Unfehlbarkeit und Universal-Episcopat eine Meinung erfragt, eine Äußerung des überlieferten Glaubens begehrt, eine Besprechung auch nur gewollt, ein Hirtenbrief erlassen oder ein Provinzial-, geschweige denn Nationalconcil berufen oder gar gehört worden?

Ist nicht beim Auftauchen der Jesuiten- und Papstideen, während einzelne Bischöfe verstohlene Bitten an Pius IX. sandten, daß er von der Dogmatisirung der Unfehlbarkeit und des Syllabus abstehe, nun in der Öffentlichkeit durch den Fuldaer Hirtenbrief vom 6. September 1869 seitens 19 Bischöfe den Katholiken Deutschlands sogar geradezu eingeredet worden, daß man in Rom an diese neuen Dogmen nicht einmal im Entferntesten denke?

Kann man noch ernstlich behaupten, Pius IX. habe die Überlieferung der apostolischen Lehre erforschen und die göttliche Offenbarung bezüglich seiner übermenschlichen Vorrechte feststellen wollen? oder hat er wirklich ein unwissendes oder ein getäuschtes Concil haben wollen?

**115.** Fehlte es D. nicht an der legitimen Zusammensetzung eines Concils? Befanden sich doch unter den anwesenden 48 Cardinälen 24, die keine wirklichen Diözesanbischöfe waren, unter den anwesenden 10 Patriarchen 4 ohne Heerde, unter den 124 Erzbischöfen 22 ohne Bisthum, unter den 522 Bischöfen nur 424 oder höchstens 473 berechtigte, da 98 ohne Diözese und von diesen nur 49 apostolische Vicare waren, unter den 6 Äbten außer Diözese 5 ohne jegliche Heerde, endlich unter den 49 Ordensvorstehern kein einziger Zuläsfiger! Was Alles war möglich, wenn nun also statt 764 Stimmenden eigentlich nur 565 oder höchstens 614 Stimmberechtigte anwesend waren? Welch' ein Gegensatz gegen die alten Concilien, in denen die Patriarchen von Alexandrien, Antiochien, Jerusalem und Constantinopel mit ihren Synoden neben dem Patriarchen von Rom mit seiner Synode die Kirche repräsentirten und die Ökumenizität herbeiführten! Welchen Belang konnte diese unklassische Composition einer modernen „Capella Papale" gegenüber jenen altchristlichen Patriarchaten noch beanspruchen? konnte sie Einklang für die Gesammtharmonie der Kirche aus sich entwickeln?

**116.** Und wie verschieden in Vertretungszahl waren die einzelnen Länder bei Bezeugung ihres angestammten Glaubens bedacht? Deutschland mit 12 3/4 Millionen Katholiken war durch 19, Spanien mit etwa 3 Millionen mehr durch 41, Frankreich mit etwa der dreifachen Zahl durch (nicht 3 mal 19, sondern durch) 84 und zum Vortheile der Infalibilisten Italien mit der etwa doppelten Zahl durch (nicht 2 mal 19, sondern durch) 276 Zeugen seiner Überlieferung auf dem Concile vertreten! Von diesen 276 Italienern bekundeten 81 für die Diözese Rom, und zwar zu Gunsten des infallibeln Pius dasselbe, was dieser allerfalls als Bischof von Rom mit seiner einen Stimme allein und in eigener Person zu bekunden gehabt hätte, nun aber ihnen sämmtlichen 81 in verbindlicher Weise zu bezeugen und zu bekunden befohlen hatte! War da nicht das historische ökumenische Concil mit seinem Zeugniß der Gesammtkirche zu der „Schmeichlersynode" mit dem Selbstzeugniß des Papstes für sich verkehrt worden?

**117.** Und wie stand es mit den Vertretern verwaister Bischofssitze und verhinderter Bischöfe, die man stets für conciliarisch berechtigte Zeugen und Richter zugelassen hatte? wie mit der deutschen Wissenschaft der

Kirchen — und vor Allem der Concilien= und Dogmengeschichte? hatte Professor Dieringer von Bonn am 14. August 1870 bei Berathung der Protesterklärung in Königswinter Unrecht, als er seinem Unwillen gegen Ignorirung eines so hoch qualifizirten Kenners der Überlieferung, wie Döllinger sei, dahin Worte gab, daß „man freilich an seine Stelle lieber einen dicken Ordensgeneral hingesetzt" habe, „dessen behäbiges Ja zu Allem gesichert" gewesen sei?

Wo waren die katholischen Regierungen geblieben, die noch in Trient ihre Bedeutung geltend gemacht hatten? warum hatte man übergangen, was den alten acht Concilien der ungetheilten Kirche zu Theil geworden, welche, auf kaiserlichen Ruf zusammengetreten, eine Vertretung des Kaisers aufgenommen hatten? wozu waren die katholischen Mächte, der apostolische König und der allerchristlichste König ignorirt geblieben?

Was die Juristen, Canonisten und vor Allem die Laien mit dem historischen Resultate ihrer Zulassung und ihrer Verdienste bei allen Sy= noden angeht, warum hat Pius IX. hier Geschichte und Tradition ver= leugnet und Rechte entzogen, die z. B. bezüglich der Laien einst von den Aposteln selbst auf ihrem Concil unter grundlegender Zulassung der Gemeindeglieder ein= für allemal besiegelt waren?

Kann man hier noch von einem Concile der Christenheit reden und ist der Vorwurf eines conciliabulum, d. i. Zwergenconcils, ungerechtfertigt?

118. Und wie stand es E. um die Geschäftsordnung des Concils? Ernannte doch statt des Concils nun Pius IX. selbst recht frühzeitig seinen Schildknappen, den St. Pöltener Bischof Dr. Feßler, den schon fertigen Herold der Unfehlbarkeit, zum Ersten Sekretär desselben, zog ihn nach Rom und ließ ihn bei sich wohnen im vaticanischen Palaste! Bestimmte doch Pius selbst dem Concile die Beamten: einen zweiten Sekretär mit 2 Gehilfen, fünf Notare mit zwei Abbocaten als Adjuncten, 8 Scrutatoren, 3 Promotoren, 15 Ceremonienmeister und 10 Platzan= weiser, die alle der römischen Curie angehörend und vom Papste als seine devoten Verpflichteten vereidet wurden! Octrohirte Pius doch den Plenarsitzungen des Concils sogar die Präsidenten in fünf Personen, 4 Italienern und einem römischlichen Deutschen?

Haben nun die Zeugen und Richter der Kirche das Concil consti= tuirt und es zu seiner Selbstbestimmung zusammengefügt als eine Cor= poration mit eigenen Organen und freiem Willen, deren sich der heilige Geist zur Erhellung der Wahrheit wohl hätte bedienen mögen?

119. Von wem stammt denn die Geschäftsordnung des Con=

cils? Hatte je ein Papst das Recht ihrer Octroyirung auch nur ange=
sprochen, geschweige denn ohne Weiteres an sich gerissen und ausgeübt?
Liegt nicht auch hierin (ob über das Rühmen des Jesuiten Schrader) ein
dem Pontificat Pius IX. ganz eigenthümlicher Act, wie ihn kein
früheres Pontificat aufzuweisen hat?

Hat Pius sie nicht als Vorschrift (praeceptio) für die Concilsväter
selbst bezeichnet? Hat er nicht sich und seinem apostolischen Stuhle zu
schalten und zu walten (jus et munus) beigemessen über das, was er zur
Berathung „proponiren" und was er wie zur Erwägung seiner
Bischöfe commandiren wolle? Ist nicht jeder zusätzliche verbessernde Antrag für
die Generalversammlung und die Öffentlichkeit verboten und nur Privat=
proposition in schriftlicher Abfassung an die wiederum vom Papste ein=
seitig ernannte Cardinal= und Bischofscongregation behufs Controlle und
Wahrung der Quarantäne Pius' IX. einzureichen gewesen?

Hat etwa der italienische Cardinal = Vorsitzende seinen Unter=
sitzenden jegliches wider das kirchliche Italienerwesen und =unwesen
gerichtete Schriftstück mitgetheilt? Wie stand es also überhaupt bei
jener Controlle und Quarantäne um die Antrags= und Berathungsfrei=
heit der Concilsväter? Stand doch Pius dem Concile schon befehlend
und als ein neuer gesetzgebender Factor gegenüber, und zwar als hoch
erhoben über dasselbe; denn die Civilta verkündete es: „Der Papst kann,
wenn er will, jeden Augenblick hereintreten und sagen: Keine Disputa=
tionen mehr! dies ist die Wahrheit! Wer daran glaubt, gehört zur
Kirche; wer nicht daran glaubt, der sei verflucht." Und hat er nicht auch
zuletzt ganz so gehandelt, als er am 18. Juli 1870 hereintrat?

**120.** Wie hat man sich überhaupt die Theilnahme des hei=
ligen Geistes an dem menschlichen Wirken zur Feststellung der histo=
rischen Glaubenswahrheit zu denken? Doch jedenfalls nur als eine die
Freiheit und Erkenntniß nicht einschränkende, ideell wirkende, geistige! —
Konnte Pius IX. mit seiner Initiative und Prärogative auch dem heiligen
Geiste entgegenwirken? andernfalls:

war von diesem denn ein zwingendes Eindringen in die Köpfe
oder ein hemmendes in die Organe der Betheiligten verheißen und
sicher zu gewärtigen?

Und wenn sich nun in den Animadversiones zu dem von Pius IX.
vorgelegten Schema die folgenden wahrheitlichen Sätze finden:

„Die Lehre von der Unfehlbarkeit des Papstes ist in vielen Gegenden dem
christlichen Volke bis jetzt ganz oder fast ganz unbekannt. In sehr vielen Kate=

chismen für die Jugend und für das Volk, ja selbst in dem römischen Katechis=
mus für die Pfarrer, den Pius V. nach der Anordnung des Trienter Conci=
cils herausgegeben, findet sich diese Lehre nicht. .... Da oft Lutheraner, Cal=
vinisten und Andere erwiderten, die Katholiken seien auch dazu verpflichtet, dem
Papste, wenn er allein lehre zu glauben, so wurde diese Behauptung der Häre=
tiker vielfach in Wort und Schrift als eine Verleumdung behandelt. — Im
Hinblick auf das drohende Verderben der Seelen will ich lieber sterben, als dem
Inhalte des Decretes zustimmen" —

ist es eben der heilige Geist, der die Concilsväter verlassen hat, oder haben
diese am 18. Juli 1870 selbst den heiligen Geist verlassen?

Und wenn die Bischöfe in denselben Beherzigungen soweit gehen
dem Decrete abzusprechen, daß es in irgend einer Weise „eine katholische
Lehre enthalte, wie sie immer, überall und von Allen geglaubt worden ist"
mit dem begründenden Gesetze: „Denn die aus der heiligen Schrift, aus der For=
mel des Hormisdas und aus dem Glaubensbekenntniß des Lyoner Concils an=
geführten Stellen beweisen nur den Primat, nicht aber die Unfehlbarkeit, zudem
müßte aus der Tradition bewiesen werden, daß dieses der beständige Glauben
der Kirche gewesen sei; was von der Unfehlbarkeit des Papstes nicht gesagt
werden kann" ..... „die Praxis der Kirche bis zum 10. Jahrhundert stellt
eine der Infallibilität entgegengesetzte Ansicht dar. Die Definition der Infalli=
bilität wäre gleichsam ein Selbstmord der Kirche."
hatte dann nicht auch wiederum der heilige Geist auf diese Zeugen
seine hilfsthätige Wissenschaft gelegt?

Wenn nun Pius IX. für Alles und Jedes in eigener Person und
in seinen ihm gleichgesinnten selbstgewählten Helfern Proponent und Dis=
ponent war, konnte da überhaupt noch von einem Concile die Rede sein
und irren diejenigen, welche dieses Concil für eine Null erklären?

Und wie soll man die Stellung des heiligen Geistes zum Concile
sich erdenken, wenn z. B. ein Kaiser die Berufung eines solchen vor=
nimmt, um eine theologische Machtfrage zwischen sich und der Kirche,
zwischen seiner und des Papstes Auffassung entschieden zu sehen, oder
wenn z. B. in Rom eine Synode versammelt wird, weil ein schwär=
merischer oder vielleicht vorwitziger Ordensmann oder Papst Fragen
über nicht geoffenbarte übernatürliche Wahrheiten zum Abschluß gebracht
wissen wollte? Kann die Verheißung Christi uns bis zu der Annahme
leiten, daß durch solche überflüssige, verkehrte oder gar vermessene Fragestel=
lungen an eine Synode die absolute Wahrheit von Gott herab auf die Welt
gequält, eine nachträgliche Offenbarung vom Himmel zur Erde herab und
vom heiligen Geiste auf die Zungen der Abstimmenden genöthigt werde?

Steht das in der Johannisstelle (14, 16.) aus dem Munde Christi,

„Der heilige Geist wird Euch Alles lehren und Euch an Alles erinnern, was ich Euch gesagt habe" — oder in der Matthäistelle
(28, 18—20) über Christi Auftrag: „Und lehret sie Alles halten, was
ich Euch aufgetragen, und siehe ich bin bei Euch alle Tage bis an's
Ende der Welt" — nämlich für all' die Offenbarungen, die ich Euch noch
nicht gegeben habe, die aber der Nachfolger Petri noch aus sich heraus
fühlen und heben wird?

Geht die Verheißung des Beistandes Christi und die von ihm zu-
gesicherte Stärkung des heiligen Geistes auf jeden Stoff menschlicher Neugierde, theologischer Spintisirerei und mönchischer Transscendenz? oder
ist sie nicht vielmehr von Christus selbst geradezu beschränkt auf die Erhaltung der steten Erinnerung an die von ihm ausgesprochenen,
nöthigen und wirklichen Heilswahrheiten?

**121.** Und nun F., der Verlauf des Concils! Ist es nicht bekannt,
daß die Bischöfe, deren Gegnerschaft wider die Unfehlbarkeit hervor-
trat, in päpstliche Ungnade fielen, daß sie geradezu polizeilichen Bedrän-
gungen ausgesetzt waren, die z. B. den Patriarchen von Babylon nöthigten,
sich unter den Schutz der französischen Gesandtschaft zu flüchten;

daß Bischof Plautier in einem Hirtenbrief öffentlich Urkunde darüber gab, die Wahlen zu den Commissionen seien ausschließlich nur mit
Rücksicht auf die Unfehlbarkeitsgesinnung vorgenommen;

daß der Director der Propaganda, Cardinal Barnabo, ein (von dem
französischen Gesandten durchschautes und uns beschriebenes) Regime über
die Menge päpstlicher Kostgänger und von ihm abhängiger Missions- und
anderer Bischöfe führte, welche nach seiner Vorschrift zu den Commissionen wählen und nur von ihm gebilligte Reden halten durften, wenn
sie nicht als „schlechte Subjecte, die an der Propaganda zu Verräthern
werden, obwohl sie deren Brot gegessen" und daher „gestraft werden
müssen", beleidigt werden wollten!

Kann man die Entziehung des Wortes gegenüber den Widerrathen-
den und Warnenden, z. B. einem Rauscher, Schwarzenberg, Haynald,
Stroßmayer, Melchers, leugnen, ist ihnen das Sprechen auf der Rednerbühne nicht gar in tumultuarischer Weise unmöglich gemacht worden?
oder kann man die Mißhandlungen des Erzbischof Kasangian und des
babylonischen Patriarchen Audu, des letztern Vergewaltigung durch Pius
selbst, der ihm die Feder zur Unterzeichnung des verweigerten Acten-
stückes in die Hand nöthigt, „zitternd vor Zorn wie eine Ruthe", —
endlich den Bericht von Bischof Hefele wegstreiten, der Pius IX. anklagt,

daß er immer heftiger die „öffentliche Brandmarkung" seiner Widersacher vollzogen und sie als „Werkzeuge der Freimaurer" der Verachtung preis= gegeben habe? und kann man, als der Patriarch Audu nach seiner Unter= zeichnung von Pius weggehend erklärte, er habe die Unterschrift zwar ge= leistet, fühle sich aber an dieselbe nicht gebunden, dem Erzbischof Darboy das Zeugniß verübeln, es sei nur eine Räubersynode vorhanden!

**122.** Liegen nicht die historischen Thatsachen vor·

1., daß 26 Bischöfe, an deren Spitze Cardinal Fürst Schwarzenberg stand, eine Adresse an Pius IX. richteten, in der sie das ihnen entzogene Recht der Initiative, wenn auch in tiefster Ehrerbietung, in Anspruch nahmen und um die gnadenvolle Verstattung baten, daß das Concil selbst noch einige Mitglieder in die vorbereitende Commission wählen dürfe und ihnen selbst eine zeitweise Anwesenheit in dieser Commission zu Theil werde!

2., daß bereits im Januar 1870 eine Petition deutscher Bischöfe dem Papste die schlechte Akustik der Concilsaula und die dieserhalb, sowie wegen Ungewohntheit des Lateinischen herrschende Unmöglichkeit von Mit= theilung und Verständniß vorhielt, indem sie die Bitten wagte, der Papst möge recht bald den Vätern die Vorlagen behändigen, möge die Dele= girten der einzelnen Gruppen (coetus) für ihre Begründungen und Verthei= digungen zu den Sitzungen der Ausschüsse zulassen, möge endlich den Druck der Reden und der sie ergänzenden Schriftstücke erlauben!

Haben denn jene und diese Bischöfe je eine allerhöchste Bescheidung, geschweige denn Bewilligung von Pius IX. erfahren?

3., daß der Papst auch als weltlicher Regent noch eingriff in die Freiheit der Synode durch seine Censuren und seine Polizei, durch die Post behufs Zurückhaltung von Blättern und Briefen, durch Untersagung des Druckes jeglicher antiinfallibilistischer Schriften, z. B. der unwider= leglichen erschöpfenden Schrift: „Causa Honorii papae" von Bischof Hefele! — Und hat nicht der Univers, als der papa-rè von Rom die durch seine Post eingehenden Zeitungen und Brochüren den Bischöfen vorenthalten ließ, nicht öffentlich erklärt, dies „geschehe aus Pflicht, da der heilige Vater die Verbreitung des Irrthums oder der Angriffe gegen die Autorität des Stellvertreters Christi nicht begünstigen dürfe;"

4., daß der Erzbischof Dupanloup von Orleans ausrief: „Dans une assemblée parlementaire cela aurait mené à l'échafaud" und sich später des Ausdruckes nicht entschlagen konnte: „Der Papst treibt Emeute vor den Thoren des Concils."

5., daß einzelne Bischöfe geradezu von Komödie, römischen Intri=
guen, Staatsstreich, von Verschwörung gegen Wahrheit und Recht der
Kirche schrieben.

Durch den Bischof von Ketteler erging der Ausspruch: „Es ist doch zu arg,
wie man es uns hier macht; wir wissen gar nicht, wie wir in unsere Diözesen
zurückkehren und dort existiren können."

Gegenüber Professor Friedrich von München brach der preußische Armee=
bischof von Namszanowski in die Worte aus: „In einer Versammlung von
Schustern geht es bei uns anständiger her als in dem Concil.... aber
die größte Demüthigung für uns deutsche Bischöfe ist, daß wir uns überzeugen
mußten, die liberalen und freimaurerischen Blätter haben Recht und unsere
katholischen, wenn man sie katholisch nennen darf, lügen — lügen."

Ein amerikanischer Bischof machte die patriotisch stolze Bemerkung: „Es
gibt doch eine Versammlung in der Welt, welche noch roher ist, als der
amerikanische Congreß" — und diese hatte der erste Erzbischof Frankreichs
als eine „Räubersynode" gestempelt.

6., Daß im Hochsommer 1870 bei dem Bevorstehen des Krieges,
dem herausfordernden Eifer der Majorität, der allgemeinen Unlust der
Bischöfe und der außerordentlichen Hitze Pius IX. die leise auftretende
Bitte um Vertagung des Concils mit der Antwort beschieden hat: „Sie
sollen alle crepiren" („che crepino pure"), während er kühn von sich ver=
kündete, daß er selbst die Tradion sei („la tradizione sono Io"), er: der
ungeschulteste und untheologischste aller Päpste, natürlich den zehn= oder
zwölfjährigen Knaben Benedict IX. (1034—1048) und den unfehlbaren
Laien, Papst Johann XIX. (1024—1033), ausgenommen.

**123.** Ist etwa zu leugnen oder zu widerlegen, was jener fran=
zösische Bischof in seinem Schreiben nach Paris an den Minister Grafen
Daru über das innere Wesen jenes „Concils der Mundtodten"
niedergelegt hat? Eine Freiheit des Concils besteht nach ihm nicht, da=
gegen bestehen wohl die heftigen Scenen, welche Haynald und Stroß=
mayer durch Zwischenschreien, durch die drohende Haltung und die geballten
Fäuste der um die Rednerbühne zusammengedrängten Bischöfe bereitet
wurden und durch die das Vaticanum in einen „tumultuarischen Haufen"
verwandelt wurde, dessen Toben über die Aula hinaus in die Peterskirche
drang, ohne daß die Vorsitzenden Recht und Freiheit der Redner auch
nur zu schützen suchten! Es bestehen wohl die am Tage nach dem Vor=
fall mit Stroßmayer erfolgte Verkündigung einer Verwarnung
(nicht an die Unterbrecher, sondern) an die opponirenden Redner, damit sie
die Versammlung nicht langweilten und Kundgebungen derselben hervor=
riefen: in der That weniger eine Verwarnung, als eine Herausforderung

zu neuem Unterbrechen, so daß ein Bischof zuweilen schon mit Murren aufgenommen wurde, bevor er seine Rede begonnen hatte, — die dem Erz- bischof von Antiochien und dem Vorsteher seiner Genossenschaft ange- drohte Gefangenschaft, — die Verhaftung und Mißhandlung des Secretärs des Erzbischofs von Diarbekir, — die Drohungen gegen die Melchiten, Maroniten und Chaldäer, — die den apostolischen Vicaren vom Papste gemachten Geschenke, wobei er sie bat, „ihn nicht zu ver- lassen."

**124.** Und wer dies Alles leugnen will, kann er auch aus der Welt löschen die Kritik des Erzbischofs Darboy von Paris, des Märtyrers der Commune, über den Verlauf des Concils in dessen Schriftchen: „Die letzte Stunde des Concils", welches nach dem Schluße der Discussion vom 8. Juli und vor der Abstimmung vom 18. Juli 1870 veröffentlicht ist?

Wir finden in demselben festgestellt, welcher Seelenstärke es während 7 Mo- naten bedurft hatte, um nie müde zu werden, Alles zu ertragen, Alles zu versuchen, ohne daß es gelingen wollte, den Scandal fern zu halten!

Eine Geschäftsordnung, aufgelegt im Widerspruch mit den augenscheinlichsten Rechten des Concils, Commissionen, die im Voraus gewählt waren, illusorische Abstimmungen, eine tyrannische Bevormundung, Discussionen ohne Ordnung und ohne Zweck, Modificationen der Geschäftsordnung, die ebenso willkürlich wie zahlreich waren. Öffentliche Verleumdungen sind den Bischöfen nicht er- spart worden; man hat sie Ketzer und Hofbischöfe genannt. Ihre Redner muß- ten mehr wie einmal von der Tribüne heruntersteigen, ohne Rede und ohne Ver- theidigung, während die vaticanischen Bischöfe der Majorität ungestraft ihre em- pörenden Übertreibungen und ihre schmachvollen Anspielungen vervielfältigen durften. Die Gründe der Minorität wurden von Anfang an regelmäßig als Beleidigungen angesehen und mit Beleidigungen heimgezahlt.

Im Concile bestritt man offen den Bischöfen das Recht, bei jeder despo- tischen Anmaßung ihr non licet und bei jeder unklugen Anlockung ihr non possumus zu wiederholen. Außerhalb des Concils reizte eine schreckliche Partei den niedern Klerus gegen sie auf und revolutionirte ihre Diözesen. Der Papst selbst bot öffentlich dieser in der Kirche unerhörten Revolution die Hand; er ertheilte in ganz Frankreich Lob und die schmeichelhaftesten Ermun- terungen für das, was er gleichzeitig in Constantinopel in der unglücklichen ar- menischen Angelegenheit so nachdrücklich verdammte. Er bewilligte im Namen des Evangeliums solchen, welche nicht die Fülle des Priesterthums besitzen, die von der Kirche zu allen Zeiten im Namen desselben Evangeliums verweigerte Be- fähigung, neben den Bischöfen und gegen dieselben Zeugniß abzulegen, sowie das Recht, bei der Lösung der verwickeltsten dogmatischen Fragen mitzuwirken.

Unter diesem Drucke haben einige schwache Seelen früher oder später furcht- sam das Haupt gebeugt und sich das Joch auferlegen lassen, unter dem die Heerde aufgeht in dem Hirten. Warum hat man diejenigen gefesselt, welche am Besten im Namen der Jetztzeit und der Tradition vergangener Jahrhunderte reden konnten, warum den am meisten autorisirten und beredten Männern den Mund geschlossen, warum gegen diese mit Ketten beladene und gleichsam ent= waffnete Minorität mit so vieler Mühe eine Majorität einberufen, welche nicht nur im Voraus zusammengebracht, sondern auch unfähig gemacht war, aus dem ihr auferlegten beengenden Banne herauszutreten, so daß sie unbeweglich und unbesiegbar werden mußte.

Diese Majorität besteht vorzugsweise aus furchtsamen Bischöfen, aus Männern, die Ordre pariren, aus hitzigen und überspannten Geistern. Erstere gehen gerne mit der Gewalt und der Majorität, um keine Gefahr zu laufen, folgen leicht der Strömung, mit der sie sich forttreiben lassen weniger gefährlich, als wenn sie gegen den Strom ankämpften, der sie dem Abgrunde zuführt — diese wollen sich nicht bekehren! Zu letzteren gehören alle jene Prälaten ohne Diözese, die dem Willen des Papstes ihr Dasein verdanken und jeden Moment auf Wink abberufbar sind: Lehnsleute des Papstes — diese können sich nicht bekehren! Die hitzigen und überspannten Geister endlich sind weder gleichgiltig, noch furchtsam, noch Opfer ihrer Abhängigkeit, noch Schmeichler aus Neigung; aber sie hegen überirdische Wünsche in ihren aufbrausenden Herzen, Illusionen und fromme, durch keinerlei Gottesgelehrtheit zu bewältigende Vor= urtheile. Diese dürfen sich nicht bekehren; denn sie schauen den Papst schon in seiner Unfehlbarkeit, verweigern jede loyale Discussion und widerstreben jedem vernünftigen Grunde mit dem Ausrufe: „Ich sehe das Licht, ich höre den Ruf der Wahrheit, der sich von allen Seiten erhebt, laßt mich doch in meiner Ekstase, sie ist keine Illusion." Eine lange und geschickte Thätigkeit in der Kirche hat den Grund gelegt zu diesem sich begeisternden, aber nicht mehr logisch be= gründbaren Rausche, zu diesem an Stelle der theologischen Wissenschaft das Herz hetzenden Pietismus und dieser die Vernunft verschmähenden sittlichen Über= spanntheit.

Die Gesellschaft Jesu hat diesmal in langer Arbeit Alles für den Kampf, dem Lainez in Trient unterlegen war, bereit gemacht; die in Trient siegend gebliebene bischöfliche Partei hat davon nichts geahnt. Die Jesuiten= partei ist Meisterin des Terrains, läßt sich nicht einmal herab, den Episcopat anzuhören, und kündigt an, die Frage sei längst entschieden. Sie hatte Alles für den Sieg vorbereitet, den Ehrgeiz des Papstes angeregt und dann klug be= nutzt, sein Vertrauen durch die tausend Fäden gewonnen, die ihre geheimnißvolle Hand stets in ungeahnter Weise zusammenzuziehen weiß. Sie sagten: „Das Concil werden wir sein," und so wurden die Bischöfe nur berufen, um zu sanctioniren, was die Jesuiten geschrieben hatten! Das ist die ganze Geschichte des Concils.

Als freie Geister sich dagegen empört haben und die Lehre dieser Leute, denen Gott nicht die Mission der unfehlbaren Lehre der Kirche gegeben hat, discutiren wollten, da mußten sie auf allen Seiten das Geschrei hervorzurufen: „Die Frage ist gelöst, die Sache ist entschieden, ich habe geschwo= ren, an die Unfehlbarkeit Pius' IX. zu glauben." So haben die Je= suiten einen unbemeßbaren dogmatischen Druck im Schooße der Kirche ausgeübt, während sie in Rom selbst durch andere Werkzeuge noch unwiderstehlicher auf die Wahrheit der Väter der Kirche einwirkten.

Die allmächtige Institution der Propaganda hält alle apostolischen Vicare und die meisten orientalischen Bischöfe unter ihrer Vormundschaft. Selbst einige englische und amerikanische Bischöfe entziehen sich nur durch die Energie ihres Charakters und die natürliche Unabhängigkeit ihres Temperaments ihrem Einfluß. Ihre jährlichen Almosen mißbrauchend, sucht sie auf die von ihr unterhaltenen Prälaten einzuwirken und gibt ihnen wöchentlich Weisungen zur Bestimmung des Ganges des Concils. Die Propaganda interpellirte, wie Pius den Patriarchen Audu, so den Patriarchen Jussuf, mit welchem Rechte er es wage, den Glauben des Morgenlandes zu bezeugen, ohne vorher seine Rede zur Censur vorgelegt zu haben. Da ihr Gedanke sich mit dem des Papstes identifizirt, so ist das Wort von 200 Vätern der ökumenischen Versammlung nichts Weiteres als das Wort des Papstes allein. Daher hat noch keiner dieser Söhne der Propaganda den Muth gehabt, anders zu reden und anders zu stimmen, als man ihn geheißen hatte; dieselben sind unfrei, und so ist, während in allen Kirchen ohne Ausnahme einige unabhängige Stimmen aufzuweisen sind, „in der Kirche der Propaganda" keine solche laut geworden.

Neben diesem Institut waltet als höchste Autorität, seltener hervortretend und sich für Hauptactionen reservirend, Pius IX. selbst! Von ihr werden die höchsten Häupter getroffen, wenn sie sich erheben, und wider ihren Willen wird Allen Furcht eingeflößt, die zur Bewährung ihrer Unabhängigkeit Neigung zeigen. Das Concil gilt als Werk der römischen Curie; aber die römische Curie ist Pius IX! Er hat das Concil gewollt trotz der Cardinäle; er will jetzt auch trotz der Cardinäle seine persönliche Unfehlbarkeit; er hat die Concilsaula gewollt, in der man sich nicht versteht; er nöthigt den Patriarchen Audu zur Verzichtleistung auf seine Rechte; er erstickt plötzlich die Discussion, da sie für seine Prätensionen gefährlich wird: er bringt die brennende Frage gegen alle Regeln auf die Tagesordnung; er verlangt von den Pfarrern von Rom die Adresse, die diese von vornherein abgelehnt hatten; er setzt den Pater Theiner ab, indem er den Monsignor Cardoni belohnen will; er beleidigt die Prälaten durch klägliche Classificationen, als sie ihn am Jahrestage seiner Erwählung beglückwünschen; er läßt den Cardinal Guidi nach dessen Rede vor sich erscheinen, um dessen Unabhängigkeitssinn zu beugen; er verlangt vom Concil seine persönliche Unfehlbarkeit, andernfalls soll es den Muth bewähren, durch Hitze und Fieber umzukommen: denn er will Alles sein, der allgemeine Glaube und dessen Überlieferung selbst!

Das Papstthum streitet — nicht gegen die weltlichen Fürsten für das Wohl der Völker und die Ehren der Kirche, sondern — gegen den Episcopat, als ob Pius IX. auf dem Ruin seiner Brüder einen erhabenern Thron und in ihrer Vernichtung eine unbezwinglichere Festung finden könnte. O Unglück der Zeiten und Mißbrauch der heiligsten Institutionen! Man will nur noch einen einzigen Bischof in der Welt und nur einen einzigen autorisirten und unfehlbaren Lehrer: den Papst! Alle Stimmen sollen verstummen, wenn sie nicht reden wollen wie er; alle Thätigkeit soll nur noch unter seiner ausschließlichen bischöflichen Rechtsprechung stattfinden; alle von Gott gesetzten unverjährbaren Bischofsrechte sollen beseitigt, alle Blätter des Evangeliums, die sie enthalten, zerrissen werden! Es soll nur noch Einen Mund, Eine Hand, Einen absoluten Alleinherrscher geben, damit allgemeine Ord= nung eingeführt sei. Allein die Ordnung, welche man will, ist der Tod der Kirche!

Zwar sterben wird die Kirche nicht; aber wird leiden durch die Schuld der Ihrigen. Wehe denen, welche den Scandal befördern und sich anschicken, ihn zu vervielfältigen! Sie nennen die Minderheit der Gegner Höflinge, als ob sie Andern ungestraft einen Namen beilegen könnten, den sie durch ihre täglichen Schwachheiten und Schmeicheleien selbst verdienen. In der heutigen Geschichte sind die Cäsaren zurückgetreten, die Regierungen sind vollkommen umgestaltet und mit dem Vaterlande verschmolzen: dieses wenigstens hat keine Höflinge! Es gibt in Wirklichkeit nur noch einen wahren Cäsar, der für sich allein Alles ist auf dem weltlichen wie geistlichen Gebiete, der seine Gunstbezeugungen an die vertheilt, welche ihn vertheidigen, und diejenigen seinen Zorn fühlen läßt, welche ihm widersprechen. Dieser Cäsar allein hat, als dies= mal alle weltlichen Mächte die Freiheit des Concils gewissenhaft geachtet haben, dieselbe beschränkt; diese kirchliche Macht hat dieselbe verscheucht und vernichtet!

Die Kirche also, welche den bürgerlichen Gesellschaften das Vorbild einer Monarchie bot, in der das aristokratische und volksthümliche Element die Über= griffe der höchsten Gewalt wirksam eindämmten, die Kirche, welche zuerst der modernen Welt das Beispiel von großen Versammlungen geboten hat, welche frei die Rechte der Wahrheit und der Gerechtigkeit discutirten, die Kirche bietet uns jetzt das Schauspiel eines Concils ohne Freiheit und die Drohung eines Absolutismus ohne Controle.

Das vaticanische Concil wird ein anderes Concil hervorrufen, daß sich in Freiheit versammelt, auf dem eine wirkliche Discussion stattfindet, auf dem ein Jeder laut und ohne Furcht denken kann, auf welchem das Leben der Kirche sich frei und zum allgemeinen Besten entfalten wird. Das jetzige Concil wird unfruchtbar bleiben, wie Alles, was nicht unter dem Wehen des heiligen Geistes aufgesproßt ist. Aber es wird an's Licht gebracht haben nicht nur, bis zu wel= chem Grade der Absolutismus die besten Institutionen und Regierungen miß= brauchen kann, sondern auch, was das Recht selbst dann vermag, wenn es nur noch eine kleine Anzahl von Vertheidigern hat.

Die Discussion ist auf dem Concil mehr wie unmöglich geworden. Man will sie nicht mehr dulden, und die besten und maßvollsten Redner können sich kein Gehör mehr verschaffen, ohne fortwährend unterbrochen zu werden.

Bei der Abstimmung werden wir sehen, ob die Masse den Muth haben wird, die Intelligenz, die Freiheit und die Tapferkeit zu unterdrücken. Wenn sie unter allen Umständen voranschreitet, so sagen wir ihr vorher, daß sie nicht weit kommen wird. Die Spartaner, welche in den Thermophylen als Verthei= diger ihres freien Landes gefallen sind, haben für den erbarmungslosen Strom des Despotismus die Niederlage von Salamis vorbereitet.

125. Und wenn neben dem französischen Zeugen jener Vorgänge

auch ein Deutscher gehört werden soll, so hat Professor Hefele, Bischof von Rottenburg, dasselbe bezeugt in seinen Briefen an Döllinger, und zwar: a. unterm 2. April 1870: „die Aufreizung der Majorität hat bereits einen Grad erreicht, der die Redefreiheit sehr gefährdet. Wir haben deshalb gestern · . . . . eine Eingabe an die Präsides votirt, verlangend, daß solcher Unfug von ihnen nicht länger geduldet werde. Wie heftig der Papst selbst nach dem Infallibilitäts=Dogma dürstet und die Opponenten publice brandmarkt, wissen Sie aus den öffentlichen Blättern. Solche Dinge scheinen auf den Muth mancher Bischöfe wie ein niederschlagendes Pulver zu wirken und das Häufchen, daß sich bei Rauscher versammelt, wird immer kleiner. Was geschehen wird, wenn einmal die Schlinge Allen über den Hals geworfen wird? . . . . Auf Gründe kommt es gar nicht an, und eine Beweisführung ist völlig überflüssig; denn die Sache ist bereits entschieden. Unerachtet dieser Hoffnungslosigkeit habe ich daher ein Schriftchen über die Honoriusfrage abgefaßt. . . . . Ziehen Sie sich vor der Hand vom Kampfplatz zurück, ich sage vor der Hand; vielleicht wird es nöthig, später wieder und in viel bitterer Stunde abermals zu diesem geistigen Schwerte zu greifen. Jetzt hilft weiteres Hervortreten nichts . : . . Ich kann den Hoffnungen, die man auf mich setzt, durchaus nicht entsprechen und könnte es nicht, wenn ich auch begabter wäre, als es der Fall ist. Einen der Majorität zu überzeugen, ist rein unmöglich; ich erachte es daher als meine Aufgabe: „Die Brüder zu stärken.“ . . . . Aber auch diese Bestärkung der Brüder im Muthe will nicht gelingen. Sehr lobenswerth stehen die beiden Cardinäle Schwarzenberg und Rauscher fest . . . . seien Sie überzeugt, daß ich mich mehr nach meinem akademischen Katheder zurücksehne, als sich die Israeliten nach den Fleischtöpfen Ägyptens zurücksehnen konnten. Ich fühlte mich nie so unglücklich als eben jetzt . . . .“

b. unterm 7. Juli 1870: „Wir leben jetzt in höchster Spannung. Die Minorität war im Begriff, zum gut Glück nach Hause zu gehen, und man mußte in den sauern Apfel beißen und auf das Wort verzichten, nur damit die Leute nicht fortliefen. Ich stellte Mehrern Alles vor, Himmel und Hölle und die unendliche Schande und große Verantwortung. Auch die beiden Cardinäle waren sehr eifrig, die Leute zusammen zu halten. So sind endlich fast alle geblieben . . . . Wir verlangen, daß die cooperatio episcoporum in der Formel selbst ausgedrückt werde . . . . Die mildere Seite der Majorität dagegen will, die Formel selbst solle von dem consensus nichts enthalten . . . . Die Feuerreiter der Majorität wollen aber auch das nicht, und auch der Papst will es nicht, wie man hört. Er übt die stärkste Pression aus. Er wird auch die Früchte ernten. Wenn nur er und die Curie allein diese Früchte ernten müßten; aber delirant reges plectuntur Achivi.

Wenn wir zu keinem gütlichen Ausgleich kommen, so entsteht schreckliches Übel. Crux de cruce. Nachdem er den Kirchenstaat verloren, will er auch die Kirche verwüsten . . . .“

c. unterm 9. Juli 1870: „Die Generalcongregation . . . . mag etwa am 14. statthaben. Ich hoffe, daß etwa 100 Non placet's fallen und überdies eine große Anzahl jexta modum von den „halben“. Bald darauf wird die öffentliche Sitzung statthaben . . . . die Absicht des Papstes sei, trotz der Minorität sogleich zur Publication des neuen Dogma zu schreiten und zugleich jedem Bischof zwei Schriftstücke zur Unterzeichnung vorzulegen: eine professio fidei, die Unfehlbarkeit enthaltend, und eine feierliche Erklärung, daß das Concil ein freies gewesen .... Wer nicht unterschreibt, wird sofort censurirt .... Ich schrieb vorher von dem angeblichen Plan des Papstes, uns in der öffentlichen Sitzung zu nothzüchtigen. Allein wenn Viele non placet stimmen und fest bleiben, wenn also großer Scandal droht, — wird dann der Papst zum Äußersten schreiten? und welcher Scandal, wenn auch nur 50 in der öffentlichen Sitzung die Unterwerfung 2c. verweigern, und nun, vielleicht sogleich, mit Censuren belegt werden! Für jetzt will man uns schrecken und einschüchtern. Aber „bange machen" gilt nicht ....."

**126.** Kann der Papstkatholik ernstlich noch meinen, das Concil habe frei berathen und auf Grund von Zeugnissen frei geurtheilt, daß der bekundete Glaubenssatz ein auf der Übereinstimmung der Kirchen und Zeiten beruhender gewesen? hat nicht offenbar ein Zweck- und Zwangsconcil stattgefunden mit Unterdrückung der auf der alten Glaubensüberlieferung noch beharrenden Bischöfe durch eine Majorität, welche theils nicht anders wollte, theils nicht anders konnte, theils nicht anders durfte? Oder kann man sogar angesichts solcher Kundgebungen und Feststellungen die Frage aufwerfen, ob es eines Bischofs wie des Herrn Korum in Trier begründete Überzeugung sei, wenn er noch am 24. Oktober 1890 in seinem Antwortschreiben an Professor Weber in Bonn die Autorität der durch den Beistand des heiligen Geistes unfehlbaren Kirche Christi allerdings selbst zwar behauptet, dann aber zugleich bis dahin gelangt, daß er die Grundlage und Stütze des Concilsspruches (d. i. jenes Mehrheitsbeschlusses vom 18. Juli 1870) gerade noch in dieses Concil zu verlegen nicht mehr verlegen genug ist! und dann obendrein für das so gekennzeichnete Auftreten der päpstlichen Prälaten und Kostgänger, für dieses päpstliche Hofconcil mit seinem einen Gedanken und seinen vielen Schranken, gerade das freie Wehen des Geistes Gottes und dessen ununterbrochenen Beistand vindizirt? fordert Herr Bischof Korum denn Handfestigkeit des Beistandes und Handgreiflichkeit des Einwirkens des heiligen Geistes oder findet er letzteres lediglich nur in dem Hervortreten eines numerischen Übergewichts gegeben? Kennt Herr Bischof Korum nicht eine Corrumpirung der Kirche durch Bischöfe, Päpste und Concilien trotz des Waltens des verheißenen göttlichen Beistandes? Muß er denn solchen nicht vielmehr da erforschen und finden, wo die Wahrheit der Offenbarung durch die von Gott gewollten Traditionsbeweise sich festgestellt und wo die richterliche Erkenntniß über das apostolische Alter und die kirchlich bewußt gewordene Allgemeingiltigkeit der Lehren sich in den Jahrhunderten jenes Beistandes bereits erwiesen und befestigt hat? Hat überhaupt ein Concil durch seine Abstimmung kirchliche Kraft und Bedeutung? haben nicht Concilien geirrt? hat die Kirche nicht Concilien corrigirt und sogar verworfen und verurtheilt?

Und wenn nun die Kirche gemäß göttlicher Verheißung den heiligen Geist in ihren großen Kirchenversammlungen zu erwarten berechtigt ist, hatte es auf der vatikanischen trotz der päpstlichen „Feuerreiter" auf den Rossen des geistigen und geistlichen Absolutismus nicht auch wenigstens einige verfassungsgetreue Zeugen der kirchlichen und insbesondere conciliarischen Freiheiten gegenüber dem „Einen wahren Papstkaiser" gegeben, wie Erzbischof Darboy solchen charakterisirt und dann dieses sein Urtheil auch gewissermaßen mit seinem Opfertode besiegelt hat, wie ihn außer vielen Andern Bischof Hefele gerade noch am 17. December 1870 mit dem unauslöschlichen Verdict: „Aber was kümmert man sich in Rom um das Gewissen der Leute, wenn man seine Herrschsucht be= friedigt," für ewig gebrandmarkt hat?

Kann Herr Bischof Korum denn aufklären, warum es nicht der hei= lige Geist gewesen, der aus den Gewissen dieser gesprochen, z. B. auch des damaligen Bischof Kremenz, sowie des ihn bestätigenden Bischof von Pittsburg, nach deren Zeugniß in ihren Diözesen die Unfehlbarkeitslehre eine keineswegs auch nur allgemein gekannte gewesen ist? kann Herr Dr. Korum darthun, warum der heilige Geist nicht deren-Zeugnisse und Proteste, deren Lehren und Leiden als Mittel gewollt und angewandt haben kann, um seinerseits zu sprechen, zu bezeugen und zu widersprechen?

Und hat der heilige Geist nicht von seiner Mitwirkung zum Concile Beweise und von der Wahrheit Zeugnisse handgreiflichster Art auch vor der Majoritätsabstimmung, gerade durch dieselbe und durch die Dinge nach ihr gegeben? und wie hat der Vatican ihnen getrotzt?

## VIII.
## Vaticanischer Widerstand gegen den heiligen Geist.

Mundus vult decipi; ergo decipiatur —
(Päpstlicher Legat Giovanni Pietro Caraffa, nachmals: Papst Paul IV.)
— sed: Vae deceptori! [*)]
(Nichtpäpstlicher späterer Zusatz.)

127. Wenn man den Inhalt der Concilsvorlagen über die Unfehl= barkeit, insbesondere die päpstliche Meinung in dem schon berührten 9. Ca=

---

[*)] „Die Welt will betrogen werden, folglich soll sie betrogen werden" — „aber: Wehe dem Betrüger!"

pitel des Schema über die Unfehlbarkeit der Kirche, mit dem jetzt Majoritätsbeschluß gewordenen neuen Cap: IV vom 18. Juli 1870 vergleicht, leuchtet nicht der Widerspruch zwischen jener der Kirche inne= wohnenden und dieser dem Papst „aus ihm selbst" entströmen= den Unfehlbarkeit ein?

War nicht diese Doppelzüngigkeit in demselben Munde über denselben Gegenstand ein handgreiflicher Beweis der Irrthumsfähigkeit des sich selbst widersprechenden Papstes und darum der absoluten Unmöglichkeit des neuen Dogma? oder kann es denn, und dazu aus dem Munde des= selben Papstes, zweierlei Wahrheit geben? und da eine die Unwahr= heit sein muß, welche wird nun als Unwahrheit im Munde des unfehl= baren Papstes gestempelt?

128. Liegen nicht die diesem neuen Dogma entgegentretenden Äuße= rungen der Concilsväter vor, und zwar soweit sie in der synopsis analytica observationum gesammelt sind, bis zur Zahl von 61? z. B.:

von Erzbischof Melchers in Cöln: weil viele gelehrte und rechtgläubige Männer die Entscheidung zu Gunsten der Unfehlbarkeit für unmöglich halten, und zwar mit Bezug auf die heiligen Väter und die geschichtlichen Thatsachen, welche beweisen, daß eine einmüthige und allgemeine Übereinstimmung bezüglich dieser Ansicht niemals in der Kirche vorhanden war. Bisher war in der Kirche nicht Sitte, neue dogmatische Definitionen ohne einmüthige, mindestens moralische Zustimmung aller Bischöfe des Concils zu schaffen.

von Bischof Krementz von Ermland: weil der katholischen Kirche sehr zugethane Männer eine solche Definition sowohl aus dogmatischen als historischen Gründen für unmöglich halten. Denn wer wisse nicht, um blos Abgedroschenes zu berühren, daß der Streit über den Honorius=Fall jetzt keineswegs so liege, daß er dulde, die vorgenannte Lehre gleichsam als eine von Gott geoffenbarte aufzustellen; auch erhelle nicht, wie alsdann die Rechte der ökumenischen Sy= noden und der Bischöfe unversehrt blieben. Bei dem selbst unter den Vätern des Concils bestehenden Streit über die Wahrheit, die Weise, den Sinn, den Umfang dieser Definition werde anstatt der nöthigen entweder numerischen oder moralischen Zustimmung aller Väter eine große Verschiedenheit der Stimmen platzgreifen. Außerdem erscheine die Definirung schädlich, da durch das Zeugniß vieler Bischöfe feststehe, daß diese Lehre in verschiedenen Diözesen von Deutsch= land, Frankreich, Böhmen, Ungarn, Siebenbürgen und anderen Gegenden dem katholischen Volke nicht einmal dem Namen nach bekannt ist. In der Diözese Ermland werde diese Lehre wenigstens nicht vorgetragen, aus der theologischen Schule sei sie längst verbannt.

von dem Bischof von Mainz, Freiherr von Ketteler: weil diese Lehre bisher in vielen Gegenden fast oder gänzlich unbekannt gewesen und in vielen Katechismen, ja sogar im römischen, der von Pius V. nach dem Tridentinischen Decrete gemacht worden, nicht enthalten sei, weil man stellenweise den Ketzern der Jetztzeit auf den Einwand, die Katholiken hätten dem allein lehrenden römischen Papste zu glauben, den Vorwurf der Verleumdung in Wort und Schrift gemacht habe.

von dem Fürsterzbischof von Prag, Cardinal Schwarzenberg: weil er durch die Pflicht seines Amtes vor Gott und dem Herrn Jesus Christus, der die Lebendigen und Todten richten wird, gezwungen sei, müsse er gänzliches Aufgeben und Entfernen des Unfehlbarkeitsdecrets beantragen; denn dieses Dogma sei nicht in der Schrift und durch ständige Tradition als ein von Christus und dem heiligen Geiste ausgehendes begründet und Petrus und die Apostel und deren Nachfolger seien nicht bestellt als Herren des heiligen Wortes, sondern als Diener desselben (Verwalter, Ministri). Die Concilien selbst hätten auf dogmatische Schreiben der Päpste schon durch Verurtheilung geantwortet. Mit solcher Erklärung der Unfehlbarkeit werde das Concil den Glauben an die Un= fehlbarkeit der Kirche zerstören. Es widerstrebe der christlichen Liebe und Klug= heit, für die Gläubigen die Steine des Anstoßes zu vermehren, ihnen aufzulegen, was sie nicht tragen können, die Feinde der Kirche ohne Anlaß herauszufordern und zu verbittern.

Ferner von den Bischöfen Hefele von Rottenburg, Landgraf Fürsten= berg von Olmütz, Jirsik von Budweis, Stroßmayer von Bosnien und Syrmien, Deinlein von Bamberg, Rauscher von Wien, Kenrick von Sanct Louis? sollen das nicht nach Gesinnung, Gelehrsamkeit und Erleuchtung, vor Allem nach ihrer Übereinstimmung mit der überlieferten Kirchenlehre die erlauchtesten Träger und Bekunder des Geistes sein, der sich gegen „die liebste Herzensangelegenheit" des berufenden Meistbetheilig= ten erhebt und im Munde desselben „die Heiligung" einer Mehrung so= genannter Heilswahrheiten und der Offenbarung transscendentaler Pro= bleme noch in letzter Stunde ersticken will? des Geistes, der vom heiligen Geiste angeweht, und des Feuers, das von ihm entzündet die Erinnerung an die Lehre Christi wachrufen, ein Besinnen auf die von ihm gewollte Ordnung nud Verfassung seiner Kirche ernöthigen und die unpäpstlichen Mittel zur Vergottung der Päpste verpönen wollte?

**129.** War denn weiterhin der heilige Geist nicht in den Thatsachen erkennbar, die dem Episcopate über seine eigene Absetzung die Augen öffnen mußten, indem Pius IX. auch bezüglich des Universalepisco= pats das Widersprechendste verlangt und somit auch selbst ge= glaubt hatte, als er in dem Schema de ecclesia aufstellte a., im 11. Canon: die Bischöfe haben die eigene Gewalt des Regimentes, die ihnen nach göttlicher Anordnung zusteht und von ihnen frei auszuüben ist — und b., im 16. Canon: der römische Pontifex hat die volle und höchste Gewalt der Jurisdiction über die ganze Kirche, und diese dazu als die ordentliche und unmittelbare über alle einzelnen Kirchen?

Ist denn nicht sogar die geringste Zumuthung von einer Unfehlbar=
keit geradezu sträflich, wenn unlösbare Widersprüche in den Sätzen von
dem Unfehlbaren verkündet werden, diese Sätze also sich gegenseitig ver=
neinen und aufheben, daher für jeden Fehlbaren neben einander undenkbar
und mit einander unvereinbar sind!

Pius war gemäß seinem Lieblingsdogma schon vorher, und zwar
vor dem vaticanischen Decret vom 8. Juli 1870, stets unfehlbar gewesen!
Als der 11. Canon ihm unfehlbar wahr galt, lehrte er das Gegen=
theil von dem, was ihm im 16. Canon als unfehlbar wahr erschien! War
er nun beim 11. unfehlbar, dann war er es nicht beim 16! Wenn am
16., dann nicht am 11.!

Also war Pius weder dort noch hier unfehlbar! Wann war er es
denn sonst und wann überhaupt einmal?

Und auch mit dieser Selbststrafe eines Babelbaues des Unfehlbar=
keitsthurmes soll ihm und dem Herrn Bischof Korum der heilige Geist
nicht sich angekündigt und nicht sein greifbares Veto eingelegt haben?

130. Heißt es nicht der anerkannten Wahrheit und dem heiligen
Geiste widerstreben, wenn der Papstkatholik gegen folgende Logik sich
wenden will:

Im Falle Pius IX. im Gefühle seiner Unfehlbarkeit und unter dem
Drange nach einer Dogmatisirung derselben wirklich den Ausspruch einer
göttlichen Wahrheit verlangte, bedurfte er nicht nur keines Concils, sondern
mußte sogar mit Vermeidung der Klippe eines solchen aus sich selbst mit
der ihm innewohnenden „Unfehlbarkeit der Kirche" sofort selbst das Dogma
verkünden. Oder durfte er die Entscheidung dem nun fehlbaren Concile
und der unbegreiflichen Macht der Majorität zu überlassen wagen, während
er selbst passiv daneben der wirkungslose Alleinwisser gewesen?
durfte und konnte doch das Concil nicht gegen ihn entscheiden!

Falls er dagegen innerlich das Bedürfniß eines Concils und einer
conciliaren Entscheidung empfand, dann empfand er eben die Unsicherheit
und damit das Gegentheil seiner Unfehlbarkeit und war fehlbar! Empfand
er nicht einmal mehr diese Unsicherheit, so ermangelte ihm die Erkenntniß
eines wesentlichen Offenbarungssatzes, der in ihm selbst (weil ex sese,
darum auch in sese) gründete! War er nun trotz seiner Wissenschaft von
der Unfehlbarkeit der Kirche noch selbst und aus sich selbst unfehlbar?

Ist nicht dort durch seine Ergreifung des Appells an's Concil, hier
durch seine Unterlassung der Selbstdogmatisirung die Prätension einer
jeglichen Unfehlbarkeit durch ihn selbst Lügen gestraft?

**131.** Lag nicht auch eine Kundgebung des heiligen Geistes in den Gegenabressen vom Januar 1870 gerichtet an Pius IX. auf die eine Definition der Unfehlbarkeit verlangende Abresse der infallibilistischen Bischöfe, nämlich in der einen von 45 deutsch=österreichischen Bischöfen, in einer zweiten von 39 französischen, portugiesischen und orientalischen Bischöfen, in einer dritten, bezeichnend sehr lakonischen, von 27 amerika= nischen, in einer vierten von 16 orientalischen und einer fünften sogar von 7 italienischen Bischöfen?

nicht auch in der unerhörten Thatsache, daß Pius IX. für diese Aus= sprüche der Vertreter aus fast allen Theilen der ganzen Kirche weder Empfindung, noch Verwendung hatte und so troß derselben am 6. März 1870 befahl, das „Zusaßcapitel zum Decret über den Primat des römischen Pontifex" dem Concile einzureichen?

**132.** War nicht auch das vom heiligen Geiste geleitet, was Car= dinal Rauscher mit einer großen Anzahl der Concilsväter aus Österreich= Ungarn, Frankreich, Italien, England, Irland und Amerika alsbald seiner Heiligkeit in einer Bittschrift vorstellte, daß nämlich angesichts der unaus= bleiblichen harten Folgen für Kirche und Staat die umfassendsten und genauesten Discussionen eintreten müßten, ehe man über die Unfehlbar= keit des Papstes verhandeln dürfe, daß es nicht recht sein werde, „vorher" die Väter zu einer Entscheidung „zu verleiten", und deßhalb nöthig sei, „ihnen diese Frage, bevor das 11. Capitel des Schema von der Kirche in Angriff genommen werde, zur Erwägung mitzutheilen", daß daher das 13. und 14. Capitel vorher verhandelt werden müßten?

oder war es im Korum'schen Sinne der heilige Geist selbst, der den Papst an Stelle der Erhörung einer naturgemäß richtigen Bitte und der Einräumung eines conciliaren Rechtes nun auch das vorgelegte „Schluß= capitel" zurückziehen und ein neues Schema ersinnen ließ, das in vier Capiteln blos ihn und seine Hoheit und Macht behandelte und das die Capitel über die Indefectibilität, die Infallibilität und Macht der Kirche, über die weltliche Herrschaft des Papstes und Anderes plötzlich fallen ließ?

**133.** War es nicht vielmehr eine That aus dem heiligen Geiste, als gegen diese Mißachtung der Ordnung und der Concilsrechte und gegen diese Papstwillkür 66 Bischöfe (unter ihnen die von Cöln, Mainz, Bres= lau, Ermland, München, Bamberg, Rottenburg) ihren Protest erhoben, in dem sie, ohne jedoch einen Antrag zu stellen, erklärten: „Wir ver= mögen es nicht länger zu vereinigen mit unserer bischöflichen Würde, mit unserer Aufgabe im Concil und unsern Rechten als Concilsmitgliedern,

daß wir Bitten vorbringen, da . . . . . . solche Bitten statt der Berück=
sichtigung nicht einmal einer Antwort gewürdigt werden. Daher erübrigt
uns Nichts, als gegen die bezeichnete Art der Verhandlung, welche wir
als der Kirche und dem apostolischen Stuhle durchaus verderblich erachten,
zu reclamiren und zu protestiren, damit wir abwenden, für die unseligen
Folgen Rechenschaft zu schulden, welche ohne Zweifel in Kurzem hervor=
treten werden und bereits bei den Menschen, wie in dem Zittern erregen=
den Gerichte Gottes hervortreten."

oder lag umgekehrt eine That aus dem heiligen Geiste darin, daß
man dies Alles ignorirte und am 3. Juni den Widerreden und Ab=
rathungen einfach den Weg abschnitt, indem man die Generaldebatte
definitiv für beendet erklärte?

oder umgekehrt wieder darin, daß am 4. Juni dagegen 81 Bischöfe
protestirten, oder umgekehrt wieder darin, daß der Papst diesen Protest
ignoriren hieß, oder endlich umgekehrt wieder darin, daß nochmals am
9. Juni von 61 Bischöfen (von Cöln, Trier, Mainz, Breslau, Ermland,
München u. s. w.) ein Protest erging gegen die vom Papste gewillkürte
Veränderung der Geschäftsordnung und des Textes der Unfehlbarkeits=
vorlage?

Muß man nicht sagen, daß, wenn der heilige Geist (wie Herr
Bischof Korum will:) sich überhaupt nicht dieser Stätte der Rechts=
verkümmerung und Irrthumsverleitung entzogen habe, durch sein nicht
mehr unsichtbares Wesen und Walten zu Ohren und Augen bewiesen sei,
daß die ganze Unfehlbarkeitsfrage eine schädliche, verfängliche und auf
Grund der Schrift, Apostolizität, allgemeinen kirchlichen und besondern
conciliaren Überlieferung schlechthin verwerfliche sei?

Ist aber nicht viel eher wahr, daß er nach allem vergeblichen An=
regen, Mahnen, Beeinflussen und Widerstreben zuletzt von dieser Stelle
der römischen Theilkirche wich, um deren Papst und Concil sich selbst und
ihren Lieblingsdogmen zu überlassen, aber die katholische Kirche zu retten,
indem er ihr die klarsten Gegenbeweise in der Selbstvernichtung der
Bischöfe und Concilien vor die Augen stellte?

**134.** Denn wohin gerieth Papst und Concil, als wieder am 12. Juli
eine neue Redaction der Vorlage über die Kirche Christi in der
Generalcongregation vertheilt wurde, die I. mit der entsetzlichen Unwahr=
heit beginnt, daß sie festhalte „an der vom Beginne des christlichen
Glaubens empfangenen Tradition", und II. in wesentlichen Sätzen und
in nunmehriger schroffester Verstärkung der Unfehlbarkeitsauffassung so=
wohl von der Vorlage vom 9. Mai, wie von dem Zusatzcapitel abwich!

War das ein Act der Offenbarung Gottes in seiner Kirche, der entgegen so vielen Protesten das Scharfe der Vorlage verschärfte, entgegen so gewichtigen Gründen wider das Minderscharfe nun geradezu das Schärffte und Unerhörteste an Stelle des Unerhörten setzte, z. B.

an Stelle einer „Irrthumslosigkeit" „kraft der versprochenen göttlichen Verbeistandung" einen Papst construirte, der „des Amtes des Hirten und Lehrers aller Christen waltend kraft seiner obersten apostolischen Autorität . . . . definirt",

ferner an Stelle der Bestimmung, „daß solche Decrete oder Urtheile an sich unabänderlich mit vollem Gehorsam des Glaubens aufzunehmen und festzuhalten seien", nun die Unfehlbarkeit aufrichtete und dem Papste dieselbe ganze Unfehlbarkeit andichtete, „mit welcher der göttliche Erlöser seine Kirche in der Feststellung der Glaubens- und Sittenlehre ausgestattet wissen wollte"?

135. Und als nun Pius IX. durch seine „Unfehlbarkeit" die Fehlbarkeit des Concils auf die Probe stellte und im Vertrauen auf die mürbe machende Julihitze seine dritte „unfehlbare und irreformabele" Gestaltung des ungeformten Dogma, welche dazu in viel höherm Grade als seine Dogmenvorlagen vom 8. März und 9. Mai von den Einwürfen und Vorwürfen der Bischöfe getroffen war, am 13. Juli zur Abstimmung brachte: wie gestaltete sich diese gegenüber der conciliarisch nothwendigen Einstimmigkeit eines Concils?

Wenn an diesem Tage von 601 Anwesenden 88, und unter diesen die hervorragendsten und mächtigsten Bischöfe, ein einfaches „Nein" und 62 ein mobifizirendes „Nein" aussprechen, ist dann nicht die Sache erledigt und ein Zeugniß der Einheit, Allgemeinheit und Fortwährendheit dieses nochmals reformirten Reformdogmas noch weniger denn damals in Trient vorhanden? — und das um so viel mehr, wenn unter den Ja-Sagenden so viele Nichtberechtigte und so viele „römische Kostgänger" sind, daß sie zusammen mit den 88 und 62 Neinsagenden wohl die Hälfte der 601 Stimmenden erreichen — und das ohne Zweifel erst recht, wenn man die 91 Bischöfe berücksichtigt, die sich der Abstimmung enthalten und die stattliche Gegenzahl von 241 zu Wege gebracht hatten!

136. Und als ferner der höchste Pontifex für den 15. Juli dennoch eine neue „unfehlbare" und wiederum „irreformabele" Textgestalt seines Lieblingsdogma's verfaßte, konnte zu derselben denn auf die etwa geplanten Modificationen jener 62 Stimmenden überhaupt zurückgegangen werden, oder war durch die 88 Nein das ganze Unfehlbarkeits-Project gestürzt?

Im ersten Falle: Warum ist Pius nicht auf's Genaueste auf diese Modificationen eingegangen, warum hat er die abändernden Vorschläge der 62 Bischöfe sogar nicht einmal erforscht, geschweige denn verwendet, wohl aber zum Zwecke einer Durchbrückung seiner verschlimmbesserten Vorlage lieber sogar jede conciliare Verhandlung umgangen?

Ist demnach die Rede von dem „Zweck= und Zwangsconcil" ein unbegründeter Vorwurf gegen Pius? oder liegt nicht vollständige und wohlbegründete Nichtigkeit aller damaligen Geschehnisse des Vaticanum vor?

**137.** Und wenn dieses letzte Reformproject des mehrfach reformirten Dogma endlich gerade das enthält, was in Trient und nun sogar im Vatican selbst verpönt worden! nämlich erstens: mittels einer Streichung von Worten eine vollendete Emanzipation des dogmatisiren= den Unfehlbaren von der Mitwirkung des Episcopates und der Zustimmung der Kirche, und zweitens: mittels des Zusatzes „non autem ex consensu ecclesiae"*) eine vollständige Übertragung der von Christus der Gesammtkirche verliehenen Unfehlbarkeit von dieser auf die Person des römischen Bischofs!

Kann wohl, da Herr Bischof Korum den 18. Juli 1870 durch ein Wunder des heiligen Geistes ausgezeichnet sehen will, dieses Korum'sche Wunder in etwas Anderm denn einer Corrumpirung aller kirchlichen und insbesondere conciliaren Selbständigkeit und Existenz bestanden haben? Denn nun ist mit dieser Enthebung der Unfehlbarkeit aus dem Gros der Kirche und deren Bergung „im Schreine der Brust" (in scrinio pectoris) ihres sogenannten höchsten Pontifex offenbar der Kirche für die Zeit der römischen Stuhlleere vollständige dogmatische Impotenz zu= und über= haupt jede Unfehlbarkeit abdecretirt, so daß (wie dies auch der Jesuit Schneemann, unterstützt von P. Rudis, lehrte) die Kirche bei römischer Sedisvacanz überhaupt keine giltigen Glaubensentscheidungen erlassen kann!

Welches Ziel und welche Wirkung konnte da überhaupt noch eine Abstimmung haben? konnte dieselbe die constatirte Niederlage der Papst= partei rückgängig machen oder der bereits erfolgten Todtgeburt des Dogma im Trotze gegen mindestens die Hälfte jener verneinenden 601 das Leben geben? — Und doch ließ Pius abstimmen!

---

*) „Nicht aber aus der Zustimmung der Kirche."

## Stimmungen und Abstimmungen auf dem Concil.

„Der Menschheit ganzer Jammer packt mich an.“
Goethe: Fauſt.

**138.** Und warum? waren doch die Decrete längſt fertig, das ganze Concil nur eine Förmlichkeit, der Widerſpruch gegen die Vergöttlichung des Papſtes und gegen die Unterwerfung aller Epiſcopalgewalt reichlich kundgethan, das Concil mißbraucht und zu Boden geworfen! Oder war es zu weit gegangen, wenn Döllinger von dieſem vaticaniſchen Concile bezeugte, daß ihm in der ganzen Geſchichte unter den als allgemein berufenen Concilien nur eines bekannt ſei, auf dem die Machthabenden, gleichwie auf dem jüngſten, jede gründliche Erörterung verhindert haben: das zweite von Epheſus vom Jahre 449, die ſoge=nannte Räuberſynode, wo Gewalt und tumultuariſche Ty=rannei, wie auf dem vaticaniſchen die der Verſammlung auferlegte Ge=ſchäftsordnung, die päpſtliche Commiſſion und der Wille der Majorität, es geweſen, die eine ordentliche und eindringende Prüfung nicht zu Stande kommen ließen.

Aber ſo unfehlbar aus ſich ſelbſt Pius IX. nach ſeiner Anſicht war, ſo ſehr er von ſich eingeſtanden hatte: „Als Abbate Maſtai habe ich an die päpſtliche Unfehlbarkeit geglaubt, als Papſt Maſtai fühle ich ſie“, ſo rang er — merkwürdiger Weiſe nach derſelben Anſicht — dennoch um ein äußeres Beſtätigungszeichen, wenn er ſein Dogma nicht wieder ein=ziehen und ſich alſo von der Geſammtkirche beſiegt erklären ſollte! Hatte er doch in ſeinen vielfachen Reden und Schreiben ſich bereits als unfehl=bar bezeichnet und von der formalen Concilserklärung das Wohl und Wehe der Chriſtenheit abhängig erklärt, zum Beiſpiel:

am 25. Februar 1865 hatte er in dem Ausſchreiben des damaligen Ju=biläum unter Verweiſung auf ſeinen Syllabus mit Encyklica verkündet, daß dieſe „die Stimme des ſichtbaren Oberhauptes der Kirche“ und „als ſolche Gottes Stimme“ ſeien;

am 27. November 1869 in dem Schreiben an den Klerus der Diözeſe Arras, der, von ſeinem Biſchof Lequette verleitet, dem Papſte für ſeine „Unfehlbarkeit die eclatanteſte Huldigung dargebracht und gegen die Syſteme proteſtirt“ hatte, „welche noch heutzutage ein Privileg vermindern mögten, das der Herr dem heiligen Petrus und ſeinen Nachfolgern mit den himmliſchen Worten verlieh: „Weide meine Lämmer u. ſ. w.“, indem Pius hierüber ſeine Freude durch ſein im Univers veröffentlichtes Breve mit Belobigung „ihres Glaubens an die Prä=rogativen dieſes heiligen Stuhles“ ausſpricht;

unterdeß erfolgte an den Klerus von Adria, der das „Unfehlbarkeitsgelübde" abgelegt hatte, die Veröffentlichung des Breve, in dem Pius sprach: „Wir haben den schönen Entschluß daraus entnommen, kraft dessen Ihr euch verpflichtet zu halten bekennt, Unsere höchste Autorität und die des heiligen Stuhles, sowie alle unsere Rechte zu vertheidigen. Theuere Söhne! Wir haben nicht umhin gekonnt, Uns innig zu freuen über Euere große Frömmigkeit, Euere Religion und Euern Glauben, welche, vollkommen würdig katholischer Seelen und des priesterlichen Eifers, jedes Lob und jede Empfehlung verdienten";

am 3. Januar 1870 in einem Schreiben an Klerus und Laien unter Führung von de Bonald von Rodez, in dem Pius deren Begeisterung für die Dogmatisirung der höchsten Autorität seines Lehramtes „zum Zwecke der Heilung aller Übel der menschlichen Gesellschaft" anerkennt und „die ausgezeichnete Re= ligion" dieser Verehrer belobt und beglückwünscht;

ferner zum Beispiel am 22. Januar 1870 in einem Schreiben an den französischen Schriftsteller de Segur, den er wegen seiner Schrift über das Concil belobt und dem er die Opposition als ein Werk „der Mächte der Hölle" be= zeichnet;

dann am 7. März 1870 in einem Breve an die Domherren zu Avignon, die er wegen ihrer Anerkennung seiner Unfehlbarkeit „mit väterlicher Liebe um= faßt" und denen er „im Herrn Lob spendet";

auch am 9. März 1870 in einem Schreiben an den Jesuiten P. H. Ramière, in dem er die Gegner des zu fertigenden Dogmas „in Gefahr schwebend" be= zeichnet, „sich durch die sophistische Gewandtheit des Irrthums berücken zu lassen", so daß sie „über das schlechte Prinzip, das diesen Lehren zu Grunde liegt, auf= geklärt werden" müßten;

auch am 12. März 1870 in einem langen Lobschreiben an Guéranger, Abt von Solesmes, wegen dessen Buches „über die päpstliche Monarchie", in dem Pius seinen Schmerz darüber ausdrückt, daß solche, welche sich Katholiken zu sein rühmten, doch vollständig mit schlechten Prinzipien angefüllt seien und ihren Verstand seinem päpstlichen Urtheile nicht zu unterwerfen wüßten, die seine Autorität, vor deren Prärogativen sie sich entsetzten, herabdrücken wollten;

ferner in einem Breve an die Domherren und Kleriker in Montpellier, durch das er seinen Dank ausspricht für ihre Begeisterung in Anerkennung „seiner göttlichen Prärogativen";

in einem Breve vom 23. April 1870 an „drei muthige Pfarrer der Diözese Orleans", in welchem er seine apostolische Cathedra als „die Mutter und Lehrerin aller Kirchen" bezeichnet und sich „heftig" freut unter der festen Zuversicht, daß sie nicht ermüden würden, für die Verbreitung ihrer Ansicht zu wirken;

endlich in den Schreiben vom 7. April an den General der Lazaristen P. Etienne in Paris, vom 2. Juni an den Klerus von Brieux, vom 9. Juni an die Bürgerschaft von Neapel, vom 27. Juni an die Generalvicare, Domherren, Klerus und Laien von Marseille und nochmals von diesem Tage an den ganzen italienischen Klerus; im Juni in einem allgemeinen Breve zur Belobigung der Kundgebungen in Frankreich, an den Nuntius in Paris gerichtet; am 19. Mai in einem Breve an Louis Veuillot, den Redacteur des Univers, dem er für „die alte Einfachheit des Glaubens" gratulirt, die ausgesprochen in der Wendung vorliege, daß der Heiland der Welt den Petrus gegeben und in den jetzigen unruhigen Zeiten Pius IX. auf jenen Thron des Lichtes und der Gerechtigkeit gesetzt habe, damit durch sein unfehlbares Lehramt unsere Intelligenz Gewißheit und unser Herz Frieden habe,

und in so vielen andern Schreiben und Reden.

**139.** Und war das Dogma nicht bereits vom Papste publicirt in den Stimmen der römischen Presse, die von ihm unterhalten und ernährt waren? Nach der Civiltà Cattolica „sind die Schätze der Offenbarung, der Wahrheit, der Gerechtigkeit und der Charismen, welche von Gott auf Erden hinterlegt werden sollten, in den Händen eines Menschen, als des einzigen Verwalters und Hüters derselben, und dieser Mensch ist der Papst"; nach demselben Blatte hat der Papst die Pflicht, diejenigen im Glauben an seine Unfehlbarkeit zu stärken, die denselben — einerlei ob mit Recht oder mit Unrecht — nun einmal haben, denn er ist schon unfehlbar! nach demselben Blatte sollen die Belobigungsschreiben an die Infallibilisten „autoritativ" wirken und „eine ausdrückliche Verdammung der falschen Prinzipien und der verderblichen Lehren, aus denen die Attentate" der Gegner hervorgingen, enthalten.

Zudem hatte Pius IX. die römische Zeitung „Osservatore Romano" durch ein Breve an deren Redacteur wegen Unfehlbarkeits-Tüchtigkeit belobt und in den Worten, welche jedem Blatte nun vorgedruckt werden: „Fahre fort in dem Kampfe, den du gegen die Gottlosigkeit begonnen hast", zur Ausdauer in seiner Streitbarkeit angefeuert.

Sodann sind „Union" und „Univers" durch die persönlichen Auszeichnungen ihrer Hauptredacteure und die päpstlichen Breves als ebenso heilige Orakel des Papstglaubens verkündet worden! Ist nicht auch dem infallibilistischen belgischen Blatte „Bien public" der „Segen des heiligen Vaters" durch den Bischof von Gent übermittelt worden?

Hatte nicht ferner am 2. April 1870 Louis Veuillot in seinem „Univers" drucken dürfen: In Rom gibt es drei große Verehrungen, die des heiligen Sacramentes, die der heiligen Jungfrau und die des Papstes, sodann in seinem 125. Concilsbriefe im Geifern gegen die wegen der todbringenden Hitze sich zur Abreise rüstenden Concilsväter den frivolen Ausspruch gewagt: „Wenn die Definirung (der Unfehlbarkeit) nur an der Sonne reisen kann, gut, so wird man braten"?

Um noch Vieles zu übergehen — war nicht Vaughan, der Redacteur des „Tablet", durch ein Breve vom 4. Juni 1870 wegen seiner „Devotion, Pietät und Observanz gegen den päpstlichen Stuhl" gerühmt, war nicht der Convertit Georg Ward, der Redacteur des „Dublin Review" am 4. Juli 1870 wegen Vertheidigung „der göttlichen Autorität des Papstes und seiner Prärogativen" belobt und ermuntert worden?

**140.** Endlich hatte doch Pius IX. die Unmenschlichkeit der Redeweise eines Louis Veuillot sich zu eigen gemacht, ja ihn übertreffend und des Münchener Erzbischofs Scherr Ausspruch: „Wenn Döllinger nur sterben würde" heiligend, gegen die bei der Hitze erkrankenden Väter, deren Beihilfe er nicht missen konnte, jenes: „che crepino pure" („Sie sollen alle crepiren!") ausgestoßen! Hatte er doch als weltlicher Fürst die Paßvisas verweigert und polizeiliche Festhaltung angeordnet, um die siechen, alten, kranken Väter für sein Zustimmungsvotum zurückzuhalten!

War denn die ohne Concil fertiggemachte Dogmatisirung des mindestens schriftwidrigen Satzes von dem Freisein eines natürlichen Adamskindes von der Erbsünde oder die ohne Concil erlassene Cathedralentscheidung des Syllabus etwas Anderes, denn eine Kundgebung des Willens, sich von der Kirche zu emanzipiren und vom Episcopat losgeschält zu sein, ja sogar eine absichtliche Vollziehung von Acten bereits durchgeführter Unfehlbarkeit, um frei von der Schrift und Tradition in alleiniger eigener Person terrorisiren und dogmatisiren zu können?

Lag denn nun noch irgend eine Bedeutung darin, über kirchliche Wahrheit zu votiren? oder war (wie Edmund Jörg es charakterisirte) das Concil nur zusammen berufen, um sein Testament zu machen und den heiligen Vater zum Universalerben einzusetzen?

War Pius somit nicht mit seiner Ehre und Wissenschaft, ja sogar mit seiner ganzen Stellung und Rechtgläubigkeit bei der Abstimmung seines (nicht Herrn-, wohl aber:) Diener-Hauses engagirt? Mußte nicht, falls hier den Schein zu wahren nicht mehr möglich war, ihm der canonische Prozeß gemacht, er als Ketzer abgesetzt und zu Honorius und den übrigen Päpsten als Ketzerpapst beigeschrieben werden?

**141.** Wenn nun Pius ohne die gräßlichste Blamage nicht mehr zurückweichen konnte, ist es ihm leicht und glatt gemacht geworden, die Formalität einer sogenannten Abstimmung am 18. Juli 1870 in's Werk zu setzen?

Am 17. Juli erklärten nochmals 56 Bischöfe in ihrem und der abgereisten Gesinnungsgenossen Namen dem Papste, zu den widersprechenden 88 und 62 Vätern und zu den 70 fernern, die der Abstimmung am 13. Juli fern geblieben seien oder sich derselben enthalten hätten, möge er diejenigen rechnen, welche wegen Krankheit oder anderer wichtigeren Gründe abgereist seien; daher erneuerten und bestätigten sie ihre bereits abgegebenen Stimmen, wollten indeß der Abstimmung am 18. Juli nicht beiwohnen, da „die kindliche Liebe und Verehrung" gegenüber Seiner Heiligkeit Ihnen (gestatteten, Christum von Neuem zu verleugnen und Lügen zu strafen, aber) „nicht gestatteten, in einer Sache, welche seine eigene Person so äußerst nahe berühre, öffentlich ihm in's Angesicht Nein zu sagen."

Will man die Unterzeichner (den Cardinal Fürst von Schwarzen=berg, Erzbischof von Prag, die Bischöfe Eberhard von Trier und Kremenz von Ermland u. A.) Stümper im Wissen und schwache Unterscheider nennen? war doch die letzte Hand an das Dogma gelegt, indem Pius seine Definitionen nicht blos aus sich (ex sese) unabänderlich, sondern auch als erhaben über die Zustimmung der Kirche (non autem ex consensu ecclesiae) erklären ließ!

Ist die nun schon historisch gewordene Benennung dieses vaticanischen Concils als eines „Rumpfconciles" eine ungerechtfertigte oder, wie gesagt worden, eine sogar bösliche? denn 34 Väter waren abgereist, die am 13. Juli mit einem absoluten Nein gestimmt hatten und deren Diözesen am 18. Juli 1870 gar nicht vertreten waren? Die letzteren umfaßten, soweit sie in Deutschland, Österreich-Ungarn, Italien und Frankreich be=legen waren, allein schon 29 1/2 Millionen Katholiken! Außerdem waren von den Bischöfen, deren absolutes oder relatives Nein durch die Ab=stimmung vom 13. Juli feststand, nicht mehr erschienen:

Die Vertreter von 26 3/4 Millionen Katholiken!

So hatte man ein Cocil ohne die Bischöfe aus folgenden hervor=ragenden Ländern, nämlich:

aus Deutschland: von München, Breslau, Augsburg, Ermland, Bam=berg, Rottenburg, Sachsen, der Preußischen Armee, Osnabrück, Cöln, Trier, Mainz, Freiburg, Passau, Münster, Würzburg, Fulda, Hildesheim, Culm, Metz,

aus Österreich-Ungarn: von Wien, Triest, Prag, Gran, Colocza, Syrmien, Olmütz, Erlau, Brünn, Trient, Laibach und 27 weitere,

aus Frankreich: von Paris, Besançon, Lyon, Nancy, Marseille, Orleans, Dijon, Grenoble, Nimes, Montpellier und 22 weitere,

aus Italien: von Toledo, Chambery und Compostolla drei Cardinal=bischöfe und 30 weitere,

— derer aus England, Spanien und Portugal gar nicht zu gedenken! —

immerhin also ohne die Vertreter des stattlichsten Theils der christlichen und zur Bezeugung der Überlieferung bestbeglaubigten Welt, in der die Bisthümer Wien, Cöln, Olmütz, Breslau und Paris an sich schon 1170000 beziehentlich 1350000 — 1420000 — 1790000 — und an 2000000 Seelen umfaßten.

**142.** Und als nun am 18. Juli 1870 nur 535 Bischöfe zur Abstimmung erschienen waren, konnten es andere als Ja-Stimmer sein? Freilich zwei und nur zwei einzige Nein-Stimmende — die Bischöfe von Cujazzo und von Littlerock nicht ungenannt zu belassen! — hatten sich zur Erfüllung ihrer heiligen Pflicht eingefunden. Aber welche Bestandtheile der katholischen Kirche repräsentirten diese 535 Stimmen?

Deutschland vertraten nur 4 von 24, Österreich-Ungarn nur 9 von 60, Frankreich 44 von 86, Spanien 30 von 55, Portugal 2 von 19, Holland 4 von 6, Irland 13 von 28, England und Schottland 5 von 13, Schweiz 3 von 5, endlich aber Italien 148 von 264! von diesen vorzugsweise und von Alters her katholischen Ländern fehlten also schon 296 Bischöfe! Diese Länder können also nicht als vertreten gelten, ihr Zeugniß ist nicht zur Kundgebung gelangt.

Und wen konnten die erschienenen Stimmenden repräsentiren? es waren da 22 Cardinäle ohne Diözese, die 3 lateinischen Patriarchen in Mohamed's Reich (Jerusalem, Alexandrien und Constantinopel), 4 diözeselose Abbates, 23 Ordensgenerale, 13 Generaläbte und 88 Bischöfe in Bezirken von Ungläubigen, von denen 30 ohne Diözese und Seelsorge waren: das sind 95 unberechtigte Stimmen! Zu denselben kommen noch 77 Vertreter traditionsloser Diözesen (Amerika, Afrika und Australien), also creditlose Zeugen bezüglich einer althergebrachten Lehre, und ferner noch immerhin 40 weitere werthlose Zeugnisse aus den Gegenden von Indien und China, in denen es nur eine neue d. h. Jesuitentradition gibt, so daß neben den 298 fehlenden Bischöfen immerhin 212 Unberechtigte hervorwachsen. Zu ihnen rechne man die zwei Stimmen des Concils selbst, und wohl darf man dann auch die 18 Stimmen Irlands und Englands noch in Abzug bringen, da seit 1793 jeder dortige Bischof in seinem Eide beschwören konnte und mußte, daß die Unfehlbarkeit des Papstes kein Artikel des katholischen Glaubens sei.

Was bedeutete die Zahl der Ja-Stimmenden? Denn soweit sind auch die Exaltati des Vatican noch nicht gegangen, daß sie Concilien der christlichen Kirche mit ihren Fürsten, Gelehrten, Klerikern und Laien als Abstimmungsmittel für Majorisirung erklärt hätten! oder glaubt Herr

Bischof Korum, daß der heilige Geist, indem er uns das bewahren und beobachten lehrt, was Christus uns als Glaubenslehre geoffenbart hat, aus Majoritäten und untergebens aus geradezu der Schein-Majorität der Anwesenden spreche?

Oder wären untergebens jene 533 Ja abzüglich der 212 Unberechtigten, das sind 321, überhaupt eine Majorität?

ferner: bildeten denn diese 321 gegenüber den 2 Nein-Stimmenden und den 298, die mit ihrem Nein auf der Zunge abgezogen waren, noch eine Majorität?

sodann: können denn, wenn man nun sogar die 212 Unberechtigten nebst den 18 irisch-englischen Stimmen in Abzug bringt, die auf 303 reducirten Ja die abwesenden 298 und anwesenden 2 Nein aufwägen? — hierbei sind die unberechtigten 212 ihrem Inhalte nach nicht einmal berücksichtigt! —

aber endlich: wenn man auch nur ein Dutzend dieser 212 Stimmen, wie man es mit Recht kann, und auch nur die 18 irisch-englischen Stimmen, wie man es absolut muß, zu den Nein-Stimmenden zählt, so stehen nicht mehr 303 Ja gegen 300 Nein, sondern die Niederlage der Papst-fraction ist nicht nur schon wegen mangelnder moralischer Einheit, sondern auch numerisch durch die 300 zuzüglich auch nur eines Bruchtheiles der 212 oder gar 230 Stimmen vollständig besiegelt!

Dabei wird es nicht einmal der Erwähnung bedürfen, daß im Ganzen 917 Primate, Erzbisthümer und Bisthümer bestehen, daß das amtliche Album Pius' IX. bezüglich dieses seines ersten baticanischen Concils 586 berechtigte und 133 nicht berechtigte Prälaten aus dem Summarium von 764 derselben ergibt, um die Ja-Stimmen gegenüber dem Gros der Kirche in eine greifbare numerische Minderheit herabsinken zu sehen — wiederum abgesehen von der moralischen Bedeutung der einzelnen Stimmen! denn wenn der Historiker die Befähigung seiner Zeugen und die Unpar-teilichkeit ihrer Bekundungen prüfen darf, wenn der polnische Reichstag die Stimmen zu wägen, aber nicht zu zählen hatte, soll da die Kirche mit ihren Concilien nicht mindestens auf dem Niveau polnischer Regierungs-kunst stehen dürfen?

Fürwahr — angesichts alles dessen muß man Herrn Bischof Korum in dem Sinne beipflichten, daß auch am 18. Juli 1870, als der Episcopat sich selbst die Schlinge um den Hals legte und von der Stätte seiner selbstgewollten und selbstvollzogenen Hinrichtung verschwand, der heilige Geist die Kirche Christi in Wirklichkeit nicht verlassen hat!

**143.** Sollte aber für den 18. Juli 1870 von Herrn Bischof Korum sogar ein sicht= und hörbares Zeichen des allmächtigen Geistes ge= sucht werden, so mag er es vielleicht finden in dem feierlichen Wider= spruche der Naturelemente, in der warnungsvollen Verfinsterung der Concilsaula unter dem übertönenden Rollen der Donner, die dem sich nun mit göttlicher Macht und Glorie ausstattenden Pio nono plötzlich das Tageslicht entzogen und den Mund schlossen, so daß man ihm eine Kerze anzünden mußte, um das Ablesen der zu verkündenden Sätze und damit die letzte Gewaltthat an dem mystischen Leibe Christi, die letzte Sünde wider das Reich Gottes auf Erden, ihm zu ermöglichen?

oder konnte sich Pius — von allen innern und äußern Gründen seiner Irrthumsfähigkeit abgesehen — im Ernste vor dem Wissen, nicht dem theologischen und historischen, aber dem greifbar vorliegenden mathe= matischen, retten, daß die Verneinenden des 13. Juli und die Fehlenden des 18. Juli doch nie und nimmer Ja=Sagende seien und daß die „Lieb= lingsidee" seiner göttlichen Fleischwerdung nicht einmal einen persönlichen succès d'éstime, aber zusammt allem Versuchten und Geleisteten auf dem Schauplatze des schließlichen Rumpfconcils ein glänzendes Fiasco erfahren hatte? —

Fürwahr, es mogte dem historischen Kritiker nicht zu verargen sein, wenn er das Schlußverdict vom 18. Juli 1870 dahin erläutert, das Concil habe freiwillig sein Testament gemacht und den heiligen Vater zu seinem Universalerben eingesetzt!

Und es war nun unvermeidlich, daß trotz der im Papste beruhenden Würde eines Bischofs, um nicht zu sagen „des höchsten Pontifex", nun= mehr dem Sarkasmus auch des Ungelehrten Thor und Thüre geöffnet war, der Pius IX., das selbstgewirkte Wunder seines falschen Glaubens= satzes, mit dem unechten „heiligen Rock" in Trier, dem trügerischen Gegen= stande eines falschen Wunderglaubens, in Vergleichung setzte und dem zum Gotte erhobenen Papste den Abschied aus dem Dienste der katholischen Kirche unter Gewährung des Rechtes, den Trierschen falschen Herrgotts= rock zu tragen, ertheilte!

Und es lag nun allzu nahe, diese Heiligkeit und Verehrungswürdig= keit des Papstes mit der so mancher echter Reliquien Christi auf dieselbe Höhe zu heben. Herr Bischof Korum weiß gegenwärtig sicherlich ebenso gut wie sein Trierscher Theologieprofessor Dr. Einig, daß nach der Lehre des „göttlichen Thomas von Aquin" ein echter heiliger Rock „mit der Gott gebührenden Anbetung gleich dem Bilde Christi, gleich der

Krippe und dem Kreuze Christi angebetet" werden muß. Da wir nun „in der heiligen Tunika Christum selbst" als den „Gegenstand eigentlicher Anbetung verehren" und „ihn anbeten müssen ganz und gar, wie er ist, auch seine heilige Menschheit", und da dieser „göttliche Thomas" von dem unfehlbaren Papste als sein ebenbürtiger „göttlicher Lehrer" aufgewiesen und der katholischen Welt aufbefohlen ist, so ist der heilige Vater mindestens mit der nach Thomas einem echten heiligen Rocke gebührenden göttlichen Anbetung — und nicht durch bloßen Fußfall und Pantoffelkuß, sondern — ebenso wie der „göttliche König" und wie „das heilige Sacrament" in der „Hostie" anzubeten!

**144.** Oder hatte dieser im eminenten Sinne des Wortes historische, aus der Zeitlichkeit in die Ewigkeit schreitende Augenblick nicht das Entsetzliche erfüllt, das bereits am 8. Mai 1870 jene 66 Bischöfe vorausgesehen hatten, als sie in ihrer Eingabe an den Papst gegenüber der Verderblichkeit des neuen Dogmas ihren Protest erklärten und „die Verantwortung ablehnten für die unseligen Folgen bei den Menschen, wie in dem Zittern erregenden Gerichte Gottes"?

Schon am 26. Juni 1867 hatte Pius der Welt in einer Allocution verkündet: „Aus der Einheit mit dem Papste strömen wie aus einer Ader alle Charismen und Gaben des göttlichen Geistes in den mystischen Leib Jesu Christi", — so daß er fühlte, wie es in ihm wühlte, um zu münden; daher er merkte, wie's innen ihn stärkte, zum Verkünden: ein drängend Febriren zum Formuliren, ein kreißend Vibriren zum Definiren!

Noch hatte am 15. Juli Bischof Ketteler von Mainz als letzten Versuch vor ihm einen Fußfall gethan und unter den Thränen seiner freiherrlichen Tapferkeit ihn angerufen: „Guter Vater, retten Sie uns, retten Sie die Kirche Gottes", — denn wir können der Wahrheit, auch wenn noch dreimal der Hahn kräht, .... kein apostolisches Zeugniß geben.

Jetzt hatte Pius IX. vor aller Welt sein Wort eingelöst: „Ich selbst bin die Tradition." Indem er die lästerlichen Worte Bonifaz' VIII.: „Ich berge alle Gesetze in dem Schreine meiner Brust", überholte und die Prunkrede eines Innocenz III., der „über die Köpfe der Menschen und die Nationen daher wandelte, wie Petrus über den See Genezareth", durch sich und für sich bethätigte, schrieb er in seiner Selbstverherrlichung es sich zu: „In mir gründet die christliche Lehre", und noch mehr: „In mir ruht die Erkenntniß aller geoffenbarten und noch nicht geoffenbarten göttlichen Wahrheiten", ich bin Sub= und Object der Unfehlbarkeit! „Als Abbate glaubte ich sie, als Papst fühle ich sie;" denn „Ich bin von ihm als König gesetzt über Sion, seinen heiligen Berg, und verkünde sein Gesetz (Psalm 2, 6)", und „Ich bin als Nachfolger Christi dieser auf Sion gesalbte König", die dreifache Krone ist das „Symbol von meinem Triregnum: der könig= lichen Würde im Himmel, über der Erde und im Reinigungsorte," und so bin ich, was keiner der Nachfolger des Petrus und dieser selbst nicht war: Himmelskönig! —

Pius IX. war damit erhoben über die Kirche, seine „Magd", als deren Lehrmeister und Züchtiger, losgerissen von der christlichen Lehr= überlieferung und dem katholischen Volke, vom Episcopat und Concil; er war als Universalquelle aller episcopalen Macht und Gerechtsame, ja als Allein= und Selbstconcil aufgetreten, um als absoluter Herrscher mit dem eisernen Schritte seiner Unfehlbarkeit über die Gesammtkirche hinzuschreiten, deren eigene Unfehlbarkeit nun schwinden mußte, damit er erscheine, um aus sich selbst die Wunder der göttlichen Wissenschaft zu enthüllen, den Bereich der christlichen Wahrheit zu erweitern, zu erhellen und zu vertiefen!

Wer kann sich der Trauer erwehren, indem ihm hier die Worte Christi (Luk. 18, 8) gegenüber der Verheerung des Widerchristen auf die Seele fallen: „Aber wenn der Menschensohn kommt, wird er wohl den Glauben finden auf Erden?" und wem ist bei dieser Scene des 18. Juli 1870 nicht die schauererregende Rede des Herrn vom „Greuel der Verwüstung an heiliger Stätte" in die Erinnerung getreten?

Schon vor Jahren war ein Andachtsbuch des englischen Oratorianers Faber, und zwar mit Approbation des Bischofs von Regensburg, unter dem Titel: „Von der Andacht zum Papste" erschienen.

Nun verkündete das päpstliche Leiborgan in Rom, die „Civiltà Cattolica": „Si medita il papa, è Dio che pensa in lui,"*) und Louis Veuillot, der nicht getadelt worden, als er die drei großen Verehrungen in Rom, das heilige Sacrament, die heilige Jungfrau und den heiligen Vater gepriesen hatte, ging in seinem „Univers" soweit zu predigen:

„Der Papst ist das lebendige Organ des unbegreiflichen Geistes Gottes,"

„Der Papst ist der souveräne und unfehlbare Lehrer der Weisheit und Kraft Gottes,"

---

*) „Wenn der Papst nachdenkt, ist es Gott, der in ihm denkt."

„In der Person des Papstes nimmt die höchste und göttliche Macht Fleisch an,"

„Er ist das incarnirte Werkzeug des wesenhaften Wortes Gottes."*)

Ist es noch zu verwundern, daß neben der offenen Jesuiten=Agitation für ein Dogma von der unbefleckten Empfängniß des heiligen Joseph und Johannes des Täufers der kleine Schritt weiter geschehen ist zu der Vor= spiegelung, jene Fleischannahme aus der göttlichen Macht und diese Fleischwerdung aus dem Wesen Gottes begreife nothwendig in sich das fernere Dogma von der geistig übernatürlichen Herstam= mung und der unbefleckten Empfängniß eines jeglichen gewor= denen und noch werdenden Papstes! oder haben wir hier nicht dieselbe Erscheinung wie bei anderm falschen Glauben vor uns, daß er sich selbst überbietend beim Wahnwitz endet?

**145.** Oder war auch nur das Geringste davon vielleicht halbwegs gegen den Willen des göttlichen Papstes? Hatte doch Pius IX. bereits 1866 bei Überreichung einer französischen Adresse auf's Schärfste seine eigene Meinung dahin ausgesprochen: „Ich allein bin trotz meiner Un= würdigkeit der Nachfolger der Apostel, der Stellvertreter Jesu Christi; ich allein habe die Sendung, das Schifflein Petri zu führen und zu lenken. Ich bin der Weg, die Wahrheit und das Leben. Die= jenigen, welche mit mir sind, sind mit der Kirche, diejenigen, welche nicht mit mir sind, sind außer der Kirche, sind außer dem Weg, der Wahrheit und dem Leben. Man muß das wissen . . . ."

Damals hatte also Pius hierüber „nachgedacht" und dann Gott solches „in ihm gedacht", wie er es nun am 18. Juli 1870 feierlich ver= künden wollte, daß nämlich Keiner zum Vater kommt, als durch den Papst, weil dieser als Christi Stellvertreter — nein: weil er in eigener Person „aus sich und frei von der Kirche" der Weg, die Wahrheit und das Leben ist!

---

*) Und der „Catholique Français" ermuntert den Klerus zur Predigt darüber: „Der Papst ist nicht blos der Repräsentant Jesu Christi, sondern auch Jesus Christus selbst, verborgen unter der Hülle des Fleisches. Wenn der Papst spricht, ist es Jesus Christus, der da redet. Wenn der Papst eine Gnade zu= theilt oder ein Anathem verhängt, ist es Jesus Christus, der das Anathem ver= hängt oder die Gnade verleiht. Demnach hat man, wenn der Papst spricht, nicht erst zu prüfen, sondern zu gehorchen; man darf weder seine Entscheidungen kritisiren, noch seine Gebote discutiren. Folglich muß jede Person, wie er= haben sie auch sei und wenn sie sogar auch die Krone trägt, ihm nach gött= lichem Rechte unterworfen sein."

Darum ließ Pius IX. es sich entbieten, und zwar durch ein Glück=
wunsch=Schreiben des Cardinal=Erzbischof Donnet von Bordeaux zu
Weihnachten 1866, daß er „die lebendige Fleischwerdung der
Autorität Christi" sei, und durch ein Schreiben von Louis Veuillot
im Jahre 1866, daß „der Gekreuzigte von Jerusalem und der
Gekreuzigte von Rom" Eins seien, mit dem Zusatz: „Ich glaube
an dich, ich bete dich an," und auch durch eine Predigt von Bischof
Mermillod, Pfarrer von Genf, nach Eröffnung des Concils in Rom im
Januar 1870, daß es eine dreifache Erscheinung Gottes auf Erden gebe:
„in der Krippe zu Bethlehem, in der Eucharistie und im Vatican"; denn
„wenn man an den Vatican klopft, wer kommt heraus? Christus und
das Evangelium!" Nun wohl! nach dieser Männer Glauben durfte
man dem Selbstlob des Papstes: „Ich aber bin von ihm als König ge=
setzt über Sion, seinen heiligen Berg, und verkündige sein Gesetz" den
folgenden Vers dieses Psalmes (2, 7) anfügen: „Der Herr hat zu mir
gesagt: du bist mein Sohn, heute habe ich dich gezeugt." Denn nach der=
selben Männer Glauben hatte sich auch bei der Taufe des jungen Mastai=
Feretti der Himmel zur Aussprache Gottes geöffnet, daß er mehr wie ein „Vice=
deus" (Paul V.), nämlich „ein anderer Gott auf Erden" (Julius II.)
sei, an dem die drei Gottespersonen als an ihrer vierten ihr göttliches
Wohlgefallen hätten!

Wie verfehlt, daß man den Täufling jetzt, da er unfehlbar geworden
zum kirchlichen „höchsten Orakel" erhöhte, aber damit auf den Drei=
fuß der heidnischen Götzen herabdrückte, gerade nachdem er, „trotz Un=
wissenheit dispensirt", zu seiner symbolischen Demüthigung auf die
„sella stercoraria", das dreibeinige Stallstühlchen, begrabirt,
aber dann wie der heidnische römische Kaiser als „Dominus noster"
zu dessen Purpurmantel und als „Summus pontifex" zu der
dreifachen goldenen Krone auf die „sedia gestatoria" zwischen
deren Pfauenschweife aggrabirt worden war!

Dementsprechend wurden in dem römischen Papststaate denn nun
Bilder gefertigt und in Ausstellungen dem Volksbewußtsein näher gerückt,
auf die man geschrieben hatte: „Wir beten Jesum Christum im heiligen
Sacrament an; wir hören ihn in dem Papste. Der Papst ist die sicht=
bare Gegenwart Jesu Christi unter uns; wie sein göttlicher Meister, ist
auch er nothwendig König, Pontifex und Hostie." Und so erkannte man
zwischen Pfauenwedeln auf der sedia gestatoria „den Sitz des heiligen
Geistes" (Bischof Zinelli von Treviso), „das Centrum der göttlichen

Regierung und die lebende Incarnation der Autorität Christi" (Cardinal Donnet) und die „dritte Gegenwart Christi auf Erden", als welche eine Predigt des Bischof Mermillod den Vicedeus Pius in Rom verherrlicht hatte! Darum war in der Concilsaula über dem päpstlichen Throne das Gemälde von der Ausgießung des heiligen Geistes angebracht, da eben immerdar dieser sich in den Papst ergossen und in ihm Platz genommen hatte!

Darum hatten die Franzosen-Blasphemisten die letzte Consequenz für den römischen Kaiser-Gott gezogen unter dem Gebete: „O sehr heiliger Vater, ich kann dir den Tribut des Goldes .... auch den der Myrrhe und des Blutes nicht leisten, aber ich werde dir wenigstens den Tribut des Weihrauchs anbieten ...." Gold und Weihrauch waren ja dem Christuskinde als dem neugeborenen „König" und „Gott" dargebracht worden!

War es nun noch ein Wagniß, daß P. Faber die deutsche Übersetzung seines Gebetbuchs bei uns einführte und seine Andacht zum Papste mit den Worten eröffnete: „Der souveräne Pontifex ist die dritte sichtbare Gegenwart Jesu Christi unter uns .... er ist der sichtbare Schatten, welcher im heiligen Sacramente vom unsichtbaren Haupte der Kirche ausgeht. Der Papst ist für uns in seinem Gesammtverhalten, was das heilige Sacrament für unsere Anbetung ist. ... Die Andacht zum Papste ist ein wesentlicher Theil der christlichen Frömmigkeit, ein nothwendiges Element aller christlichen Heiligkeit. .... Sogar sein wesentliches Königthum ist ein Theil unserer Religion."

Konnte es endlich ausbleiben, daß man in Frankreich den heiligen Vater geradezu für dasselbige Wesen erklärte, wie den heiligen Geist und daß man folgeweise lateinische Hymnen des Breviers, die an Gott gerichtet sind, einfach dadurch für die Andacht zum Papste zustutzte, daß man Deus in Pius umänderte! Soweit ist Mohamed, der doch nur Prophet Gottes sein wollte, aber „Gott" Gott sein ließ, wahrhaftig nicht gegangen! In der Türkei ist strengstens verboten, für einen Andern, und wenn es selbst Christus wäre, den Ausdruck „allmächtig" anzuwenden: denn allmächtig ist nur der Prophet. Aber in der römischen Kirche ist es verboten, des Papstes dogmatische Allgewalt und Allwissenheit anzuzweifeln: denn allmächtig im Erkennen und Wissen ist nächst Gott auch sein Prophet im Vatican!

Kann man sich da gegenüber dieser Blasphemie der Gottwerdung eines Menschen noch anders denn mit der herzlichsten Abbitte an den menschgewordenen Gott wenden? und kann es angesichts der gottgewordenen

Menschen noch Wunder nehmen um einen göttliche Verehrung verlangen=
den und sich als Gott erkennenden und verkündenden Kaiser und
höchsten Pontifex im heidnischen Rom oder König im wiedertäuferischen
Münster?

Kann man sich da dem letzten Facit entziehen oder wäre es nicht
vielmehr neben der Logik einer unbefleckten Empfängniß der
Päpste ganz dieselbe Logik gewesen, daß Pius IX., der von dem Concile
(nach seiner Civiltà Cattolica) „die Reihe der der allerseligsten Jungfrau
dargebrachten Huldigungen durch die Verkündung des Dogma ihrer leib=
lichen Himmelfahrt vermehren" wollte, nun als unfehlbarer Einge=
weihter in die überirdischen Geheimnisse diese leibliche Himmelfahrt nicht
nur für Christus und nicht nur für die Mutter Christi, sondern auch für „die
incarnirte göttliche Macht", für den „von dem unsichtbaren Haupte der
Kirche ausgehenden sichtbaren Schatten", für das incarnirte „heilige
Sacrament", das „wesenhafte Wort Gottes", das „Wesen wie der heilige
Geist", den Vicedeus und sogar den Deus selbst, den Himmels=
könig, — als echte Dogmen gelehrt und dem nicht einmal er=
staunten Rumpfe der Schmeichlersynode zu lehren befohlen hätte?

Vordem verkündete in Rom der Gott Mars, er habe den König
Romulus leiblich gen Himmel fahren lassen. Warum sollte im heutigen
Rom ein gläubiger Zukunftstheologe noch erforschen, ob der moderne
römische Königsgott bei seinem athemlosen Aufstieg nicht durch die Hände
des Mars oder der Venus gelange oder in Conflict mit andern nicht in=
carnirten himmlischen Creaturen gerathe? Zwar dort ist Äther — und,
da der Zweck die Mittel heiligt, wird der unbefleckt empfangene Incar=
nirte durch Ätherisirung seines „göttlichen Leibes" der Erreichung seines
heiligen Zweckes sicherlich angepaßt werden! Supplet gratia ihm und
allen Gläubigen seines Himmelskönigthums!

## X.
### Die Unwahrheiten und Fälschungen in der dogmatischen Constitution vom 18. Juli 1870.

„Hütet Euch vor falschen Propheten, die in Schafskleidern zu Euch
kommen, inwendig aber reißende Wölfe sind." Matth. 7, 15.

„Gebet nicht Raum dem Teufel. Kein schlechtes Wort gehe aus euerm
Munde..... Und betrübet nicht den heiligen Geist Gottes, mit welchem
ihr besiegelt seid auf den Tag der Erlösung." Ephes. 4, 27. 29. 30.

146. Dahin wollen in der That die falschen Propheten einer un=
befleckten Empfängniß der Päpste auf den Pfaden ihrer Logik avanciren,

um dem von ihnen „geglaubten" und „angebeteten Gekreuzigten von Rom" stets noch zu weiterm Avancement im Reiche der römischen Zukunfts= theologie dienstbar zu werden. Sind diese Pfade vor Gott und der Ver= nunft erlaubt, sind sie von Christus etwa gewiesen, von den Aposteln oder auch nur den Päpsten jemals beschritten worden?

A. In welchem Momente und insbesondere durch welchen Act die göttliche Irrthumslosigkeit den Papst überkomme, steht nicht fest und ist auch, selbst durch einen unfehlbaren Spruch eines Papstes, niemals fest= zustellen. Aber im Augenblicke, da der fehlbare Greis im Vatican un= fehlbar wird, enthüllt es sich: er war schon längst als Kind unbefleckt empfangen worden! Das „lebendige Organ des unbegreiflichen Geistes Gottes" war mit dem anbrechenden Momente der geistigen Ent= stehung seiner Unfehlbarkeit nun auch seiner leiblichen Ent= stehung nach schon vom Mutterschooße her „das fleischgewordene wesenhafte Wort Gottes" gewesen! In, mit und unter dem nach= träglichen Wähnen einer ihm bislang unbewußten Gnadenfähigkeit hatte der Papst nun vorher schon bei seiner passiven Empfängniß seitens der unbewußten fehlbaren Italienerin oder auch Spanierin das „Fleisch der höchsten und göttlichen Macht angenommen"! Seine vielleicht höchst un= tugendhafte römische Mutter hatte ihn vorläufig zur Bezweckung seiner spätern Vergottung bereits frühzeitig unbefleckt empfangen, nicht ahnend, geschweige denn ersehnend, daß er nachzeitig noch werde „an= betungswürdig wie der göttliche König" und „wie das heilige Sacrament in der Hostie" werden!

Womit kann denn dieser an Vernunft und Religion verübte Unfug der „Propheten in Schafskleidern", diese Verchristlichung des Totemismus der Indianer und des Fetischismus der Neger etwa scheinbar noch zu= gedeckt werden? Etwa durch neue Zuhilfenahme noch dichtern Wunder= glaubens? Wenn das Wunder, daß ein Mensch infallibel geworden, mit dem fernern, daß er Fleisch der Gottheit sei, und dieses Wunder mit dem dritten, daß er unbefleckt empfangen sei, in solch' ursächlicher Noth= wendigkeit zusammenhängt, führt sich dann die Kette der Wunder nicht von selbst weiter auf die irdischen Factoren und Keimträger jenes „Fleisches der Gottheit"? muß nicht hier das unter dem Allgemeingesetz stehende Natürliche in das Übernatürliche einer Erhebung von 528 Papst= und Gegen= papsteltern zu Wunderwirkern verkehrt werden? muß nicht unter Ci= tirung des deus ex machina in den kritischen Moment eine Durchbrechung der Natur bis zu einem Acte eines neuen Wunders vorausgesetzt werden?

B. Und außer den Ascendenzen der römischen Bischöfe — wohin müssen wir „die reißenden Wölfe des falschen Prophetenthums" begleiten, wenn wir diese zukunftstheologische Logik einmal in die Descendenzen und in diese von Generation zu Generation aller gewesenen und noch werdenden Päpste verfolgen wollen?

Simon Petrus war bekanntlich verheirathet; er hatte ja eine Schwiegermutter, die der Herr auf seine Bitte hin aufsuchte und von schwerer Krankheit heilte (Luk. 4, 38. Mark. 1, 30. Matth. 8, 14.). Und er führte sein Weib mit sich auf Bekehrungsreisen (1. Kor. 9, 5). Nach der Überlieferung alter Martyrologien und Kalendarien war die heilige Petronella eine Tochter der Eheleute Simon. Sollte doch nach Paulus „der Bischof sein untabelig, eines Weibes Mann". (1. Tim. 3, 2 ff.)

Die Apostel lockerten nicht einmal zeitweise und noch weniger zerrissen sie für immer das Band, das durch die Ehe mit ihren Frauen geknüpft war. Diese wurden ihre Begleiterinnen auf Missionsreisen. (1. Kor. 9, 5.) Und warum soll nicht auch neben der heiligen Petronella eine jede Apostelsfrau oder -tochter, vielleicht eine heilige Jacobina, Jvannita, Bartholomäa, Marcella, Lucilla, Philippina durch christliches Leben und Wirken den Samen der neuen Lehre mitausgestreut haben?

Und waren denn nachweisbar die ältesten Päpste, da doch auch der Bischof von Rom eines Weibes Mann sein soll, unverheirathet? War der Ehestand der Bischöfe und Priester im 2. Jahrhundert nicht geradezu die Regel in der katholischen Kirche? hat die orientalische Kirche nicht unter Beibehaltung dieser Regel den occidentalischen Papst bekämpft und verworfen?

Und endlich: Waren denn ausnahmslos alle römischen Päpste auch kinderlos? Verzeichnet doch die römische Kirche selbst ihren heiligen Vater Silverius (536—540) als ehelichen Sohn seines zweiten Vorgängers, des heiligen Hormisdas (514—523)!

Welch' neue Wunderquelle von nicht geoffenbartem Unbegreiflichem ist damit zu Tage getreten? Ein unbefleckt empfangener heiliger Ehemann und eine befleckte Erbsünderin seine unheilige Gemahlin, — eine allgemein menschliche Mutter und ein im Besonderen übernatürlicher Vater, — der Erzeuger: Vollblut im Fleische der höchsten und göttlichen Macht, sein Weib: nicht einmal Halbburt, geschweige denn Ebenburt an Hoheit und Göttlichkeit solchen Fleisches, — der päpstliche Ahne: Incarnirtes Werkzeug des wesenhaften Wortes Gottes, seine Ehefrau, zur weniger wie linken Hand getraut: Unfähiges Material zu einer Weiterincarnirung, —

Simon Petrus unter der Tiara auf dem purpurnen Papstthrone „als göttlicher König" und unter goldenem Baldachin „als heiliges Sacrament in der Hostie"; davor die schlichte Ehefrau Simon in der Andacht zu ihm nach der Übersetzung des Pater Faber niedergesunken! Wie hat sich da der Zukunftstheologe die Seelenqualität einer heiligen Petronella oder einer minder heiligen Lucrezia Borgia vorzustellen, wie das spezifische Seelengewicht eines jeglichen Papanellus und einer jeglichen Papanella trotz allem oder mit allem Wunderglauben zu bestimmen?

Weil das päpstliche Disziplinargebot der gezwungenen Ehelosigkeit der Bischöfe und Priester kein im Wesen des Christenthums oder speziell des Priesterstandes liegendes, noch weniger ein von Christus und den Aposteln gegebenes ist, so wird diese Frage eine berechtigte. Und weil eine Änderung dieser päpstlichen Disziplin nicht nur nicht ausgeschlossen, sondern so gewiß wie ein Umsturz der päpstlichen Gewaltherrschaft selbst ist, so muß diese Frage auch noch eine höchst praktische werden. Ist sie doch alsbald schon eine recht zudringliche durch die Thatsache, daß nicht bloß mittelalterliche heilige Väter dann die unehelichen, dann die ehelichen Väter römischer Landeskinder theils vor ihrem Papat gewesen, theils auf dem päpstlichen Stuhle geworden sind!

Alle kirchlichen Quellen schweigen zu dieser Frage; die Tradition weicht beschämt zurück und die Geschichte verhüllt ihr Antlitz statt zu antworten.

Soll die Zukunftstheologie die Antwort geben nach mathematischen Grundsätzen? Das Minus verschlingt das Plus und die Thermosäule macht auf dem Gefrierpunkt Halt. Demgemäß würde die heilige Tochter des unbefleckt empfangenen Simon Jonas Sohn, obwohl sie bei ihrer Existenzgewinnung den ausreichenden Vater hatte, wieder normal erbsündig gewesen sein! Oder: das Plus verzehrt das Minus und die papstväterliche Freiheit von Erbsünde paralysirt die menschmütterliche Beflecktheit. Dann würde auch die heilige Petronella unbefleckt empfangen gewesen, jeder Papanellus und jede Papanella würde, einerlei ob ehelicher oder außerehelicher Papstabstammung, desgleichen gewesen sein!

Soll die Lösung der Frage auf medizinisch-physiologischem Wege gefunden werden? Es gibt menschliche Vor- und Unvorzüglichkeiten, die als anerzeugte (adgeniti), andere, die als angeborene (aduati), fernere, die als anerworbene (acquisiti) unterschieden werden. Imprägnirt sich die Urreinheit des adamitischen heiligen Vaters seinem Körper- und

Seelensprossen? increszirt die Sünde der Eva durch die befleckte Mutter dem Seelenkeime des Papstkindes?

Was kann die spätere theologische Wissenschaft hierüber von der philosophischen erfahren? Wird man mit den Begriffen von der Seelen=bildung, wie einst bei der Lehre von der unbefleckten Empfängniß Mariä, rechnen, vielleicht mit Generatianismus oder Traduzianismus, mit Origenis=mus oder Pelagianismus, mit Präexistentianismus oder Creatianismus ein Facit spinnen wollen? vermag die halbmaterialistische Emanations=theorie des Cardinals Nikolaus von Cues oder die halbatheistische Per=fusionsidee eines Giordano Bruno oder gar der pantheistische Monismus der Panousie Spinoza's die Gott= und Seelen=Frage aufzuhellen, etwa dahin, daß die unbefleckte Seele des heiligen Vaters, und sie allein, die seines Kindes emanirt, perfundirt, creirt, monistisch vorgebildet und ein=geformt habe? vielleicht umgekehrt dahin, daß mit des Cartesius Zirbel=drüse der Seele und mit des Leibnitz Seelenmonade Drüse und Monade der irdischen Mutter derart ihr ausschließliches Übergewicht geltend machen, daß der werdende Papanello von dem befleckten Keime aus trauernd nur seiner geistlichen Mißgeburt als seinem Mißgeschick für späteres Papst= und Infallibelwerden entgegenzusehen hat?

Oder dürfen die Zukunftsschulen der Heilswissenschaft sich spalten? Die Niobiten, stets consequent, verwerfen wie in Christo so im Papageno die Verschiedenheit der innergeistigen und außermenschlichen Natur! Gleich obstinat behaupten die Aktisteten die Geschaffenheit und die Ktistolatrer die Ungeschaffenheit solcher Vorzüge der Papstkindschaft. Die Thomisten halten am Vater, die Scotisten an der Mutter. Die Nominalisten retten den Vater, die Kleudgen=Schüler wetten auf die Mutter. Die rota romana agirt für die päpstliche Über=Natur mit „partus ancillae non est in fructu", der Decretist in Rom reagirt für die mütterliche Sünde=Natur mit „par=tus sequitur ventrem". Die Tritheisten erklären den Widerspruch mit der dritten Schöpfung, der am jüngsten Tage, als durchschlagend; denn solche Zwitterwesen können dann erst und allein durch göttliche Urschöpfung, nicht aber als Papstogenitur zum Dasein kommen! Der praktische Jurist verfällt auf ein graduirtes System der Quantitäts= und Qualitäts=Theilung. Aber die alsbannige Sorbonne verpönt die ganze Materie von ihrem Lehr=plan; denn Rationalismus wie Mystizismus erklärten sich auffallender Weise längst schon darüber einig, daß die ganze Materie in's Reich des „Glaubens" gehöre. —

Aber wird die römische Heilsarmee diesmal zum ersten Mal von

9*

der Vernunftleere ihrer päpstlichen Sonderlehre in etwas abgehen? oder wird sie verlassen von der mittelalterlichen Helferin, ihrer seitherigen siamesischen Zwillingsschwester „Juristerei", die Allgewalt des Staates neben der Allgewalt des höchsten Pontifex zur Durchführung ihres Cultur= kampfes genießen? etwa in der Handhabung jenes Gesetzes bezüglich der Mischehen: die Kinder folgen der Religion des Vaters und so können sie wieder nur unbefleckt empfangen sein, oder: sie folgen je nach ihrem Geschlechte dem Vater oder der Mutter und so sind die Mägdlein stets befleckt, aber immerhin noch die Knäblein unbefleckt empfangen — und diese können frühzeitig als geborene Päpste zur Nachfolge den katholischen Monarchen registrirt und von diesen als personae gratae vornotirt werden!

Und doch bleibt dann ungelöst die Frage nach den Unbefleckt= heitsgraden in den tieferen Generationen der päpstlichen Ab= stammung! Wie gestaltet sich das Verhältniß, wenn der schon zweifelhaft empfangene directe Papageno eine ebenso zweifelhaft empfangene directe Papagena geheirathet hat? bleibt die Wunderkraft, etwa wenn die Heirath zwischen einem Profangeborenen und einem Sprossen des heiligen papa, verstärkt sie sich nicht, wenn die Heirath mit einem heiligen Vater selbst stattgefunden hätte, zu vollster Übernatürlichkeit? bleibt sie nicht wenigstens annähernd noch als Vollkraft bestehen, wenn z. B. heiligen Papa's Tochter mit dem Enkel von dessen Vorgänger in ein folgenschweres Verhältniß eingetreten wäre? oder ist dieser Fall thatsächlich ausgeschlossen, indem alle diese ganz oder theilweise unbefleckt empfangenen Jungfrauen nach Pauli Wort „so bleiben" werden?

Und nun noch der Zweifel, ob die Urreinheit des papa-Vaters in seinem Leben und Wirken vor und unter der Tiara fortgedauert oder ob sie erst nach der unbefleckten Empfängniß der papa-Kinder durch eigenen Sündenfall verloren worden oder ob die letzteren solche nicht selbst schon vor ihrer Verheirathung eingebüßt hatten! Oder haben die Sprossen von Sixtus IV. (1481—1487), seine natürliche Tochter und sein aus Blut= schande hervorgegangener Sohn Cardinal Hieronymus Riario, gleichwie ihr Vater selbst, die problematische Natur einer Urreinheit ihrer Seelen= erschaffung bewahrt? nicht zu gedenken der Bastarde eines Rodrigo Borgia, Pastes Alexander VI. (1492—1503), mit der Vanozza de Catanei, und unter ihnen namentlich seines Sohnes Cardinals Cesare Borgia, des Generalcapitäns und Confaloniere der Kirche, Erzbischofs und Car= binals und Mörders, sowie seiner Tochter Lucrezia Borgia be= rühmten Namens, zumal angesichts der von ihrem unehelichen papa-Vater

getroffenen Papalentscheidung der Trennung ihrer ersten Ehe mit
Giovanni Sforza, Herzog von Pesara, und der von ihrem Bruder, Erz=
bischof und Cardinal, besorgten Ermordung ihres zweiten Mannes
Alfons von Bisceglie=Aragona!

Aber wird nicht trotz alledem die römische Wissenschaft darauf zu=
rückkommen, daß es eine doppelte Wahrheit gibt, eine philosophische, die
theologische Unwahrheit ist, und eine theologische, die philosophische Un=
wahrheit ist? wird sich nicht die Mystik, Romantik und Poetik der Voll=
und Halbgottheiten bemeistern, um eine Classe neuer Undinen, eine ver=
vielfältigte Auflage von Hans Heilingen und zur Zukunftstheologie die
Zukunftsmusik à la Parsifal zu schaffen, mit der das papstgewordene gött=
liche Wesen im heiligen Sacrament höchst anbetungswürdig neben Undine
und Hans Heiling die Bretter passirt, welche „Rom“ bedeuten?

Zwar werden darüber die Priester dieses christlichen Polytheismus
gleich den römischen Auguren sich anlächeln, so oft sie sich begegnen. Aber
das sacrificio del intelletto ist einmal gebracht! denn „da nachweisbar
absolut alle Päpste, Mit= und Gegenpäpste, abgesehen von nur ganz ge=
ringen Ausnahmen, so sicher wie Maria leiblich gegen Himmel auf= und
mit wiederum ganz geringen Ausnahmen sicher auch leiblich in den Himmel
eingefahren sind, so waren alle Päpste nicht nur „auf Grund der Verdienste
Petri heilig geworden“, sondern auch unbefleckt empfangen gewesen, und
das mußten sie von vornherein sein, weil sie hinterdrein unfehlbar waren. —
So kann baldigst durch Lug und Logik, durch Trug und Tragik ein neuer
Schlag in's Antlitz der christlichen Offenbarungswahrheit erfolgen und
warum dann nicht auch die leibliche Himmelfahrt des jetzt für unbefleckt
empfangen proclamirten heiligen Josef, da wir dessen Lebenslauf und
=ende genau und vollständig genug kennen, zum Dogma der römischen
Theilkirche erklärt werden?

147. Und mittels welcher Entstellungen und Unwahrheiten ist
dieser Schlag ausgeführt und der 1870jährige Glaube zu einem Irr=
glauben gestempelt worden, durch den die 1870jährige angebliche Un=
wissenheit der Kirche zu einer nicht einmal mehr vermeintlichen Aufge=
klärtheit geleitet werden sollte! Was Alles ist in der dogmatischen Con=
stitution vom 18. Juli 1870*) behauptet und gelehrt, berichtet als Inhalt

---

*) Zum Verständnisse dieser Besprechung der vaticanischen Constitution folgt
hier deren amtliche Übersetzung von dem päpstlichen Theologen des Concils,
Dr. Wilh. Molitor, Domcapitular in Speyer.

von Schriften und Überlieferungen, gefälscht gerade aus der heiligen Schrift und aus kirchlichen Schriften? und zwar zunächst in der Vorrede:

„Cum finis est licitus, etiam media sunt licita. . . . Cui licitus est finis, etiam licent media."*)

Jesuit Hermann Busenbaum,
Rector und Professor. † 1668.

„Si haec facias (i. e. turpia loqui) ob bonum finem, nihil peccas."**)

Jesuit Thomas Tamburini,
Theologieprofessor, der heiligen Inquisition Beisitzer und Rath, † 1675.

1) Es ist gänzlich unwahr, daß Christus irgendwo „den heiligen Petrus allein" in dem Sinne „den übrigen Aposteln vorgesetzt habe", daß er zur Erhaltung der Einheit der Lehre deren Beherrscher sei und das Fundament ihrer eigenen Lehre, geschweige denn ihrer persönlichen Un= fehlbarkeit bilden solle. Ein jeder Apostel hat die Schlüsselgewalt er= halten und ein jeder Bischof sie überkommen und gehandhabt.

2) Es ist ferner ebenso unrichtig, daß Christus den heiligen Petrus allein derart den übrigen Aposteln vorgesetzt, daß „in demselben das fort= dauernde Prinzip und die sichtbare Grundlage der . . . . Einheit" (des Glaubens und der Gemeinschaft unter der Gesammtheit der Gläubigen) „gegeben" worden, über dem sich „der erhabene Bau der Kirche . . . . in der Festigkeit des Glaubens erheben solle". Indem Pius IX. hier auf Leo den Großen Bezug nimmt, verstößt er gegen die historische ganze Wahrheit; denn er verschweigt, daß Leo I. auf dem ökumenischen Concil zu Chalcedon (451) zwar gegen den berühmten 28. Canon aufgetreten,

---

Pius, Bischof, Knecht der Knechte Gottes, mit Zustimmung des heiligen Concils, zum immerwährenden Gedächtniß.

Der ewige Hirt und Bischof unserer Seele beschloß, um dem heilbringen= den Werke der Erlösung immerwährende Dauer zu verleihen, die Gründung der heiligen Kirche, welche, als das Haus des lebendigen Gottes, alle Gläubigen mit dem Bande des einen Glaubens und der einen Liebe umfassen sollte. Deshalb hat er vor seiner Verherrlichung den Vater gebeten nicht nur für die Apostel

---

*) „Da der Zweck erlaubt ist, sind es auch die Mittel. . . . . Wem der Zweck erlaubt ist, dem sind auch die Mittel erlaubt."

**) „Wenn du solches (nämlich abscheuliche Reden führen) wegen eines guten Zweckes thust, so sündigst du nicht."

der dem Patriarchen von Constantinopel gleiche Rechte wie dem Bischofe von Rom und den ersten Rang nach demselben zusicherte, aber nicht zu widersprechen gewagt hat, als das Concil in diesem Canon auch erklärte, (nicht Christus, sondern) die Väter seien es gewesen, die der römischen Kirche den Vorrang, und zwar wegen des politischen Ranges der Stadt Rom, zugebilligt hätten!

3) Es ist niemals ernstlicher Wille des Papstes Pius gewesen, „mit Zustimmung des heiligen Concils die Lehre von der Einsetzung, Fortdauer und Natur des heiligen apostolischen Primates .... nach dem alten und beständigen Glauben der allgemeinen Kirche .... allen Gläubigen vorzustellen"! Denn er hat die Lehre des Universalepiscopates und der Unfehlbarkeit vor und während seines Scheinconcils bereits selbst zu glauben vorgestellt, dann die Väter des Concils vergewaltigt und nach Verdrängung von fast der einen Hälfte derselben die Proclamation mit seinem unfreien Rumpfconcil der Mundtodten in eigener Person und entgegen der Majorität vollzogen!

---

allein, sondern auch für Jene, welche durch die Predigt derselben an ihn glauben würden, damit alle Eins seien, wie der Sohn selber und der Vater Eins sind. Wie er daher die Apostel, welche er sich aus der Welt erkoren hatte, sendete, sowie er selbst gesendet war vom Vater: also wollte er auch, daß in seiner Kirche Hirten und Lehrer seien bis an das Ende der Zeiten. Damit aber der Episcopat selber Eins und ungetheilt sei, und die Gesammtheit der Gläubigen durch die unter sich verbundenen Bischöfe in der Einheit des Glaubens und der Gemeinschaft bewahrt werde, hat er den heiligen Petrus den übrigen Aposteln vorgesetzt, und so in demselben das fortdauernde Prinzip und sichtbare Fundament der einen und der anderen Einheit gegeben, auf daß über dessen Gewaltthätigkeit der ewige Tempel aufgerichtet werde und der erhabene Bau der Kirche, der bis in den Himmel zu ragen bestimmt ist, auf dieses Glaubens Festigkeit emporsteige. (Der heilige Leo der Große in seiner IV. (in and. Ausg. III. Rede am Jahrestage seiner Erhebung, 2. Hauptstück.) Und weil die Pforten der Hölle, um die Kirche, wenn es möglich wäre, zu zerstören, gegen deren von Gott gelegtes Fundament von Tag zu Tag mit größerem Hasse allwärts sich erheben, so erkennen Wir es, zum Schutze der katholischen Heerde, zur Erhaltung ihrer Unversehrtheit und zur Förderung ihres Wachsthumes, für nothwendig, mit Zustimmung des heiligen Concils, die Lehre von der Einsetzung, Fortdauer und Natur des heiligen apostolischen Primates, in welchem der ganzen Kirche Kraft und Festigkeit beruht, allen Gläubigen vorzustellen, wie sie dieselbe zu glauben und festzuhalten haben, nach dem alten und beständigen Glauben der Allgemeinen Kirche, und die entgegenstehenden, der Heerde des Herrn so verderblichen Irrthümer zu verwerfen und zu verdammen.

Sodann im erſten Hauptſtück:

„Cui concessus est finis, concessa etiam sunt media ad finem ordinata."*)

Jeſuit Paul Laymann,
Profeſſor der Caſuiſtik und des Kirchenrechts, † 1625.

„Non peccavit, cui enim finis licet, ei et media permissa sunt.".... „Cui concessus est finis, concessa etiam sunt media ad finem ordinata."**)

Jeſuit Edmund Voit,
Theologie-Profeſſor zu Würzburg, † 1769.

4) Es iſt ein unrichtiges und wider alle Lehre und Überlieferung der chriſtlichen Kirche verſtoßendes Anrufen der „Zeugniſſe des Evan= geliums", daß Chriſtus den „Primat der Jurisdiction über die ganze Kirche Gottes dem heiligen Apoſtel Petrus unmittelbar und direct ver= heißen und übertragen" habe. Es iſt unwahr, daß dies in der Petrus=Fels= Stelle (Matth. 16, 16—19) oder in dem Auftrage: „Weide meine Schafe — meine Lämmer" (Joh. 21, 15—17) geſchrieben ſtehe. Pius IX. konnte keinen Gewährsmann dieſer Auslegung, keinen Zeugen einer allgemeinen Annahme dieſer Lehre in der Kirche anführen. Er verletzte alſo den Eid, den jeder Prieſter dahin geleiſtet hat, die heilige Schrift „nicht anders als nach dem einſtimmigen Conſenſus der Väter aufzunehmen und aus=

---

### Erſtes Hauptſtück.
#### Von der Einſetzung des apoſtoliſchen Primates in der Perſon des heiligen Petrus.

Wir lehren alſo und erklären, daß, gemäß den Zeugniſſen des Evangeliums, der Primat der Jurisdiction über die ganze Kirche Gottes dem heiligen Apoſtel Petrus unmittelbar und direct von Chriſtus dem Herrn verheißen und über= tragen worden iſt. Denn an Simon allein, dem er ſchon früher geſagt hatte: „Du wirſt Kephas heißen (Joh. 1, 42)", hat der Herr, nachdem jener ſein Be= kenntniß abgelegt: „Du biſt Chriſtus, der Sohn des lebendigen Gottes", die feierlichen Worte gerichtet: „Selig biſt du, Simon, des Jonas Sohn, denn nicht Fleiſch und Blut hat dir dies geoffenbart, ſondern mein Vater, der im Himmel iſt; und ich ſage dir: Du biſt Petrus (der Fels), und auf dieſen Felſen will ich meine Kirche bauen und die Pforten der Hölle werden ſie nicht überwältigen;

---

*) „Wem der Zweck erlaubt iſt, dem ſind auch die Mittel erlaubt, die zur Zweckerreichung gegeben ſind."

**) „Derſelbe hat nicht geſündigt; wem nämlich der Zweck freiſteht, dem ſind auch die Mittel freigegeben." .... „Wem der Zweck erlaubt iſt, dem ſind auch die Mittel erlaubt, die zur Zweckerreichung gegeben ſind."

zulegen"; denn er konnte seine Augen nicht vor den wissenschaftlichen quellenmäßigen Zeugnissen verschließen, daß die Kirchenväter alle ohne Ausnahme diese beiden Stellen und die dritte mit dem Auftrage zur Befestigung der Brüder (Luf. 22, 32) in einem von den päpstlichen Absichten und dem römischen Decrete völlig verschiedenen Sinne ausgelegt und namentlich in dieser 3. Stelle Nichts weniger als eine allen Päpsten verliehene Unfehlbarkeit gefunden haben.

5) Es ist daher geradezu beabsichtigte positive Unwahrheit, daß „diese Auslegung der heiligen Schrift" als klare Lehre von der „katholischen Kirche" „stets so verstanden worden sei". Das Gegentheil ist so evident, daß Pius IX. sich hier nicht einmal auf seinen Studienmangel als „ob seiner Unwissenheit entschuldigt" noch berufen könnte!

6) Es ist keine „Verkehrung" „der von Christus in seiner Kirche angeordneten Regierungsform", zu leugnen, daß Petrus allein und im Vorzug vor den übrigen Aposteln mit dem wahren und eigentlichen Primat der Jurisdiction von Christus bekleidet worden sei; denn nirgends im Evangelium hat Christus Jemandem einen solchen Primat, geschweige denn unmittelbar und direct dem Petrus, übertragen!

Die Behauptung des Papstes, es sei eine schlimme Meinung, daß dieser Primat zuerst der Kirche und durch diese dann dem Papste als deren Diener übertragen worden, ist jedenfalls im Sinne des Papstes sowohl in ihrem ersteren wie auch in ihrem letzteren Theile gänzlich unrichtig; sie darf und kann niemals benutzt werden, auch nur einen Schein von Beweis zu erbringen, daß Petrus diesen Primat der Jurisdiction persönlich überhaupt einmal erhalten habe.

---

und dir will ich die Schlüssel des Himmelreichs geben, und was immer du binden wirst auf Erden, wird gebunden sein auch im Himmel, und was immer du lösen wirst auf Erden, wird gelöst sein auch im Himmel (Matth. 16, 16—19)". Und dem Simon Petrus allein übertrug Jesus nach seiner Auferstehung die Jurisdiction des höchsten Hirten und Leiters über seine ganze Heerde, indem er sprach: „Weide meine Lämmer, weide meine Schafe" (Joh. 21, 15—17). Dieser so klaren Lehre der heiligen Schrift, wie sie von der katholischen Kirche stets verstanden worden ist, widersprechen offenbar die schlimmen Meinungen Jener, welche die von Christus dem Herrn in seiner Kirche angeordnete Regierungsform verkehrend leugnen, daß Petrus allein im Vorzuge vor den übrigen Aposteln, sowohl vor jedem von ihnen einzeln genommen, als auch vor allen zusammen, mit dem wahren und eigentlichen Primat der Jurisdiction von Christus bekleidet worden ist; oder welche behaupten, daß dieser Primat nicht unmittelbar und direct dem heiligen Petrus selbst, sondern der Kirche, und durch diese erst jenem, als dem Diener eben dieser Kirche, übertragen worden sei.

7) Nachdem das erste Capitel solche Täuschungen und Unwahrheiten aus der heiligen Schrift und der Tradition verzeichnet hat, zieht der Canon die Summe, geht aber dann über dieselbe hinaus, setzt an die Stelle der Schriftworte und des alten Glaubens neuere Ideen und Phrasen, betitelt mehr wie unrichtig Petrus als den, der er in der alten Kirche nie ge= wesen: „einen Fürst aller Apostel und das sichtbare Haupt der ganzen streitenden Kirche". Oder war damals Pius IX. der Einzige in Rom über den Gräbern der Apostelfürsten Petrus und Paulus, der nicht wußte, daß es die Zeit hindurch bis zum 18. Juli 1870 nicht „Einen" und noch weniger „Einen den Aposteln übergeordneten Apostel= fürsten Petrus" gegeben hatte? Die Bezeichnung eines Fürsten ist der alten Kirche ebenso wie der Begriff eines solchen gänzlich fremd gewesen!

8) Insbesondere ist auch der Ausdruck: „sichtbares Oberhaupt der ganzen streitenden Kirche" in der heiligen Schrift und in den alten Quellen durchaus unauffindlich!

**148.** Ferner im zweiten Hauptstück:

„Finis enim dat specificationem actibus, et ex bono vel malo fine boni vel mali redduntur."*)

Jesuit Antonius von Escobar,<br>Director der Priester=Congregationen, † 1669.

„Se è vero che dall' obbligo di conseguire il fine nasce il diritto di procurare i mezzi necessarii ed utili ad ottenerlo."**)

Jesuit Matteo Liberatore,<br>Professor an der Sapienza in unserem Jahrhundert.

Wer daher sagt, daß der heilige Apostel Petrus nicht von Christus dem Herrn als Fürst aller Apostel und als das sichtbare Haupt der ganzen streiten= den Kirche bestellt sei; oder daß ebenderselbe lediglich einen Ehrenprimat, nicht aber den Primat wahrer und eigentlicher Jurisdiction von demselben Jesus Christus unserm Herrn direct und unmittelbar empfangen habe: der sei im Banne.

**Zweites Hauptstück.**
Von der immerwährenden Fortdauer des Primates des heiligen Petrus in den römischen Päpsten.

Was aber der Fürst der Hirten und große Hirt seiner Schafe, der Herr Christus Jesus, in der Person des heiligen Apostels Petrus zum immerwähren=

*) „Der Zweck gibt den Handlungen ihre Sonderart, und zufolge ihres guten oder schlechten Zweckes werden sie gut oder schlecht."

**) „Es ist wahr, daß aus der Verbindlichkeit, den Zweck zu erreichen, das Recht erwächst, sich die zu dessen Erreichung nöthigen und nützlichen Mittel zu verschaffen."

9) Es ist, selbst wenn Petrus der Herrscher über die Apostel und die Kirche gewesen wäre, eine unrichtige und geschichtswidrige Folgerung, daß „Christus in der Person des Petrus" eine Anordnung „zum immerwährenden Heile der Kirche" getroffen habe; denn das ganze Alterthum legt den Schwerpunct auf die Apostolizität, den Episcopat; wie Paulus Epheser 2 lehrt, sind die Apostel die Grundveste und Christus der Haupteckstein der Kirche (summus angularis lapis).

10) Es ist auch geschichtlich unwahr, daß Petrus „des Glaubens Säule und der Kirche Grundveste" sei. Wo soll er es von sich be= hauptet, für sich beansprucht oder gar angewendet haben?

11) Es ist eine Erdichtung, daß es „allen Jahrhunderten kund" gewesen, daß Petrus „stets in seinen Nachfolgern auf dem römi= schen Stuhle lebt, vorsteht und richtet". Das Alterthum der Kirche kennt keine Übertragung oder Ansammlung von Macht und Recht auf einen bestimmten Bischofssitz, insbesondere keine auf dem römischen, überhaupt keinen „Bischof des römischen Stuhles", sondern nur einen der römi= schen Kirche.

12) Mittels des beigefügten Verweisens auf das Ephesinische Concil ist ein fernerer Trug vollführt. Es sind die Worte, daß es allen Jahr= hunderten kund sei, bis zu: „lebt, vorsteht und richtet" keine Aussprache jenes Concils, sondern des päpstlichen Legaten auf demselben, eines Priesters Philippus! sodann sind in dessen Aussprache eben jene Worte: „den Bischöfen des heiligen römischen Stuhles, der von Petrus gegründet und durch sein Blut geheiligt worden", sowie der Zusatz: „und vorsteht" erst für das vaticanische Concil hineingeschoben worden. Ist es nun wahr, daß dieses Citat noch eine Spur von Gemeinschaft oder auch nur Verwandtschaft mit dem Ephesinischen Concile habe? ist es nicht jedenfalls eine Tra= ditions= und Textfälschung, die Vorstehergewalt in solcher Weise einzu= schmuggeln?

---

den Heile und bleibenden Wohle der Kirche angeordnet hat, das muß noth= wendig nach ebendesselben Veranstaltung in der Kirche, welche auf den Felsen gegründet feststehen wird bis an das Ende der Zeiten, ununterbrochen fort= dauern. In der That — Niemand ist es zweifelhaft, allen Jahrhunderten viel= mehr ist es kund, daß der heilige und seligste Petrus, der Apostel Fürst und Haupt, des Glaubens Säule und der katholischen Kirche Grundveste, von unserm Herrn Jesus Christus, dem Heiland und Erlöser des Menschengeschlechtes, die Schlüssel des Himmelreiches empfangen hat, und daß derselbe bis zu dieser Zeit und immer in seinen Nachfolgern, den Bischöfen des von ihm gegründeten und durch sein Blut geweihten heiligen römischen Stuhles lebt und vorsteht und

13) Nun hat Petrus auch andere Kirchen und Paulus hat die römische offenbar ebenso wenig wie Petrus gegründet. Der eingeschmuggelte Passus einer Petrinischen Gründung und Vorsteherschaft ist, und dazu Rom anlangend, an sich schon falsch! Wo hat Christus Rom bezeichnet, wo die Kirchen-Geschichte in den ersten vierzehn Jahrhunderten Rom als Fundgrube der Glaubenssätze gerühmt? Thatsächlich sind doch die römischen Bischöfe die Nachfolger auf dem Stuhle von Petrus und Paulus?

14) Es ist daher auch die Bezeichnung, daß der Nachfolger auf dem römischen Stuhle „gemäß Christi Anordnung den Primat des Petrus über die gesammte Kirche besitze", eine selbst erfundene, da überhaupt eine Anordnung Christi von einer römischen Nachfolge nicht existirt!

15) Der unbegreiflichste, aber auch unverantwortlichste Mißbrauch ist mit der Irenäus-Stelle (Liber III. Caput III. contra haereses) getrieben.

Zunächst ist der „machtvollere Vorrang" (potentiorem principalitatem) als ein Rom an sich schon innewohnender gesetzt statt des allgemeinen und einfachen Begriffes eines „bessern", „brauchbarern" (potiorem)! Sodann ist der Schlußsatz des Irenäus, der den Beleg bringt, weggelassen und dafür eine Stelle des Concils von Aquileja so täuschungsvoll mittels eines Relativsatzes angefügt, daß das Ganze als Ausspruch sowohl des Irenäus, wie dieses Concils erscheint. Endlich ist dem Satze, daß die Gläubigen von überall her zu dieser Kirche nach Rom zusammen kommen, der gänzlich falsche Sinn und die gefälschte amtliche Dr. Feßler'sche Übersetzung untergeschoben, daß alle Kirchen mit dieser Kirche im Glauben zusammengehen müßten. Somit steht die weitere unqualifizirbare Fälschung vor uns: alle Kirchen müssen mit der römischen gerade richtet. (Vgl. das Concil von Ephesus in seiner 3. Verhandlung.) Wer daher auf diesem Stuhle dem Petrus nachfolgt, der besitzt gemäß Christi eigener Anordnung den Primat des Petrus über die gesammte Kirche. Immerdar bleibt also, was die Wahrheit bestimmt hat, und der heilige Petrus, in der empfangenen Felsenstärke verharrend, hat das einmal ergriffene Steuerruder der Kirche nicht verlassen. (Der heilige Leo der Große in seiner III. (in anderer Ausgabe II.) Rede, 3. Hauptstück.) Aus diesem Grunde war es stets nothwendig, daß mit der römischen Kirche wegen ihres machtvolleren Vorranges die ganze Kirche zusammengehe, das heißt, die Gläubigen von überall, damit sie in jenem Stuhle, von welchem die Rechte der ehrwürdigen Gemeinschaft auf alle ausströmen, gleichwie im Haupte verbundene Glieder, in Einen wohlgefügten Leib zusammenwachsen. (Vergl. des heiligen Irenäus III. Buch gegen die Häresien, 3. Hauptstück, und das Concil von Aquileja im Jahre 381 (unter den Briefen des heiligen Ambrosius, Brief XI.)

ihres machtvolleren Vorranges wegen zusammengehen, d. h. die Gläubigen von überall her, weil „von diesem Stuhle die Rechte der Gemeinschaft auf alle ausströmen...." Warum fälscht Rom diesen klaren Ausspruch und verschweigt hinter den Worten: „d. h. die Gläubigen von überall-her", den Grund des Kirchenvaters: „da von diesen, die überallher kommen, stets in Rom die Überlieferung erhalten worden, welche von den Aposteln her begründet ist". Da kann doch Pius nicht ein Aus-strömen von Rom aus, sondern nur ein Einströmen von den überall her-kommenden Gläubigen nach Rom hin behaupten!

Also falscher Zweck, sogar ein diesem widersprechender Text, und dann Versuch der Hebung dieses Widerspruchs durch lückenhafte Wieder-gabe und falsche Übersetzung in's Lateinische!

16) Kann denn nun derjenige seines ewigen Heiles verlustig sein, der die historische und nach allem historischen Wissen nur zu verneinende Thatfrage nicht bejaht: „Alle römische Bischöfe sind Nachfolger des heiligen Petrus in demselben Primate", daß dieser sogar, wenn er es gehabt hätte, auf keine geoffenbarte Weise hinterlassen oder übertragen konnte?

**149.** Sobann im dritten Hauptstück:

„Cui licitus est finis, illi licet etiam medium ex natura sua ordinatum ad talem finem."\*)

Jesuit Jacob Ilsung,
Theologie-Professor und Kanzler, † 1695.

„Licet ad grave malum impediendum, alium inebriare."\*\*)

Jesuit Johann von Alloza,
Moralprofessor, † 1666.

Wer also sagt, es beruhe nicht auf Anordnung Christi des Herrn selber oder nicht auf göttlichem Rechte, daß der heilige Petrus in dem Primat über die gesammte Kirche immerwährend Nachfolger habe; oder der römische Papst sei nicht der Nachfolger des heiligen Petrus in demselben Primate: der sei im Banne.

### Drittes Hauptstück.
### Von der Bedeutung und Beschaffenheit des Primates des römischen Papstes.

Gestützt sonach auf die offenbaren Zeugnisse der heiligen Schrift und fest-haltend an den deutlichen und klaren Bestimmungen Unserer Vorgänger, der

---

\*) „Wem der Zweck erlaubt ist, dem ist auch das Mittel erlaubt, welches seiner Natur gemäß für solchen Zweck gegeben ist."

\*\*) „Um ein schweres Übel zu verhindern, ist es erlaubt, Jemanden be-trunken zu machen."

17) Hier sind nochmals die obigen Unrichtigkeiten und Fälschungen ins Treffen geführt; vor Allem wird auf den Ausspruch des Concils von Florenz Bezug genommen. Als ob nicht die Concile von Nicäa bis Trient das Gegentheil erklärt hätten! Da wird „Primat über den ganzen Erdkreis", „Statthalter Christi", „Haupt der ganzen Kirche" und „Vater und Lehrer aller Christen" in einem und demselben Satze mit überstürzender Bethörung aller Papstgläubigen als eine göttliche Offen=barung vorgetragen!

18) Was nun speciell den Beschluß des Florentiner Concils vom 6. Juli 1439 angeht, so schreibt Pius IX. sein Citat hin, als ob das=selbe ganz fraglos wäre. Wer sich desselben bedienen will, muß aber ehrlich Folgendes zugestehen:

Auf diesem Concil verlangte Eugen IV., unter Vorlegung aller occidentalischen Fälschungen, insbesondere des Pseudo=Isidor, des Pseudo=Chrysostomus, einer Interpolation des 6. Canon des Nicänischen Concils und des Gratian, daß die Griechen ihn als Alleinherrscher der gesammten Kirche anerkennen sollten. Haben sie ihm das zugestanden? oder weiß man in Rom nicht, daß er daraufhin die Zurückweisung er=fahren: „illi canones non sunt nisi apocryphi." Als die Griechen be=reits, um sich dieser Schlinge zu entziehen, mit der Abreise drohten, retirirte der Papst aus der Höhe seines Anspruchs und verlangte nur mehr, daß ihm eine „nach der Schrift und den Aussprüchen der Heiligen" zu bemessende (also zu beschränkende) oberste Gewalt über die Kirche zuerkannt werden solle. Daß Eugen IV. unter diesen Aus=sprüchen der Heiligen die verwegensten Stellen der Isidorfälschung nebst den Thomas=Erdichtungen hatte zur Autorität des Rechts erheben wollen, beweisen die Verhandlungen. Auf die Erinnerung des griechischen Kaisers, Höflichkeiten in den Zuschriften alter Bischöfe und Kaiser an den Papst gäben keine rechtliche Unterlage zur Bildung einer solch' ex=ceptionellen obersten Papstgewalt, Rechtsnorm für eine solche könnten

---

römischen Päpste, sowohl, als auch der allgemeinen Concilien, erneuern Wir den Ausspruch des ökumenischen Conciliums von Florenz, welchem gemäß von allen Christgläubigen zu glauben ist, daß der heilige apostolische Stuhl und der römische Papst den Primat über den ganzen Erdkreis inne hat und daß eben=dieser römische Papst der Nachfolger des Apostelfürsten Petrus und der wahre Statthalter Christi, das Haupt der ganzen Kirche und aller Christen Vater und Lehrer ist; und daß ihm im heiligen Petrus die volle Gewalt, die gesammte Kirche zu weiden, zu leiten und zu regieren von unserm Herrn Jesus Christus

nur die Conciliarentscheidungen sein und möge der Papst im Auge be=
halten, daß man lieber abreise, als sich zu diesem Zugeständniß zwingen
lasse, trat nun der Papst von seinen Prätentionen zurück und änderte den
Text dahin, daß seine Gewalt, die Kirche zu regieren, in der Weise be=
messen werden solle, wie es in den Acten der ökumenischen Synoden so=
wohl, wie in den Canones enthalten sei — und erstere gab es doch nur
zu Zeiten der geeinten orientalischen und occidentalischen Kirche in den
ersten 8 Jahrhunderten! Nach diesen ist seine Macht also zu messen!

Und diesen Thatsachen gegenüber wagt es Pius IX., auf ein so=
genanntes Zugeständniß der Griechen sich zu berufen, und diesen
Texten gegenüber ruft er dasselbe für jene volle Macht an, die ganze
Kirche zu weiden, zu regieren und zu lenken; er verschweigt die Be=
schränkung, welche gerade jene volle Macht über die ganze Kirche in
gewollter und zugestandener Schärfe beschneidet, und verkündet der
Christenheit seine auf dieses falsche Citat aufgebaute Unfehlbarkeit!

19) Wenn das Alles aber auch nicht bestünde, wie konnte Pius
mit auch nur einiger Gewissenhaftigkeit von dem nicht einmal allseitig
als ökumenisch anerkannten Florentiner Concil eine dogmatische Grund=
lage für ein neues Glaubenssystem entnehmen wollen! Wie heute die
Welt durch diese falschen Reproductionen des vaticanischen Decrets ge=
täuscht ist, so war damals Florenz durch die Vorführung der Fälschungen
aus dem Munde angeblicher Autoritäten in die Irre geleitet — nur mit
dem Unterschied, daß wir heute wissenschaftlich sofort die Fälschungen des
18. Juli 1870 darlegen und die Kirche der Gegenwart wie der Zukunft
vor denselben warnen konnten. (Um mit den Feststellungen eines Döl=
linger aufzutreten, so hatte gerade in Florenz noch Johannes de Monte=
negro durch einen angeblichen Ausspruch des Cyrillus von Alexandrien
zu wirken gesucht, der zu Gunsten der unbeschränktesten Autorität des
Papstes lautete, aber eine der Erdichtungen war, durch die schon Thomas
von Aquin hinter das Licht geführt worden war. Und gerade in Flo=

---

übertragen ist; wie dies auch in den Verhandlungen der ökumenischen Concilien
und in den heiligen Canones enthalten ist.

Mithin lehren und erklären Wir, daß nach der Anordnung des Herrn die
römische Kirche über alle andern den Vorrang der ordentlichen Amtsgewalt inne
hat und daß diese, wahrhaft bischöfliche, Jurisdictionsgewalt des römischen
Papstes, eine unmittelbare ist, welcher gegenüber die Hirten und Gläubigen jeg=
lichen Ritus und Ranges, sowohl jeder Einzelne für sich, wie alle insgesammt,
die Pflicht hierarchischer Unterordnung und wahren Gehorsams haben, nicht allein in

renz war es, wo Täuschung, Betrug, Fälschungen und Gewalt angewendet wurden und wo bei den Lateinern wie bei den Griechen das Bewußtsein bestand, daß man eigentlich etwas Anderes im Auge habe, als die Übereinstimmung in den großen Wahrheiten des christlichen Glaubens.)

Oder beengt Derartiges nicht einen Papst wie Pius IX. in seinem Anlaufe nach der Höhe göttlicher Vorrechte? warum sollte nicht, wie 1439 Eugen IV. gegenüber den Griechen, so 1870 er gegenüber der ganzen Kirche seinen historischen Rückweg haben antreten können?

20) Der „Primat über den ganzen Erdkreis", sowie das „Haupt der ganzen Kirche und aller Christen Vater und Lehrer" ist aber ebensowenig dem Florentiner Concil wie der alten Kirche eigen. Nach letzterer stehen die Bischöfe an Christi Stelle, wohin sie vom heiligen Geist gesetzt sind, damit man in christlichen Dingen ihnen gehorche. Die „volle Gewalt, die gesammte Kirche zu weiden, zu leiten und zu regieren" ist der alten Kirche gänzlich fremd. Daher ist es ein fortgesetztes Täuschen, daß das Decret sich hierfür wiederum auf ökumenische Concilien und heilige Canones beruft.

21) Der behauptete Vorrang der ordentlichen Amtsgewalt der römischen Kirche über alle anderen Kirchen, die unmittelbare bischöfliche Jurisdictionsgewalt des römischen Papstes, sowie die Pflicht hierarchischer Unterordnung und des Papstgehorsams — das sind der alten Kirche unbekannte Dinge, neuere Worte ohne hergebrachten Sinn und ohne sachlichen Inhalt! oder von wann datirt der Primat einer ordentlichen Gewalt über alle andern Kirchen, von wann eine unmittelbare bischöfliche Gewalt des Bischofs von Rom?

22) Und nun soll der Christ einer jeglichen Kirche auf dem Erdkreis zur Unterordnung und zum Gehorsam verpflichtet sein nicht nur in Sachen des Glaubens und der Sitten, sondern auch in Sachen der Disziplin und der Regierung! Wo ist nun noch ein Sub- oder Object auf Erden, das durch Pius IX. nicht Object des heiligen Vaters geworden wäre?

---

Sachen des Glaubens und der Sitten, sondern auch in Sachen der Disziplin und Regierung der über den ganzen Erdkreis verbreiteten Kirche; so daß, indem die Einheit sowohl der Gemeinschaft als desselben Glaubensbekenntnisses mit dem römischen Papste bewahrt bleibt, die Kirche Christi Eine Heerde ist unter einem höchsten Hirten. Dies ist die Lehre der katholischen Wahrheit, von welcher Niemand ohne Gefährdung des Glaubens und des Heiles abweichen kann.

Weit entfernt aber, daß diese Gewalt des Papstes jener ordentlichen und unmittelbaren bischöflichen Jurisdictionsgewalt Eintrag thue, kraft deren die

Ist denn jetzt nicht wieder mit Bonifaz VIII. „Jede Creatur dem römischen Pontifex unterworfen"? Hat denn jetzt nicht der Christ mit Ignatius von Loyola zu beten: „Nimm hin, o Herr! meine ganze Freiheit, nimm mein Gedächtniß, meinen Verstand und all' meinen Willen; ich stelle Alles Dir zurück und überlasse es Dir als Dein Eigenthum"?

23) Und nun soll nach dem Fernern die Einheit der Kirche bewahrt bleiben durch die Gemeinschaft und durch dasselbe Glaubensbekenntniß unter dem römischen Papste, und nur so soll die Eine Heerde unter dem Einen Hirten vorhanden sein!

Man weiß aber doch in Rom, daß der Hirt der christlichen Heerde Christus selbst ist. Hat der Papst sich mit jenen Worten denn nur als einen unter Christus stehenden Hirten gedacht oder als einen stell= vertretenden Hirten? — Aber er spricht nicht von der Einen Heerde unter dem Einen Hirten, sondern unter dem Einen höchsten Hirten. Hier liegt die Fälschung der heiligen Schrift und der Lehre: Christus hat nun einen Ersatzmann erhalten; er ist im Papste aufgegangen!

Ferner soll die Einheit der Kirche beruhen in der Übereinstimmung des Glaubensbekenntnisses mit dem Papste. Auch hier liegt eine Täuschung der Gläubigen vor, als ob jedes päpstliche Glaubensbekenntniß ein rich= tiges, jeder Papsterlaß ein unfehlbarer bereits gewesen sei! Jetzt ist also dieses päpstliche Symbolum über das apostolische und Nicäno= Constantinopelsche gesetzt!

Endlich soll die Einheit der Kirche bestehen in der Gemeinschaft mit dem römischen Papste. Hier wiederholt sich die Unterdrückung der geschicht= lichen Thatsache, daß diese Gemeinschaft erstens in der Kirche all= gemein nie bestanden hat, zweitens von den autokephalen Kirchen nie gekannt, endlich drittens bis zur Trennung des Orients von diesem be= kämpft worden, und zwar derart, daß gerade das Gegentheil der Ge= meinschaft aller Kirchen mit der römischen nicht blos thatsächlich, sondern auch dogmatisch besiegelt ist. Das Bewußtsein der heutigen anatolischen und autokephalen Kirchen ist mit der apostolischen Zeit und der nicht

---

Bischöfe, welche vom heiligen Geiste gesetzt an die Stelle der Apostel nachgefolgt sind, als wahre Hirten die ihnen zugewiesenen Heerden, jeder die seinige, weiden und regieren; wird vielmehr ebendiese von dem höchsten und allgemeinen Hirten zur Geltung gebracht, gefestigt und vertheidigt, wie der heilige Gregor der Große sagt: „Meine Ehre ist die Ehre der allgemeinen Kirche. Meine Ehre ist meiner Brüder gesicherte Kraft. Dann bin ich wahrhaft geehrt, wann jedem derselben

papiſtiſchen Lehre aller Jahrhunderte übereinſtimmend; es beruht noch heute in mindeſtens ebenſo vielen Millionen von Chriſten, wie der jetzige Papſt heute für ſich als ausgemachte Papſtkatholiken in Anſpruch nehmen will, nur daß Leo XIII. weiß, wie dieſe im Herzen nie und nimmer den Glauben an ſeine Unfehlbarkeit haben können, während ſicherlich von jeher die ganze orientaliſche Kirche an jene Miſſion und Bedeutung des römiſchen Biſchofs niemals geglaubt hat.

24) Eine ganz entſetzliche Verketzerung iſt nun aber angeſichts und trotz der ausgedehnteſten Feſtſtellungen an der Lehre des größten Papſtes, Gregor I. (590—604), verübt. Wie und wo ſoll es ihm in den Sinn gekommen ſein, ſich zum Univerſalbiſchof mit der „ordentlichen und unmittelbaren biſchöflichen Jurisdictionsgewalt" über alle Biſchöfe und Kirchen zu machen? Wörtlich iſt die Stelle an= geführt: „Meine Ehre iſt die Ehre der allgemeinen Kirche" — und damit muß der oberflächlich Leſende zu der Meinung geleitet werden, als ob die allgemeine Kirche ihre Ehre im Papſte finde und als ob deſſen Ehre von ihm, wie heute der Univerſal=Epiſcopat in die Biſchöfe, ſo in die Kirche einſtröme. Aber gerade das Gegentheil dieſes Sinnes, welches ſich auch aus dem griechiſchen Urtext nothwendig ergibt, iſt ja von Gregor ſelbſt hinzugeſetzt: „Dann bin ich wahrhaft geehrt, wenn jedem meiner Brüder die gebührende Ehre nicht verſagt wird." Dieſer Zuſatz des gelehrten Papſtes mußte doch Jedem und auch dem ungelehrten Pius den Sinn ſeiner Worte klar vor Augen ſtellen: Nicht vom Papſt bezieht der Epiſcopat ſeine Ehre, ſondern nur darin beſteht die Ehre des Papſtes, daß die des Epiſcopates in der Kirche gewahrt werde und er mit dieſem Epiſcopate vereint bleibe als Erſter unter Gleichen, alſo mit gleicher Berechtigung und Ehre! Die Biſchöfe ſind alſo gemäß Gregor dem Großen nicht die Vaſallen, Vicare oder Diener des oberſten einzigen Biſchofs in Rom; ſie beziehen Nichts von ihm und ſind nicht „von des Papſtes Gnaden" — es gibt keinen Univerſalbiſchof!

Zur Abwehr, daß man Gregor „den Univerſalbiſchof" genannt, ergeht

---

die gebührende Ehre nicht verſagt wird." (Der heilige Gregor der Große an Eulogius von Alexandrien [im 30. Brief des VIII. Buches].)

Aus jener höchſten Gewalt des römiſchen Papſtes, die ganze Kirche zu regieren, folgt ferner, daß ihm auch das Recht zuſteht, in der Ausübung dieſes ſeines Amtes frei mit den Hirten und Heerden der ganzen Kirche zu verkehren, damit dieſelben von ihm auf dem Wege des Heiles gelehrt und gelenkt werden können. Darum verurtheilen und verwerfen Wir die Aufſtellungen Jener,

von ihm selbst die bekannte, aber in Rom unbekannte Mahnung, die Rechte der Bischöfe zu schützen, denn deren Ehre, Würde und Macht gründe die Ehre und Würde der Kirche, deren Unabhängig= keit und Gleichstellung sei eine allgemeine kirchliche, weil von Christus geordnete Nothwendigkeit! Und daher ist dieser Gregor der Große gerade derjenige Papst, der sich statt „Herrscher über den Herrschenden" als servus servorum Dei in echter christlicher Demuth und in from= mem Ernste bezeichnet hatte. Aber trotz dieser klaren Texte in diesen wichtigen Äußerungen eines frühern (unfehlbaren!) Papstes fühlt sich Pius so wenig von denselben alterirt, daß er ein gerade diesem Zeug= niß und dessen jahrhundertelanger Tradition entgegenstehendes Dogma seiner einzigen ordentlichen und unmittelbaren Jurisdiction über alle Episcopate der Kirche zu erschaffen vermag.

25) Noch mehr — besitzen wir doch den Briefwechsel zwischen Gregor und seinem Freunde Eulogius, Patriarch von Alexandrien, der ihm in wohlwollender Verehrung brieflich so viel Hohes von der cathedra Petri ausgesprochen hatte, daß Gregor ihm erwidern mußte, die römische Cathedra rage nicht empor über die alexandrinische, seine Würde stehe nicht über der seines Verehrers; denn Petri Sitz sei „an drei Orten zugleich," zu Rom, zu Antiochien und zu Alexandrien; diese drei Bis= thümer habe Petrus, letzteres durch seinen Jünger, den Evangelisten Markus, gegründet. „Da es also", so fährt Gregor fort, „der Eine Sitz des Einen ist, auf dem nach göttlicher Autorität nun drei Bischöfe den Vorsitz führen, so rechne ich alles Gute, das ich von Euch höre, mir an, und glaubt ihr etwas Gutes von mir, so zählt es zu Euern Verdiensten." — Wie kann und darf Pius IX. einen unfehlbaren Papst, der demselben Eulogius gegenüber sich den Titel „Universalbischof" ver= beten hatte, am 18. Juli 1870 in den Mund nehmen, um die unfehl= bare Wahrheit seines Universalepiscopates der getäuschten Mitwelt zu verkünden! Ist diese Handlung, zum Zwecke einer Dogmatisirung in so gewaltigem Momente vollführt, keine Überlistung Blindgläubiger? sie

welche sagen, es könne dieser Verkehr des Oberhauptes mit den Hirten und Heerden erlaubter Weise verhindert werden, oder welche denselben von der welt= lichen Gewalt abhängig machen, so daß sie behaupten, das, was vom aposto= lischen Stuhle oder in dessen Vollmacht bezüglich der Regierung der Kirche ver= ordnet wird, habe keine Kraft und Giltigkeit, wenn es nicht durch die Gut= heißung der weltlichen Macht bestätigt werde.

Und weil der römische Papst vermöge des göttlichen Rechtes des aposto=

gewährt doch unter allen Umständen einen Einblick in die Machenschaft römischer Glaubensartikel und bleibt für alle Zeit ein unwiderlegliches Zeugniß von mindestens der Fehlbarkeit des hohen Dogmatiseurs in Rom!

26) In dem folgenden Absatze findet sich die tendenziös abgekürzte Wendung, daß „die Bischöfe, welche vom heiligen Geiste gesetzt an die Stelle der Apostel nachgefolgt sind,"... „kraft jener ordentlichen und unmittelbaren Jurisdictionsgewalt ihre Heerden als wahre Hirten weiden und regieren." Das Concil von Trient und auch noch die aus demselben schöpfende Vorlage vom 12. Juli 1870 enthielt die Worte, „daß die Bischöfe, welche in die Stelle der Apostel nachfolgten, vom heiligen Geiste gesetzt seien, die Kirche Gottes zu regieren."

Jetzt war eine Entstellung dieser Worte nöthig geworden! Nach ihrer Fassung und der ihr zu Grunde liegenden Stelle haben die Bischöfe die ordentliche und unmittelbare Jurisdictionsgewalt in ihren Gemeinden. Aber Pius wollte und sollte solche für sich gewinnen, und zwar, da nicht eine doppelte Jurisdiction in den Diözesen bestehen kann, so mußte er sie den Bischöfen entziehen und sich allein beilegen. Man strich also die Worte: „die Kirche zu regieren," und verkündete statt dessen: daß die Bischöfe vom heiligen Geiste gesetzt den Aposteln nach= gefolgt seien. Man verstümmelte, verflocht und verflachte also Worte eines Concilstextes! Auffallenderweise wurde zwar geschrieben, daß sie als wahre Hirten ihre Heerden weiden und regieren sollten, aber doch nur unter dem einleitenden: „kraft jener ordentlichen und unmittelbaren Juris= dictionsgewalt" — was aber ist von deren Kraft den Bischöfen übrig geblieben, wenn der Papst alle diese ordentliche directe Bischofsgewalt über jede Kirche für sich allein in Beschlag genommen hat?

27) Nun steht aber jedem derartigen Citat entgegen, daß alle Apostel und alle Bischöfe zum Weiden d. i. also auch zum Lehren gesetzt waren. Oder verleugnet man in Rom, daß Paulus in seinem Briefe an die Römer neben und trotz des Petrus, daß ebenso Ignatius brief= lich und Polycarpus in eigener Person mündlich die Römer belehrt

<hr>

lischen Primates der gesammten Kirche vorsteht, lehren Wir auch und erklären, daß er der höchste Richter der Gläubigen ist (Breve des Papstes Pius VI. vom 28. November 1786, welches beginnt mit den Worten: Super solidstate) und daß in allen Sachen, welche kirchlicher Entscheidung unterliegen, sein Richter= spruch angerufen werden kann (so das II. ökumenische Concil von Lyon); daß hingegen das Urtheil des apostolischen Stuhles, über welchem es keine höhere Gewalt gibt, von Niemanden einem neuen Erkenntniß unterzogen werden darf,

hat? oder weiß man nicht, daß nach Augustinus das Fundament der Kirche in den apostolischen Sitzen beruht und daß der unfehlbare Papst Pelagius in seinem Schreiben an die Bischöfe von Tuscien (556) diesen Satz anerkannt und weitergelehrt hat?

28) Obwohl durch Nichts geschichtlich in der alten Kirche feststeht, daß der Papst „oberster Richter aller Gläubigen" sei und obwohl ein „der ganzen Kirche vorstehen" für den Bischof von Rom bis zu Gregor dem Großen in keiner echten Quelle auch nur angedeutet, geschweige denn anerkannt, ja sogar von diesem Papste zurückgewiesen ist, muß nun mit den Worten, vermöge des göttlichen Rechts (?) des apostolischen Primats (?) stehe der römische Papst der ganzen Kirche vor, eine Begründung ge=schaffen werden, daß der Papst der höchste Richter der Gläubigen sei. Und so konnte dann endlich der erstaunten Christenheit

29) die traditions= und geschichtswidrige Darstellung vorgerückt werden, dieserhalb sei es unerlaubt „von den Urtheilssprüchen der römischen Päpste an ein ökumenisches Concil, als an eine über dem römischen Papste stehende Autorität Berufung einzulegen." Jetzt sind alle Sprüche der Päpste an die Gesammtkirche über Glauben und Sitten und Recht un=anfechtbar richtig gewesen oder nunmehr geworden, und alle diejenigen, welche vordem in den 1870 Jahren vom Papste appellirt haben, alle Päpste, welche mit richtiger Gewärtigung oder unter begründetem Vor=behalt der Concilsentscheidung gesprochen haben, alle Gläubigen, welche von einem schlecht unterrichteten Papste an ein besser unterrichtetes öku=menisches Concil appellirt haben, sind zu Ketzern gestempelt worden! Der Orient mußte es sich ja auch am 18. Juli 1870 gefallen lassen, daß seine Kirchen, obwohl sie bis dahin nur als schismatische neben der abend=ländisch=römischen bestanden hatten, nun ketzerische gegenüber Rom geworden sind!

30) Was ist von den hierzu angerufenen Citaten zu halten? a) das von Pius VI. von 1786 ist moralisch so jung, wie unser Decret von Pius IX. von 1870. Es kann behaupten, aber nicht die Tradition ändern

sowie es auch Niemandem zusteht, über dessen Urtheil zu Gericht zu sitzen (Papst Nikolaus I. in seinem Schreiben an den Kaiser Michael). Deshalb irren Jene vom rechten Pfade der Wahrheit ab, welche behaupten, es sei erlaubt, von den Urtheilssprüchen der römischen Päpste an ein ökumenisches Concil, als an eine über dem römischen Papste stehende Autorität, Berufung einzulegen.

Wer daher sagt, der römische Papst habe lediglich das Amt der Aufsicht oder Führung, nicht aber die volle und höchste Jurisdictionsgewalt über die ganze Kirche, nicht nur in Sachen des Glaubens und der Sitten, sondern auch

und nicht dogmatisiren! b) das von dem zweiten Lyoner Concil besteht einfach nicht. Wie konnte man ein solches ehrlicher Weise anrufen, da die Worte conciliarisch, also gewissermaßen offiziell gar nicht bestehen, sondern nur annähernd und nur in dem brieflich abgelegten Symbolum eines Laien, des Kaisers Michael Palaeologus, zu finden sind? — c) das von Nikolaus I. aus dessen Brief vom Jahre 865 an den Kaiser ist wiederum mit gröblichstem Mißbrauch des glatten Wortlautes angeführt; denn: sancto Petro addita est societas beatissimi Pauli, cui jugiter imminebat omnium ecclesiarum sollicitudo!

Und so wird gerade Paulus als ein Gefäß der Wahrheit von dem damaligen unfehlbaren Inhaber der unfehlbaren römischen Cathedra gerühmt, so sogar als zweite große Himmelsleuchte, die neben Petrus von Gott der römischen Kirche geschenkt sei, bezeichnet!

Sollte Rom sich nicht etwas scheuen, eine Überlieferung für seine Universalepiscopats- und Höchster-Richter-Idee mit solchen Entstellungen, Abkürzungen, Verschweigungen und Verdrehungen zu construiren! Sollten sie ihm in Wirklichkeit ernstlich so gemeint sein können?

31) Es sei an dieser Stelle nochmals auf das hingewiesen, was Trient entgegen dem Project des Jesuiten Lainez über den Universalbischof beschlossen hat, und sodann auf das, was Alles die Bischöfe 1870 — man vergleiche die amtliche Synopsis observationum — in einigen Dutzenden von Einwürfen geltend gemacht haben, nämlich, sie seien keine päpstlichen Vicare, diese Schmach und Schande müsse von ihnen fern gehalten werden, die Jurisdiction des Papstes sei weder eine ordentliche, noch eine unmittelbare, man errege durch bisher dem Dogma fremde Ausdrücke den gerechten Verdacht einer Absicht, die Gewalt der Bischöfe aus der Verfassung der Kirche zu verdrängen, beleidige den Episcopat, begehe Simulationen und wolle unterstellen, außer der Auctorität des Papstes existire keine andere, sei es kirchliche, sei es bürgerliche, in dieser Welt! Wer will, gewissermaßen an heiliger Stelle, diese Einsprüche ersticken, wer verkennen, daß nur zäheste päpstliche Absichtlichkeiten unverantwortlichster Art das Gegentheil zu einer nicht einmal formal giltigen Dogmatisirung ausgestaltet haben kann und ausgestaltet hat!

in Sachen, welche die Disziplin und die Regierung der über die ganze Erde verbreiteten Kirche betreffen; oder derselbe besitze nur den bedeutenderen Antheil, nicht aber die ganze Fülle dieser höchsten Gewalt; oder diese seine Gewalt sei keine ordentliche und unmittelbare, sei es über alle und jegliche Kirchen, oder über alle und jegliche Hirten und Gläubigen: der sei im Banne.

**150.** Und endlich in hervorragender Weise im IV. Hauptstück von der unfehlbaren Lehrmacht des römischen Pontifex!

„An intentio boni finis vitietur per electionem medii mali? — Non, si intendatur finis sine ullo ordine ad medium" .... „Finis determinat moralitatem actus."*)

Jesuit Ludwig Wagemann,
Moralprofessor an der Universität Innsbruck, † 1792.

„On peut toutefois vouloir mal à son prochain sans péché, quand on y est poussé de quelque bon motif .... Semblablement l'on peut sans faute souhaiter au méchant quelque mal, comme la mort, mais en tant que par elle il verra ses desseins à néant, et les occasions qu'il avoit d'offenser Dieu au vent."**)

Etienne Bauny,
Moralprofessor, † 1649.

32) Schon der erste Passus ist ein in jedem Ausdruck gefälschter, nämlich der apostolische Primat (?) des römischen Papstes (?) als Nach= folger des Apostelfürsten (?) Petrus über die ganze (?) Kirche (?), denn nicht einmal für das römische Bisthum ist der Papst das Alles, was er über die ganze Kirche sein will. Ein apostolischer Primat war in der

---

### Viertes Hauptstück.
#### Von dem unfehlbaren Lehramte des römischen Papstes.

Daß aber der apostolische Primat, welchen der römische Papst als Nach= folger des Apostelfürsten Petrus über die ganze Kirche inne hat, auch die höchste Lehrgewalt in sich schließt, hat dieser heilige Stuhl allezeit festgehalten, wird durch die stete Handlungsweise der Kirche bestätigt, und haben selbst die öku= menischen Concile erklärt, jene vor allen, auf welchen das Morgenland mit dem Abendland zur Einheit des Glaubens und der Liebe sich verband. Denn die Väter des vierten Concils von Constantinopel haben, in die Fußstapfen ihrer Vorfahren tretend, folgendes feierliche Bekenntniß abgelegt: „Die erste Heils=

---

*) „Ob die Absicht eines guten Zweckes durch Wahl eines schlechten Mittels befleckt werde? — Nein, wenn der Zweck ohne jegliche Richtung auf das Mittel beabsichtigt wird ... Der Zweck bestimmt die Sittlichkeit der Handlung."

**) „Man kann gleichwohl, ohne zu sündigen, seinem Nächsten Böses wollen, wenn man nur durch einen guten Zweck dazu getrieben wird .... Man kann gleichfalls, ohne zu fehlen, einem Bösen irgend ein Unheil wünschen, wie den Tod, aber nur insofern, als er durch diesen seine Absichten vereitelt und die ihm gegebenen Gelegenheiten zu Gottesbeleidigungen in den Wind verweht sehen wird."

alten Kirche ebenso unerhört, wie ein alleiniger Papst in Rom. Es gab papae auf verschiedenen Sitzen, vor Allem auf denen in Jerusalem, Alexandrien und Constantinopel; man kannte auch keinen Petrus für Rom allein, sondern einen für Rom, Alexandrien und Antiochien, sodann auch keinen Fürsten der Apostel oder keine von diesen eingesetzten Bischöfe — und nun ist an diese Erfindung eines apostolischen Primates 33) die colossale historische Unwahrheit geknüpft, der heilige römische Stuhl habe von jeher festgehalten, daß in den Bereich dieses so verzeichneten römischen Primats „die höchste Lehrgewalt" eingeschlossen sei! Dann weiß man also in Rom nicht, daß gerade die dogmatisch hervortretenden Päpste — man denke an Leo den Großen und seinen Brief an Flavian über die zwei Naturen in Christo — nur vorläufige Entscheidungen gegeben, diese dem Concile vorgelegt und sich dessen Entscheidung untergeordnet haben. Oder warum verschweigt Pius IX., daß die Päpste selbst trotz ihrer Unfehlbarkeit Gegenstände von ihren particulären Synoden auf die ökumenischen Concilien verwiesen haben, daß die alte Kirche für Glaubens- und Sittenlehren nicht im Primate, sondern im Apostolate ihre Unterlage gesucht hat?

Im Jahre 381 schreibt noch Ambrosius mit dem Concil von Aquileja an den Kaiser Theodosius, auf die Apostel und das apostolische Glaubensbekenntniß sei zu basiren, denn dieses — also nicht der Papst! — habe die römische Kirche unversehrt erhalten.

Im Jahre 431 lehrt der unfehlbare Papst Cölestin I., was von den Aposteln überliefert in der ganzen Kirche gleichmäßig (uniformiter) verehrt wird, sei das Gesetz des Glaubens (lex credendi), und in seinem Briefe an Nestorius (11. August 430) stellt er den Glauben der römischen, alexandrinischen und der katholischen Gesammtkirche als Glaubensnorm auf.

Die durch Schrift und Tradition (evangelicis praedicationibus et patrum traditionibus consonantia statuta) festgesetzte Lehre ruft Leo

---

bedingung ist, die Regel des rechten Glaubens zu bewahren. Und wie der Ausspruch unsers Herrn Jesus Christus nicht vergehen kann, wo er sagt: Du bist Petrus und auf diesen Felsen will ich meine Kirche bauen; so wird das, was hier gesagt worden, auch bewährt durch den thatsächlichen Erfolg, indem auf dem apostolischen Stuhle stets die katholische Religion unbefleckt bewahrt und die heilige Lehre hochgehalten worden ist. Von seinem Glauben und von seiner Lehre wollen wir daher in keiner Weise getrennt sein, und hoffen so gewürdigt zu werden, in jener einen Gemeinschaft zu stehen, welche der apostolische Stuhl verkündet, worin die ganze und wahre Festigkeit der christlichen Religion beruht." (Aus der Glaubensformel des heiligen Papstes Hormisdas, wie dieder Große an. Pius IX. muß allerdings eine andere Bezugsquelle für seine Dogmen haben. Oder wo ist in der Schrift und in der Über= lieferung der Väter von einer unbefleckten Empfängniß oder von über= schießenden Verdiensten des Einen und von Papstzuwendung derselben an den Andern oder von einem Universalepiscopat oder von persönlicher Unfehlbarkeit auch nur irgend eines der Päpste die Rede?

34) Nun folgt aber eine zweite nicht geringere Geschichtsfälschung, nämlich die, es sei auch durch die stete Handlungsweise der Kirche bestätigt, daß der apostolische Primat auch die höchste Lehrgewalt umfasse. Das Gegentheil beweisen alle kirchlichen Documente seit den Aposteln her, es seien denn zum Zwecke der Papsterhöhung und =Verherrlichung gemachte und gefälschte! Wofür soll es überhaupt Concilien gegeben haben? weshalb sollen die alten Päpste, und gerade die erleuchtetsten, sich an die Con= cilien gewendet haben, indeß sie diese nicht einmal als aus sich selbst und entgegen der Gesammtkirche unfehlbar erklären.

Der unfehlbare Papst Gelasius erklärt (495) in seinem Schreiben an die Bischöfe Dardaniens, daß sich eine Synode irren könne, wenn sie schlecht geleitet werde, daß dieselbe aber, indem sie gegen die hei= ligen Schriften, die Lehre der Väter und die kirchlichen Regeln verstoße, durch eine gut geleitete, welche dem Evangelium, der Überlieferung und diesen Regeln entsprechend erkenne, umgestoßen werden könne. Auf's Schärfste erklärt Pelagius II. († 590), Papst Vigilius und das abend= ländische Concil hätten geirrt und seien durch das 5. ökumenische Concil belehrt worden. Was können diese also von der Lehrgewalt des römischen Bischofs und der angeblichen absoluten Unfehlbarkeit der Synoden ge= halten haben?

Aber nach Pius IX. kann ein Papst, der aus sich Unfehlbares ver= kündet, nicht einmal von einem gut geleiteten Concile reformirt werden! Jetzt muß man eingestehen, daß es nur mehr eine Artigkeit oder Hof=

selbe von Papst Hadrian II. den Vätern des VIII. ökumenischen Concils, des IV. von Constantinopel, vorgelegt und von ihnen unterzeichnet worden ist.) Und unter Zustimmung des zweiten Concils von Lyon haben die Griechen das Bekenntniß ausgesprochen: „daß die heilige römische Kirche den höchsten und vollen Primat und Vorrang über die ganze katholische Kirche inne hat, welchen sie von dem Herrn selber in dem heiligen Petrus, dem Fürsten oder Haupt der Apostel, dessen Nachfolger der römische Papst ist, mit der Fülle der Gewalt erhalten zu haben wahrhaft und demüthig anerkennt; und wie sie vor allen anderen verpflichtet ist, die Wahrheit des Glaubens zu vertheidigen, so müssen auch Glaubensfragen, welche sich etwa erheben, durch ihr Urtheil entschieden

etiquette, wenn nicht fogar Verstellung gewesen sein kann, daß die Päpste die vier ersten Concilien den vier Evangelien gleichgestellt und die Concilsabschlüsse bei Beginn ihres Epifcopates beschworen haben!

Jetzt lag für Pius IX. fogar die Erlaubniß zur Änderung des Glaubensbekenntnisses darin, daß die Väter in drei auf einander folgen= den Concilien von dem Nicäno=Constantinopelschen Symbolum erklärten: „fides sic expressa est perfecta."

35) Alsdann bringt das Decret eine fernere historische Unwahrheit: auch fogar die ökumenischen Concile, und selbst diejenigen, auf welchen das Morgenland mit dem Abendlande sich zur Einheit des Glaubens und der Liebe verband, hätten erklärt, daß der apostolische Primat die höchste Lehrgewalt umfasse. Warum hat man für die wahrheitsliebenden Katholiken diese Concilien nicht aufgezählt, warum insbesondere auch dem durch Nichtanerkennung der päpstlichen Neulehren zum Ketzerthum er= niedrigten Orient jene Verbände des Glaubens und der Liebe nicht aufgezeigt?

Rom weiß, daß auf den ersten 8 Concilien gar kein Papst erschienen gewesen, daß ein Stellvertreter des Papstes unmöglich die persönliche Unfehlbarkeit seines Prinzipals auf diese Concilien mitbringen konnte, noch weniger jemals dieselbe in Stellvertretung auszuüben behauptet hat, daß diese Concilien, ohne Papst und Papstesmeinung zu hören, entschieden haben und daß diese Entscheidungen alsdann auf den Concilien selbst von den Kaisern bestätigt, auch durch förmliche Edicte zu Reichsgesetzen er= hoben worden sind. Und doch verkündet am 18. Juli 1870 Rom mit historischer Treue die unfehlbare reine Wahrheit, die ökumenischen Con= cilien hätten den Päpsten die **höchste Lehrgewalt** zugesichert und sich — das muß zugesetzt werden! — nur nach den Päpsten gerichtet und auch deren Lieblingsdogmen als Dogmen der ganzen Kirche erklärt, während der ununterrichtetste Römer doch mindestens soweit klar sieht, daß die

werden." Das Concil zu Florenz endlich hat als Glaubenssatz festgestellt: „daß der römische Papst der wahre Statthalter Christi, der ganzen Kirche Haupt, und aller Christen Vater und Lehrer ist; und daß ihm im heiligen Petrus von unferm Herrn Jesus Christus die volle Gewalt übertragen worden ist, die gesammte Kirche zu weiden, zu leiten und zu regieren."

Um diesem Hirtenamte zu genügen, haben Unsere Vorgänger fort und fort ihr unermüdliches Streben darauf gerichtet, daß die heilbringende Lehre Christi bei allen Völkern der Erde verbreitet werde; und mit gleicher Sorgfalt haben sie darüber gewacht, daß, wo diese Lehre angenommen worden, sie auch lauter und rein bewahrt werde. Deshalb haben die Bischöfe der ganzen Welt, bald

Päpste in alter Zeit nicht auf eigenen Kopf, sondern stets im Verein mit einer Synode beschlossen und gehandelt haben.

36) Nun werden freilich die Väter des vierten Constantinopeler Concils angerufen, welche „in die Fußstapfen ihrer Vorgänger getreten" seien. Aber zunächst gibt es keine Vorgänger für einen solchen Glaubens= satz; nie hat ein früheres Concil ein solches Bekenntniß abgelegt. Damit ist also eine abermalige historische Unwahrheit in den Text ein= gerückt! Sodann aber ist jener Text nie von dem Concil zu Constanti= nopel formulirt oder angenommen, geschweige denn als ein „feierliches Bekenntniß verkündet" worden. Derselbe ist vielmehr stückweise aus dem päpstlichen libellus satisfactionis übernommen! Zuletzt ist dem Texte noch beigefügt, derselbe entspreche der Formel des heiligen Papstes Hormisdas. Aber: In dem betreffenden libellus ist kein Papst Hormisdas genannt und der Text der Hormisdas=Formel stimmt auch nicht mit jenem libellus überein! Und auf dem Concil zu Constantinopel handelte es sich auch gar nicht um jene Formel, sondern um die Richtigkeit der Absetzung und Verurtheilung des Photius!

37) Nach dem eingerückten Texte muß jeder dem Papste Trauende jenes feierliche Bekenntniß (?) direct der Formel des heiligen Papstes Hormisdas entlehnt glauben; er soll meinen, schon damals hätten die Concilsväter die Petrus=Fels=Stelle dahin aufgefaßt, daß auf dem apostolischen Stuhle die katholische Religion immer unversehrt gewesen und geblieben und daß die wahre und unverkürzte Solidität der christ= lichen Religion nur in der vom apostolischen Stuhle selbst gepredigten Vereinigung mit ihm bestehe. Wie aber nun, da dieser Ausspruch auf jenem 8. Concile gar nicht ergangen ist, Pius IX. jedoch trotzdem den selbsterdichteten Beleg der Echtheit hinzusetzt, er stamme „aus der Hor= misdasformel so, wie er vom Papst Hadrian II. dem Concile vorgelegt und von den Vätern derselben unterzeichnet worden"! Nur des Be=

einzeln, bald in Synoden versammelt, nach der langen Gewohnheit der Kirche und nach dem Vorbild der uralten Regel handelnd, insbesondere jene gefähr= lichen Schwierigkeiten, welche in Glaubenssachen auftauchten, vor diesen aposto= lischen Stuhl gebracht, damit vor Allem da die Schäden des Glaubens beseitigt würden, wo der Glaube keinen Abbruch erfahren kann. (Vergl. den heiligen Bernhard im 190. Brief.) Die römischen Päpste aber haben, je nach Zeiten und Umständen, bald ökumenische Concilien berufen oder sonstwie von der Über= zeugung der über den Erdkreis verbreiteten Kirche sich Kenntniß verschafft, bald sich der Partikularsynoden oder anderer Mittel bedient, welche die göttliche Vor= sehung an die Hand gab; und dann das festzuhalten entschieden, was sie als

rühmens wegen ging man auf diesen Papst des 6. Jahrhunderts zurück und zog einen Text an, mit dem er Nichts gemein hat, zog aus demselben Stellen (einmal mit Überspringung von 50 Zeilen) heraus und entstellte sie, als ob sie vom Concile so aufgestellt und beschlossen seien!

38) Inhaltlich war dieser libellus satisfactionis für die Papstsache unbrauchbar. Er behauptet weder Lehramt, noch höchste Lehrgewalt, am Wenigsten Unfehlbarkeit; dagegen bekundet er, daß bis dahin in Rom die Lehre rein bewahrt worden sei, d. h. im Sinne des Irenäus unter hilfreicher Einwirkung der andern Bischofskirchen und im Sinne des Vincenz von Lerins unter Einklang mit der stetigen allgemeinen und übereinstimmenden Lehre und Überlieferung der Gesammtkirche. Wie soll man es benennen, daß Papst Pius hier zu so unheiligem Zwecke Texte zu trennen, die Trennstücke nach seinem dogmatischen Bedarf zusammenzufügen und dann neu als unbestreitbare echte Texte anzurufen unternahm. Wie durfte man endlich die dem Libell und dem Papste Hormisdas gemeinsamen Worte: „man solle in keiner Weise von den Vorschriften Gottes und der Väter abweichen, denn das beziehe sich auf die Verrichtung guter Werke" weglassen? kurz: das offizielle Citat, nach dem dieser Text aus der Formel des heiligen Papstes Hormisdas, und zwar in deren Fassung durch Papst Hadrian II., stammen und so durch das 8. Concil angenommen worden sein soll, ist ein Spott auf die Echtheit der wirklichen Thatsachen und Texte!

Kann denn ein unfehlbares Lehramt des römischen Stuhles durch das bewiesen werden, was weder die eine Schrift, noch der andere Text behauptet oder in ihren Behauptungen auch nur halbwegs gesetzt haben, über das auf jenem Concil gar nicht befunden worden, dessen Gegentheil gerade unterschieden worden ist, weil die Väter damals die großartigste Papst=Fehlbarkeit vor Augen hatten, indem sie von Neuem den (unfehlbaren) Papst Honorius als Ketzer verurtheilten und vor Allem gänzlich

---

übereinstimmend mit der heiligen Schrift und mit den apostolischen Überlieferungen unter Gottes Beistand erkannten. Denn der heilige Geist ist den Nachfolgern des Petrus nicht um deßwillen verheißen, damit sie vermöge einer von ihm erhaltenen Offenbarung eine neue Lehre kund machen, sondern damit sie unter dessen Beistand die durch die Apostel überlieferte Offenbarung oder Hinterlage des Glaubens heilig bewahren und treu auslegen. Und zwar haben ihre apostolische Lehre alle ehrwürdigen Väter angenommen, und die rechtgläubigen heiligen Lehrer haben dieselbe geehrt und sind ihr gefolgt. Denn sie hatten die vollkommenste Überzeugung, daß dieser Stuhl des heiligen Petrus stets von allem Irrthum unversehrt bleibt — gemäß der göttlichen Verheißung unseres

unter dem Eindrucke des Protestes des Orients wider jede Machterweite=
rung des occidentalischen Papstes standen?

39) Es werden dann aber des Fernern die Väter des 2. Lyoner
Concils angerufen. Die Griechen sollen auf demselben ein Bekenntniß
für den höchsten und vollen Primat und Prinzipat der römischen Kirche
über die ganze katholische Kirche als eine von Petrus, dem Haupte und
Scheitel der Apostel, übertragene abgelegt haben. Hier hat man in
Rom eine fehlerhafte Abschrift des einzig und allein vom Stellvertreter
des griechischen Kaisers geleisteten Eides zu einem conciliaren Bekennt=
niß der griechischen Kirche herausgeputzt!

Vor Allem ist die Zustimmung dieses 2. Lyoner Concils nicht
historisch, und darum sollte Pius IX. sich gescheut haben, sie anzurufen
und in sein unfehlbares Glaubensdecret einzurücken. Jedenfalls aber
bliebe sie, wenn sie vermuthbar historisch wäre, vollkommen unbeweisend
für die Papstunfehlbarkeit; und darum sollte Pius IX. keine Täuschung
oder Irreleitung mit derselben vorgenommen haben!

40) Endlich wird wieder das schon im 3. Capitel angezogene
Florentiner Concil in's Treffen geführt. Unerhört ist die Verwen=
dung dieses Concils und dieser Worte zum Nachweis einer damaligen
Verbindung von Morgen= und Abendland „zur Einheit des Glau=
bens und der Liebe". Alles als richtig vorausgesetzt, so hatte dieses
Concil nicht die geringste Bedeutung, weder in sich (einige orientalische
Bischöfe und etwa 50 italienische oder andere Bischöfe waren versam=
melt), noch durch sich: es hatte die Kirche keinen Erfolg von dieser
„wesentlich aus politischen Motiven bewirkten Union", ...„die durch die
äußerste Gefahr und Furcht den Kaisern unter beharrlichem Widerstreben
des Klerus und des Volkes abgepreßt war" — eine solche ideale Ver=
einigung hat in Florenz überhaupt nicht bestanden und der kleinste Theil
realer ist durch die Verweigerung der Anerkennung des Ostens verloren
gewesen!

---

Herrn und Heilandes, welche dem Oberhaupte seiner Jünger geworden ist: „Ich
habe für dich gebetet, auf daß dein Glaube nicht abnehme und du hinwieder
bestärke dereinst deine Brüder."

Diese Gnadengabe der Wahrheit und des nie abnehmenden Glaubens ist
also dem Petrus und seinen Nachfolgern auf diesem Lehrstuhle von Gott ver=
liehen worden, damit sie ihres erhabenen Amtes zum Heile Aller warteten,
damit die gesammte Heerde Christi durch sie von der vergifteten Lockspeise des
Irrthums abgezogen und auf der Weide der himmlischen Lehre genährt werde,
damit endlich aller Anlaß zur Spaltung entfernt und so die ganze Kirche in

Wenn aber anders, so hätte das Decretum pro Armenis die Drohung der Griechen mit der protestirenden Lossagung und Heimreise, deren Hinweis auf die Patriarchentheorie mit dem Papa in Rom neben dem Papa in Alexandrien, endlich der Vorwurf des maßlosen Hoch=muthes und der nicht zu sättigenden Geldgier des römischen Stuhles ein so colossales Gegengewicht gegen alle damaligen Lieblingsideen des Papstes zu Tage gebracht, daß den Papalisten für ihren römischen Papat be=müthiges Schweigen am Besten geziemen würde.

41) Wohl aber ist die Frage am Platze, warum die entgegen=stehenden Entscheidungen so vieler Concilien von Nicäa bis Constanz, Basel und Trient, insbesondere die Antiunfehlbarkeitsentscheidung dieses letzten Concils, nicht ehrlicherweise ebenfalls citirt sind. Dann wäre doch die ganze Wahrheit und Nichts als die Wahrheit verkündet! Trotz dieser Concilien aber will der heilige Vater „der Kirche Haupt, Vater und Lehrer" (ecclesiae caput, pater et doctor) sein. Und doch kann er dies durch keines der vortridentinischen Concilien geworden sein, weil er sonst Etwas geworden, was ihm in Trient mit Entschiedenheit wieder abgesprochen worden wäre. Und so beruft sich Pius auf ein conciliarisch nicht errungenes oder — wenn errungenes — conciliarisch wieder ver=rungenes Vorrecht, an das als ein göttliches Attribut die ganze Christen=heit zu glauben vom 18. Juli 1870 an verpflichtet sein soll!

42) Es folgt eine Ausführung von zwei Dutzend Zeilen von „Huic pastorali munere" oder: „Um diesem Hirtenamte" bis „confirma fra-tres tuos" oder: „bestärke dereinst deine Brüder", über die niemals eine conciliarische Berathung stattgefunden hatte. Am 12. Juli stand dieser Text plötzlich in der Vorlage, die damals zur Vertheilung und am fol=genden Tage zur Abstimmung gelangte. Warum sah man sich gemüssigt, zum 18. Juli den ursprünglichen Text schnell zu ändern und nebenbei auch zu beschneiden? Denn:

---

ihrer Einheit bewahrt werde und auf ihrer Grundveste ruhend fest bastehe gegen die Pforten der Hölle.

Da nun aber in der gegenwärtigen Zeit, wo die heilbringende Wirksam=keit des apostolischen Amtes höchst dringend von Nöthen ist, nicht Wenige sich finden, welche dessen Würde und Ansehen herabsetzen; so erachten Wir es durchaus für nothwendig, das Vorrecht, welches der eingeborene Sohn Gottes mit dem höchsten Hirtenamte zu verbinden die Gnade hatte, feierlich auszu=sprechen.

Indem Wir daher an der vom Anbeginne des christlichen Glaubens über=nommenen Überlieferung treu festhalten, lehren Wir, mit Zustimmung des

Er hatte den Zusatz: „indem wir sicher wissen, daß die römischen Päpste den nach der Wahrheit des Glaubens Fragenden Nichts antworten können, als das, was von Alters her der apostolische Stuhl und die römische Kirche beharrlich zusammt den übrigen festhält" oder: „neque ignorantes … Romanos pontifices quaerentibus fidei veritatem non posse respondere, nisi quod antiquitus Apostolica Sedes et Romana cum caeteris tenet perseveranter Ecclesia." Man entfernte schon alsbald die Worte „zusammt den übrigen", denn Rom sollte auch bei Versagung der Zustimmung der andern Kirchen, ganz unabhängig und ungenirt in der Freiheit der Dogmatisirung dastehen. Die römische Kirche hatte schon ungeachtet der Gesammtkirche neue Dogmen allgemach entwickelt oder plötzlich gefertigt; eine auch nur annähernde Verpflichtung der Rücksichtnahme auf andere Kirchen sollte gelöscht, sogar die Vermuthung einer auch nur theilweisen Verpflichtung solcher Art sollte unterdrückt werden! Die Gewohnheit der alten Kirche und die Handlungsweise der frühern Päpste mußte gänzlich unberührt bleiben und daher spurlos aus dem Decrete weichen.

Als man daher am 15. Juli diese beiden Worte gestrichen hatte, glaubte man, noch sicherer gehen zu müssen und beseitigte die ganze Stelle. Nun galt deren Gegentheil als päpstlich approbirt!

43) Inhaltlich gibt es kaum eine schwächere und verkehrtere Darstellung in der ganzen dogmatischen Constitution, denn diese!

Will man mit der „heilbringenden Lehre Christi", die gemäß päpstlicher Sorge bei allen Völkern der Erde verbreitet werden sollte, nicht die Dogmatik der römischen Kirchenfürsten bezeichnen?

Oder ist das von Rom aus den Völkern gepredigte Evangelium nicht das der allgemeinsten Unterwerfung unter den römischen Pontifex und dessen Theologie?

Und „ihr unermüdliches Streben" für die Verbreitung der

---

heiligen Concils, zur Ehre Gottes unsers Heilandes, zur Erhöhung der katholischen Religion und zum Heile der christlichen Völker, und erklären es als einen von Gott geoffenbarten Glaubenssatz: daß der römische Papst, wenn er von seinem Lehrstuhle aus (ex cathedra) spricht, das heißt, wenn er in Ausübung seines Amtes als Hirte und Lehrer aller Christen, kraft seiner höchsten apostolischen Gewalt, eine von der gesammten Kirche festzuhaltende, den Glauben oder die Sitten betreffende Lehre entscheidet, vermöge des göttlichen, im heiligen Petrus ihm verheißenen Beistandes, jene Unfehlbarkeit besitzt, mit welcher der göttliche Erlöser seine Kirche in Entscheidung einer den Glauben oder die Sitten betreffenden Lehre ausgestattet wissen wollte; und daß daher solche Entschei-

Papstlehre als der Lehre Christi — was hat es zu Wege gebracht? Nach 9 Jahrhunderten das große Schisma, das die Kirche in zwei Hälften trennte, dann nach 6 Jahrhunderten die Spaltung der abendländischen Hälfte in katholische und evangelische Christen, endlich nach 3 Jahrhunderten die Zerreißung der letzten Beziehungen zu der morgenländischen Hälfte als einer Ketzerkirche und die jüngste Spaltung der abendländischen Katholiken in Unterwürflinge unter den Papst und seine römischen Dogmen und in die Getreuen der Christusoffenbarung gemäß den Aposteln und der Überlieferung!

Ist denn nicht gerade dieses unermüdliche Streben für die Erhöhung des Stuhles und die Erweiterung der Macht zu Rom ein unausgesetztes Erniedern der Kirche und ihrer Institutionen, sowie die Schwächung ihrer Missionsfähigkeit geworden? Wem kann und muß der weitaus größte Schuldantheil zugemessen werden, daß von etwa 1400 Millionen Erdenkindern nach fast 1900 Jahren erst etwa 350 Millionen als Christusgläubige — und diese noch zu einem erheblichen Antheile: als irregeleitete Papstgläubige oder blos Namenschristen — zu verzeichnen sind?

44) Daß „die Bischöfe der ganzen Welt"..... „nach dem Vorbild der uralten Regel" Glaubensstreitigkeiten vor den römischen Stuhl gebracht, ist nicht nur eine erfundene Behauptung wider die Geschichte, sondern auch schon deshalb unwahr, weil es in der „uralten" Zeit sozusagen nur romfreie Kirchen gab und die Beschickung des Papstes meist zu den geradezu mechanischen Unmöglichkeiten gehörte. Oder ist der römische Stuhl in Verhöhnung der technischen Errungenschaften unseres Jahrhunderts gerade für die Zeit von Gott zur Unfehlbarkeit erhöht worden, als die ultramarine und ultramontane Beschickung eines Concils, so wohlfeil, so kurz und leicht geworden war? Ist zudem nicht

---

dungen des römischen Papstes aus sich selbst, nicht aber erst durch die Zustimmung der Kirche, unabänderlich sind.

So aber Jemand dieser Unserer Entscheidung, was Gott verhüte, zu widersprechen wagen sollte: der sei im Banne.

Gegeben zu Rom in der öffenlichen feierlichen Sitzung in der Basilika des Vatican, seit der Menschwerdung des Herrn im Jahre 1870, am 18. Juli, im 25. Jahre Unseres Papstthums.

Für die Ächtheit:

Joseph,
Bischof von St. Pölten,
Sekretär der Vaticanischen Concils.

bekannt, daß „die Bischöfe der ganzen Welt" ihre Synoden versammelten und daß Concilien ohne Papst durch die Kaiser berufen wurden? Ist es denn nicht wieder eine bodenlose Unwahrheit,

45) daß „die Bischöfe der ganzen Welt, bald einzeln, bald in Synoden versammelt, nach der langen Gewohnheit der Kirchen" Stuhlentscheidungen in Rom erbeten hätten? Die Synoden entschieden ohne päpstliche Bestätigung, geschweige denn unter unfehlbarer Mitwirkung, am Wenigsten nach Gefallen und Wink des römischen Bischofs! Oder ist die Unmöglichkeit dieser Idee — abgesehen von den geschichtlichen Thatsachen, z. B. der blosen Existenz autokephaler Kirchen! — nicht durch Aussprüche der Päpste selbst über die Fehlbarkeit der Papst-Entscheidungen Gelasius (492—496) und Pelagius II. (578—590) und durch Aussprüche der Kirche über die Päpste (Honorius und Canonisches Recht) auf's Unwiderleglichste dargethan?

46) Liegt in den Worten: „Die römischen Päpste aber haben.... bald ökumenische Concilien berufen ... bald sich der Particularsynoden ... bedient ... und dann das festzuhalten entschieden" u. s. w. nicht eine eitele Berühmung mit unwahren Dingen? Kein einziges der acht ersten Concilien hat ein römischer Papst berufen! Selbst die in Rom abgehaltenen Diözesansynoden sind nicht vom Papste inspirirt, auch niemals den „ökumenischen Concilien" gleichgestellt worden. Woran im Glauben festzuhalten sei, entschieden dann also niemals die Päpste, sei es hinter den Kirchenversammlungen, sei es auf denselben! sie veröffentlichten nicht einmal amtlich und kraft eignen Rechtes die Entscheidungen der Synoden!

47) Und nun, da Pius IX. sich in diesem conciliarisch nicht berathenen Einschiebsel von 24 Zeilen den uralten (?) Gebrauch (?) der Cathedral-Entscheidungen (?) vindizirt, scheint ihm ein Schimmer der uralten Wahrheit mit unterlaufen zu sein. Er verkündet der Welt, daß die Päpste das „festzuhalten entschieden hätten, was sie als übereinstimmend mit der heiligen Schrift und den apostolischen Überlieferungen unter Gottes Beistand erkannten". Ist denn dieser Beistand nur dem Petrus und nur den römischen Bischöfen oder allen Zwölfen und der Kirche von Christus verliehen worden? Sind denn jemals die Päpste befähigt oder als befähigt anerkannt gewesen, über den Rahmen der „uralten" Glaubens- und Sittenlehren hinausgehend fernere neue Dogmen zu schaffen? Ist Pius IX. berechtigt, sich selbst als Tradition an Stelle der apostolischen Überlieferung anzupreisen? Wenn er nur „unter

Gottes Beistand" aus jenen Quellen, Schrift und Tradition das Richtige zu erkennen vermag, welchen greifbaren Beweis kann er im Momente der Entscheidung oder schon in der Morgenstunde des Entscheidungstages an sich oder in sich oder aus sich erfahren, daß er jetzt diesen Beistand Gottes, diese Wunderkraft, dieses wirksame Charisma genieße? mit andern Worten: Kann der Begriff einer unter Gottes Beistand auf Grund von kirchlichen Quellen-Zeugnissen und unter Übereinstimmung mit denselben zu treffenden Entscheidung noch vereinbar sein mit der Vorstellung einer aus der Person des Erkennenden frei von Übereinstimmung mit der Kirche und den kirchlichen Quellen fließen= den Erkenntniß, dazu einer solchen über außerhalb dieses Quellen= bereichs liegende, unoffenbarte Dinge?

48) Aber es steckt noch ein Sätzchen in dem eingeschobenen Satze: „Die römischen Päpste haben" . . . statt der Berufung von Concilien . . . „sonstwie von der Überzeugung der über den Erdkreis verbreiteten Kirche sich Kenntniß verschafft . . . und dann das festzustellen entschieden" u. s. w.

Als ob sich die Verfasser nun doch einmal mitten in all' ihren Un= wahrheiten und Verstellungen auf eine Weile der verlassenen Pfade be= sonnen hätten!

Oder kann die Vergangenheit die Päpste für aus sich und ge= trennt von der Zustimmung der Kirche unfehlbar erachtet haben, solange dieselben zu ihren Entscheidungen die Überzeugung der Gesammt= kirche des Erdkreises erforschten? Können die Päpste selbst sich für un= fehlbar auch gegen die Überzeugung der Gesammtkirche gehalten haben, wenn sie ihre Entscheidungen aus dieser Überzeugung, und nicht aus dem Schreine der eigenen Brust entnehmen wollten?

Aber abgesehen davon wird den Gläubigen in jenem Sätzchen vor= erst eine neue historische Unwahrheit geboten; denn welcher Papst hat die ecclesia dispersa ausgefragt, als er ex cathedra entschied? war das unter den damaligen Reise= und Verkehrserschwerungen auch nur je bei einem kleinern Theile der Gesammtkirche möglich? wie hätten die rö= mischen Päpste die Überzeugung der schismatischen morgenländischen Kirchen erfahren können, wie hätten sie sich bei den autokephalen Kirchen die bedingende Aufklärung auch nur verschaffen wollen?

Sodann aber hatte Pius nach seiner Angabe die Dogmatisirung der unbefleckten Empfängniß Mariä im Anschlusse an die ecclesia dis= persa vorgenommen. Sollte nicht mit jener Phrase eine von ihm in Widerspruch mit seinem Unfehlbarkeits=Wahn bereits angewandte Theorie

gleichsam durch die Behauptung einer alten kirchlichen Gewohnheit nach=
trägliche Sanctionirung erhalten? Oder aber sagte sich Pius nicht, daß
durch seine jetzige Dogmatisirung der Unfehlbarkeit seine frühern Dogmen
legalisirt und als unfehlbare und göttliche bewahrheitet seien? Und wenn
nicht, konnte denn je eine Entscheidung der zerstreuten Kirche, gewisser=
maßen einer Kirchenversammlung der nicht versammelten Kirche, denkbar
gewesen sein? Zeugnisse der Einzelkirchen ließen sich etwa nach Rom
übermitteln; aber die Concilien sollten berathen, die Väter sollten
auf Grund der Zeugnisse auch Richter sein! Also sollten sie sich gegen=
seitig lehren und weisen, also sollte der heilige Vater nicht auf eigenen
Kopf und in alleiniger unfehlbarer Person das Richteramt üben!

49) „Denn der heilige Geist", fährt das Einschiebsel fort, „ist den
Nachfolgern des Petrus nicht um deßwillen verheißen, damit sie vermöge
einer von ihm erhaltenen Offenbarung eine neue Lehre kund machen,
sondern damit sie unter dessen Beistand die durch die Apostel überlieferte
Offenbarung oder Hinterlage des Glaubens heilig bewahren und treu
auslegen." Warum diese Entstellung der Worte Christi, als ob der Bei=
stand des heiligen Geistes nur dem Petrus und seinen Nachfolgern ver=
heißen sei? Warum das verwegene Geständniß des aus sich Unfehlbaren
von der Unmöglichkeit des Wunders neuer Lehroffenbarungen? Wie stimmt
diese Rede zu dem Munde des Papstes, der über den Bering der Offen=
barung hinaus und sogar entgegen der Offenbarung das Dogma
von der unbefleckten Empfängniß Mariä der Kirche aufoctrohirt hatte
und wiederum eben seine jüngsten Dogmenprojecte mit gefälschten Belegen
zu stützen und gegen den Consens der Kirche aller Jahrhunderte
zu Offenbarungen Christi zu erheben sich anmaßte?

50) Endlich der unbegreifliche Schlußsatz dieser unberathenen Zwischen=
schiebung: „Die apostolische Lehre" der Päpste „haben alle ehrwürdigen
Väter angenommen und die rechtgläubigen heiligen Lehrer haben dieselbe
gelehrt und sind ihr gefolgt. Denn sie hatten die vollkommenste Über=
zeugung, daß dieser Stuhl des heiligen Petrus stets von allem Irrthum
unversehrt bleibt . . . ."

Haben die Lehrer und Väter der Kirche die apostolische Lehre der
Päpste („quorum apostolicam doctrinam") oder haben sie die Lehre der
Apostel erklärt und verkündet? sind die „rechtgläubigen heiligen Lehrer"
beim Unterricht der Getauften den Päpsten oder den Aposteln gefolgt?

Und wozu wiederum die historische Unwahrheit, daß der Stuhl des
heiligen Petrus, welcher übrigens gar nicht in Rom, oder mindestens

nicht in Rom allein gestanden, stets von allem Irrthum unversehrt geblieben sei? Freilich hatte Pius in seinem Syllabus dogmatisch und historisch festgestellt, daß kein einziger Papst die Grenzen seiner Macht überschritten habe. War damit doch die unfehlbare Lehre verkündet, daß einerseits alle Machtäußerungen des Papstthums gemäß göttlichem Sittengesetz gerechtfertigt gewesen, daß anderseits aber auch gerade durch die rechtswidrigen Kraftverirrungen des Papstthums der jedesmal verletzten Sitten= oder Rechtsregeln die göttliche Sanction verliehen worden! Danach sind also alle römische Geschehnisse gerechtfertigt, alle römischen Rechtsanmaßungen heilig und mit Eifer zu wiederholen bis zum Ende — des Papstthums!

51) Und nun ist diesem unwahren Satze von der Überzeugung der Väter und Kirchenlehrer, daß der römische Stuhl stets irrthumslos geblieben, auch ein Grund hinzugefügt, daß es nämlich „eine göttliche Verheißung unseres Herrn und Heilandes" sei, „welche dem Oberhaupte seiner Jünger gegeben worden ist: Ich habe für dich gebetet, auf daß dein Glaube nicht abnehme und du hinwieder bestärke deine Brüder." Wenn dieser Auslegung der Worte Christi die ganze kirchliche Überlieferung widerspricht, Pius sie aber dennoch für sein Lieblingsdogma anführt, hat er sie ausgelegt oder hat er ihr Etwas untergelegt? Gemäß Döllinger's unbestritten gebliebener Behauptung (veröffentlicht bereits im Oktober 1869) widerspricht die Auslegung einer Verheißung der Unfehlbarkeit aller Päpste im Verkehre mit den „Brüdern" a. der ganzen Tradition der alten Kirche. Kein einziger der alten Kirchenlehrer hat auch nur eine Spur einer solchen Verheißung an die Päpste je in dieser Stelle gefunden. Christus hat für Petrus und die übrigen Apostel das Beharren im Glauben, nicht aber Irrthumslosigkeit in ihren Glaubens= und Sitten=Lehrentscheidungen erbeten. Darum hatten die afrikanischen Bischöfe und an ihrer Spitze Cyprian, als sie die Giltigkeit der außerkirchlichen Taufe verwarfen, nicht den Glauben an Christus verloren, und darum kann auch ein innerlich ungläubiger Bischof oder Papst, über Tradition und Existenz einer Lehre befragt, eine richtige rechtgläubige Entscheidung fällen! b. die Auslegung vom 18. Juli 1870 verletzt darum den Eid, den jeder Bischof und Priester geleistet hat. c. Sie widerstrebt allen Regeln der Bibelauslegung und wird daher nie von einem wissenschaftlich gebildeten Exegeten aufgestellt oder gebilligt werden können. d. Sie wird durch eine Reihe von geschichtlichen Thatsachen widerlegt.

Hatten doch auch Pius und seine Helfer, auch die geistlichen Mit=

glieder des Ordens Jesu, geschworen, die heilige Schrift nur dem Sinne entsprechend, den die heilige Mutter Kirche festgehalten hat und festhält, zuzulassen und sie nie anders als gemäß der einmüthigen Übereinstimmung der Väter zu verstehen und auszulegen.

**Somit ist dieser Eid gebrochen!**

Noch mehr — wer gegenüber diesem Vorwurf den höchsten Pontifex in Rom mit muthmaßlichem Versehen oder Nichtwissen entschuldigen will, entschuldigt ihn mit der menschlichen Fehlbarkeit gegenüber seiner Anmaßung einer göttlichen Wissenschaft und beschuldigt ihn des Truges in seiner Behauptung der Unfehlbarkeit!

52) Und nun fährt der Text fort mit einem „Charisma veritatis" das dem Petrus und seinen Nachfolgern in Rom gegeben worden sei. Hier also gründet die Quelle zur Erschließung aller absoluten und göttlichen Wahrheiten, auf einem Wunderwege „divinitus" ist sie gesenkt nicht blos in den Schrein der Brust des Petrus, sondern auch eines jeden seiner sogenannten Nachfolger — leider aber ohne Bestimmung, wer ein solcher sei, wie er gefunden werde, wann und wo die Nachfolge eintreten solle! Denn nicht auf den Nachfolger von irgend einer andern durch Petrus gegründeten Kirche, noch weniger auf alle zusammen oder gleichzeitig, soll die Wunderkraft dieses Charisma übergehen! nur dem römischen Bischofsstuhle eignet diese Wunderquelle!

Wer hat das je gelehrt? Wo hat Pius das gelernt?

Und nun verkündet uns derselbe auch den Zweck jenes Charisma dahin, „daß die gesammte Heerde Christi von der vergifteten Lockspeise des Irrthums abgezogen und auf der Weide der himmlischen Lehre genährt werde, damit endlich aller Anlaß zur Spaltung entfernt, so die ganze Kirche in ihrer Einheit bewahrt und auf ihrer Grundveste ruhend fest dastehe gegen die Pforten der Hölle." Ist diese Zweckangabe eine aufrichtige? Hat Pius die Unfehlbarkeit, um nicht zu sagen die Last und Verantwortlichkeit dieses Amtes, auf sich genommen, um der Kirche zu nützen? Enthielten die Papstlehren der Vergangenheit denn nicht gerade selbst giftige Verlockungen zum Irrthum, waren sie stets eine Weide reiner christlicher Lehre, boten sie nur Keime des kirchlichen Friedens und erwiesen sich als Grundveste der Einheit der Gesammtkirche?

Die Bejahung dieser Fragen ist eine Geschichts-Lüge! Als die Papstmacht noch in der Wiege schlummerte, konnte die Kirche ihre Streitigkeiten und Spaltungen aus sich allein und aus ihrer innern Kraft überwinden, und sogar die mächtigste Irrlehre der Vorzeit, der Arianismus,

ist ohne den Papst — um nicht zu sagen gegen den Papst — gemäß
dem ihr und nicht den Päpsten verliehenen göttlichen Beistande entkräftet
worden. Alle nicht mehr zu überwindenden Irrlehren aber und gerade
die drei großen Zerreißungen der Gesammtkirche vom 9., 16. und 19. Jahr=
hundert sind päpstliche Machenschaften und sind durch römische Schutz=
dogmen auch zur Erstarkung und Verbreitung gefördert worden! Sollte
denn Rom oder wer sonst mittels der nunmehrigen Papstvergottung und
der heidnischen Vermehrung der göttlichen drei Personen auf mindestens
fünf die Logik der Geschichte zurückzuwenden und mit denselben Einrich=
tungen nnd Mitteln die entgegengesetztesten Wirkungen zu erzielen sich
vermeinen?

53) Und „diese Gnadengabe" spricht Pius sich zu „approbante
concilio". Dieses Concil war thatsächlich nie ein allgemeines, jetzt war
es überhaupt nicht mehr eines. Auch wenn alles Geschehene ungeschehen
gemacht worden wäre, so war es doch nur eine Zusammenkunft der
Infallibilisten, einer Enclave der Gesammtkirche, also der Privat=
kirche des Papstes, so blieb es auch für die römische Kirche nur
ein Rumpfconcil mit einem unberechtigten, nicht diesem Rumpfe angehörigen
Kopfe und ohne die organischen, zur Ganzheit nothwendigen Glieder!

Aber wenn das Alles hätte anders sein können, was bedeutete dann
„approbante concilio" anders als eine neue Täuschung mittels Unwahr=
heit? Hatten doch die Bischöfe ihre Hirtenstäbe überhaupt nicht nach
Rom mitbringen dürfen! sie sollten nicht zur Weide und zur Predigt
ausziehen dürfen! — Sollte nur harmlos gesagt sein: „während das
Concil zustimmte" oder heißt es gemäß der päpstlich Molitor'schen Über=
setzung absichtsvoll: „mit" (wohl „mittels") „der Zustimmung des Con=
cils" — immerhin erklärt der Papst, daß er ohne Zustimmung des Concils
unfehlbar sei und seine Entscheidungen aus sich selbst und nicht aus der Zu=
stimmung der Kirche, also wiederum des Concils, unabänderlich richtig
würden. Der Papst trumpft jede Zustimmung, wobei das Concil sich ab=
trumpfen läßt und Bete wird, indem es zustimmt zu dem ohne Zu=
stimmung giltigen Ausspruche, daß es überhaupt nicht zuzustimmen
habe und — darin liegt der gewaltsamste Schlag in die klarliegende
Vergangenheit der Kirchen= und Conciliengeschichte — daß es nie zu=
zustimmen gehabt, daher jedes frühere Concil trotz der Zustim=
mung seiner (sogar mit ökumenischer Vollständigkeit) versammelten Bischöfe
an und für sich schon der Unfehlbarkeit entbehrt habe!

Und hier liegt nun der betrügerische Schluß: entweder hat das

Concil zu beschließen ohne und sogar gegen den Papst: dann hatte Pius auch mit Approbation Nichts zu erklären! Oder das Concil kann nicht ohne den Papst: dann ist es mehr wie ein approbirter Nothhelfer, es hat seinerseits frei zu stimmen! nur ist beider Unfehlbarkeit eine gebundene und bedingte, d. h. keine! Oder endlich der Papst kann ohne das Concil beschließen: dann bedarf Pius nicht der Approbation und die Einführung der Redewendung von des Concils Zustimmung ist eine Täuschung des Publikum, als ob das päpstliche Auftreten in diesem Cirkel sich der Genehmigung der hohen Obern zu erfreuen habe.

Hat sich damit nicht auch eine andere Entwickelung, d. h. eine verkünstelte Verwickelung, vollzogen: nämlich die vom Begriffe der Kirche? — Die Ecclesia (die christliche Gemeinde, und so auch die Bischofskirche, Gesammtkirche) ist der **Inbegriff der unter ihrem Oberhaupte, Jesus Christus, vereinigten Gläubigen,** auch der hinübergegangenen in der ecclesia triumphans. Ist nicht aus dieser organischen „Vereinigung der Gläubigen unter dem Haupte Christus" zunächst von Rom aus entwickelt worden: eine **„Vereinigung der Christgläubigen, deren unsichtbares Haupt Jesus Christus, deren sichtbares Haupt der Papst ist"?** Und ist nicht dann von Rom aus die Begriffsbestimmung in ihrer Mangelhaftigkeit noch eingeengt worden dahin, daß man den genirenden Gottmenschen neben sich escamotirte und daß dann der nicht mehr genirte Nebengott allein auf dem Throne restirte? Von Rom ausgehend rückt allmälich, aber frömmlich durchdacht, die Begriffsbestimmung in die Predigten, Lehr- und Gebetbücher vor, daß die Kirche sei **„die Vereinigung der Gläubigen unter ihrem sichtbaren Oberhaupte, dem Papste zu Rom"** oder — in Umdrehung der Constanzer Concilsformel, daß der Papst der oberste Diener der Kirche ist — kurzgefaßt: **„die Kirche ist die Magd des Papstes"** — doch nein! das ist ihm noch zu wenig: **„die Kirche ist der Papst in Rom!"**

Haben wir damit nicht die Identität der Infallibilitas ex sese? Hat das Decret vom 18. Juli 1870 nicht Werth und Stellung von Papst und von Kirche vertauscht und der letztern Unfehlbarkeit dem erstern zugetheilt? Ist damit nicht der Beweis gegen die Papstunfehlbarkeit in vollstem Maaße geliefert? Denn: wurde der Papst in der Weise infallibel, daß bei der Kirche keine Infallibilität mehr bestand, so bestand auch keine beim Papste, da er nun die Kirche selbst war! Und wenn in der Genehmigung der jetzt abtretenden, abreisenden, nicht abstimmenden Mehrheit der hohen Obern ein vertragsmäßiges Übertragen irgend einer Kunst oder Macht an den römischen Papst gefunden werden soll, kann dieses vertragliche Approbiren einen weitern Bering der Kirche als den der vaticanischen Restkirche der römischen Theilkirche aus der abendländischen Hälfte der christlichen Gesammtkirche verpflichten?

54) Wozu all' dieser Jammer der Entstellung und Verdrehung, der Verschiebung und Verschweigung, und vor allem der gewollten Unwahrheit? Numquid Deus indiget mendacio vestro, ut pro eo loquamini dolos? Dieses Geriren mit Trugwerk unter Hintansetzung des geleisteten Priester- oder Bischofs- oder Papsteides kann nicht einmal mehr mittels des jesuitischen Lehrausspruches: „Der gute Zweck heiligt die schlechten Mittel" zur Gunst einer Urtheilsabschwächung — von Entschuldigung gar nicht zu reden — gelangen. Wir stehen vor dem Papste nicht nur als „dem höchsten Orakel", sondern auch „als dem höchsten Unicum" aller Menschen- und Staatengeschichte. Noch nie ist zu irdischen Zwecken eine Gewalt mit ähnlichen Mitteln gegründet, ein klar vorliegender gottesfeindlicher Zweck mit gotteswidrigen Mitteln verfolgt worden, wie hier in Dingen unseres Verstandes und Glaubens und unseres Gottes selbst!

Aber Pius bestand auf seinem „Schein", auf den so gewonnenen falschen, aus dem „Schreine seiner unfehlbaren Brust" erhobenen Beweisstücken für den Thron seiner vermeintlichen Allgewalt und seiner Glorie in der „Hülle des Fleisches Christi", aus der „die er selber spricht", d. h. für einen Thron, der auf thönerne Füße und nicht auf den Felsen des Glaubens gegründet bleibt!

Oder wird Jemand einen Grund alles dessen im Ernste finden wollen in der schleichenden, sogenannten „latenten Tradition"?

Hätte jemals die hergebrachte allein giltige patente auch nur halbwegs oder auch nur dem Namen nach eine latente neben sich, geschweige denn gegen sich gekannt, so hat Pius IX. ja selbst sie damals nicht anrufen wollen! Er hat Schrift und Schriften, Sprüche der Väter und Concilien, Lehren und Thaten der Hofcurialisten und Palastkünstler, wie gefälscht sie auch waren, für den Altersbeweis seiner neuen Hofdogmen in Anspruch genommen! Denn er selbst war noch nicht zu der Sonnennähe des Wahnglaubens seiner päpstlichen Allmacht emporgelangt, mit der er unter Heraufbeschwörung einer spät erfundenen verborgenen Tratidion eine 1870jährige offenbare und greifbare umstürzen und begraben zu können sich vermaß.

## XI.
## Die Papſtkirche in ihrem weitern Abirren von Chriſtus und der Katholizität.

„Aber wofern wir, oder ein Engel vom Himmel, Euch predigen mögte anders, als was wir Euch gepredigt haben; Fluch ſei ihm! Wie wir geſagt, ſag' ich's nun abermal: Wofern Jemand Euch predigen mögte anders, als was Ihr überkommen habt, Fluch ſei ihm!"

Galat. 1, 8. 9.

„Und ergriffen ward das Thier und der falſche Prophet mit ihm, der Zeichen gethan vor ihm, durch welche er verführt hat die, welche das Kennzeichen des Thiers annahmen und deſſen Bild anbeten."

Apoc. 19, 21.

**151.** Als ob „crux de cruce", der als „Kreuz über Kreuz" vorbedeutete Pius, noch einer Kreuzvermehrung für ſich und zumal für die Kirche bedurft hätte! Er hatte Trug über Trug zu einem Gewebe anſcheinender Begründung verknüpft und ſo neben einem Pſeudo = Cyrill und Pſeudo = Iſidor zur Zeit von deren gründlichſter Entſchleierung und Widerlegung jetzt einen Pſeudo = Pius mit vollſtändiger Pius = Tradition erdichtet, die er in Ignorirung aller Entſchleierungen und Widerlegungen der Kirche und dem Erbkreiſe, allen Kirchen und Mächten der Welt, der Vergangenheit und ſpäteſten Zukunft, der ſtreitenden Kirche hienieden wie der triumphirenden im Reiche der Himmel ohne Beben als göttliche Wahrheit verkündigte: mit freier Stirne, entgegen den Concilsvätern, — nicht zur größern Ehre Gottes, aber — zu ſeiner eigenen Glorifizirung und Vergottung!

Wenn man, und damit ein ferneres Wort gegenüber Herrn Biſchof Korum, dieſe Corrumpirung von Schrift und Überlieferung, von Wahrheit und Wiſſen, von menſchlicher Vernunft und Würde und gleichzeitig die große Zahl von Klerikern und Laien in's Auge faßt, die durch all' jene päpſtlichen Fälſchungen verfangen worden ſind, dann kann nur der noch mit Herrn Korum einen göttlichen Act für dieſen Tag geſetzt finden, der die Worte Chriſti an Petrus: „Von nun an wirſt Du Menſchen fangen" in ähnlicher Schrift = und Traditionswidrigkeit als ein Gebot zum Verfangen der Oberflächlichen und Leichtgläubigen, der Verſtandes = und Nahrungsloſen mittels jenes Lug = und Truggewebes zum Abfall vom Glauben und von der Kirche auffaſſen will.

[Nun wohl — Chriſtus ſchreitet ja nur als der Gekreuzigte durch die Geſchichte der Völker und der Zeiten! Und den großen antichriſtlichen Abfall hat er vorhergeſchaut.]

Daß damit der Papst als der gewissermaßen von Christus selbst in der Person des heiligen Petrus eingesetzte Zerstörer des Christen= thums hingestellt wäre, bedarf am Wenigsten noch einer Beleuchtung, wenn man sich vor Augen führt, was Alles jetzt dogmatisch in der Kirche festgestellt war.

152. Vor Allem beruhte nun doch der Universalbischof und der unfehlbare Papst auf einer Offenbarung und Einsetzung Christi! wie und wodurch — das war weder aus der Schrift, noch aus der Geschichte zu ergründen. Also mußte Christus es ganz insgeheim — nicht den Zwölfen, aber — dem Petrus anvertraut haben. Er hatte demselben natürlich dabei in so zu nennender latenter Offenbarung zugleich aufgetragen, seinerseits es geheim zu halten und die Mitapostel auf Missionen reisen, lehren und schreiben zu lassen, als ob er gar nicht Universalbischof und oberster unfehlbarer Großsiegelbewahrer der geoffenbarten und noch durch ihn und seine Nachfolger in Rom zu offenbarender Geheimnisse sei. Er hatte Petrus demgemäß auch angewiesen, bei einem etwaigen Streite zwischen ihm und den Aposteln zusammt Paulus sich lieber selbst wider= legen, belehren und von Paulus sich eher sogar Vorwürfe machen zu lassen, als von seiner Erleuchtung und Himmelsgabe Etwas zu verrathen, geschweige denn auf deren Ausübung zu bestehen, koste es selbst 1870 jährige Glaubensverirrung, Kirchenspaltung und Verfassungsfälschung in der durch sein Leiden und Sterben so theuer erkauften Heilsanstalt der Erlösung hienieden; denn die Wahrheit wird die Erlösten nicht frei machen! Sie bedürfen des Lichtes derselben nicht, um römisch unfrei zu sein! — End= lich hatte Christus den Petrus auch gewarnt, selbst vor seinem Tode von diesem Geheimniß Etwas zu verplaudern, noch weniger einen Nachfolger in seiner stillverschwiegenen Universalbischofs= und Unfehlbarkeits=Stellung zu belieben; denn einst nach fast zweitausend Jahren werde kommen der Tag, wo das von ihm jetzt auf Petrus gegründete unheilige Ilion hinsinken werde, um dem Reform=Ilion eines Würdigern, größern Apostels, eines noch kräftigern Fundamentfelsens und Wahrheitsapostels die Stätte zu räumen!

Nur das könne er dem Petrus auch nicht insgeheim verrathen und das würden auch die Gregor und Innocenz und Pius nicht errathen, ob im Falle der Stimmengleichheit bei der Wahl oder der Spaltung in italienische und französische Obedienzien die zwei Päpste mit Theil= oder mit Solidar= oder mit Collectiv=Unfehlbarkeit existirten, oder ob bei Papst und Gegenpapst je ein solidarisch unfehlbarer oder ein primärer mit prinzipaler Unfehlbarkeit und ein secundärer mit accefforischer oder gar eventualer Unfehlbarkeit verfehen fei, oder ob bei zwei Päpften nicht als Obmann alsbald ein Dritter mit Unfehlbarkeitsfuprematie dazu gewählt werden müffe. Oder ift auch nur eine diefer dogmatifch wichtigen Fragen von Gregor, Bonifaz, Innocenz, Urban oder Pius, vielleicht auch Dr. Krementz, Dr. Kopp oder Dr. Korum im Sinne entweder latenter oder patenter chriftlicher Offenbarung bis heute gelöft worden?

153. Und ferner mußte Chriftus gewiffe Lehren mit dem Charakter unverletzlicher ewiger Wahrheit ertheilt, aber insgeheim den Auftrag an= gereiht haben, fie einftweilen nicht zu kennen, dann zu übertreten — denn: die Unwahrheit wird Euch frei machen — um zuletzt ihre Über= tretung als feine Lehre zu predigen. Daß keiner unter den Apofteln höher denn der andere und keiner der andern Meifter fei, und daß der Größte unter ihnen wie der Kleinfte und der Oberfte wie der Diener, daß fein Reich nicht von diefer Welt und dem Kaifer zu geben fei, was des Kaifers ift, daß der Bifchof fei eines Weibes Mann und die recht= mäßig gefchloffene Ehe fowohl eines Priefters wie eines Laien felbft gegenüber dem Spruche eines Gregor VII. oder irgend welch' fpätern Papftes unaufgelöft bleiben folle. — Hierfür muß der Herr der Offen= barung dahin feinen Auftrag gegeben haben: Gehet hin in alle Welt und lehret das Gegentheil von dem, was ich Euch laut und offen gelehrt habe; denn diefes Gegentheil habe ich Euch ja in der Geheimfprache der latenten Offenbarung anvertraut.

Und vor Allem muß Chriftus, als er fein Hauptgesetz, das der Liebe und Duldung, mit der ausdrücklichen Weifung verkündete, daß man das Unkraut ftehen und mit dem Weizen wachfen laffe bis zum Tage der Ernte, dem Petrus in latenter Zufprache auch Verfolgung und Schmähung Andersgläubiger, leibliche Strafen der Ketzer und Feuertod der Hexen und Irrlehrer für alle feine Nachfolger — glücklicherweife nur für die auf dem heiligen Stuhle in Rom — aufgetragen haben.

154. Welche entfetzlichen Abirrungen von diefen Geboten Chrifti zeigen die Cathedralentfcheidungen der Päpfte mit der Zeit ihres An= laufes nach der Allgewalt auf Erden? Und ift es nicht gleichfam eine Thatfache des Hohnes, daß in derfelben Welt und Herrfcherftadt, in der die heidnifchen Kaifer als „divi" göttliche Verehrung ertrotzt und der Chriften Geift und Leib gemartert und getödtet hatten, nun der Papft als der neue Eroberer der Leib und Geift marternden Allgewalt auf Erden beehrt und befungen wurde: ein Priefter mit weltlichem

Herrscherrechte, und sogar mit unumschränktem über alle irdischen Subjecte und Objecte, der nunmehr als sanctus die Überzeugungen bannte, als vicedeus und als deus selbst dem menschlichen Wissen neue Wahrheiten aus dem Himmel herabreichte und als dreifach gekrönter summus pontifex alle weltlichen Machthaber als Ausgeburten der Hölle und des Satans unter seine Füße trat, welche durch hündige Niederwerfung und Fußkuß der zur Freiheit neugeborenen Christenheit als die heiligen Figuren des „Himmelskönig" abortirt wurden! Sollte dieser höchste Alleinbischof und Alleinkaiser zu Rom doch auch ewig seine Residenz als die „urbs aeterna" von unvergänglicher Dauer, und seine Herrschaft die „Königin des Erdkreises" sein!

Noch zur Hälfte des 6. Jahrhunderts konnte ein deutscher Stammes= fürst Childebert I. den unfehlbaren höchsten Alleinherrscher Pelagius I. zur Nachweisung seines Glaubensbekenntnisses auffordern — und dieser entspricht trotz seiner Allgewalt und Irrthumslosigkeit, indem er ver= sichert, daß auch er durch die heilige Schrift dem Könige zum Gehorsam verpflichtet sei. Noch mit dem Ausgange des achten Jahrhunderts sahen die kirchlichen Würdenträger zusammt dem in Rom in Carl dem Großen nicht nur ihren Schützer und der Kirche Schirmer, sondern auch den obersten Lenker und Neugestalter aller kirchlichen Ver= hältnisse und Angelegenheiten. Rom war zwar die erste Stadt des Deutschen Reiches, aber ohne gesetzgebende oder regierende oder ober= richterliche Gewalt. (Sollte das nicht den Worten Christi und der Be= stimmung seines geistigen Reiches auf der Erde allein entsprechend ge= wesen sein?)

Im Kaiserreiche Carl's des Großen war die Kirche noch nicht ein Reich von dieser Welt! Berief doch der Kaiser die damaligen Sy= noden. insbesondere das große Frankfurter Concil, hatte doch er auf diesem den Vorsitz; nöthigte doch er den Papst, daß dieser des adop= tianischen Streites halber eine Synode in Rom halte, und die Synode von Altino, daß sie gänzlich nach seinem Dafürhalten ihre Beschlüsse ändere oder aufgebe; sandte er doch Argilbert nach Rom, daß dieser „inständig ermahne (den apostolischen Herrn, unsern Vater) zu jeder Ehr= barkeit seines Lebens und besonders zur Befolgung der heiligen Canones für fromme Leitung der Kirche des heiligen Gottes" und daß er „in ihn des Öftern dringe, wie wenige Jahre diese Ehre dauere, die er jetzt hat, und wieviele hindurch der Lohn dauere, der dem Gutarbeitenden gegeben wird", worauf Leo III. antwortet: „Wenn wir es unzuständiger

Weise gethan haben und bei den Unterthanen die Grenzen des gerechten Gesetzes nicht eingehalten haben, wollen wir nach Euerm und Eueres Gesandten Urtheile Alles verbessern."

(War dieser Papst trotz seiner von Pius IX. ihm ohne Approbation des Concils nachoctroyirten Unfehlbarkeit derselben wissend und theilhaftig? oder war er sich seiner Irrthumsfähigkeit und auch dessen bewußt, daß ein römischer Papst sowohl dem canonischen Rechte gemäß von den heiligen Canones abirren, wie auch dem päpstlichen Syllabus zuwider die Grenzen seiner Zuständigkeit und des gerechten Gesetzes überschreiten könne?)

Und nicht nur im kaiserlichen Rom — im Heidenthum überhaupt finden sich während der damaligen und der bald folgenden Zeit der Analogieen manche für das Werdende und schon theilweise Gewordene in der Papstgeschichte, das nun als die Zukunftsreligion Roms geheiligt dastehen und verehrt werden soll.

Während sich im Mittelalter auch die Mongolenfürsten „König der Könige" nannten und nach ihrer Mahlzeit durch Trompetenschall verkünden ließen, daß sie wohl gespeist hätten und nun auch allen Fürsten der Erde wohl zu speisen gestatteten, während in Tibet der Dalai=Lama ebenfalls als „höchster unfehlbarer Priester" seine Lehrsätze eröffnet, göttliche Natur in sich verspürt und daher sich auch für echte „Incarnation der Gottheit" erklärt, während auch der Sultan von seinen Koransclaven als „der Schatten Gottes auf Erden" mit hündiger Proskynäse adorirt wird, ist der Schützer und Schirmherr der christlichen Kirche des Mittelalters in dieselbe dienende Stellung zum Papste gekommen, wie die Kirche selbst zur „Magd des Papstes" erniedrigt worden. Der Kaiser, dem der heilige Petrus vordem (nach Theodulf, dem Bischof von Orleans) die Schlüssel der Kirche anvertraut hat, der die Kirche verwaltet und den Klerus regiert, ist allmälig zu den „ossa aride" (der civiltà cattolica), zu den „dürren Gebeinen" geworfen, als welche der römische Himmels=, Erden= und Fegefeuerskönig alle weltlichen Machthaber, deren Cabinette und Parlamente vermöge seiner nicht immer unblutigen Gottesurtheile zu Fall und zu Grab gebracht hat.

Sind es nicht wiederum alle die Fälschungen und Erdichtungen heiliger und profaner Texte, welche erst angefertigt und dann mißbraucht werden mußten, damit auch selbst nach der totalen und fundamentalen Niederlage der päpstlichen Weltherrschaft eines Bonifaz VIII. Deutsch=

land und Kaiser Ludwig von Rom niedergestreckt und das Reich mit den vielfachen Wunden bedeckt dalag, die ihm durch ultramontane Politik beigebracht worden und „an denen sich Kaiserthum und deutsche National=einheit verbluten" mußte?

1. Zunächst soll die Fiction jener geheimen Contre=Offenbarung an Petrus gewissermaßen bewahrheitet werden, indem der Begründer des Gregorianischen Kirchen=Staatsrechts, Anselm von Lucca (1080—1086), die papstgünstigen Er=dichtungen des Pseudo=Isidor zusammenstellt und ordnet, endlich auch durch neue Fictionen bereichert, sein Werk, nun zu Gunsten der päpstlichen Hof= und Palastdogmen als geoffenbartes Christuswort angreift, so daß jetzt in demselben für jede Kategorie dieser dogmatischen Revolutionen codifizirte Evolutionen von unfehlbaren Papstgesetzen geschaffen sind! Mittels dieser Beweisstücke, die selbst unbewiesen sind, und der Unfehlbarkeitsergüsse hervorragender Päpste bezüglich ihrer Regierungsgewalt, ihrer Rechts= und insbesondere Strafrechts=pflege kann es Gregor VII. (1073—1085) dann unternehmen, in seinem Dictatus den vorgefundenen Pseudo=Isidorischen Decretalen neue Unwahr=heiten beizumischen und so in seinen Erlassen an die weltlichen Fürsten (Deutsch=land, Ungarn, Polen, den griechischen Kaiser Nikephorus Botoniates, König Wratislaw von Böhmen, Demetrius von Rußland, die spanischen Grafen, König Sweno von Dänemark, Herzog Orzoc von Cagliari, Graf Aversa bezüglich Fürstenthum Gaëta u. s. w.) den Beweis zu führen, daß den Päpsten von jeher ein göttliches Recht zur Absetzung der Regenten gegeben ge=wesen und deren Bann das von Christus dem Petrus und seinen Nach=folgern — zum Glück beim Unglück nur denen in Rom — verliehene Straf=mittel sei.

2. Die Päpste seit Pseudo=Isidor, und gerade Gregor VII., verherrlichen die Fälschung durch den Stempel ihrer Unfehlbarkeit, indem sie verkünden und selbst durchführen: „Der Papst hat die ihm durch besonderes Privileg verliehene Macht, die Thüren des himmlischen Reiches denen zu öffnen und zu schließen, welchen er nur immer will." Und Gregor kann sich nicht enthalten, diesen Pseudo=Worten des Papstes Julius I. (336—352) zum Zwecke seines Universal=despotismus sein Erstaunen anzureihen: „Ihm, dem die Gewalt den Himmel zu öffnen und zu schließen gegeben ist, soll es nicht zustehen, über die Erde zu Gericht zu sitzen?"

3. So hat Gregor VII. mit seiner „Gewalt zu binden im Himmel und auf Erden" Alles gekonnt, wessen er begehrte: Er zuerst entband auf Grund dieser Gewalt die Unterthanen der Fürsten vom Treueid; er bewies der Welt, daß er Königreiche, Herzogthümer, Grafschaften, kurz allen menschlichen Besitz nehmen und geben könne, denn er habe die Macht zu binden und zu lösen. Dieser Auffassung der päpstlichen Allgewalt wurde nun ein aus Pseudo=Isidor herübergezerrter Begriff beigemischt, der einer von Petrus auf die Päpste vererbten Unschuld und Heiligkeit! Und Gregor stützte sich auf ihn zu seinen Zwecken!

4. Als diese Theorie angesichts der Papstgreuel in Rom keine ganz

achtunggebietende mehr schien, veröffentlichte der Cardinal Deusdedit eine Er=
gänzung desselben dahin: Wenn ein Papst sein und seiner Brüder Heil ver=
nachläffigt, sich und Allen zum Schaden wird, sogar unzählige Völker schaaren=
weise mit sich in die Hölle reißt, so kann Niemand sich erkühnen, ihm sein
Verbrechen vorzuhalten, „weil er, der alle richten kann, von Niemandem ge=
richtet werden darf außer wenn er etwa auf Abfall vom Glauben befunden
würde." Und das ist von Gratian (Dist: 40. cap. 6) in's canonische Recht
übernommen!

5. „Wie von göttlicher Autorität getragen" herrschten die damals neuen
Bestimmungen des Decretes Gratian's, daß es nicht nur erlaubt, sondern sogar
Pflicht sei, die Menschen zum Glauben und Sämmtlichem, was zum Glauben
gerechnet werde, mit allen Gewaltmaßregeln zu zwingen, Häretiker zu quälen,
ihres Eigenthums zu berauben und sogar hinzurichten. Bereits Nikolaus I.
(858—867) hatte in seinem Schreiben an den griechischen Kaiser Michael be=
hauptet, nach dem Canon VI des Concils zu Constantinopel (381) sei jeder
Gebannte und Schismatiker auch alsbald als Häretiker anzusehen.
Diese gröbliche Verdrehung des Canons wurde in das Decret Gratian's über=
nommen, so daß gerade damals, als die Ketzerei mit der Todesstrafe belegt
war, jeder einem päpstlichen Befehle nicht Gehorchende oder einer päpstlichen
Lehrentscheidung Widersprechende als vogelfreier und todeswürdiger Ketzer blos=
gestellt war. — Und nun entstand auch die bekannte Entscheidung Urban's II.
(1088—1089, can. 23. qu. 5. c. 6.), daß derjenige, der aus Eifer für die
Kirche einen Excommunizirten umbringe, keineswegs als Mörder zu behandeln
sei, woraus folge, daß man solche nicht blos geißeln, sondern auch hinrichten
laffen dürfe. (c. 48, daf.)

6. Gregor lehrte: Könige und Herzöge haben ihre Entstehung von denen,
die in Unwissenheit über Gott sich in Stolz, Raub, Untreue, Mord und fast
jeglichem Verbrechen, blinder Herrschgier und unerträglicher Anmaßung über
ihre Mitmenschen erhoben haben. Er gelangte aber auch zu der weitern Lehre,
daß jeder rechtmäßige Papst persönlich heilig sei ("meritis beati
Petri sanctus fit"), — ein Satz, der angesichts der Papstverbrechen und der
vom Papste und den Cardinälen offen betriebenen damaligen Ketzerei der
Simonie nicht allzu geeignet war, zu allgemeiner Glaubwürdigkeit zu gelangen.

7. Nach dem Gregorianischen System ist der gesammte Klerus der welt=
lichen Gewalt und der Gerichtsbarkeit, insbesondere den bürgerlichen Ge=
richten entzogen und aus dem Unterthanenverband herausgerissen. Er hat
nur einen Herrn und Herrscher in der Person des Papstes, der über ihn in=
direct durch den Bischof und bei Exemtion auch direct gebietet, ihn endlich als
Werkzeug für die Vollstreckung seiner Gebote gebraucht. Diese Lösung von
weltlichem Gesetz und Gericht beruht jetzt auf göttlicher Anordnung! Kein
Geistlicher darf auf diese seine Standesprivilegien verzichten; denn sie gehören
nicht ihm an, sondern der ganzen Kirche! Damit wurde der Klerus vom
Papste gefesselt, durch den Cölibat in anderer Richtung für den Papst frei=
gemacht, und so entstand diesem ein kurzweg gehorchendes, den christlichen Laien
aber ein entfremdetes Beamtenheer von eignem Standesgefühl und =Interesse!

8. Während Gregor VII. schon das Papstthum als die selbstleuchtende Sonne und das Kaiserthum als den von ihr erst erhellten Mond be= zeichnet hatte, ging Innocenz III. (1198—1216) nun so weit, daß er sich auf den Text: „Ich habe Dich gesetzt über die Völker und Reiche, damit Du aus= rottest und zerstreuest, aufbauest und pflanzest" stützte und lehrte: „Man muß wissen, daß Gott zwei große Lichter am Firmament des Himmels gemacht hat, das größere zur Leuchte für den Tag und das kleinere zur Leuchte für die Nacht. Jedes ist groß, aber eines größer: nämlich das für das Firmament des Himmels, d. h. der gesammten Kirche hat Gott diese zwei großen Lichter gemacht, d. h. er setzte zwei Würden ein, die päpstliche Autorität und die könig= liche Macht. Aber jene ist größer, da sie dem Tage, d. i. den geistlichen An= gelegenheiten vorsteht; die aber den fleischlichen Dingen (?) vorsteht, ist die kleinere, damit erkannt werde, wie groß der Abstand zwischen Sonne und Mond, so groß sei auch der zwischen Papst und Regenten . . . Die zwei Schwerter bei Luk. 22, 38 bedeuten die kirchliche und die weltliche Gewalt; beide gehören dem Papste, der das letztere vom Fürsten führen läßt für die Kirche und entsprechend dem päpstlichen Gebote!

9. Gregor VII. und Innocenz III. verkünden und befolgen den Gedanken, daß der Statthalter Gottes auf Erden an den göttlichen Eigenschaften theilnehme, dieser zum unbeschränkten Hüter und Herrscher über alle staatlichen, gesellschaftlichen und religiösen Verhältnisse ge= ordnet sei, ohne einen Eingriff in die Ausübung der Herrscherrechte dulden zu dürfen.

10. Nach Innocenz III. ist alle weltliche Gewalt durch die Beschränktheit und Leidenschaft der Menschen entstanden und dem göttlichen Weltplan eigent= lich fremd, während das Priesterthum an Würde voransteht, wie es an Alter (?) vorangeht. Königthum wie Priesterthum war im Volke Gottes eingerichtet, aber letzteres durch göttliche Einsetzung, ersteres durch menschliche Ausschreitung. Und doch besteht die Entscheidung aus seinem unfehlbaren Munde, daß Gehorsam gegen eine ketzerische Entscheidung des Papstes Sünde sei und daß er als Papst wegen einer Verfehlung gegen den Glauben von der Kirche gerichtet werden müsse.

11. Innocenz III. beanspruchte nunmehr für die Kirche in seiner berüch= tigten Decretale „Novit" das Recht der Censur gegen Jeglichen wegen einer Sünde (decernere de peccato, cujus ad nos pertinet sine dubitatione censura, quam in quemlibet exercere possumus et debemus), indem er sich auf göttliche Einrichtung stützt, „da unsere Macht nicht von Menschen, son= dern von Gott stammt, und kein Geistesgesunder verkennen kann, daß es zu unserm Amte gehört, wegen jedweder Todsünde einen jeglichen Christ zu er= greifen und bei ausbleibender Besserung mit kirchlicher Strafe zu bändigen." Und solches Recht stehe ihm auch gegen die Fürsten zu; denn es gebe bei Gott keinen Unterschied der Person. — In Wirklichkeit hat die Kirche alle Verbrechen der Laien und insbesondere auch der Fürsten im Mittelalter in ihren Gerichtszwang gezogen, und zwar nicht blos etwa Meineid, Ehebruch, Concubinat, Doppelehe, sondern auch Wucher, Münzfälschung, Betrügereien,

und hat bürgerliche Strafen über die Thäter verhängt. Und das wurde und war geltendes Recht! Jetzt wucherte eine neue Macht über Fürsten, Völker und Gerichtshöfe und die „evangelische Denunziation" konnte jeden Streit vor den Papst nach Rom bringen.

12. Als die Titulatur der Päpste seit Innocenz III. von „Stellvertreter Petri" in „Stellvertreter Christi" umgewandelt worden und der römische Bischof sich als die Hand des allmächtigen Gottes auf Erden hinstellte, war statt der Gewalt der Bischöfe, die (wohl alle) damals diesen letztern Titel sich selbst bei= gelegt hatten, hoch über diesen in dem Papste eine Universalgewalt „jegliche irdische und weltliche Schranke überschreitend" aufgerichtet. Es sollte diese Stell= vertretung in Rom jetzt die allein maßgebende und Alles in sich aufnehmende werden, durch die eine Freiheit der Kirche nur in der Papstherrschaft, d. i. in der Beherrschung von Allem und Allen gegeben sei!

13. Und nun wird unter Gregor IX. (1227—1241) der Papst („qui non puri hominis, sed veri Dei vicem gerit in terris,") der eigentliche Herr und Gebieter der ganzen Welt („et in universo mundo rerum obtineret et corporum principatum"). Der Besitz der weltlichen Fürsten ist nur eine Anleihe bei den Päpsten, keine Veräußerung (?) seitens dieser! Sie haben von deren Wesen und Umfang nie auch nur das Geringste abgegeben. — Nach seinem von Innocenz IV. (1243—1254) wiederholten Ausspruche hat Christus in Petrus dem Papste die ganze Welt geschenkt — und zwar nicht: „wenn Du niederfällst und mich anbetest", sondern: „damit Du die Christenheit und die ganze Welt vor Dir niederfallen läßt, um Dich anzubeten."

14. Innocenz IV. (1243—1254) legte denn auch mit allem Erfolg dem Klerus die Fesseln der Unterwerfung unter den Papst an und verstärkte die päpstliche Macht durch das Gebot: Wenn der Papst etwas Ungerechtes befiehlt, so gibt es keinen höhern, mit dem darüber gestritten werden könne; daher haben geistliche und kirchliche Personen solchen Befehlen, auch wenn sie auf Ungerechtes zielen, zu entsprechen, da es Niemandem gestattet ist, über die Handlungen des Papstes ein Urtheil zu fällen, — es sei denn, daß des Unfehlbaren irreformabeler Befehl eine Häresie enthalte oder die Kirche mit Umsturz bedrohe.

15. Derselbe Innocenz IV. betont mit noch kräftigern Worten den be= rechtigten Absolutismus der päpstlichen Weltherrschaft, da die weltliche Macht naturgemäß und unbedingt von Christus dem Papste verliehen sei, als er dem heiligen Petrus die Schlüssel nicht nur des Himmel=, sondern auch des Erdenreiches gegeben und dadurch eine irdische Königsherrschaft gegründet habe; „denn unser Herr Jesus Christus war, wie wahrer Mensch und wahrer Gott, so nach der Ordnung Melchisedech's ein wahrer König und wahrer Priester ... und hat in dem apostolischen Stuhle eine nicht nur pontificale, sondern auch königliche Monarchenherrschaft eingerich= tet ..." „Im Schooße der Kirche nämlich werden die beiden Schwerter be= wahrt; wer in ihm sich nicht hält, hat keines von beiden; die Macht des welt= lichen Schwertes ruht implicite in der Kirche, wird aber entfaltet (ex=plicatur) durch den Kaiser, indem er sie von derselben erhält, und was im

Busen der Kirche der Fähigkeit nach (potentialis) und eingeschlossen bereits besteht, gelangt erst zur Wirksamkeit seiner Verwendung (fit actualis), sobald es auf den Regenten übertragen wird."

16. Jetzt errichtet Innocenz IV. diese unmittelbare Staatsherr= lichkeit über die Welt und Alles in ihr nicht nur als etwas Selbst= verständliches, er erniedrigt nicht nur die Fürstengewalt zu einer vom Papste verliehenen, sondern sie ist jetzt nur mehr soweit eine legitime, als sie von den Fürsten überhaupt noch gemäß päpstlicher Weisung ausgeübt wird. Geistliche und weltliche Gesammtmacht ist im Papste vereinigt, und nicht hat Constantin in seiner Schenkung von Landbesitz an Silvester I. dem rö= mischen Papste erst Etwas gegeben, vielmehr hat dieser das Dominium über alle Länder der Erde (secularis imperii principatum ... naturaliter et potentialiter) gemäß der Natur, sowie allem Inhalte und Umfange nach un= mittelbar und unbedingt von Christus erhalten. Constantin hat also der Kirche nur das zurückgegeben, was er zu Unrecht besaß, und zwar lediglich einen Theil dessen, was Christus dem römischen Stuhle be= reits verliehen, als er die päpstliche und königliche Alleinherr= schaft gründete.

17. Die Krönung dieses staatswidrigen und gemeingefährlichen Systems erhebt sich in der seitens einer großen Zahl der Minoritätsbischöfe des letzten Concils gegen die Unfehlbarkeit in's Treffen geführten Bulle „Unam sanc- tam" (18. XI. 1302) von Bonifaz VIII. (1295—1303). In der Petition vom 10. April 1870 erklärten die Bischöfe aus Deutschland, Österreich=Ungarn, Frankreich, Italien, England und Amerika unter der Führung des Cardinal Rauscher, daß mit der Papst=Unfehlbarkeit diese Bulle geltendes Recht und göttliches Dogma werden, aber auch jeder Katholik ein getaufter Staatsfeind sein müsse, daß sie daher das beabsichtigte Dogma für verwerflich gegenüber der Staatsgewalt und daher dessen Definirung schon durch die Existenz dieser Bulle für ausgeschlossen erachten müßten. Dieselbe ist von dem nicht öku= menischen 5. lateranischen Concile erlassen, in das Corpus juris canonici auf= genommen, von dem unfehlbaren Leo X. 1517 in feierlicher Weise bestätigt und durch das neueste vaticanische Concil bewußt und absichtlich in volle dogmatische Kraft gesetzt, wie denn die civiltà cattolica vom 3. April 1869 S. 22 die Welt schon im Voraus mit dieser Inkraftsetzung bedroht hatte!

18. Und wie mißbraucht diese Bulle die Offenbarungsworte des Er= lösers? Dieser hatte gesagt: „Es muß auch das noch an mir erfüllt werden, was geschrieben steht: Er ward unter die Übelthäter gerechnet" — und die Apostel sagten: „Herr, siehe, hier sind zwei Schwerter. Er aber sprach: Es ist genug." (Luk. 22, 27. 28.) Die Bulle sagt: Das Evangelium lehrt uns, daß zwei Schwerter in der Kirche und ihrer Gewalt sind, das geistliche und das weltliche Schwert; denn da die Apostel sagten: „Siehe, hier sind zwei Schwerter", nämlich in der Kirche, antwortet der Herr nicht, es sei zu viel, sondern es sei genug. Fürwahr, wer da leugnet, daß das weltliche Schwert in die Gewalt des Petrus gelegt sei, vergißt (?) sicherlich das Wort Christi: „Stecke (?) Dein Schwert in die Scheide." Daher sind beide Schwerter

in der Hand der Kirche, das spirituale und das materiale, nur daß dieses für die Kirche, jenes aber von der Kirche zu handhaben ist: jenes durch die Hand des Priesters, dieses durch die Hand der Könige und Krieger, jedoch nur nach dem Winke und der Zulassung des Priesters. Es muß nämlich das eine Schwert dem andern unterworfen und die weltliche Autorität der geistlichen Macht unterstellt sein. Denn da der Apostel sagt: „Es ist keine Gewalt, es sei denn von Gott, und da die, welche hienieden geordnet sind, von Gott geordnet sind", so würde keine göttliche Ordnung vorhanden sein, wenn nicht ein Schwert unter dem andern stünde und als das geringere gleichsam durch das andere wieder eingeführt würde zu seiner Höhe... Denn die Wahr= heit bezeugt es, die geistliche Macht muß die irdische Macht unterweisen und muß sie, wenn sie nicht gut ist, richten. So belegt diesen Satz die Prophe= zeihung Jeremiä: „Ich habe Dich heute gesetzt über die Völker und Reiche.." Wenn jedoch die höchste Macht abirrt, wird sie von Gott allein gerichtet; denn sie kann nicht von einem Menschen gerichtet werden, da der Apostel bezeugt: „Der pneumatische Mensch richtet Alles; er selbst wird von Niemandem ge= richtet." Denn diese Autorität ist keine menschliche, sondern vielmehr eine göttliche, wie sie dem Petrus und seinen Nachfolgern vom Herrn verliehen ist in den Worten: „Was Du binden wirst" u. s. w. ... Des Fernern erklären, bestimmen, entscheiden und verkünden wir, daß es überhaupt jeder mensch= lichen Creatur, wenn sie vom ewigen Heile nicht ausgeschlossen sein soll, nothwendig ist, dem römischen Pontifex unterworfen zu sein. — So mußte mit biblischen Worten verfahren und so ein päpstliches Vorspiel zu den absichtlichen Text=Fälschungen des Schlußactes vom 18. Juli 1870 gegeben werden. Wie menschlich und mißbräuchlich das Vorspiel, so über= wältigend seine widerlegende Bedeutung gegenüber dem Unfehlbarkeits=Decret! Als letzteres die Bulle Bonifaz' VIII. zur unfehlbaren Wahrheit erhoben, mußte es als gerichtet dastehen und unter dem Gewicht der Schrift= und Kopf= verdrehungen in Nichts versinken!

19. Eugen IV. (1431—1437) hatte in diesen Gesetzen nach den kate= gorischen Entscheidungen der Reformconcilien des 15. Jahrhunderts die Stütze, sich fernerhin mit allem Trotz hoch über alle Kirchengetze zu erheben, weil auch Christus sich hienieden dem Gesetze untergeordnet habe, aber in Wirklichkeit der Herr des Gesetzes gewesen sei, so daß der Papst, der erst einem jeglichen Gesetze Kraft verleihe, frei mit denselben schalten könne. Mit dieser bei der Curie zur baldigen Herrschaft gelangenden Doctrin erklärte Eugen dem Könige Karl VII., es sei lächerlich, ihn die canonischen Bestim= mungen lehren zu wollen, deren Erlaß, Verkündung, Beachtung und Aus= legung von den Päpsten ausgehe und die von denselben geändert, gemildert, zeitweise außer Kraft gesetzt oder für immer unterdrückt werden könnten, weil es in deren Macht gelegen sei, Rechte zu schaffen und auszulegen.

20. Mehr wie je gilt also auch formell unter der wiederholten Heiligung der Bulle von 1302 noch heute in der römischen Kirche als geistliches und staatliches Recht und Gesetz, daß schon allein durch die Taufe, auch wenn sie außerhalb der päpstlichen Gemeinschaft erfolgt ist, Jedermänniglich ein Unter=

than des Papstes geworden ist und es auf Lebenszeit verbleibt, daher er allen
Papstgesetzen und der päpstlichen Gerichtsbarkeit vom Banne bis zu der Tor-
tur, von der Vermögenseinziehung bis zum Todesurtheil, d. i. bis zum Feuertode, unterworfen ist!

21. Dem Papste stand jetzt auch im umfassendsten Maße das Recht zu,
was die alte Kirche für uncanonisch gehalten haben würde, nämlich sich in die
Besetzung der Priester- und Bischofsstellen aller Länder einzu-
drängen und selbständig Pfründen vergeben zu können. Die Synode
zu Lyon (1245) hatte protestirt; aber Clemens IV. (1264—1268) befestigte
dem römischen Stuhle die Vollgewalt (plenaria dispositio), alle Stellen, nicht
nur so sie frei sind, sondern auch für die Zeit, so sie würden frei werden, nach
Befinden zu vergeben. Jetzt haben die Bischöfe jedesmal den Päpsten
den Gehorsams= oder eigentlich den Vasalleneid zu schwören, sie
haben denselben in kirchlichen und politischen Dingen unbeding-
ten Gehorsam zu leisten. Innocenz III. konnte bereits diejenigen deutschen
Bischöfe für der Excommunication verfallen erklären, welche, obwohl „gefesselt
durch die Pflicht der Treue und das Band des Eides" seinen Candidaten Otto
nicht zum Könige wählen würden, wie er den Bischöfen zu Trier, Cöln, Mainz
u. s. w. verkündigte.

22. Unter Betonung „der Tugend des Gehorsams", „der Verpflichtung zur Treue, durch die (die Bischöfe) an den Papst und an
die römische Kirche gekettet seien", endlich „unter Strafe der Excommunication" gelingt den Päpsten die Verdrängung der Hohenstaufen
vom deutschen Throne; unter dieser Bedrohung ergeht von Alexander IV.
(1254—1261) an den Erzbischof Gerard von Mainz der „strikte Befehl, den Knaben Conrad weder zu wählen, noch seiner Wahl zuzustimmen".

Warum sollte nicht Pius II. (1458—1464) auch soweit gelangen, dem
Erzbischof von Mainz die Aufklärung zu ertheilen, daß er ohne Zustimmung
des Papstes keine Reichsversammlung zu halten habe und daß der Bischof eine
Verletzung seines Eides dem Papste gegenüber begehe, wenn er eine
dem Papste etwa zum Nachtheil gereichende Wahrheit äußere.

155. Es war also seitens der Bischöfe des letzten Concils keine
ihrem Eide widersprechende Stimmabgabe, daß sie zu Gunsten von
Pius IX. und nicht zum Nachtheil seiner Unfehlbarkeit, seines Universal=
episcopates und seines hiermit neuerworbenen mittelalterlichen Macht-
bereiches sich erklärten, beziehentlich ihre Erklärung verschwiegen, beziehentlich zu Hause die nicht verschwiegene schleunigst widerriefen!

So hat die Gregorianische Allgewalt in soviel Jahrhunderten
am Webstuhl der Papstheit schnelllebiges Kleid zu weben gewußt! — Und ist in irgend einer spätern Zeit irgend ein Papst von
diesen Gerechtsamen zurückgetreten, oder hat irgend einer sie auch nur

theoretisch ruhen gelassen, geschweige denn, daß er sie von der Cathedra herab amtlich verworfen hätte?

23. Im Jahre 1558 verkündete der unfehlbare Papst Paul IV. die von Pius V. später noch wiederholte Bulle Cum es apostolatus officio, indem er „aus der Fülle seiner apostolischen Gewalt definirte", daß der höchste Pontifex in Rom die Vollgewalt der Herrschaft über die Völker und Königreiche besitze, daß diese seinem Richterspruche unterworfen, also, da bei jedem Rechtshandel eine materies peccati zu finden bleibe, unter die Entscheidung des Papstes gebeugt sein sollten, daß jeglicher Regent, der nach etwaigem päpstlichen Urtheile in Ketzerei oder kirchliche Spaltung verfallen sollte, ohne förmliches Verfahren durch unabänderliches Erkenntniß „der Regierung für immer verlustig und der Todes= strafe schuldig" sei, daß ihm aber Niemand, auch nicht aus Menschlichkeit, Hilfe gewähren dürfe, selbst auch kein Regent, denn ein solcher solle sofort seines Landes verlustig und dieses die Beute eines papstergebenen Fürsten sein; wenn der abgesetzte Monarch aber auch zu Einsicht und Reue komme, könne damit nur Begnadigung zur Buße in lebenslänglicher Klosterhaft erwirkt werden, wegen der materies peccati solle aber auch jeder Private der Wohl= thaten des bürgerlichen Rechts verlustig und wer einen solchen schütze, der Excommunication verfallen, vogelfrei und Jedem preisgegeben sein, der sich den Blutlohn verdienen wolle.

24. Ein gleichgestimmtes cathedralisches Edict, an dem die Päpste Jahr= hunderte lang gearbeitet haben, die Abendmahlsbulle, wurde zuerst unter Gregor XI. (1372) abgefaßt, von Gregor XII. (1411) wiederholt, sodann von Pius V. (1568) mit Zusätzen versehen, und endlich unter Urban VIII. (1627) als ein ewiges Gesetz der Christenheit, das im Beichtstuhl dem Gewissen der Gläubigen einzuschärfen sei, in ihre endgiltige Fassung gebracht. Nach ihr sind Alle, welche Ketzer aufnehmen, begünstigen oder vertheidigen, Fürsten, welche Andersgläubigen Aufenthalt in ihren Ländern bewilligen oder ohne besondere päpstliche Gestattung Steuern auflegen, Civil= oder Criminaljustiz ausüben, zusammt ihren Beamten, Exe= cutoren und Henkern als Ketzer verflucht! Verdammt im Namen des allmächtigen Gottes sind aber alle Lutheraner und Strandräuber, alle Zwingli= aner und Korsaren, alle Calvinisten und Seediebe, alle Hugenotten und Plün= derer römischer Pilgrime, endlich auch die — kirchliche Würdenträger nicht aus= genommen —, welche päpstliche Briefe und Erlasse verfälscht oder fälschlich angefertigt haben!˙

25. Und wie steht das Papstthum unserer Zeit zu diesen Unfehlbarkeits= aussprüchen?

a) Diese Abendmahlsbulle wurde alljährlich bis zu den Zeiten Clemens XIV. in Rom am Gründonnerstage, und zwar zu Gehör der Gesandten aller ver= bannten Regenten, von Neuem laut publicirt. Pius IX. hat sie durch seine Constitution vom 14. Oktober 1869 obwohl in einiger Beschränkung erneuert und am 14. Dezember 1869 nicht nur unter den Vätern des Concils ver= theilen, sondern auch durch Anschlagen an die hergebrachten Stellen der

Stadt als Gesetz der ganzen Kirche veröffentlichen laſſen. Auch iſt ſie
ſeitdem, z. B. noch im Jahre 1882 am 18. April, in der Sixta zu Rom
amtlich verleſen worden!

b) Wenn ferner Pius IX. am 8. Dezember 1864 in ſeinem Syllabus erklären konnte, daß die Kirche (oder vielmehr der Papſt) die mittel= und un=
mittelbare zeitliche Gewalt, ſowie die Macht zur Anwendung von
äußerm Zwang beſitze, daß keiner der Päpſte ſeither die Grenzen ſeiner Macht
überſchritten oder Rechte der weltlichen Regenten ſich beigelegt hätte,
endlich daß es ein ſchlimmer Irrthum ſei, Proteſtanten müßten gleiche
politiſche Rechte wie die Katholiken genießen und es beſtehe keine
Möglichkeit der Verſöhnung des römiſchen Pontifex mit dem Fortſchritt, dem
Liberalismus und der modernen Civiliſation, kann dann der Papſtkatholik
leugnen, daß die angeführten ſämmtlichen Ausſprüche früherer unfehlbarer
Päpſte heute ſo ſehr wie damals unabänderbare Cathedrallehren ſind? Und
dagegen kann es auch mit der Ableugnung dieſer Cathedralqualität keine
ultramontane Ausflucht mehr geben! Denn auch ohne dieſe Qualität bleibt nur
das Dilemma: Entweder ſind dieſe Ausſprüche keine Wahrheit, ſondern lediglich
( .... um eine Bezeichnung des Herrn Dr. Reichensperger anzuwenden)
„bloſer Curialſtil,“ — dann beweiſen ſie, wie Unwahrheit und Unfehlbarkeit
und Allgewalt der Päpſte gemacht worden iſt und was von dem unfehlbaren
Rom nicht Alles gemacht werden kann, um als latente Überlieferung ſachte
eingeſchmuggelt, dann von verirrten höchſten Geſetzgebern ein Jahrtauſend lang
verkündet und vollzogen zu werden; oder ſie ſind von der römiſchen Cathedra
herab der Chriſtenheit wirklich geoffenbart und gelehrt: Dann ſteht der Papſt
ſelbſt nicht auf einer Cathedra, ſondern ſtets nur auf der allgemein menſchlichen
Stufe alles Fehlbaren, Irrenden und Ausſchreitenden, ja iſt ſogar zu einzelnen
Zeiten gar ſehr unter dieſe Stufe heruntergeſunken!

c) Als im Jahre 1869 der italieniſche Prieſter Tagliaferri in der
Rivista universale das Verhältniß zwiſchen der kirchlichen und weltlichen
Gewalt, als das der Trennung beider unter gegenſeitiger Achtung
bezeichnete, rectifizirte ihn Pius IX. durch ſeine Civiltà cattolica (S. 139 Jahr-
gang 1869) und betonte die alleinige Zuläſſigkeit der Unterordnung der
weltlichen Gewalt unter die geiſtliche. Er begründete:

Wenngleich das Ziel des Staates und der bürgerlichen Geſellſchaft aus=
ſchließlich das zeitliche Glück, dieſes aber bei der Unſterblichkeit der menſch=
lichen Seele dem ewigen Glücke untergeordnet ſein muß, ſo muß auch
die Kirche die Herrſchaft haben; denn nur ſie führt gemäß der ihr allein von
Chriſtus verliehenen Mittel zur Erreichung des ewigen Glückes. Der Katholik
muß daher mehr der Kirche als dem Staate gehorchen. Das iſt auch die Lehre
der dogmatiſchen Bulle Bonifaz’ VIII: Unam sanctam und „iſt die
Lehre der ganzen lehrenden Kirche.“ — Die Kirche kann nie etwas
Ungerechtes verlangen, und dadurch iſt das zur Domäne des Staates Gehörige
vollkommen geſichert gegen Eingriffe der kirchlichen Gewalt. Wenn die Grenz-
linie allerdings nicht immer klar erkennbar iſt, ſo darf doch der Staat als
der untergeordnete Theil nie mit der Kirche in Streit kommen,

sondern nach ehrfurchtsvollen Remonstrationen und vernünftigen Discussionen nur die Kirche entscheiden lassen: deren Entscheidung muß er sich wie einer ge= richtlichen unterwerfen. — Gott wird nicht zulassen, daß die Kirche in einen verderblichen Irrthum falle, wie ein solcher die Anmaßung fremder Rechte sein würde, daher auch der Syllabus in Nr. 23 den Satz verdammt, römische Päpste und ökumenische Concilien hätten die Grenzen ihrer Gewalt überschritten und Rechte der Fürsten an sich gerissen. — Die christlichen Grundsätze hierüber sind von Thomas von Aquin dahin ausgesprochen, daß die weltliche Gewalt der geistlichen untergeordnet sei wie der Leib der Seele, daher ein geistlicher Vorgesetzter, ohne Übergriffe zu begehen, dennoch in weltliche Dinge eingreifen könne. Die gemischten Dinge (Ehe, Begräbniß, Wohl= thätigkeitsanstalten) stehen zwar unter beiden Gewalten, aber nur so, daß die den höchsten Rang einnehmende kirchliche Gewalt direct intervenirt, verbessert und annullirt. Die rein weltlichen Dinge (Steuern, Militärwesen, bürgerliche Ge= richte) müssen durch die kirchliche Autorität corrigirt und außer Kraft gesetzt werden können, da sie indirect (ratione peccati) auch unter die kirchliche Recht= sprechung fallen, sofern die bezüglichen Gesetze Unsittlichkeit fördern oder das geistliche Wohl der Völker schädigen. Der kirchlichen Autorität steht zu, die öffentlichen Sünden zu verhüten und die Hindernisse auf dem Wege des ewigen Heiles ihrer Völker zu beseitigen.

d) Und hat sich doch gerade Pius IX. durch seinen eigenen unfehlbaren Mund als Vertreter jenes Gregorianischen Prinzips kund gegeben. Im Februar 1870 legte er bereits dem Concile den Entwurf zu einem Decrete vor, das die ganze europäische Welt in Verblüffung brachte, da es gerade an erster Stelle unter jener mittelalterlichen Machtbehauptung die Omni= potenz der Kirche über den Staat, den Streit des Papstthums gegen die Nationen und die bürgerliche Gesellschaft verkündete. Wurde doch auch gegenüber einer ehrfürchtigen Bitte des französischen Ministeriums nunmehr am 19. März 1870 der ganze Inhalt des vorgelegten Schema in energischer Sprache wiederholt und dem Papste das unbedingte Recht der höchsten und un= abwendbaren Entscheidung in allen Dingen des Glaubens und der Moral zu= gesprochen. Von Pius IX. ausgegangen ist doch auch geltend das dann folgende offizielle Bekenntniß seines Cardinal=Staatssekretärs Antonelli gegenüber der Denkschrift Daru, des französischen Ministers des Auswärtigen, zur Ver= theidigung der Rechte des Staates gegen jenes Schema. Obwohl dieselbe von mehreren Mächten (Österreich, Preußen, Bayern) unterstützt war, wollte Antonelli „mit einer Widerlegung nicht behelligen, aber damit beruhigen: In der Theorie sind wir eifrig und hochfliegend wie Gregor VII. und Innocenz III., in der Praxis sind wir nachgiebig und geduldig, und namentlich Concordatsstaaten wie Frankreich werden von unserer Seite keine Änderung des Verhältnisses er= fahren." Also: Das von jenen unfehlbaren Päpsten gegebene göttliche Gesetz der höchsten päpstlicher Herrschergewalt kann politisch wirksam von dem Cardinal= Staatssekretär, dem weltlichen Beamten des Papstkönigs zu diplomatischen Zwecken auch moderirt und modulirt werden! Aber: Wie würde es den ossa aride des concordatsbrüchigen Österreich und des „die Pest des Protestantismus und Freimaurerthums" bergenden und schützenden Preußen in der Praxis jener

Theorie ergehen müssen, sofern diese Praxis nunmehr jener Theorie gerecht werden könnte und dürfte!

e) Aus Pius' unfehlbarem Munde geflossen, muß doch jene Stelle des dem Concile vorgelegten Schema's über den römischen Pontifex als Papstdogma gelten, welche „die ketzerische Lehre" derjenigen verdammen und verwerfen wollte, „welche die Verbindung der geistlichen und weltlichen Macht in den römischen Päpsten für einen Widerspruch mit dem göttlichen Recht erklären," nicht minder auch „die falsche Ansicht solcher, die behaupten, es sei nicht Sache der Kirche," d. i. des Papstes selbst und allein, „mit autoritativer Macht über das Verhältniß der weltlichen Herrschaft zu dem Besten der ganzen Christenheit Etwas festzusetzen, und es stehe den Katholiken frei, von den in dieser Angelegenheit ergangenen Entscheidungen abzuweichen und eine andere Meinung zu haben." Beweisen und bestätigen sich denn diese römischen Dogmen nicht durch zahlreiche Reden und Anträge der sogenannten katholischen Fractionen, Vereine und Generalversammlungen, insbesondere dem stets wiederkehrenden Antrag auf Herstellung des Kirchenstaates mit seinem Papstkönig in Rom?

f) Als am 20. Juli 1871 eine Gesandtschaft der Akademie der katholischen Religion in Rom vom Cardinal Asquin Pius IX. vorgestellt wurde, hat er doch die Fortdauer solcher Befugniß zu Gesetzgebung und -Anwendung aufrecht erhalten! Als er damals sagte, das Recht der Absetzung der Fürsten und der Entbindung der Völker vom Treueide sei keineswegs in seiner Unfehlbarkeit eingeschlossen, es sei von den Päpsten einige Male in äußerster Noth ausgeübt worden und beruhe auf dem damaligen öffentlichen Rechte (?) und dem Übereinkommen der christlichen Nationen (?), hat er es nicht aufgeben wollen, noch weniger aufgeben dürfen! Oder — wenn es vielmehr nicht in der Unfehlbarkeit eingeschlossen ist, hat der Papst es dann überhaupt nicht? Kann er es nicht jeden Tag ausüben, so oft er eine allgemeine Entscheidung sittlicher Natur ergehen läßt? Haben alle die vormaligen unfehlbaren Päpste es nicht auch außer den Fällen der Noth als in ihrer Stellung schon begründet den christlichen Nationen verkündet und den noch nicht christlichen aufgenöthigt? Wenn aber in der Noth angewendet, hatten die Päpste solche schwere Nöthe nicht selbst durch ihre eigenen Machtanmaßungen herbeibeschworen, z. B. schon als sie die Unfehlbarkeit und die unumschränkte Gewalt ihrer beiden Schwerter — man weiß mit welchen Mitteln — anstrebten? Wer hat denn das damalige öffentliche Recht überhaupt gefunden und gelenkt, ausgeprägt und beherrscht?

g) Und derselbe Pius, der bei jener Erwiderung gleichzeitig leugnete, daß ein unfehlbares Papsturtheil über eine Offenbarungs= (das soll heißen: auch über eine bisher unbekannte und daher Nicht=Offenbarungs)=Wahrheit eine Beziehung zu dem öffentlichen, dem Staatsrechte und Strafrechte der Völker habe, verdammte und erklärte für null und nichtig (wie einst 1215 Innocenz III. die Magna Charta Englands) am 22. Juni 1868 die österreichische Verfassung, diesen „unaussprechlichen Greuel." Pius IX. wußte, wie vordem Leo XII. im Jahre 1824 gegenüber der französischen Charte und wie Gregor XVI. im Jahre 1832 gegenüber der belgischen Verfassung Gewissensfreiheit für eine verrückte Abgeschmacktheit, Preßfreiheit für eine pest= schwangere Irrlehre und die Gestattung protestantischer und israelitischer Lehr= und Erziehungsanstalten für eine abominabele Gesetzgebung zu erklären.

h) Hat Pius IX. nicht dementsprechend, wie Innocenz X. durch seine Bulle Zelus domus Dei vom 20. November 1648 den westphälischen Friedensschluß, so in seinen Bullen und Encykliken österreichische, preußische und deutsche Gesetze für „null und nichtig" erklärt, sie verdammt, ihnen jeglichen Einfluß für die Vergangenheit, Gegenwart und Zukunft abdecretirt, die Unter= thanen vor Befolgung gewarnt und mit Bann bedroht, endlich sie von dem etwa geschworenen Eide bezüglich ihrer Nachachtung auf Grund seiner eigenen Macht entbunden, und das im Reichensperger'schen Curialstil? Denn der Aus= spruch an die Erzbischöfe Deutschlands im Jahre 1789 aus dem Munde Pius VI: „Pacem Westfalicam ecclesia nunquam probavit" verewigt die betheuerte Vernichtungsabsicht des römischen Vergewaltigers!

26. Und was ist inzwischen ausgesprochene, den unfehlbaren Papst leitende und beherrschende Jesuitenlehre bezüglich Kirche und Staat?

a) Zunächst ist von den Jesuiten (insbesondere Schrader und Hurter) der Syllabus als ausgestattet erklärt „mit dogmatischem Charakter und Werth, so daß er die Kraft der Unfehlbarkeit besitzt! Die Jesuitenschüler (Hergen= röther in München und Bischof Senestrey in Regensburg) erklären ihn als „Glaubensregel im weitern Sinne" und seine Sätze als sämmtlich für alle Katholiken dogmatisch."

b) Dann sind von dem Jesuiten Matheo Liberatore, Professor an der Sapienza in Rom, in der Civiltà cattolica und später in dem „La chiesa et lo Stato" betitelten Werke folgende Grundsätze gelehrt:

„Wer von Gott als Richter über Völker und Könige, Individuen und Nationen gesetzt ist, in wessen Person eine Macht höchster und göttlicher Ord= nung Fleisch angenommen hat, der kann in der menschlichen Gesellschaft keiner irdischen Hoheit unterthan sein."

„Der römische Pontifex ist in unbeschränktester Weise von Gott auf den Gipfel jeglicher Oberherrschaft gestellt."

„Im römischen Pontifex gipfeln wie in einer Spitze die beiden Gewalten; da er der Stellvertreter Christi ist, so ist er nicht nur der ewige Priester, son= dern auch der König der Könige und der Herr der Herrschenden ... Als Vertreter Christi und Oberhaupt der Kirche ist er der mittelbare Vorsteher der geistlichen und der unmittelbare der weltlichen Ordnung."

„Die Staatsgewalten sind, wie die alten von Rom unterjochten Reiche Rom unterworfen und Rom zinspflichtig waren, so gemäß ihrer Natur dem untergeordnet, was das wahre Universalreich ist."

„Daher müssen dem christlichen Priesterstande und vorzüglich dem rö= mischen Pontifex die bürgerlichen Befehlshaber des christlichen Volkes untergeordnet sein."

„Die Kirche" (d. i. im Jesuiten=Stil der Papst) „hat das Recht, Alles,

was in der wenngleich weltlichen Ordnung wider Recht und Sittlichkeit ver=
fügt ist, abzuändern und aufzuheben …"

„So haben die römischen Päpste stets gehandelt, bis zu dem heute re=
gierenden Pionono, der mehrfach verschiedene von den modernen Parlamenten
Europas festgestellte Gesetze mißbilligt und vernichtet hat." (O, über
den Reichensperger'schen Curialstil!)

„Die Unterordnung des Staates unter die Kirche begründet die
Pflicht der politischen Gewalt, ihre materielle Macht in den Dienst
gegen die Feinde der Religion zu stellen."

„Gewissensfreiheit zeigt sich als reine Verrücktheit."

„Jeder Getaufte ist mehr Unterthan des Papstes als irgend
welches andern irdischen Herrschers."

„Die christlichen Völker jedweder Nation, … auch das deutsche
Volk … sind auf dem geistlichen Gebiete Unterthanen des Papstes, ja
sogar mehr des Papstes als ihres Königs oder Kaisers … sie sind
wahre Unterthanen des Papstes … Die vollste Wahrheit ist, daß sie
zwei Herrscher haben, einen weltlichen und einen geistlichen, diesen in seiner
Residenz zu Rom, der Metropole der katholischen Welt."

„Die Katholiken sind nicht weniger Unterthanen des Papstes als ihres
Fürsten. Ja, sie sind sogar mehr Unterthanen des erstern als des letztern.
Was wollte der Staat einwenden, wenn der Papst demgemäß dazu über=
ginge, die Zahl der zum Militärdienst Ausgehobenen herabzu=
setzen?" (und durch Sprengung des Dreibundes sich auf die Beine und drei
Reiche auf die Kniee zu bringen?)

„Nach göttlichem Rechte ist der Priesterstand der Rechtsprechung der welt=
lichen Regenten entzogen und allein der des Papstes unterworfen … Dieser
ist es, der in eigener Person oder durch Andere oder unmittelbar oder mittel=
bar sie regiert, sie richtet und sie bestraft."

c) Und wie lautet das neueste Product dieser Papst= und Jesuiten=
dogmatik? Pater Kathrein erklärt in den „Stimmen aus Maria Laach":
„Die Kirche ist ein souveränes Königreich auf Erden, welches alle
Zeiten und Länder umspannt", und zwar „nicht blos einen katholischen Staat,
… sondern jeden Staat, in welchem wenigstens ein bedeutender Theil der Be=
völkerung der Weltkirche angehört …" Aber sollen wir nicht auch ihn in
seinen Lehren bezüglich der Schule wie oben seinen Confrater in denen bezüg=
lich der Heeresstärke des Staates noch anhören? „Aus diesen Grundwahr=
heiten, welche ebenso viele Glaubenslehren enthalten, an denen ein Katholik
gar nicht zweifeln darf, ergeben sich sehr viele Schlußfolgerungen über das
Verhältniß von Kirche und Staat …" „Die Ertheilung, Leitung und
Beaufsichtigung der gesammten religiösen Erziehung und Beleh=
rung auf allen Stufen und für alle Lebensalter ist ausschließliche Sache der
Kirche …" „In Bezug auf kirchliche Schulen steht dem Staate höchstens das
Recht zu, sich zu überzeugen, ob die Wohnungen den allgemeinen, gesundheit=
lichen Gesetzen genügen. Der staatliche Schulzwang ist durchaus verwerf=
lich. Sind Lesen, Schreiben und Rechnen ohne alle Ausnahmen

unentbehrlich?"... „Der Staat muß wieder aus der Schule hinausgetrieben werden. Den geistlichen Behörden, in erster Linie dem Papste, steht das Recht der kirchlichen Straf= und Disziplinargewalt zu und in der Ausübung ihres Rechtes hängen sie von Niemand auf Erden ab. Soweit indirect mit der Excommunication bürgerliche Folgen verknüpft sind, hat der Staat dieselben anzuerkennen." Freilich — an Stelle der Staatsschulen soll Papstwahn lehrend auftreten!

Was Alles ist nicht mit dem 18. Juli 1870 und durch sein dogmatisches Decret nachgerade unfehlbare Offenbarung Christi mit der Verheißung seines nie weichenden Beistandes, sowie der erleuchtenden und erhaltenden Kraft des heiligen Geistes geworden? Ist nicht der Syllabus zusammt dem ganzen System des Ultramontanismus für den Papstkatholik unfehlbare dogmatische Wahrheit geworden? sind nicht deren Sätze am 18. Juli 1870 durch die Unfehlbarkeitserklärung solche geworden, die derselbe Mund zur politischen und kirchlichen Wahrheit, sowie zur christlichen Nachachtung gesetzt haben soll, welcher keinen der Apostel zum Herrn und Meister gesetzt wissen und kein Reich von dieser Welt, wohl aber die christliche Freiheit in der Kindschaft Gottes und nicht die Opfergabe des Verstandes an den Papst hienieden geordnet haben wollte?

**156.** Und unbegreiflicher Weise muß Christus in der That noch viele „Heilswahrheiten" in seiner Kirche gewollt, aber deren directes Gegentheil den Aposteln, also auch dem Petrus, zur unfehlbaren Kundgabe aufgetragen haben!

Zunächst bezüglich seiner Menschwerdung und der Natur seiner leiblichen Mutter. Welche Stadien haben mit der Päpste Hilfe die Theorien hierüber durchgemacht, welche Widersprüche der einen gegen die andern sind, gelehrt und gepriesen worden, bis Pius IX. am Ende das Gegentheil vom Anfang zum Dogma erhoben hat! Wie entwickelte sich und wohin gelangte diese Theologie?

1. Gemäß der heiligen Schrift haben „alle Menschen gesündigt und ermangeln des Ruhmes vor Gott" und „Über alle Menschen ist der Tod gekommen, in welchem alle gesündigt haben." Wer darf alles Lügen heißen?

2. Nach Origenes, Chrysostomus, Pseudo=Chrysostomus, Augustinus, Cyrill von Alexandrien, Basilius und Amphilochius ist die Gottesgebärerin Maria nicht schuldfrei; denn sie hat zu drei verschiedenen Malen in ihrem Leben sich wider ihren göttlichen Sohn durch Gedanken des Zweifels und Unglaubens vergangen, und nur damit sie einen Halt

im Glauben gewinne, hat der sterbende Heiland ihr in dem Evangelisten, dem Jünger, den er lieb hatte, einen Sohn zugewiesen. Nach dem Glauben dieser Zeiten und Männer bedurfte es also auf Seiten der Gottesmutter weder der Reinheit von Sünde, noch der Unfähigkeit zu sündigen.

3. Das ganze erste christliche Jahrtausend hindurch und einige hundert Jahre weiter kennt man nur mit Paulus eine einzige Ausnahme von der Empfängniß ohne Erbsünde, nämlich die übernatürliche, durch die Kraft des Allerhöchsten bewirkte Empfängniß des Menschensohnes selbst.

4. Die Auffassung dieser Zeit ist: Wie hat sich Gott in seiner unbegrenzten Liebe zu den Menschen soweit gebemüthigt, daß er aus dem sündigen Geschlechte und der erbsündlich befleckten Jungfrau menschliche Natur angenommen hat! Nur soviel spricht sich im Kirchengebet aus, Gott habe unter Mitwirkung des heiligen Geistes den Leib und die Seele der göttlichen Jungfrau und Gottesmutter zu einer würdigen Wohnung seines Sohnes vorbereitet. Und so äußert z. B. der heilige Ephiphanius, indem er Maria als mit allen Tugenden und unendlicher Gnade geschmückt selbst über die Engel erhebt, Nichts von ihrer sündelosen Empfängniß, ebensowenig der heilige Johannes von Damaskus und Georg von Pisidien. Gerade der Erstgenannte betont, daß sie trotz alledem ein Mensch sei, von Mann und Weib gezeugt, ohne daß er eine Sündelosigkeit ihrer Empfängniß auch nur andeutet.

5. Wohl verlegt der Mönch Alexander (De inventione s. Crucis) die Empfängniß Christi für Maria in den Augenblick, nachdem sie vorher durch den heiligen Geist an Leib und Seele gereinigt worden. Aber es bildet sich doch erst diese Anschauung von einer Reinigung; sie steht mit der von einer unbefleckten Empfängniß in vollstem Widerspruch! Denn das Eintreten solcher Reinigung muß eine der Unbeflecktheit entgegengesetzte Unreinheit voraussetzen! Wir haben also eine redende Tradition mit Ausschluß jeder schweigenden, und diese redende conform der heiligen Schrift!

6. Diese Reinigung brachte man in Vergleich zu der anderer Bevorzugter der heiligen Schrift und Geschichte. Von Jeremias nämlich stand geschrieben: „Ich habe Dich geheiligt, und so wurde er vom Mutterleibe an geheiligt.“ Johannes der Täufer, „Die Sonne und der Schlußstein der Heiligen des alten Bundes“, von Christus als der Größte unter den von Weibern Geborenen bezeichnet, ward schon im Mutterleibe begnadigt. Und so ging Jacob von Sarug soweit, Maria als ge-

reinigt, wie beide Johannes, Elias und Melchisedek darzustellen, wobei er von ihr rühmte, daß der heilige Geist sie geheiligt, indem er sie vom Fluche und den Schmerzen ihrer Mutter Eva befreit habe. Bestätigt denn hier nicht gerade der Gedanke der Heiligung nach der Empfängniß das Gegentheil einer unbefleckten Empfängniß? Und da man in der Kirche bezüglich des heiligen Johannes des Täufers das Fest (nicht seiner Verherrlichung durch seine Hinrichtung, sondern) seiner Geburt feierte, so konnte das 7. Jahrhundert nicht umhin, gleiche Ehre für Maria, daher das Fest der Geburt der seligen Jungfrau Maria, einzuführen.

7. Als im Jahre 1139 (oder 1145) zuerst seitens der Canoniker zu Lyon das Fest der „Empfängniß Mariä" gefeiert wurde, dachte man nicht an „unbefleckte Empfängniß". Sie lag, wie Bellarmin (de cultu sanct. lib. 2. cap. 16) bezeugt, keineswegs im Sinne jenes Festes, das nur die glorreichen Momente der ersten Existenzgewinnung für Maria betonen wollte. Gerade der heilige Anselm, der Beförderer dieses Festes, Johannes von Damaskus, Thomas von Aquin u. A. behaupteten nur soviel, daß später über Maria eine Heiligung ausgegossen worden sei. Ein so helles Kirchenlicht, wie Bernard von Clairvaux (1091—1153), an Geist und Einfluß der größte Mann seiner Zeit, mißbilligte geradezu diese Inscenirung des Empfängnißfestes gegenüber den Lyoner Canonikern. Also Tradition und kirchliche Wissenschaft hielt am Glauben der heiligen Schrift fest und redete gegen alle Erhöhung des Festes „der unbefleckten Jungfrau" zu dem der „unbefleckten Empfängniß der Jungfrau Maria".

8. Der heilige Bernhard bezeichnet die Schulmeinung von der unbefleckten Empfängniß Mariä geradezu als eine abergläubige; der unfehlbare Papst Innocenz III. und die als erste maßgebende Norm der Rechtgläubigkeit von Leo XIII. der Kirche vorgesetzte Autorität des heiligen Thomas von Aquin vertraten fest und klar das Gegentheil jener bereits durch Schrift und Überlieferung widerlegten Mönchsidee!

9. So konnte das Tridenter Concil (in Sess. X. Can. 5) mit Recht die Bestreiter der aufkeimenden Wunderoffenbarung in Schutz nehmen! Kalender, Brevier und Papst mogten von der „Empfängniß der seligen Jungfrau Maria" zu der „Empfängniß der unbefleckten Jungfrau Maria" gelangen. Aber durfte nachträglich diese in „die unbefleckte Empfängniß der Jungfrau Maria" umgemodelt, eine neue angebliche „Heilswahrheit" geschaffen, das

Gegentheil aus Schrift, Lehre und Literatur einfach wegrabirt, eine die 1854jährige Tradition und 300jährige Tridenter Concilsentscheidung stürzende, entgegengesetzte Papstentscheidung der erstaunten christlichen Welt geboten oder auch nur angeboten werden, und das obendrein „selbständig und aus eigener Machtvollkommenheit des Papstes ohne Mitwirkung eines Concils" auf Grund sogenannter „Abstimmung der zerstreuten Kirche" — oder sogenannter latenter Tradition? — Diese ganz eigenartige That war dem glorreichen Pontificate eines Pio nono vorbehalten geblieben und ist 16 Jahre später durch dessen Unfehlbarkeit aus sich selbst und ohne Consens der Kirche sogar geheiligt worden!

10. Ist ein System in der Kirche zulässig und ist eine Papstmacht noch erträglich, unter denen es möglich wurde, daß eine nicht nur unbewiesene, sondern geradezu widerlegte und dazu im umgekehrten Falle für Christenthum und Kirche nicht einmal dogmatisch werthvolle Thatsache göttliche Wahrheit geworden sein soll?

Ist nicht die in der Menschwerdung Christi gelegene unendliche Verdemüthigung im höchsten Maße abgeschmächt, die Geschöpfwerdung seiner Mutter auf des Sohnes Kosten in den Wundernimbus erhoben, das an Gott gerichtete Gebet altchristlichen Glaubens, das Maria als die vom heiligen Geiste an Körper wie an Seele würdig gemachte Wohnung des Gottessohnes pries, nun von diesem abgelenkt zu einem persönlichen Lob für jene: die Tochter des Vaters, die Mutter des Sohnes, die Braut des heiligen Geistes, die gerade nur wegen dieser ihrer unbefleckten Empfängniß habe vom Engel als „voll der Gnaden" begrüßt werden können und die damals Himmelskönigin neben der Dreifaltigkeit über die Vermittelung und Vertheilung der göttlichen Gnaden, über Seligkeit und Verdammniß eines jeglichen Christen zu entscheiden habe?

11. Und was ist der immer wiederholte und betonte theologische Grund dieser Lehre?

Man construirt: Christus konnte nicht von einer Mutter Fleisch annehmen, die auch nur einen Augenblick „unter der Botmäßigkeit des Satans" gestanden hatte. Also: **Entweder** stand Maria (entgegen den Worten Christi bezüglich des Johannes) noch höher, als nur vor ihrer Geburt geheiligt, und war nachträglich sogar (entgegen der hl. Schrift und der mehr als tausendjährigen Überlieferung) ohne Erbsünde von ihrem Vater erzeugt und von ihrer Mutter empfangen worden, **oder** — — — der von ihr Geborene konnte nicht Gott sein, ist nicht Gott gewesen und Christus ist nicht Mensch geworden. Da letzteres abgeschmackt, so wird ersteres schmackhaft: Maria war also nie des Satans Sclavin, aber ancilla Domini („die Magd des Herrn") und das muß heißen: „unbefleckt empfangen!"

Aber ist da nicht ein Trug an den andern gereiht? Liegt da nicht eine Vermessenheit des überklugen Menschenurtheils vor?

A) Steht denn der erbsündige Mensch „unter der Botmäßigkeit des Satans? Wer wird einen solchen — zunächst wegen körperlicher Botmäßigkeit — zu einem Objecte des Pater Aurelian machen, selbst wenn er diesen als ein von Christus befähigtes und berechtigtes Subject zum Exorcismus wider einen echten Satan erachten will? Und — bezüglich geistig-moralischer Botmäßigkeit — wird auch der fanatischste Antisemit jedes dreizehnjährige Israelitenmädchen —, denn in diesem Alter soll die Gebeneidete unter den Weibern vom Engel Gabriel mit dem göttlichen „Ave" begrüßt worden sein, als die Sclavin des bösen Prinzips und des Vaters der Lüge erklären wollen?

Gab es doch im alten Bunde Gerechte, zu denen Christus nach seinem Erlösungswerke in den Hades (Scheol) herabgestiegen, weil er sie hatte auf Grund desselben mit der frohen Botschaft beglücken und lebendig machen wollen nach Gottes Weise dem Geiste nach. (Petr. 3, 19 u. 4, 6.)

Aber auch leibliche und geistige Unterwerfung unter den Satan einmal angenommen, mußte dann nicht gerade (wie es die ersten 1300 Jahre geglaubt), der Beginn der Erlösung bestehen, daß Christus mit seinem Erscheinen den Geist und die Geister des Bösen binden und bannen wollte?

B) Und wenn durch Christus die Freiheit Mariä von der Erbsünde wirklich offenbart worden wäre, war dann nicht stets unbestritten auch bei ihr, wie bei Adam und Eva, die Concupiszenz zur Sünde und in dieser die Möglichkeit des Sündenfalles der zweiten Eva vorhanden gewesen? Ist dann — auch beim Vorhandensein einer unbefleckten passiven Empfängniß Mariä — die Möglichkeit einer Versündigung für ihre Lebenszeit bis zu ihrer activen Empfängniß ausgeschlossen? Wird durch die Meinung so hervorragender und heiliger Männer von ihrer dreimaligen Versündigung während des Lebens Christi, die bisher niemals auch nur eine unehrerbietige, geschweige denn ketzerische geheißen hat, nicht auch die Meinung von der Möglichkeit einer Versündigung für ihre Lebenszeit bis zur Geburt Christi gutgeheißen? Steht nicht gerade sie im Einklange mit der altkirchlichen Bedeutung der

Mitwirkung des heiligen Geistes zur Bereitung einer würdigen Wohnung des Gottessohnes?

Aber — jeden Sündenfall weggedacht und ausgeschlossen — würde nicht dennoch die Meinung von der erbsündlich entstandenen Schuldbeladenheit der sämmtlichen Natur störend dazwischen treten? Würde dementsprechend nicht auch in der unbefleckt Empfangenen und dabei sündlos Gebliebenen seit dem Protoplasma ihrer Existenzgewinnung stets dennoch der im Stoffwechsel liegende Zusammenschluß sündlich befleckter Materie erfolgt sein? Und da nach dieser Meinung die ganze Schöpfung seufzt unter dem Fluche der ersten Sünde und Maria aus dieser gottentfremdeten Natur ebenso wie ihr göttlicher Sohn stets Stoffe aufgenommen hat, ist dadurch nicht vom Standpunkte jener Meinung aus Mutter wie Sohn dennoch von diesen sündenbeladenen Stoffen genährt und unterhalten und somit stofflich, auch erbsündlich durchtränkt und durchdrungen gewesen?

C) Will man demgegenüber ein ferneres Wunder für Maria's stoffliche Natur annehmen, so ist diese neue Eva doch in Wirklichkeit, gerade wie die erste nach dem Sündenfall, von der leiblichen Erbsündigkeit und allem Erdenleid getroffen gewesen und hat die Sünde zusammt dem Tode an ihrem Leibe erfahren und erdulden müssen!

Und hat nicht auch Christus, da er an seinem irdischen Leibe den schmerz- und siechhaften Stoff eines solchen sündig befleckten Menschenthums getragen und da er in Allem, die Sünde allein ausgenommen, uns gleich geworden, nicht auch die Folgen der Sünde zusammt dem leiblichen Tode von seiner Mutter in seine Menschennatur übernommen?

Wäre es nicht ebenso inconsequent gegen Maria gewesen, daß Gott sie, die nicht in Sünde gefallene zweite Eva, eines leiblichen Todes sterben ließ, wie es unrecht gegen die erste Eva gewesen wäre, wenn er, falls ihr Lebensende früher als ihre Sünde eingetreten wäre, sie eines kummervollen und schmerzhaften Daseins und der Strafe des leiblichen Todes hätte theilhaftig werden lassen?

D) Warum kommt es überhaupt bei der in der Menschwerdung Gottes liegenden freiwilligen Erniedrigung auf die Zeit von Mariä Geburt bis zur Empfängniß Christi, von ihrer Empfängniß bis gerade zu ihrer Geburt und auf die Natur jener und dieser an? Hat nicht Christus, als er Mensch werden wollte, auch verstanden, in wunderbarer Weise sein göttliches Wesen in die menschliche Natur hinein zu bilden, und zwar in einer Weise, die nichts weniger als unserem Verständniß abäquat zu sein brauchte? Hat er sie nicht mit seiner göttlichen zu vereinigen ge- wußt, ohne daß wir in die Werkstätte seiner Allmacht und Allweisheit zu schauen befähigt, geschweige denn gewürdigt worden?

Ist nicht bei den Vätern die Offenbarung, daß der heilige Geist über Maria gekommen, von jeher der Ausdruck für deren Begnadigung und Reinigung gewesen, so daß der unfehlbare Papst Felix schreiben konnte, „des Wortes innerstes, wesenhaftes Wort und Gott bewirkte, durch die Ohren der Jungfrau eingehend, die Empfängniß.“ Und während man gerade unter der Herabkunft des heiligen Geistes die Gnaden- mittheilung zur Vorbereitung für die Empfängniß des Gottessohnes erblickte, verstand man unter der Kraft des Allerhöchsten den Sohn selbst, der seine zukünftige Mutter befruchtend überschattete. Oder sind nicht die Worte eines Johannes von Damaskus (de fide orth. III, 2) zutreffend: „Der heilige Geist reinigte sie und verlieh ihr die Macht, den Logos in sich aufzunehmen und zu gebären; der Sohn überschattete sie, indem er Fleisch von ihr annahm.“ Oder will man nicht den heiligen Hilarius (de trinit. II, 26) hören, der die beiden göttlichen Thätig- keiten schildert, indem er einestheils den heiligen Geist, das Innere der Jungfrau durchdringend und in derselben athmend, dieses heiligen und dann sich der Natur des menschlichen Fleisches mittheilen läßt, indem er anderntheils die Kraft des Allerhöchsten die Jungfrau zu dem Ende überschatten läßt, damit sie bei aller Hinfälligkeit des menschlichen Körpers dennoch in Nichts ermangele und damit die Überschattung mit göttlicher Kraft die körperliche Substanz zur erzeugenden Wirksamkeit des heiligen Geistes geleite.

Immerhin hat also die Exegese des Textes von der Verkündigung Christi als den Moment der Heiligung Mariä erst den des „χαῖρε κεχαριτωμένη“ (Sei gegrüßt, Du Begnadigte) angenommen. „Wir be- wundern auf Grund dieses Spruchs“, sagen die Väter, „nicht nur ihre leibliche Schöne, sondern auch die Tugend ihrer Seele;“ „Maria ist heilig in einziger Weise“; „sie ist allein ganz zum Wohnsitz aller Gnade des heiligen Geistes geworden; während der Empfängniß ihres Sohnes ist sie mit allen Gnaden des heiligen Geistes erfüllt worden und für immer erfüllt geblieben.“

Ist nicht alles Weitergehende und Mehrsuchende Vermessen- heit? Wohin gelangte mönchische Forscherneugier in ihren vielen Folianten auf dem Gebiete von Zeugung, von Empfängniß und dem „Vor, in und nach der Geburt" bei Maria und bei ihrem göttlichen Sohne selbst? Hat das in der Absicht des letzteren gelegen? Sollten nach seiner Anordnung die Gehirne und Gemüther jugendlicher Christinnen und Christen, Nonnen und Beichtväter, „Conzeptionistinnen" und „Ritter von der unbefleckten Empfängniß Mariä" mit diesen theologischen Speculativen frühklug und vorreif oder gar schnell abgehärtet gemacht werden? und solche abstoßenden, verletzenden, des Heils baaren und sogar heilswidrigen Reden soll Christus auch für den ersten Religionsunterricht der Laien und für den höhern der Seminaristen unter Verlusten der ewigen Seligkeit gewollt und dem Papste des Jahres 1854 aufgetragen haben?

Und was kann ein unfehlbarer Papst in seiner destruktiven Theologie überhaupt noch finden und bieten, was die mittelalterliche Exegese nicht gesucht und gefunden zu haben geglaubt hat? Darf er in seiner Ohnmacht dem Consens der Kirche entgegen das von Gott verschleierte Bild von Nazareth und Bethlehem mit vorwitzigem Finger entschleiern wollen, um eine angebliche, ihm selbst liebsame „Heilswahrheit" an's Licht zu setzen?

12. Was bleibt also bestehen von dem Syllogismus: Christus konnte aus keiner andern denn einer unbefleckt empfangenen Mutter menschliche Natur annehmen, folglich ist Maria wirklich unbefleckt empfangen? Hatten doch auch die Dominikaner, an Thomas von Aquin festhaltend, sich dem neuen Curs widersetzt, unterdeß die Jesuiten in demselben energisch weiter arbeiteten und Pater Perrone in offener Druckschrift hiefür schon längst lehrte, daß weder Schrift noch Tradition zu einer Dogmatisirung nothwendig sei, denn es gebe auch eine geheime Offenbarung durch Lehramt und allgemeines Bewußtsein!

So wurde diese päpstlicherseits ohne Concil bewirkte Dogmatisirung der unbefleckten Empfängniß nur ein ballon d'essai dafür, ob Pius IX. nächstens auch ohne Concil den Aufstieg mit dem Ausspruch seiner persönlichen Unfehlbarkeit und weitestgehenden Universalmacht wagen könne? Gab es damals doch in Rom Jesuiten und hochstehende Kleriker genug, welche ganz sicher waren, daß Pius mit seinem Ballon nicht (wie einst Ikarus mit seinen Wachsflügeln) aus Himmelshöhe herabsausen und an einem romfreien Kirchthurme hängen bleiben würde, Kleriker, welche diese Tendenz nach oben als eine ebenso erlaubte wie wirklich vorhandene erklärten, indeß Pater Schrader alsbald nach der Dogmatisirung überallhin die Parole ausgab: „Pius IX. hat durch den Act vom 8. Dezember 1854 die Unfehlbarkeit des Papstes zwar nicht theoretisch definirt, aber praktisch in Anspruch genommen." Und Bischof Malou von Brügge schrieb dann des Weitern: „Sobald irgend etwas allgemein angenommen wird, so ist das allgemeine Zeugniß der lebendigen Kirche ein unfehlbarer Beweis, daß diese Wahr= heit in der Überlieferung enthalten ist, und zwar unabhängig von irgend einem Denkmal des Alterthums." Das heißt mit andern Worten: Wenn eine Irrlehre oder gar eine Unwahrheit einmal in irgend eine Kirche eingeschwärzt und durch Papst und Jesuiten in der römischen Theilkirche einmal soweit gefördert worden, daß sie von dieser allein schon als richtig nachgesprochen wird, so liegt ein Zeugniß der ganzen, auch nicht römischen Kirche für diese Offenbarungswahrheit (?) vor und in diesem ist der un= fehlbare Beweis für die Richtigkeit der Unrichtigkeit und die Wahrheit der Unwahrheit gegeben und das falsche Dogma kehrt als Glaubensschatz in die Überlieferung ein, selbst wenn dessen Gegenbeweis in der bis= herigen Lehrüberlieferung der Kirche oder in den klaren Aussprüchen der heiligen Schrift und des Alterthums bereits in unfehlbarer Weise ent= halten ist! Sapienti sat, aber der Insipiente bekommt das nicht satt!

Das heißt speziell in Bezug auf die unbefleckte Empfängniß Mariä: Nachdem die klaren Aussprüche der heiligen Schrift über die Erb= sünde über Bord geworfen und kein einziges Denkmal des Alter= thums bis tief in's Mittelalter hinein zu Gunsten einer Ausnahme für Maria aufgefunden worden, obwohl die kirchliche Überlieferung der Gesammtkirche von 1300 Jahren gegen dieselbe gesprochen hat, ist sie durch die Irrthumserregung in der Papstkirche nach zwei= oder dreihundert Jahren zu einem zusätzlichen Bestandtheil der er= gänzungsbedürftigen alten Überlieferung aus Christi und der Apostel Mund gemacht geworden; auf diesem Wege hat man in der römischen Kirche keinen Widerspruch erfahren, so daß nun allgemeine Über= zeugung auch in allen nichtrömischen Kirchen hergestellt und der unfehlbare Beweis der Wahrheit für erbracht angesehen werden muß!

Als ob das Procedere der Dogmatisirung ein Prozeß der Recht= haberei mit gemeinrechtlicher und darum gemeingefährlicher Beweis= theorie wäre! —

Wer soll und wer kann denn auch die Allgemeinheit untersuchen und sie feststellen, zumal in den sämmtlichen andern Kirchen? wer kann den Grad der Bewiesenheit für so viele weitgeschiedene Gegenden und in

13*

Bildungs= und Ausdrucksfähigkeit so verschiedenen Völkerschaften erkennen und abmessen?

Nach diesem Grundgesetze war einst der allgemeine Irrthum des Arianismus, als er den Erdkreis überfluthet hatte, Glaubenswahrheit geworden — und dann haben Kaiser und Concil, Schrift und Über=lieferung, Bischöfe und Päpste ihn bekämpft und beseitigt. Und damals war die Kirche eine geeinte und zu überschauende! Heute haben außer der modernen, zur Ketzerei gelangten Papstkirche die orientalische, rus=sische, anatolische, holländische, englich=katholische, altkatholische, schweize=rische, alle die romfreien und papstfeindlichen Kirchen des katholischen Gesammtkörpers zu „einem allgemeinen Zeugniß der lebendigen Kirche" mitzureden. Haben dieselben nicht mitgeredet, als sie sich keinen herr=schenden Vater hüben und keine mitherrschende Mutter drüben, keinen ablaßfähigen Menschgott auf Erden und keine gnadenvertheilende Mit=erlöserin im Himmel gefallen ließen, als sie eine unbefleckte Empfängniß, sei es jenes, sei es dieser, oder eine leibliche Himmelfahrt irgend eines Sterblichen nicht im Düstersten geahnt, geschweige denn auch im Ent=ferntesten geplant haben?

**157.** Oder ist das Alles nicht, wie sehr es auch im Widerspruch steht zu den Worten Pauli (II. Tim. 2, 5): „Es ist ein Mittler zwischen Gott und den Menschen, Jesus Christus", von Rom verkündigte und der Kirche aufgenöthigte Papstwahrheit, wie sie jetzt allerdings „unab=hängig von irgend einem", aber auch zuwider jedem „Denkmal des Alterthums" vor uns offen liegt? Maria, die Miterlöserin, die Mitherrscherin im Himmel, die Mitentscheiderin über die Seligkeit jedes Einzelnen in der Ewigkeit:

1. Bischof Malou von Brügge führt aus: Maria ergänzt Gott den Vater und sie gibt ihm erst die Autorität über den Sohn. Hätte sie den Antrag des Engels Gabriel nicht angenommen, so konnte durch den Sohn nicht die Menschheit erlöst werden und durch ihre göttliche Mutterschaft ist sie mit Gott dem Vater ein Mitprinzip für den Gottmenschen geworden.

2. Das Andachtsbuch für den Monat Mai von Guillou spricht Maria als der Mutter Gottes eine Autorität über Gott den Vater und alle Rechte über den Sohn zu, daher sie über dessen Güter gleichwie über ihre eigenen verfügen könne.

3. Bischof Martin von Paderborn lehrt in seinen „Schönheiten des Her=zens Mariä" (1879): „Maria ist der wahrhaft ideale, der vor= und urbildliche Mensch ... Gott liebt sie nächst ihrem göttlichen Sohne mehr als seine ganze übrige Schöpfung, ... alle Gnaden fließen durch ihre Hände uns zu."

4. Nach Alfons von Liguori, dessen Lehre von Pius IX. unterm 23. März und 7. Juli 1871 als eine ewige und vollkommen rechtgläubige dem christlichen Volke zur Nachachtung ex cathedra vorgestellt, also zum Dogma erhoben ist, gelangen alle Gnaden zu uns nur durch die Hand Mariens; sie ertheilt „besondere Gnaden", und wer immer selig wird, „wird nur durch die Vermittelung Mariä gerettet", und „Zutritt zu Jesus Christus gibt es nur durch sie". Gott hat „ihr alle Gnaden anvertraut, um sie an uns zu ver= theilen". „Wie der Sohn, soll auch die Mutter die Erlösung der Menschen bewirken durch das Verdienst ihrer Schmerzen."

5. Und Maria vertheilt auch direct Gnaden an die Büßenden des „Fege= feuers", deren Preis man durch den Preis des Messelesens vielfach und leicht beschaffen kann; denn die Bonifazius=Druckerei in Paderborn forderte Ende Oktober 1878 aus der Feder ihres Inhabers, des Domvikars Schröder, zum Abonniren auf belehrende und erbauende Broschüren auf, indem sie die Ver= heißung druckte, daß der vollständige Reingewinn dazu benutzt werde, von dem durch die Zeitverhältnisse seines Einkommens beraubten Klerus Messen lesen zu lassen, deren Früchte der göttlichen Mutter darzubieten seien, damit sie selbige an die würdigsten unter den armen Seelen austheile.

6. Der Jesuit Johannes Eusebius Nieremberg verkündet: „So hört denn Jesus in Ertheilung der Gnade auf Mariä Rath, und so hat alle Welt nicht weniger Verpflichtung gegen sie, als gegen ihn; man darf, ohne der Gott schuldigen Achtung Etwas zu vergeben, behaupten: Maria hat das Glück, Gott in der Mittheilung der Güter und Gnaden nahe, ja ihm gleich zu kommen.

7. Der Jesuit Fabius Ambrosius Grindler erklärt (im „Festival"): „Es wird auch im Namen Mariä jedes Knie gebogen im Himmel, auf Erden und in der Hölle."

8. Das von den Jesuiten in den Stimmen von Maria Laach gelobte Buch des Franziskaners Leonardus Maria Wörnhart, Lektors der Theologie in Salzburg, unter dem Titel: „Maria, die wunderbare Mutter Gottes und der Menschen . . .", erschienen unter Genehmigung des bischöflichen Ordinariats, nennt Maria „zwar in einem untergeordneten, aber doch in einem ganz wahren Sinne Miterlöserin, Retterin, Mittlerin in der ganzen Welt, weil sie beim Erlösungswerke durch Gottes Willen wirklich thätig war, namentlich dadurch, daß sie: 1. durch ihre drei heißen Gebete . . . die Mensch= werdung beschleunigte; 2. uns den Erlöser, Retter brachte, gebar; 3. ihn frei= willig dem Tode opferte; 4. unermeßliches Leiden mitübernahm und dieses in gewisser Weise für uns aufopferte und 5. durch göttliche Anordnung die Aus= theilung sämmtlicher Heilsgnaden als höchstes Ehrenamt überkommen hat." „Gott hat gewollt, daß keine einzige Gnade vom Himmel auf die Erde fließe, außer durch Mariä Hand." Sie ist unsere Mittlerin als Ausspenderin aller Gnaden ohne Ausnahme und Christus sagt von seiner Mutter: „Niemand kann zu mir kommen, wenn meine Mutter durch ihr Mittleramt ihn nicht zieht." „Maria ist die instrumentale und theilweise auch die meritorische Ursache unserer ewigen Auserwählung."

9. Professor H. Oswald in Paderborn lehrt: „daß die Kleriker zum Lohn für ihre Keuschheit in der Eucharistie nicht blos den Leib des Herrn, sondern auch das Fleisch und die Milch unserer lieben Frau erhalten." (Warum sollen consequenterweise nicht auch die Semikleriker, die Laienschwestern und =brüder, sofern sie von Keuschheitswegen lohnwürdig sind, diese Liebfrauen= milch erhalten?)

10. Ein Jesuitenzögling rühmt sich, daß Maria ihm zur Stärkung im Kampfe mit dem Teufel öfter „die Süßigkeit ihrer Brüste zu kosten gegeben". Ist es da wunderbar, daß als Reliquie Mariä in dem „Verzeichniß der un= zähligen Reliquien der Stadt Trier von Weihbischof Enen 1514" für Trier unter Anderm „Eine Quantität Milch der Jungfrau Maria" und in dem Buche des Probstes Gelenius: „Über die erstaunliche heilige und bürgerliche Größe Cölns" vom Jahre 1646 für die Kunibertskirche in Cöln „Haare der heiligen Jungfrau Maria" aufgeführt sind?

11. Wird doch in der „Novena zu Unserer Lieben Frau von Lourdes" gelehrt: Gott hat den Erlösungsplan „verwirklicht durch den Hei= land und die Mutter Gottes; sie sind unsere neuen Stammeltern... In der Familie geht Alles durch die Hand und das Herz einer Mutter. Auch in der Kirche geht Alles durch das Herz der Mutter" — mit dem Gebets= zusatze: „O Nachfolgerin des Herrn, der so viele getröstet, geheilt und hundert Wunden geschlossen hat ... wie kannst Du das sehen, ohne das Ver= langen zu haben, ein Gleiches zu thun! Kannst Du Deine Macht und Güter besser verwenden, als uns in unseren Leiden zu trösten?"

12. Wird doch in der „Novena zur unbefleckten Empfängniß Mariä" auf päpstliche Empfehlung hin vorgestellt: „O wie gerne besieht sich Gott in diesem makellosen Spiegel, in diesem Bilde seiner Güte, Weisheit; Macht und Heiligkeit! Die andern Privilegien, die jungfräuliche Geburt des Hei= landes, das sündelose Leben, der schmerzlose Tod, die Auferstehung und Ver= klärung ihres Leibes sind das nicht Folgen ihrer unbefleckten Empfängniß? ... Man sagt: Schönheit sei auch ein Kapital, man könne auch mit ihr sein Glück machen. Das ist in einem gewissen Sinne auch wahr be Gott; die Schönheit, die Gott bezaubert, ist die Unschuld. So hat auch die Mutter Gottes wirklich durch ihre Unschuld bei Gott ihr Glück gemacht."

13. Dr. Konrad Martin, Bischof von Paderborn, verkündigte 1876 in seinem Schriftchen: „Die Schönheiten des Rosenkranzes": „daß Maria auch ihrem Leibe nach in den Himmel aufgenommen sei", ist ... eine sehr wohl= begründete, von der Kirche überall festgehaltene, fromme und schöne Annahme, deren Verneinung durchaus unfromm, verwegen und verwerflich er= scheint." Von den sechs Beweisen dieses Zukunftsdogmas sagt der fünfte, daß keine Reliquien vom Leibe Mariä vorhanden sind: folglich ist ihr Leib gen Himmel weggefahren. Der sechste nimmt die Wissenschaft und Überlieferung zu Hilfe, nach denen dieser Glaubenssatz von großen Kirchenlehrern gelehrt und vertheidigt und von der Kirche alljährig gefeiert wird; obwohl das alljährlich wiederkehrende Fest im römischen Meßbuche nur heißt das „der Aufnahme

Mariä in den Himmel", darf man es nicht einschränken, sondern muß es als Himmelfahrt Mariä ausdehnen, andernfalls man eine unfromme Abschwächung und eine Verleugnung des Geistes beginge, in dem die Kirche dieses Fest begangen wissen will.

14. Wird doch in den „Monatsrosen zu Ehren der unbefleckten Gottesmutter Maria" (IV. 2 D. 54), die von Pius IX. belobt und gesegnet worden, gewissermaßen aus dessen Munde die Hoffnung ausgesprochen, daß dem Papste der unbefleckten Empfängniß noch vorbehalten sei, auch die leibliche Himmelfahrt Mariä, diese letzte Perle, in die Krone der Gottesmutter einzufügen und diese Lehre ausdrücklich und feierlich der katholischen Welt als geoffenbarte Wahrheit vor Augen zu stellen ... Es genügt, daß die Irrthümer des herrschenden Zeitgeistes mit dem Dogma im Widerspruch stehen. Und eben das gilt nun in vollem Maße von der Wahrheit der leiblichen Aufnahme der Gottesmutter in den Himmel" ... folglich kann Pius IX. dieselbe vor seinem Tode noch als Dogma definiren!

15. Im VII. Jahrgange der „Monatsrosen" ist die Heiligkeit Maria's als eine übermenschliche, eine alles Wissen und alle Begriffe übersteigende gerühmt, die sich in einer Art von Unendlichem fast verliert, aber der Unendlichkeit und Vollkommenheit am nächsten kommt. Sie ist die Gebieterin der ganzen Welt, die Königin des Himmels und der Erde, sie vermag durch ihre Fürbitten, was Gott durch seine Allmacht vermag, ohne ihr Mitwissen geschieht Nichts im Himmel; im geheimsten Rathe der anbetungswürdigen Dreieinigkeit nimmt sie an deren Verhandlungen theil; der Vater der Erbarmungen ist für uns ein Glück; aber dies ist zu unserer Beruhigung nicht ausreichend, wir bedürfen auch der Mutter. Denn der weise Sirach spricht: „Wo kein Weib ist, seufzt Einer und darbt."

16. Und wird nicht mit der Genehmigung der Bischöfe von Salzburg, Brixen und Trient und mit dem Segen des Papstes in denselben „Monatsrosen" ausgeführt: „Sind wir nicht alle Mariens geistliche Kinder? Hat sie uns nicht alle unter dem Kreuze geboren? nährt sie uns nicht alle mit der Milch ihrer Barmherzigkeit? In ihr fand die katholische Kirche jene unermeßlichen Schätze der Gnade, eine Mitwirkerin zur Erlösung, eine mächtige Mittlerin, ... Mutter Gottes sein heißt die Quelle des Heils der Welt sein und das Blut hergeben, das für uns vergossen worden, ja sogar einwilligen in den Tod ihres einzigen Sohnes und ihn dargeben zum Heile der Welt. Nothwendiger denn zur Menschwerdung des Wortes war Mariens Einwilligung zu den Geheimnissen von dessen Leiden ... Maria genehmigte wie der himmlische Vater die blutige Vollendung des Sohnes ... Denn ist es wohl wahrscheinlich, daß Jesus Christus, der dreißig Jahre lang Maria unterthan war, sich nun im Himmel von diesem Gehorsam losgelöst habe? Das ist nicht der Geist Jesu Christi, der uns gelehrt hat, das Joch des Gehorsams, durch welches wir zur Höhe und Größe aufgestiegen sind, abzuschütteln. Noch jetzt also in seiner glorreichen Hoheit erzeigt er eine Willfährigkeit gegen seine heilige Mutter, welche jenem Gehorsam gleicht, welchen er während seines Lebens im Hause Josephs und Marias geübt hatte.

17. Und des Weitern noch: So sehr hat Maria die Welt geliebt, daß sie ihren eingeborenen Sohn hingab, damit Niemand, der an ihn glaubt, zu Grunde geht ... Der Schmerz der Jungfrau war so groß, daß wenn er auf alle Geschöpfe vertheilt würde, alle augenblicklich sterben müßten ... Das Maß ihrer Gnade verdoppelte sich jeden Augenblick. Man hat keinen Begriff von der erstaunlichen Schnelligkeit, mit der eine Zahl durch fortwäh= rende Verdoppelung wächst. Die allerseligste Jungfrau hat 72 Jahre (?) lang gelebt und geliebt. Schon an der Rechnung der ersten Stunde muß jeder Menschengeist scheitern und vor der Gnadenvollen niedersinken, zu deren Höhe und Herrlichkeit nur das Blut des Unendlichen bringt."

18. Nach dem schon citirten Schriftchen von Pater Wörnhart ist es eine in gewissem Sinne richtige Behauptung, „die allerseligste Jungfrau habe durch ihre Zustimmung der allerheiligsten Dreifaltigkeit eine gewisse Vollendung gegeben" ... die heilige Dreifaltigkeit empfängt aus keinem anderen ihrer Werke größere Ehre als aus der Menschwerdung des gött= lichen Sohnes, und wenn Maria nächst Gott durch ihr „Fiat" die Ursache der Menschwerdung war, so ist klar, daß Gott jene unendliche Ehre und Ver= herrlichung durch Maria empfangen wollte. Darum nennen die Theologen Maria „das Complementum, die Ergänzung der heiligen Dreieinig= keit" ... Maria gelangte ... zur innigsten in gewissem Sinne natür= lichen Verwandtschaft mit den drei göttlichen Personen und zu einer solchen Gottähnlichkeit und Vereinigung, ... daß es überhaupt für ein Ge= schöpf keine größere mehr geben kann ... Der allmächtige Gott machte sich von ihr ganz abhängig ... er war ihr 33 Jahre unterthan und starb nur mit ihrer Einwilligung ... Der heilige Geist, der in der Gottheit unfruchtbar, d. h. keine andere göttliche Person hervor= brachte, wurde durch Maria doppelt fruchtbar, indem er in ihr und von ihr nebst der Menschheit Christi auch den geistlichen Leib Jesu Christi oder die Gesammtheit der Gläubigen fortwährend hervorbringt" ... „sie hat in der Zeit den Sohn Gottes geboren durch eine Fruchtbarkeit, welche gewisser= maßen der des ewigen Vaters in Erzeugung seines Sohnes ähnlich ist; der Schooß Mariä ist dem Schooße Gottes in der Zeugung ähnlich" .. „Die übernatürlichen Geheimnisse wurden vorzüglich Mariä wegen in's Werk gesetzt" ... „vorzüglich um ihretwillen ist das heilige Altarsacrament eingesetzt worden" ... „damit Maria nach der Himmelfahrt des Herrn die Verzögerung ihrer Vereinigung mit ihm, durch dessen Speise gestärkt, ertragen könne" ... Der Sohn mußte ihr so viel Weisheit mittheilen, als erfor= derlich war, um ein geziemendes Verhältniß zwischen Mutter und Sohn herzustellen, insbesondere also eine gewisse Unendlichkeit an Erkenntniß der göttlichen Vollkommenheit und Reichthümer und alles Geschaf= fene" ... „Maria hat volle und gewissermaßen unumschränkte Herr= schaft über die ganze vernünftige und unvernünftige Schöpfung; darum hat sie auch die Macht, alle möglichen Wunder zu wirken... deshalb nennen die heiligen Väter Maria unbedenklich allmächtig ..."

19. So ist denn auch in den Jesuitenschriften über Maria und speziell

in dem von dem Jesuiten Carlos Sommervogel 1885 herausgegebenen biblio=
graphischen Werke (es sind dort 2207 solcher Schriften verzeichnet) unzählige
Male Maria „eine Miterlöserin“ und „die göttliche Hirtin“ genannt;
sie ist eine accidentelle Ergänzung der ganzen Dreieinigkeit, gleich=
sam die vierte Person der göttlichen Trinität“ und dergl.

20. Und nun war La Salette und Lourdes in Blüthe gekommen; den=
selben hatte sich auch am 10. April 1876 St. Palais (basses Pirénées) mit
einer Muttergotteserscheinung angeschlossen; hier hatte die Erschienene zu dem
zwölfjährigen Knaben gesprochen: „Ich bin die unbefleckte Empfängniß. Dieser
Bach wird sich nicht ändern, aber er wird Gutes wirken“; und es hatte
der Knabe auf ihr Geheiß drei Kieselsteinchen verschluckt und von dem
Wasser getrunken, während achtzehn Jahre vorher die Erschienene zu Lourdes
das Mädchen nur Grashalme und schmutziges Wasser hatte verschlucken
lassen — was war die Stellung des Papstthums hierzu?

21. Die Civiltà cattolica veröffentlichte unter „Lourdes und der Vatikan“
am 15. Januar 1876 die geheimnißvollen Beziehungen zwischen Diva Madonna
und Sua santità: „In Lourdes offenbart sich das ewige Wort der Wahrheit
und der Liebe in übernatürlicher Weise zur Verherrlichung der Jungfrau, in=
dem es die hienieden von ihm gewirkten Wunder erneuert. Im Vatican
offenbart es sich zur Ehre des Petrus . . . Jesus Christus lebt und wirkt
als Gott dort unsichtbar in der Person seiner geliebten Mutter, . . . hier sicht=
bar in der Person seines Statthalters . . . In Lourdes ereignen sich fast
jeden Tag Wunder, . . . plötzliche Heilungen von allen Arten der unheilbarsten
und eingewurzeltsten Krankheiten bei der blosen Berührung des Wassers, sind
sozusagen permanent; aber das größte Wunder sind die zahlreichen Bekehrun=
gen von Ketzern, Ungläubigen, Apostaten, Atheisten, Materialisten, Lasterhaften
und Lüderlichen, Soldaten, Beamten, Kaufleuten und Grundbesitzern, Reichen
und Armen, Gelehrten und Ungelehrten, Schriftstellern, Professoren und Journa=
listen, Frauen jedes Alters und Standes . . . Im Vatican hat die Kund=
gebung der übernatürlichen Kraft des Sohnes Gottes in der Person seines
Statthalters eine andere, aber nicht weniger wunderbare Gestalt, als die, in
welcher sie in der unsichtbaren Person seiner Mutter in der Grotte von Lourdes
erglänzt . . .“

22. Und dann widmet die Civiltà auch dem Kapital des heiligen Vaters
eine rühmliche Erwähnung. „Man hat ihm Alles genommen, die Pro=
vinzen, die Hauptstadt, die Einkünfte und die Krone; aber der katholische
Erdkreis liefert ihm so viel Geld, daß er nicht nur sich selbst, seinen Hof,
den größten Theil der italienischen Bischöfe und ein Heer von
Dienern, die ihm treu geblieben, erhalten, sondern auch der mildthätigste
Fürst von Europa sein kann.“ Dieses Geld kommt ihm durch Märiä Hilfe!

23. Nun wird noch eine gewissermaßen ursächliche Verschwesterung der
beiden Herrlichkeiten glücklich aufgefunden: „Noch eine geheimnißvolle Beziehung
zwischen der Grotte von Lourdes und dem Stuhle Petri im Vatican ist hervor=
zuheben: in der Grotte von Lourdes offenbart sich gerade die Herrlichkeit
der Jungfrau Maria, welche der Papst dogmatisch definirt hat —

und das permanente Wunder jener Grotte bestätigt die Unfehlbar=
keit dieses Stuhles. Aus dem Munde Pius' IX. im Vatican erging der
unfehlbare Spruch, daß die Mutter Gottes unbefleckt empfangen
ist, und aus dem Munde dieser Mutter in der Grotte von Lourdes erging
das Wort: „Ich bin die unbefleckte Empfängniß."
24. So hat Leo XIII. das Wunder in der Grotte zu Lourdes förmlich
sanktionirt, ein eigenes „Fest der Erscheinung der unbefleckten heili=
gen Jungfrau" und ex cathedra dem Lourdeswasser Heilkraft in Krank=
heiten zugesprochen. Hat es nun diese Wunderkraft nicht? Kann Leo ex cathedra geirrt haben? wird es dieselbe vielleicht noch erhalten, da der Papst
ein Lourdes=Offizium und eine „Messe Unserer Lieben Frau von
Lourdes" eingeführt, in diesem die Wirklichkeit der Muttergottes=Erscheinung
bewahrheitet und mit dem Opfer des Altars die Segnungen der wunderhaften
Gottesmächtigen herabgenöthigt hat? Und warum sollte er nicht? denn er hat
noch denselben Beweis, der so einfach und leicht, wie der der unbefleckten Em=
pfängniß Mariä: „Deus potuit, decuit, ergo fecit"! Bei Gott war es
möglich und ziemlich, also vollbrachte er es auch! er konnte es thun und es
geziemte ihm, es zu thun, also that er es!

Und so ist eine göttliche Miterlöserin aus der göttlichen
Mutter Maria geworden. Sie vergibt nach eigenem Entscheid Gnaden
und Seligkeit, indem sie die Verdienste des Erlösungswerkes
Christi vertheilt, das ja nur durch ihre gütige Entschließung und
aufopfernde Mitwirkung möglich geworden ist. Sie vergibt nach der
unfehlbaren Wissenschaft Pius' IX. noch mehr. Sie bringt ihm die
Gotteszustimmung zu seinen verkündeten, die Gottesworte zu seinen noch
geplanten Dogmen, und zwar unter persönlicher Garantie und Dank=
barkeit!

A. Nach seiner irreformabelen Idee ist sie auch die Zerstörerin
aller Häresien in der Kirche! In dieser Eigenschaft ließ er in der
Concilsaula seinem Throne gegenüber eine Darstellung der undarstell=
baren „Unbefleckten Empfängniß Mariä" mit der Bittschrift umrahmt
anbringen: „Stehe uns mächtig und gnädig bei, Du Zierde und Fir=
mament der Kirche! Erfülle die auf Deinen Schutz gesetzte Hoff=
nung, die Du allein alle Häresien vernichtet hast". — Worin
bestand damals die Häresie der Kirche, worauf gerichtet war die Hoff=
nung dessen, der die Mächtige und Gnädige als „Patronin" bildlich
über das Concil erhöhte, während hoch oben er zugleich auch den hei=
ligen Geist als sich ergießend auf ihn, in dem er seinen Sitz hatte bis
an's Ende der Tage, abbilden ließ?

Als Häresien bestanden doch zunächst die Pius=Dogmen selbst und
unter ihnen das erste Hauptwerk: Maria's eigene Unbeflecktheit!

Wenn nun das Dogma von des Papstes eigener Unfehlbarkeit scheiterte, hatte dann nicht jene wie diese ihr Sedan gefunden und war nicht die Übermenschlichkeit und Vergöttlichung jener wie dieses vom Throne geschleudert? jene unschuldig auf ihn erhöht, dieser schuldig an der ihr widrigen, sowie ihrer unwürdigen Katastrophe und darum bestraft für die „der allerseligsten Jungfrau" bis hinauf zur leiblichen Himmelfahrt „erwiesenen zahlreichen Huldigungen": ein entherrlichter französischer Kaiser-Papst! Daher die Engagirung des letztern, daß er „für unfehlbar gehalten sein wollte und mußte"; andernfalls „enthielt seine dogmatische Entscheidung eine tyrannische Anmaßung der Rechte des Episcopates, eine frevelhafte Anmaßung gegen den heiligen Geist, einen unerträglichen, den Glauben der allgemeinen Kirche zerstörenden Irrthum".

B. Bedurfte es der Sorge bei der Anrufung des Firmamentes der Kirche? Pius hatte doch Garantien desselben und er glaubte an deren starke Grundlage: Bild und Bitte seinem eigenen Concilsthrone gegenüber appellirte dieserhalb an der Madonna Erkennt-lichkeit! Denn wie konnte an sich schon ein Firmament der Kirche in Maria gegeben sein, wenn kein Fundament ihres Dogmas in Pius, in dem unfehlbaren Gefäße der göttlichen Fleischwerdung, in der heiligen Hülle des erlösenden Sacramentes zu Rom vorhanden war?

Pius konnte aber weitergehen, und er gelangte zu einem sicherern Facit seiner Conjunctur! Er so gut wie Maria war hienieden hoch hinaufgekommen und zur vierten Person der heiligen Dreifaltigkeit gottbestimmt. Er hatte ihr diese Würde zudecretirt; er hatte also von ihr die Revanche zu gewärtigen, zu der auch in weltlichen Dingen seine Partei mit „do ut des" und „do ut facias" hindrängt und mit der nur die gewordenen Götter-Fürsten und Heiden-Götter vordem zeitweise den Sterblichen heimzuzahlen pflegten.

Und er hatte ihr diese Würde auch päpstlich gesichert und verbürgt auf Erden! Die Erscheinung der auch plastisch undarstellbaren Urreinheit derselben, wie sie in Lourdes mit den Worten: „Ich bin die unbefleckte Empfängniß" aufgeschritten, hatte er durch seinen Ausspruch als wahre Thatsache garantirt. Aus dem Munde der auf der Bühne von La Salette aufgetretenen sprachgewandten Schleier-Mademoiselle bestätigte er die Aufforderung der echten Madonna, daß er recht bald nun sich unfehlbar erklären lasse. Er, der sich als „Papst der Unbefleckten" (Civiltà cattolica 1869. VIII, 667. 668) glorifizirte, hatte keine Sorge zu hegen, daß die Heilige die Pflicht der Erstattung vernachlässigen und über den 18. Juli 1870 hinaus anstehen werde, ihre Schuld abzutragen. Und das durften die „eigentlichen Katholiken" (der Civiltà) auch glauben und verkündigen!

1. Es klang hinaus, wo es am Ehesten und Liebsten aufgenommen wurde, nach Frankreich, und der Bischof Epivent von Aire verkündete es in einem „gegen die Feinde der Kirche" d. i. der päpstlichen Allgewalt und Göttlichkeit gerichteten Hirtenbriefe: „Wenn die unbefleckte Jungfrau mit den Engeln die für ihren Gabriel bestimmte Krone der Herrlichkeit bereitet haben wird, wird sie selbst solche auf die Stirn des unfehlbaren Papstes setzen, der auf seinem Throne sitzt. Und die vierundzwanzig Ältesten, welche den Thron umgeben, werden auf ihr Angesicht niederfallen und ihn anbeten, der ewig lebt. Sie werden ihre Kronen vor dem Throne niederlegen und sprechen: Wir danken Dir, allmächtiger Gott, daß Du mächtig bist und herrschst" — in diesem Deinem heiligen Gottheitsgenossen!

2. Und bereits während des Concils berichtete man in Frankreich (Lafond: Rome oecum. pag. 11. 91. 107.) von „einer heiligen Seele", die in der Nähe der Concilsaula während einer Sitzung dem Gebete oblag, als sie im Innern derselben (wohl aus dem Bilde der unbefleckten Empfängniß) eine Stimme vernahm mit dem Revanchetroste: „Fürchte Nichts, meine Tochter, ich bin die Mutter Gottes; dieses Concil wird mein Concil sein. Ich bin diejenige, welche unsichtbar den Vorsitz führt! Nachdem der Papst mich erhöht hat, soll jetzt die Reihe an ihm sein, ebenfalls erhöht zu werden."

3. In Rom selbst hielt im Namen des Cardinalcollegiums der Cardinal Patrizzi am 17. Juni 1870 an Pius eine Ansprache mit dem Wunsche: „Möge die unbefleckt empfangene Jungfrau, die mittels Ihrer feierlichen Proclamirung den goldnen Schimmer ihrer Krone hienieden wachsen gesehen hat, die Definirung dieses Dogma, das Sie zum unfehlbaren Haupte der Kirche erklärt, herbeiführen können!"

4. Und am Zudringlichsten pochte zu derselben Zeit auf die „ehrliche Makler"-Natur der Mutter Jesu der „berühmte Theologe Cölns" (wohl Scheeben, Seminarprofessor daselbst), als er in seinen „geflügelten Worten" zu Gunsten der italienischen Göttergenitur an die Revanchepflicht der reich überschmückten Jungfrau Maria appellirte mit der Ausführung: „Von dem Concil läßt sich jedenfalls etwas ganz Großartiges erwarten, denn umsonst (?) hat nicht der Papst das Dogma von der unbefleckten Empfängniß proclamirt. Da darf sich die Mutter Gottes natürlich nicht lumpen lassen."

Nun wohl! am 8. Dezember 1854 hatte der Vicedeus in Rom das „Deus voluit, decuit, ergo fecit" ausrufen können. Nun hat sich am 18. Juli 1870 bewährt: Maria voluit, ihr Wille ist ja allmächtig, wie Gott selbst; decuit, es war ja geziemend, daß sie sich generös erweisen werde; ergo fecit, daher ließ sie sich nicht lumpen, und so machte sie den Papst unfehlbar!

Es gebührt nach dieser römischen Zukunftstheologie also ihrer Schaffenskraft der Ruhm und Werth dieser Beförderung, und die Helferin der Christen ist soweit heruntergedrückt, daß sie der Erlösungsthat ihres göttlichen Sohnes diesen neuesten und schlimmsten Handstreich angethan! Ist sie damit nun nicht auf gleiche Stufe mit einer andern Persönlichkeit gesetzt, welche unfehlbare Päpste hervorgerufen hat? so daß für den Schöpfungstag des 18. Juli 1870 ein gewisses Epigramm dahin variirt werden könnte:

„Mächtig Marozia damals erschuf unfehlbare Päpste."
„Mächtig Maria erschafft heute unfehlbar den Papst!"

In welchen grauenhaften Gegensatz ist nicht die päpstliche Zukunftstheologie auch noch gerade mit der Scholastik getreten! oder ist es leere Komödie, wenn der Sänger der „Göttlichen Komödie" dem heiligen Bernhardus den Gesang von ihrer Erschaffung und dem aus ihr Geschaffenen in den Mund legt:

„O Jungfrau Mutter, Tochter Deines Sohnes
Demüth'ger und erhab'ner als Geschaffenes,
Bestimmtes Ziel urewigen Beschlusses,
Du bist es, welche menschliche Natur so
Geadelt hat, daß ihr Erschaffer selber
Es nicht verschmähte, ihr Gebild zu werden."

Ihr Gebilde ist ihr Erschaffer. Nun ist auch der Papst ihre Schöpfung, und die unbefleckte Tochter des Sohnes ist zugleich das Machwerk des fleckenlosen Papstes! Maria: eine Functionärin und Helferin für die theologische Mißgeburt von Über- und Aberglauben, ebenso mächtig wie eine Marozia! — Und wenn Rom des Aberglaubens nicht entrathen kann, warum gewahrte es nicht ganz nahe den handgreiflichen Finger der Allmacht Mariens: Die helle „Sonne von Austerlitz", die am 8. Dezember 1854 zur Verkündung ihres Dogmas eine Leuchte vom Himmel hatte sein müssen, war am 18. Juli 1870 für den großen Universalherrscher, für den Vernichter der christlichen Freiheit in der „Asche von Moskau" untergetaucht. Zur Verkündung seines Dogmas hatte sich das göttliche Licht unter den Feuern des Himmels und den Wuthausbrüchen der Elemente vor Pius zurückgezogen. Er verkündete bei Kerzenschein seine Unfehlbarkeit und seinen Universalepiscopat unter der sogenannten Approbirung der Concilsväter, aber unter der offenbaren Reprobirung der nicht unbefleckt Empfangenen, deren allmächtiger Finger vom zornbröhnenden Himmel herab in die Concilsaula hätte dem fanatischen Papste den Hinweis auf die christliche Magna charta libertatum geben müssen, unter der Maria's und seine eigenen Dogmen verpönt bleiben mußten. Und je weiter Pius IX. vorschritt, um gegen die Bischöfe mit der angeblichen Majorität des Concils sein Umsturzwerk zu vollenden, desto näher schritt ihm das Mene-tekel-upharsim der italienischen Volksmajorität, die den Sieg des 18. Juli als ein Sedan stempelte, das die Kirche der vaticanischen Gewissensherrschaft und den Staat der vaticanischen Kirche umstürzen und ein- für allemal zu den weltgerichtlichen Acten der Weltgeschichte legen sollte.

**158.** Aber nicht nur Maria ist Mitschafferin und Erlöserin. Nach derselben römischen Lehre ist auch der Papst ein göttlicher Miterlöser durch Zuwendung und Vertheilung göttlicher Gnaden. Er spendet solche, indem er den sogenannten Gnadenschatz der Kirche den Papstgläubigen öffnet, über dessen Inhalt verfügt und aus dessen Gesammtvorrath der „übererforderlichen Verdienste Christi zusammt dem der Heiligen und Märtyrer" das Erforderliche, und sogar mehr als dieses, den römischen Katholiken zu ihrer und der Verstorbenen Erlösung von zeitlichen Strafen bereitstellt. Ist das möglich? ist der höchste Pontifex hierzu befähigt und ist die heutige Lehre vom Papstablaß eine apostolische, eine immer und überall anerkannte und befolgte gewesen?

A. Seit den ersten Zeiten des Christenthums wurden die von der Kirche, d. i. von der Gemeinde, durch ihre Bischöfe und Priester aufgelegten äußeren Kirchenbußen durch eben diese letzteren unter Umständen gemildert oder ganz nachgelassen. Unbestritten waren diese, wie sie die Strafen selbst bestimmt hatten, auch zu deren Änderung berechtigt und sogar verpflichtet, wenn sie die Strafe als nutzlos geworden oder sogar als schädlich erkannten. Eine Gegenleistung für den Ausspruch eines solchen Nachlasses war unbekannt und wäre auch nach der Natur dieses Verfahrens ebenso zweckwidrig wie unbegreiflich gewesen; dies Alles ist aus der Kirche gänzlich verschwunden.

B. Seit dem 11. Jahrhundert wird aber in der abendländischen Kirche durch die Bischöfe von Rom ein neues, gänzlich entgegengesetztes Institut, das des päpstlichen Ablasses, geschaffen. Dieser bezieht sich nicht auf die von der Kirche aufgelegten Strafen, sondern ist Nachlassung der zeitlichen Strafen, welche bei der göttlichen Gerechtigkeit nach Vergebung der Sünde noch abzutragen sein sollen. Für diese gibt es einen höchsten Richter in Rom, und dieser legt geringe, von ihm bestimmte Bußen auf und bezeichnet gewiffe Werke und in feiner „Abficht" zu verrichtende Gebete, durch welche alsdann die vollkommenfte Los= fprechung von jeglichen Sünden (das foll heißen: von jeglichen zeitlichen Sündenftrafen des Dieffeits und des Jenfeits) erlangt fein foll. Für diefe Losfprechung (fo der Jefuitenpater Antonin Maurel in feinem Handbuche: „Die Abläffe, ihr Wefen und Gebrauch") bietet er (der Papft) Gott eine Genüge an, indem er aus dem unerfchöpflichen Schatze der Verdienfte und Genugthuungen Chrifti und der Heiligen einen Theil herausnimmt, der dem verliehenen Ablaffe gleichkommt, oder indem er die zeitlichen Strafen fozufagen mit den Genugthuungen Chrifti und der Heiligen abbezahlt.

Gemäß Clemens VI. (1342—52) hat Chriftus den Schatz diefer Verdienfte feines Leidens und der menfchlichen Bußübungen „nicht in einem Schweißtuche verborgen und nicht in einem Acker vergraben, fon= dern dem heiligen Petrus und feinen Nachfolgern mit der Vollmacht zu deffen Zutheilung anvertraut."

Einen folchen von allen zeitlichen Strafen freigebenden, jeder Sorge wegen des „Fegefeuers" überhebenden (vollkommenen) Ablaß hat be= kanntlich zuerft im Jahre 1095 plötzlich zu Kreuzzugszwecken Papft Urban II. allen Kreuzfahrern und allen zum Kreuzzuge wenn auch nur Geld Spendenden verliehen. Und nun haben die römifchen Päpfte allein das Recht zur Ausfchreibung folcher vollkommenen Abläffe unter Be= ftimmung der Gegenleiftungen zu deren Gewinnung; allenfalls ift nach der Feftfetzung des vierten Lateranconcils (1215) den Bifchöfen noch dann ein Verfügungsrecht über jenen kirchlichen Gnadenfchatz zu= geftanden, wenn fie fich auf einen Ablaß von vierzig Tagen oder höch= ftens bei befonderen Gelegenheiten auf einen von einem Jahre befchrän= ken wollen. Und davon wollten die Päpfte auch Gebrauch, namentlich zu ihren Kreuzzugszwecken, machen. Sogar zu einem Kreuzzuge gegen den Mailänder Herzog Bernabo Visconti rief im Jahre 1363 Papft Urban V., nachdem er denfelben gebannt und feine Unterthanen vom Treueide entbunden und nachdem er feine Gemahlin vom Ehebunde mit dem Ketzer=Gemahl freigegeben, ein Streitheer auf, und zwar unter Zuficherung eines vollkommenen Ablaffes an die, welche fich gegen ihn mit dem Kreuze bezeichnen laffen würden.

Verdient diefe neue päpftliche Einrichtung nun aber Glauben? und wie fteht es zunächft um die formale dogmatifche Bedeutung des Papft= ablaffes?

Der Strafnachlaß der ersten elf Jahrhunderte ist in der
Kirche niemals einem, sei es historischen, sei es theologischen oder juristi=
schen Zweifel unterzogen worden; der päpstliche Ablaß der späte=
ren Zeit aber ist nie über das Ansehen eines Gebrauches der römischen
Theilkirche hinausgekommen. Diese steht mit ihm, wie mit vielem An=
dern, vereinzelt außerhalb der christlichen Gesammtkirche! Die romfreien
Kirchen kannten dieses neue Institut nicht und sperrten sich gegen dessen
Eindringen ab; die frei von römischen Mißbräuchen gebliebene Kirche
des Orients kennt zwar Heiligen= und Reliquienverehrung, sowie Ge=
meinschaft der Heiligen im vollsten Sinne der apostolischen Überlieferung,
aber keinen kirchlichen Schatz der Gnaden und keine Papstgewalt zu
dessen Austheilung. Und als die Verwerfung der Ablaßmißbräuche,
gegen die Luther und das Gewissen des deutschen Volks sich aufgebäumt
hatte, auf dem Trienter Concil nicht erfolgte, waren bereits die auch
wegen dieser Mißbräuche aufgetretenen Protestkirchen losgerissen und ge=
festigt. Unbestritten wurde aber auf dem Concil zu Trient die An=
erkennung des alten Systems des Strafnachlasses, jedoch nichts weniger
denn eine Dogmatisirung des mittelalterlichen Papst=Ablasses ausge=
sprochen. Auf jener ersteren basirend erklärte es, daß Christus der
Kirche die Gewalt zur Ertheilung von Strafnachlaß verliehen und daß
die Kirche sich dieser ihr von Gott verliehenen Gewalt auch in den älte=
sten Zeiten bedient habe, daher der dem christlichen Volke höchst heilsame
Gebrauch dieser Nachlässe beizubehalten sei; durch das Ansehen heiliger
Kirchenversammlungen sei er bestätigt. — Diese Bezugnahme auf Christus,
und der Umstand, daß seit den ältesten Zeiten bis dahin überhaupt den
neuen Papstablaß noch kein allgemeines Concil bestätigt hatte, bezeugen,
daß das Concil nur von dem alten, die Zeit der ungetheilten Kirche hin=
durch geübten und durch Diözesansynoden gebilligten Strafnachlaß
gesprochen und keinerlei conciliarische Entscheidung über den damals
gerade als abscheulichster Mißbrauch verpönten Papst=Ablaß ge=
troffen hat.

Wenn der letztere nun aber eine innere Berechtigung und den
Werth zu seiner dogmatischen Erhebung haben soll, wie kann er über=
haupt von Christus stammen? Das Alte war apostolisch und allgemein=
kirchlich; das spezialkirchliche, gänzlich umgewandelte Moderne ist in der
Zeit und in Rom gemacht und in der römischen Kirche verbreitet als
ein Neues und Entgegengesetztes — und so muß es unapostolisch
und kann nur Papsterfindung sein!

Dem soll nun das Concil von Trient entgegenstehen. Allein — kann eine Synode der päpstlichen Theilkirche eine Neuerung in den Lehren der Gesammtkirche vornehmen und als Glaubenssatz derselben dem überlieferten Dogma zuwider anordnen. Andernfalls aber: hat das Concil die bestehenden altchristlichen Ablässe oder die neuen Papstablässe geschützt? Es belegt nur die mit dem Anathem, welche behaupten, die Ablässe seien nicht nützlich, oder leugnen, die Kirche habe Gewalt zu deren Verleihung. Leugnet die Gesammtkirche das Letztere, das ja von der Apostelzeit her in dem altchristlichen Ablasse so von ihr gehandhabt worden? Stehen denn von jeher und jetzt nicht alle romfreien wie romfeindlichen Kirchen, auch alle Verehrer der apostolischen Einrichtungen auf dem Standpunkte des Tridentinum? Aber — muß man nicht viel= mehr weiter gehen? Ist hiernach das Recht des Strafnachlasses, indem es der Gemeinde und ihren Vorstehern vindizirt worden, nicht gerade dem Papste als solchem abgesprochen oder wem soll nach Meinung des Concils die Ausübung der Ablaßbefugniß von jeher zugestanden haben?

Besitzen wir doch zwei diesen altchristlichen Standpunkt wahrende Aussprüche der Synode von Pistoja (1786), dahingehend, daß der Ablaß nach seiner eigentlichen Bedeutung nichts Anderes sei, als die Nachlassung eines Theils der Buße, welche durch die Kanones für den Sünder festgesetzt waren, und daß die Scholastiker durch Spitz= findigkeiten den Begriff jenes schlechtverstandenen Schatzes der Verdienste Christi und der Heiligen aufgebracht und den verworrenen und falschen Begriff einer Zuwendung der Verdienste an die Stelle des klaren Begriffs einer Lossprechung von der canonischen Strafe gesetzt haben.

Mit welchem Rechte konnte sich daher Pius VI. im Jahre 1794 mit seiner Bulle „Auctorem fidei" wider jenes Concil mit der Er= klärung auflehnen, daß nicht nur die canonischen, sondern überhaupt die zeitlichen Strafen durch den Ablaß bei der göttlichen Gerechtigkeit nach= gelassen würden und daß ein Ablaßschatz der Kirche bestehe, der durch die Verdienste Christi und der Heiligen gebildet sei? Ist er mit dieser seiner Meinung rechtgläubig und unfehlbar, kann es je zu einer Dog= matisirung der Papsterfindung des mittelalterlichen Ablasses in der Kirche kommen? oder wäre eine solche Entscheidung nicht eine direct gegen Christus und seine Wahrheitsliebe angehende? und zwar zunächst

I. den Strafrest anlangend:

a) Bleibt nach der Lehre der alten Kirche bei dem Büßer trotz

seiner Bekehrung noch Strafe zurück oder ist die freiwillige, zum Zwecke
der Bekehrung übernommene und vollzogene Buße seine Rechtfertigung?
Ist die Lehre unrichtig, daß das Erstreben und Erringen dieser letzteren,
„die völlige und unbedingte Selbsthingabe an Christus" verbunden mit
dem „freien, willigen Gehorsam und Eifer, seine Gebote zu halten",
den Büßer in Stand setzen muß, „sich ungeachtet der ihm noch anhängen=
den, aber nicht mehr herrschenden, sondern durch Reue und Liebe
wesentlich überwundenen Sünde … als von Gott begnadigt oder gerecht=
fertigt anzusehen", so daß „also in der Rechtfertigung beides, die Ver=
gebung der Sünde, die Lossprechung vom göttlichen Strafurtheil und
die wirkliche Gerechtmachung, unzertrennlich mit einander verbunden
ist"? … „denn Vergeben heißt die Strafe der Sünde wegnehmen" …
„die Sünde ist ihre eigene Strafe, und nur indem die Sünde selbst im
Menschen zerstört wird, kann die Strafe derselben aufgehoben werden."

b) Wenn der päpstliche Beichtpriester die Todsünde und deren
Höllenstrafe nachgelassen, hatte jene denn neben der Ewigkeit zugleich
noch eine besondere Zeitlichkeit von Strafe in ihrem Gefolge gehabt und
konnte von einem Restverbleib von geringerer als ewiger Strafe die
Rede sein? Oder hat derjenige, der das Ganze nachlassen kann, nicht
auch die Macht zum Theilnachlaß? oder wenn die ewige Strafe sammt
der Sünde hinweggenommen war, konnte der Sünde halber die zeitliche
und insbesondere gerade die zeitliche Strafe in der Ewigkeit („Fege=
feuerstrafe") verblieben sein? oder ist Vergebung denn nicht Nachlaß von
Sünde und Sündenstrafe? — Die alte Kirche hatte keine andere Vor=
stellung, als die der Buße und inhaltlich derselben des Gebetes zu Gott,
im Besonderen des stets erneuten Gebetes: „Vergib uns unsere Schuld",
damit von ihm in Gnaden Nachlaß der Sünde und mit ihr jeglicher
Sündenstrafen ertheilt werden möge. Soll dieselbe den irgendwo Etwas
gelehrt haben und woher wissen wir Etwas von einem nach Erlaß der
Sünde und Strafe verbliebenen Quantum fernerer Strafe? Welchen
Sinn hat es, daß dem verlorenen Sohn nach seiner Bekehrung das fest=
liche Kleid überreicht und das Freudenmahl bereitet wird, an dem er
straffrei neben denen zu sitzen gewürdigt ist, die der Buße nicht be=
durften? — Wenn aber trotzdem eine zeitliche Strafe noch verblieben
sein soll, ist nicht deren Ablaß dann eben wiederum Nachlaß im altkirch=
lichen Sinne, indem die ewige Strafe des totalen Gottesverlustes in eine
zeitliche Strafe ohne diesen verwandelt sein soll, und haben wir dann
nicht wieder den alten Strafnachlaß vor uns, nur diesmal verliehen von

Gott selbst aus Christi Verdienst und nicht vom Papste aus seiner eigenen Gewalt und aus einer ihm anvertrauten Überflußmasse von gott= menschlichen und menschlichen Verdiensten?

c) Die ganze christliche Kirche kannte bis zum 13. Jahrhundert nur Buße unter der Bitte zu Gott um Nachlaß der Schuld und Strafe. Die römische Kirche ertheilt bereits vor der Buße auf die Beichte hin Lossprechung von der Schuld und der Höllenstrafe und Zu= sprechung des Ablasses der zeitlichen Strafe. Die altchristliche Kirche gebrauchte nur die deprekative Formel, Gott „möge" die Los= sprechung von den Sünden ertheilen: „Indulgentiam, absolutionem et remissionem peccatorum . . . tribuat . . . omnipotens et misericors dominus". War denn nicht nach damaliger Ansicht, falls Gott der Bitte des Büßers entsprach, auch Indulgenz und Nachlaß für die Sünden= strafen bewilligt? wenn der römische Beichtpriester seit dem 13. Jahr= hundert auch selbst und aus eigener oder des Papstes Macht von Sün= den lospricht, indem er die indikative Formel: „et ego te absolvo" hinzusetzt, wodurch ist ihm vor der Buße, Genugthuung und Rechtferti= gung des Sünders die Macht der Lossprechung gegeben, und wenn dies, wodurch ist seine Indulgenz auf die Höllenstrafe beschränkt und ihm der Nachlaß von „Fegefeuer"=Strafe entzogen? wenn der Beichtende durch diese Absolution ein Gerechtfertigter wird, muß dann nicht in deren Ausspruch der vollkommenste Ablaß liegen, nämlich die „ple= nissima omnium peccatorum indulgentia" („vollester Ablaß aller Sünden", d. h. „Sündenstrafen"), wie Leo XIII. seinen Jubiläums= ablaß ankündigte? muß das nicht um so eher der Fall sein, da die vom Papst ermächtigten Beichtpriester des Franziskaner= und Kapuzinerordens mit hundert anderen eine sogenannte Generalabsolution dahin er= theilen können: „Ich gewähre dir kraft der mir von dem apostolischen Stuhle ertheilten Vollmacht einen vollkommenen Ablaß und Nachlaß aller Sünden" („indulgentiam plenariam et remissionem omnium peccatorum") oder auch geradezu so ertheilen können: „Ich lasse dir auch nach alle Strafen des Fegefeuers, welche du durch Sünden gegen Gott, gegen den Nächsten und gegen dich selbst dir zugezogen hast." Ist hier nicht inhaltlich der priesterlichen Absolution überhaupt Frei= gebung von Schuld und Strafe, ewiger wie zeitlicher, nicht nur als eine mögliche, sondern vielmehr auch als eine befugte und wirk= lich erfolgte zugestanden? oder macht es einen Unterschied, daß hierbei der höchste Lossprecher, Generalbeichtvater und Universal=Ablaß=Schatz=

14*

verwalter in Rom zu dieser Generalabsolution erst eine Spezialvollmacht ertheilt, einerlei, ob es nach göttlicher Vorschrift und Einsetzung überhaupt einen „beschränkten" „Lokal"-Beichtvater geben kann, der seine göttliche Vollmacht von dem Universalbischof aus Rom erst beziehen muß? — Wenn nun von dem mittelalterlichen Beichtvater eine Nachlassung von zeitlicher und ewiger Strafe nach seiner Befugniß ausgesprochen wird, besitzt diese dann jeder Priester aus sich, und zwar ganz? oder besitzt diese nur der Papst und nur aus ihm gemäß und in den Grenzen der von ihm gewollten Beauftragung der Stellvertreter des Stellvertreters Gottes? oder liegt sie alsdann als eine jedesmalige und von selbst gegebene überhaupt in der Binde- und Lösegewalt, nicht wie Rom sie für sich in alleinigem Anspruch nimmt, sondern wie Christus sie gewollt und allen Aposteln verliehen hat? oder wird sie, im Allgemeinen nicht existirend, erst für den jedesmaligen Fall als Einzelgeschöpf des Papstes in's Leben gerufen, um in unterschiedsloser Erlaubniß unzähligen Beichtvätern zur Massenertheilung von Generalabsolutionen übertragen zu werden?

II. Den Ablaßspender anlangend:

Wenn angesichts der Geschichte und im Besonderen der römischen Dogmatik und Kirchengeschichte die Entdeckung des zeitlichen Strafrestes gerade in die Zeit fällt, wo der römische Bischof seinen höchsten Aufschwung zu der obersten Machtstufe eines Geistes-, sowie Fürsten- und Weltbeherrschers wagen sollte, indeß er mit dieser Lehre nicht nur im Episcopate, sondern auch in der Gesammtkirche vollständig isolirt stand und isolirt geblieben ist, muß dann nicht jenes Entdecken ein absichtliches und zweckbewußtes Erfinden des römischen Papstthums sein, und ist das nicht noch greifbarer durch die mittelalterliche Lehre bezüglich der Person des alleinigen Nachlaßbefugten, nämlich gerade des Papstes, als des persönlichen Ablaßspenders? Oder ist nicht der Erlöser selbst hiermit in ein trauriges Zwitterwesen von Wahrheit und Lüge verwandelt, wenn seit dem ersten Kreuzzuge der Bischof von Rom, und er allein, Strafnachlaß zu ertheilen vermag? Wie kann hierzu die römischerseits angerufene Binde- und Lösegewalt dienlich werden?

Wenn Christus, die ewige Wahrheit und Weisheit, dem unfehlbaren Kirchenherrscher Petrus, dem fleischgewordenen Träger dieser ewigen Wahrheit und Weisheit, jenen apostolischen Strafnachlaß und zugleich diesen modernen Papstablaß aufgetragen hätte, wie müßte alsdann nach geschichtlich-dogmatischer Rückschau Christi Weisung und Verheißung gelautet haben?

Sicherlich konnte in diesem Falle, da nach dem unfehlbaren Papste Clemens VI. die Vollmacht zur Zutheilung des kirchlichen Gnaden-schatzes bereits dem heiligen Petrus anvertraut ist, Christus diesen nur dahin eingeweiht haben: Wenn ich Dir, Petrus, jetzt die Binde- und Löse-gewalt übertrage, so ist das nicht ernst gemeint, und darum werden diese meine Worte vergehen; denn dieselbe Gewalt haben trotz meiner Verheißungen doch auch Deine Amtsgenossen im Apostolate von mir erhalten. Aber was ich ihnen vorenthalten habe, das enthülle ich Dir: Sie haben diese Gewalt eben dennoch nicht! Das elfte Jahr-hundert bringt die Wahrheit an den Tag. Alsdann sollst Du Nach-folger in Rom haben, durch die das Gegentheil dessen festgestellt werden soll, was ich deinen Mitaposteln verheißen habe; alsdann haben diese dennoch keine Lösegewalt mehr auf Erden, und von da an wird das Gegentheil meiner Worte nicht mehr vergehen! Ob sie aber diesem Gegentheil oder jenen Worten folgen, so muß es Wahrheit sein aus meinem Munde: Denn was immer diese römischen Kirchenfürsten in ihrem Namen thun werden, soll als Überschreitung der Grenzen ihrer Machtfülle nicht gelten dürfen!

Und die übrigen Apostel muß Christus dahin unterwiesen haben: Wenn ich Euch jetzt die Binde- und Lösegewalt verliehen habe, so war das eine Unwahrheit meinerseits; denn Ihr habt diese Gewalt nicht für immer und später nur mehr für ein geringes Maß von höchstens 40 bis allenfalls 365 und in Schaltjahren 366 Tagen. Schon jetzt hat Petrus, wie ich ihm speziell verheißen, die ganze Lösegewalt allein, damit er aber auch die Euch ganz unwahrer Weise gegebene Macht später mittels seiner Universalmacht zur Verpönung meiner Unwahrheit Euch entwinde und meine göttliche Wahrheitsliebe wieder auf Erden zu Ehren bringe, lehret Ihr bis dahin wie ich, nämlich falsch, und dann sollen Petri Nachfolger lehren auch wie ich, nämlich das Gegentheil des Falschen. Mit dem Einsetzen der Macht eines Innocenz III. kommt Ihr außer Thätigkeit und zugleich auch außer Verantwortung bezüglich des Ablaßwesens, einerlei, ob Ihr nun mit meinem letzten-ersten Worte wahr oder mit meinem ersten-letzten unwahr gelehrt habet, wenn Ihr nur weiter so lehren werdet, wie der Papst es dann will und vorschreibt. Der römische Papst deckt von da an mit seiner Zukunftstheologie alle die Mängel meiner Offenbarung und Wahrhaftigkeit, und ich bin alsdann so gedeckt vor mir selbst, wie Ihr selbst nur immer vor mir sein könnt! Denn vom Mittelalter an soll in meiner Kirche unter der Ägide der päpstlichen Zukunftstheologie ein ganz neuer und entgegengesetzter „Geist der Wahrheit" wehen, „den die Welt nicht empfangen kann. Ihr werdet ihn kennen; denn er wird bei Euch bleiben und in Euch sein."

III. Und zum Zwecke einer solchen Machtanmaßung des Papstes unter der Diskreditirung der Wahrhaftigkeit Christi bedurfte man in Rom auch und erfand daselbst auch den sogenannten Schatz der Kirche an überschüssigen Verdiensten Christi und der Heiligen, aus dem der Papst „die zeitlichen Strafen sozusagen abbezahlt". Wie steht es da um Wahrheit und Lüge der Offenbarung, wie verhält sich die alte christliche Zeit und ihre Auffassung über den Strafnachlaß zu der Lehre von der sogenannten merita de condigno, den opera supererogationis und dem thesaurus meritorum sanctorum atque martyrum?*) Kann es überhaupt je einmal zu einer Dogmatisirung solcher Begriffe in der christlichen Kirche kommen?

a) Unbestritten ist, daß an Stelle unser Christus vollkommene Genugthuung geleistet hat und daß die menschlichen Bußwerke nur durch die Beziehung zum Erlösungswerk Christi und die Verbindung mit demselben eine Verdienstlichkeit vor Gott zu erlangen vermögen. Wer kann diese Beziehung zu Christus wirken und diese Verbindung anknüpfen? Außer dem Büßer auch ein Anderer statt seiner? Gibt es eine fernere stellvertretende Genugthuung außer der von Christus selbst? Ist es nicht Ablaß, daß der Mensch sein wegen der Höhe der Gottheit und der Tiefe der Sündheit minimales Opfer durch jenen Anschluß an das Werk Christi überhaupt zu einem sühnenden Verdienste zu erheben vermag und kann ein kirchlicher Oberer diesem Verdienste noch Etwas hinzufügen, das er aus einem Schatze herausnehmen will? Hat die alte Kirche bei ihrem selbstaufgelegten und selbstgemilderten Strafmaße solche Vorstellungen gehabt oder nach damaligem Strafsystem auch nur haben können?

b) Von einem mehr wie vollkommenen, von einem überfließenden Verdienste Christi spricht die damalige Zeit nie. Sie kennt zwar ein Übermaß an Leiden, das Christus statt einer einzelnen und geringen Erlösungsthat in zahllosen und unermessenen Thaten, Entbehrungen und

---

*) „Verdienste von einem Gleichwürdigen (Mitwürdigen) her", „Werke von Über-Erforderniß (das Nöthige überschreitendem Werthe)", „Verdienstesschatz der Heiligen und Märtyrer".

Ertragungen über sich genommen hat, aber keinen Überschuß an Verdienst, keinen übervollkommenen Vorrath von Lohn, wie keinen übervollkommen beleidigten Gott. Wie ist es zu ermöglichen, einen für Christi Verdienstlichkeit entsprechenden Begriff eines Restes oder Überschusses, eines überfließenden Extraquantums oder einer Sonder= masse zu construiren?

c) Und wenn dem dennoch so wäre, wie kann die zur Verdienst= lichkeit erforderliche geistige Verbindung des irdischen Leibes und Schmer= zes mit Christi Opferverdienst als ein quantitatives Hinzutreten zu diesem letzteren konstruirt werden und wie können die an sich nich= tigen Menschenverdienste als über das Nöthige hinausgehend und quan= titativ zu dem göttlichen Überflusse hinzugetreten dargestellt werden? Wenn ein Ungeeignetes durch die Natur und Einwirkung eines außer ihm liegenden Anderen eine besondere Qualität erhält, so mag es nach exaktwissenschaftlicher, philosophischer oder juristischer Bemessung mehr und dadurch besonders geeigenschaftet oder zweckmäßig geworden sein; wenn das unzureichende Maß durch Hinzutritt eines anderen Quan= tums die Fülle des Maßes erreicht, mag es mehr und dadurch zweck= ausreichend geworden sein. Aber ist nun dort in qualitativer, hier in quantitativer Beziehung auch ein Überfluß entstanden, darf bei geistigen Substanzen von einer mathematischen Einverleibung der einen in die andere, von einer chemischen Verbindung beider irgend ein Begriff her= geleitet werden?

d) Und das menschliche Verdienst wirklich einmal dem voll= kommenen Verdienste Christi einverleibt, in dessen Unendlichkeit ver= senkt gedacht, kann dasselbe zu mehr als einem Etwas vor Gott werden? Und dann erst: kann es so zu einem Zuviel oder zu einem Antheile an dem Zuviel vor Gott werden? Die dürre leere Stroh= blume menschlicher Werke erlangt überhaupt erst durch den Odem des göttlichen Geistes und den Thau der Erlösung ihr Aufblühen zu einer Gottesblume; aus irdischem Stroh ist dann eine himmlische Blüthe ge= worden! — Kann denn nun damit auch ein Überfluß, und ein Überfluß woran, entstanden sein? Dürfen also Maria's, der Heiligen und Mär= tyrer Verdienste als mehr wie genugthuend, als Überschüsse, die, für sie unverwendbar und wirkungslos, in die Verdienste Christi eingereiht sind, aufgefaßt und den Christen dargestellt werden?

e) Nun aber eine quantitative Zugabe zu dem vollkommenen Ver= dienste Christi möglich gedacht — kann dann der sogenannte kirchliche

Gnadenschatz wiederum etwas Anderes sein, als der unversiegbare Brunnen der andauernden Erlösung und allein stellvertretenden Genugthuung Christi selbst? Womit kann die päpstliche Theorie wie Praxis es begründen, daß dieser unerschöpfliche Brunnen eine Vertheilungsmasse bilde zu päpstlichen Entnahmen, ein dem Papste überlassener Schatz zum Abbezahlen fremder Strafen zu seiner, des sogenannten höchsten Richters in der Kirche, Verfügung? Inwiefern soll überhaupt der neugebildete Gnadenschatz des Mittelalters einer getrennten Verwaltung und Verwendung durch Priesterhand, gleichwie ein neugesetztes, auszutheilendes heiliges Altarsacrament, unterworfen sein?

f) Und das wiederum einmal zugegeben, auf welche Gegenleistung hin soll die Zutheilung erfolgen? Die alte Kirche glaubte und Niemand kann heute anders glauben, als daß der Strafnachlaß erfolge, weil Buße und Genugthuung erledigt und volle Sühne vorhanden sei oder weil die Kirche, unter Milderung ihres eigenen, nicht des göttlichen Urtheils, Gnade für Recht habe ergehen lassen. War es nicht dadurch und allein dadurch möglich, daß man auch auf die Bitten verdienstvoller Mitchristen hin die Strafe linderte oder aufhob? — Oder soll man denn der Meinung gewesen sein, daß dies durch Entnahme aus einem besonderen Gnadenschatze und insbesondere aus dessen Überfluß zu ermöglichen sei? Und dies wieder einmal zugegeben, vermeinte man sich der Nothwendigkeit einer neuen Strafauflage, und zwar einer von sogenannten stellvertretenden Werken, um mittels dieser den Strafenrest wegnehmen oder eine fernere Zutheilung von sogenannten Überschußverdiensten vornehmen zu können? bezog und gab man gegen einen Geldbetrag oder einen Stoßseufzer Strafnachlässe, tauschte man solche für ein päpstliches Intentionsgebet als ein Quantum jenes Verdienstvorrathes ein?

g) Und was sollte mit der Gegenleistung erworben werden? — Die Fähigkeit des Papstes zu einer Strafnachlassung für das Dies- und das Jenseits, sowie den Schatz eines Nachlaßäquivalentes einmal zu seiner Verfügung gedacht und die Möglichkeit einer Übertragung eigener Verdienste auf Andere einmal angenommen: wie gewinnt der Papst auch nur zu einem geringsten Theile die Einsicht, welche der kirchliche Richter der alten Zeit angesichts der Buße und des Büßenden gewonnen haben mußte und nur aus eigener Anschauung gewinnen konnte, um zu bemessen, ob und wieweit nach der Person und ihrer Leistung der Fall hier zu einer Milderung der Strafart, dort zu einem Abkürzen oder vielleicht gänzlichen Nachlassen der Strafe angethan sei? Wenn die heutigen Papsttheologen auf diese richterliche Strafgewalt aus der Zeit der alten Kirche die päpstliche Ablaßgewalt aufbauen wollen, warum bleiben sie nicht innerhalb der Grenzen jenes Richteramtes, warum setzen sie an Stelle des irdisch befindenden Vorstehers der Gemeinde einen göttlichen Vertreter, einen absolut und gleichmäßig in allen Fällen ohne deren Abwägung und Beurtheilung einspringenden Begnadiger? — Wenn aber der höchste Richter und Begnadiger in Rom auch hinführo nur mehr nach Prüfung der inneren Würdigkeit, deren Durchblickung und Abwägung ihm einmal gemäß seiner Irrthums= losigkeit zur Seite stehen soll, seine Nachläße an Strafen auf Erden und im „Fegefeuer" bemessen wollte, wo wäre ihm Einblick in die jenseitigen Maaßverhältnisse verliehen, wie wäre das Verhalten zeitlicher Strafe im Jenseits zu zeitlicher Buße im Diesseits dem — wenn auch immer unfehlbaren — Menschen zu Kenntniß gelangt? Gibt es denn jen= seitige zeitliche Strafen nach der Natur und dem Maaß unserer geschaf= fenen Zeit? sind die jenseitigen Dinge dem Papste in Ausdehnung und Schwere geoffenbart? sind sie denn überhaupt in irdisches Maaß um= setzbar? — Wenn der Papst das Alles nicht durchschaut und beherrscht, wie steht er der göttlichen Gerechtigkeit gegenüber, indem er als Stell= vertreter Gottes Allen gleiches Äquivalent in einem Jubiläum oder einer Sabbatine so auflegt wie zu Gewinn stellt und indem er gleiche Zeit im jenseitigen „Feuer" mit gleicher Spanne seiner nach= gelassenen irdischen Strafe auf eine Stufe setzt? Kann doch auch nach unfehlbarer päpstlicher Vorstellung ein Ablaß von einem Tage oder einer von 60 000 Jahren nicht dem göttlichen Maaßstabe für eine „Dauer der jenseitigen Strafen" entsprechen; und daß sie nicht ent= spricht, beweist der römische Satz: Das Überschießende der Zuwendung hienieden kehrt wieder aus dem Übererwerbe des Begnadeten in den Schatz seines Ursprunges zurück. — Und wenn der Papst und seine Theologen einen Ablaß von 60 000 Jahren rechtfertigen wollen, ist nicht dem Geiste der apostolischen Kirche allein entsprechend, was von allen nichtrömischen Kirchen von Alters her gekannt und geübt worden, nämlich daß Niemand prätendire, von einer solch' ausgedehnten „Fege= feuer"=Strafe aus eigener Macht weghelfen zu können, so daß der Papst sich also bescheiden muß, den Büßer an die unendliche Barmherzigkeit Gottes und das vollkommene Verdienst der Erlösung zu verweisen, das ja auch mehr als 60 000 Jahre zeitlicher Strafe aufwiegt und auf immer die selig macht, „welche durch Christus Gott sich nahen, weil er immerdar lebt, um zu bitten für uns", und mindestens mehr als der Papst vermag, sein nicht beglaubigter Stellvertreter auf Erden!

h) Mag nun der altchristliche Priester an der Spitze der Gemeinde bitten, daß Gott die Sünde nebst Strafe nach seiner Barmherzig= keit in Gnaden nachlasse, oder mag der moderne päpstliche Vollmacht= träger die Lossprechung von Sünde und Höllenstrafe sofort bin= dend für Gott selbst ertheilen, mag dort der erhoffte oder hier der schon erreichte Nachlaß auf was immer zurückgeführt werden: wie darf die Papsttheologie wiederum die Hilfe juristischer Begriffe und Einrich= tungen anrufen und sich auf das menschliche Gerichtswesen stützen, um aus der Criminaljustiz zu Gunsten ihres in die Ewigkeit ergehenden Papst= spruches exemplifiziren zu können? Das alte Verfahren hat dieses an= gebliche Ebenbild so wenig gekannt wie bedurft; es war rein menschlich geleitet. Daher darf es an sich schon nicht und am wenigsten kann es zur Rechtfertigung des mehr wie menschlichen modernen Ablasses angerufen werden. Andernfalls aber: Ist der Papst ein von Gott gesetzter Richter, der über die Schuld und Strafe seinen Entscheid zu treffen befähigt, auch zum Entscheid der im Jenseits zu verbüßenden Strafen befähigt und be= fugt, endlich auch zum Verwandeln und Abkürzen dieser befugt und be= rufen ist? Die Richter des Gesetzes hienieden und die Vollstrecker der irdischen Urtheilssprüche sind aber nicht auch Träger des Gesetzgebungs= und des Begnadigungsrechtes! Gnade ist „der göttliche Edelstein in der Krone des Herrschers". Ist hienieden denn der Papst wirklich der gottbezeichnete Herrscher und Richter, Gesetzgeber und Begnadiger, sei es bezüglich der hiesigen Strafe und des „Fegefeuers", sei es bezüglich der Gnade und Erlösung? — Soll das neue Ablaßinstitut aber seinem Ur= sprung und Grunde nach wirklich in einer Parallele mit dem weltlichen Gerichte wurzeln, kann und darf es dann von seinem altchristlichen Ur= sprung und dem in dieser Parallele erwachsenen Bußgericht getrennt werden oder muß es nicht vielmehr in die alten Satzungen und Formen zurückgeleitet, wenn nicht andernfalls ein= für allemal aufgegeben werden?

IV. Auf welche Unterlage hin ertheilt der Papst nun sogar Abläffe der „Fegefeueuer"=Strafen?

1. In der alten Kirche gab es keinen formulirten Glaubenssatz, wenn auch einen Glauben von einem Läuterungszustande nach dem Tode. Am wenigsten aber kannte die alte Kirche einen Glaubenssatz, daß „es im Jenseits einen Ort gäbe, in welchem die Seelen durch Feuer ge=

quält würden, und daß die Lebenden eine Abkürzung dieser Qualen er=
flehen könnten".

2. Obwohl nur im Deutschen (und im Holländischen) von einem
Orte des Feuers die Rede ist und der Orient noch heute keine Idee
von einer Feuerung an einem jenseitigen Orte hat, wurde im Abend=
lande der Begriff der Scholastiker weiter ausgebildet; er war zum Zwecke
des Ablasses eine nothwendige Lehre der ablaßspendenden Päpste.

3. Die alte Kirche kennt nicht nur überhaupt keine merita de condigno,
denn „der unendliche Werth der von Gott verheißenen Seligkeit steht nicht im
Verhältniß zu dem endlichen Werthe der Werke des Menschen", sondern
„es können auch keine Verdienste auf Andere oder auf die Seelen im
Reinigungsorte (purgatorium) übertragen werden". Nach dem alten
Straf= und Ablaßsystem müssen Milderungen oder Nachlässe selbst
verdient werden. Sogar nach der päpstlichen Ablaßtheorie (man vgl.
den citirten Jesuitenpater Antonin Maurel) steht es unbestritten fest, daß
die Kirche keine Gerichtsbarkeit mehr ausübt über Todte und diese
folgeweise nicht durch Acte der Kirche oder der Kirchenmitglieder von
ihren Strafen, sei es theilweise, sei es ganz, befreit werden können. Ist
es nun zulässig und vor dem Gewissen gestattet, Ablässe „fürbitt=
weise den armen Seelen zuzuwenden, indem die Kirche" (d. i. der höchste
Potifex) „einen Theil aus dem Gnadenschatze nimmt und ihn Gott als
Genugthuung darbietet"? Warum Ablaß, wenn es nur Fürbitte, und
warum Zuwendung, wenn zum Zuwenden keine Möglichkeit vorhanden
ist? Warum Entnahme aus dem Gnadenschatz durch den Papst, wenn das
päpstliche Richteramt an der Schwelle des Jenseits Halt machen muß?

4. Und warum soll der Ablaß für „Fegefeuer" ein zeitweiser, nach
der Bestimmung des Papstes monate= oder jahreweiser sein? Warum
soll er consequenterweise nicht in einer Milderung der Schärfe und in
einer Abstufung der Gluth des von ihm gesetzten jenseitigen „Feuers"
bestehen, und zwar um so mehr, als der altkirchliche Ablaß auch in Mil=
derungen, und nicht lediglich und nicht stets in Kürzungen der Strafe
bestanden hat?

5. Und warum sollen diese den armen Seelen zuströmenden Ablässe
auch von jeglichem römischen Katholiken, auch dem in Todsünde vergra=
benen, gewonnen werden können? Ist damit nicht ein wiederum ent=
gegenstehender, geradezu neuester Ablaß erfunden, den man auf
Werke eines Todsünders stützt, die nimmermehr als gottgefällige
Verdiensteswerke und nimmermehr als der Verdienste Christi

theilhaftige exiſtiren können, die alſo überhaupt nicht exiſtiren? Woher mag der Unfehlbare in Rom das entnommen haben, was ſeine römiſche Reſtkirche ihm nachübt und nachbetet? Vielleicht hat es der demnächſt heilig zu ſprechende Curialiſt, der Jeſuit Bellarmin, ergründet, indem er lehrt, dieſe Meinung ſei eine ſehr fromme und die Wir= kung für die Verſtorbenen im eigentlichen und ſtrengen Sinne ge= wiß und unfehlbar. Aber kann eine Meinung fromm ſein, auch wenn ſie auf einem falſchen Papſtbogma beruht und bereits ſelbſt falſch iſt?

6. Und dabei ſollen dieſe Abläſſe nur einem beſtimmten Tobten, höchſtens und allenfalls dem Tobten einer beſtimmten Pfarrei, zugewendet werden dürfen! Woher nun aber der Grund der Einengung jener Gnaden= zuwendung, wenn dieſe ſelbſt möglich und vorhanden, alſo doch wohl ganz und unbeſchränkt vorhanden iſt? Was gar nicht als Ablaß zufolge freiſprechendem Papſturtheil gegeben wird, was der höchſte Richter in Rom zugeſtandenermaßen, als ſeiner Gerichtsbarkeit entzogen, über= haupt nicht geben kann und darf, was nur fürbittweiſe und von jedem, ſelbſt noch ſo tobſündigen Fürbitter erreicht werden kann, das gibt der römiſche Papſt, und er gibt es als Ablaß, und er gibt es ſicher — jedoch nur für Gegenleiſtungen: denn nach P. Maurel haben wir allen Grund zur Annahme, daß Gott die ihm dargebotene Genugthuung und den ihm angebotene Löſepreis wirklich annimmt, und dann gibt er es noch immer nicht für jeden Verſtorbenen und nicht für ſämmtliche Verſtorbene! denn anders als einer ganz beſtimmten Perſon, oder ſofern ſie deſſen nicht mehr bedarf, einer ganz beſtimmten zweiten, kann man den Ablaß nicht zuwenden! Jedoch

7. da man das Alles nicht kann, kann man es dennoch, — ſo lehrt die römiſche Zukunftstheologie — und zwar durch Maria! Nach Al= phons von Liguori, dieſem gemäß päpſtlicher Erklärung coinfallibeln Lehrer der Gotteswiſſenſchaft (auch nach P. Maurel, P. Gaubentiuro, P. Ulrich, P. Hecht, J. Löckerer), haben wir einfach dieſe Abläſſe in die Hände Maria's zu legen, da „ſie ſolche an ſich nehmen und nach ihrem Gefallen denjenigen Seelen des Fegefeuers zutheilen wird, die ſie von ihren Qualen befreien will; denn ſie weiß" (beſſer als Gott ſelbſt) „am beſten, welche Seelen den meiſten Anſpruch haben, z. B. weil ihre bal= dige Erlöſung Gott am wohlgefälligſten iſt", ſie iſt ja Mitwiſſerin Gottes und vierte Perſon in der Gottheit; dadurch ſind wir dann aller weiteren Sorgen in dieſer Beziehung enthoben. Dieſer „heldenmüthige Liebes= act" der Abtretung aller Ablaßgewinne an die armen Seelen wirkt derart,

daß der Aufopfernde, „der alle seine Genugthuungen und Abläſſe für die heiligen Bräute unſeres Erlöſers .... Gott aufopfert, nicht nur nichts verliert, ſondern unermeßlich viel gewinnt; .... denn durch den groß= müthigen Liebesact verdient man ſo viele Hunderte, vielleicht Tauſende von Graden größerer Glorie im Himmel; .... denn für jedes der Gebete und Werke verdient man einen neuen Grad himmliſcher Seligkeit für die ganze Ewigkeit". — Alſo wiederum ein Zuwachs an Macht, welche über das Irdiſche hinaus in das Jenſeits, und zwar auf die vielen verſchie= denen Stufen desſelben, ſchreiten will und Gottesbefugniſſe enthält ſowohl für den Papſt wie für Maria! Wiederum der Papſt ein Miterlöſer und Maria die Miterlöſerin! — Und wenn das Papſtthum in allen ſeinen mittelalterlichen Beſtrebungen jene Macht für ſich geſucht und gewollt hat, wenn es jene coloſſalen Geldermaſſen, bald zu den Kreuzzügen, bald zum Baue der Peterskirche, bedurft und verwendet hat, iſt dann noch zweifelhaft, warum es den mittelalterlichen Ablaß geſucht und gefunden, immerfort „verbeſſert" und vertauſendfältigt hat?

8. Aber es bleibt die Frage: Weiß Maria von dieſer Behändigung? will ſie ihr entſprechen, wenn ſie es kann? und kann ſie es vielleicht, obwohl ſie es will, dennoch nicht? Wozu das alles, wenn wir mit der alten Kirche wiſſen, daß es nie ſo war und alſo weder ſo iſt, noch ſo ſein kann, und zwar vor allem darum, weil wir mit der modernen Kirche und deren unfehlbarem Oberhaupt in Rom wiſſen, daß dieſe ſelbſt an ſolche Ablaßwirkungen nicht glauben, ſondern ſtets nur im Wege eines nicht zu löſenden Problems mittels bittweiſen Experimentes den Verſtor= benen ablaßähnliche Gnaden zuwenden wollen! Wenn aber der rö= miſche Papſt ſeine Machtgrenzen hinausſchieben will bis über die Pforten des „Fegefeuers", darf ſeine römiſche Theilkirche, wenn auch nur für den Reſt ihres Herrſchaftsgebiets im Occidente, eine ſolche Experimentaldog= matik und Conjecturaltheologie entwickeln oder muß ſie nicht Wider= ſtand, vor allem mindeſtens paſſiven kirchlichen Widerſtand leiſten?

9. Und wiewohl es ſich nur um eine Fürbitte handelt, verbindet der Papſt den „Ablaß für die Verſtorbenen" mit der Meſſe und heftet ihn an einen beſtimmten Altar! Nach P. Maurel wird dieſer „Ablaß" als ein vollkommener von dem Prieſter verdient, der an dieſem Altare für die Seele eines in der Liebe Gottes verſtorbenen Gläubigen eine Meſſe lieſt, und iſt ſicherer zu gewinnen, als alle anderen Abläſſe für die Verſtorbenen, trotzdem „man nicht wiſſen kann, ob er der beſtimmten Seele in ſeiner ganzen Ausdehnung oder nur theilweiſe zugewendet wird,

da dies von dem Rathschlusse Gottes abhängt". „Hoy se sacan animas" (heute werden Seelen befreit), bezeugt die Schrift auf einem Brette, das der spanische Pfarrer vor die Kirchthüre stellt als Einladung zur Ablaß= messe an seinem privilegirten Altare! Und auch darum sind diese Meß= ablässe sicherer: „Wenn die Seele sich nicht mehr im Fegefeuer befindet, werden die Ablässe zweifelsohne von der Güte Gottes den Verwandten oder Freunden dessen zugewendet, der" für sein Geld „die heilige Messe lesen läßt." Hier ist es denn auch einerlei, ob der die Messe Bezahlende oder der dieselbe Lesende im Stande der heiligmachenden Gnade sei; es wird dennoch stets ein vollkommener Ablaß verdient! — Ist hier nicht Alles und das Letzte des altkirchlichen Strafnachlasses geopfert? Gegen Unverdienst und selbst bei Beharren in schwerer Sünde soll die Strafe erlassen sein, und zwar ganz sicher, wenn nur der heilige Vater einen Altar für privilegirt erklärt und ein zahlender Todsünder eine heilige Messe für Abgestorbene liest oder lesen läßt und deren Verdienstlichkeit in den Schooß Mariä hinterlegt! Und vor Allem: Wie steht es mit dem Nutzen Roms bei dieser Erfindung? .

V. Und wenn nun der Papstablaß eine Erfindung und Anmaßung Roms, eine unberechtigte Verdrehung des alten Bußsystems und Besei= tigung der durch das Trienter Concil gutgeheißenen heilsamen Übung aller früheren Zeit ist, wie übt der höchste Pontifex seine unbegründeten und unerfindlichen Befugnisse aus? Er gibt bald vollkommene, bald zeitliche Nachlässe der Strafen, dazu Jedem nach demselben Maaße! Er läßt sie erwerben für Todte und Lebende durch die unbedeutendsten Werke, theilweise durch solche, welche wiederum seinem Ansehen und seiner Macht dienlich sind, und durch Gebete und Seufzer. Er denkt sich zeitliche Strafen als Strafen für eine gewisse Zeit des Jenseits und die Strafe der Ver= storbenen, die einstweilen nicht zur vollständigen Anschauung Gottes ge= langt sind, als eine zeitliche, in den Flammen des Fegefeuers zu verbüßende, und dispensirt von ihr nach ihrer ganzen Dauer oder nach „Tagen, Wochen, Quadragenen, Jahren und sogar zweihundert Jahrtausenden und ebenso vielen Quadragenen"! Er läßt sogar an einem Tage durch dieselbe Per= son denselben Ablaß in einem Athem dutzendfach gewinnen und klammert dort die privilegirte Messe an Geldzahlung, hier die Ablaßgewinnung an unbegreifliche, abergläubische Kleinigkeiten. Nur das ist und bleibt für eine ganze Reihe von Ablässen kennzeichnend, daß man sich gemäß der Bulle Pius' IX. vom 6. Mai 1852, selbst wenn man sich seit der letzten Beichte keiner Sünde bewußt wäre, an den Geistlichen wende, um so unter

Besprechung im Beichtstuhle die Ausrüstung zum Ablaßgewinn zu erlangen; denn es soll alsdann ja dennoch der Beichte, aber keiner Lossprechung bedürfen. Wie auffallend concurrirt hier Ausdehnung der Papstmacht und der Priesterbefugniß, deren erstere die letztere benutzt und deren letztere der ersteren ganz ergeben ist.

Können wir im Geiste Christi und der alten Kirche beharren, wenn wir der jesuitischen Lehre des Papstes folgen? Was hat Rom nicht in dieser Richtung geschaffen, empfohlen und zu heiligen gesucht? 1. Soeben noch verlieh Leo XIII. Ablaß für das Erscheinen zum Katholikentag in Würzburg. Kaum vorher verlieh er, als durch seinen Nuntius der Königin von Belgien die goldene Tugendrose überreicht wurde, allen zu dieser Ceremonie in der Kirche zu Brüssel Anwesenden vollkommenen Ablaß unter seinem päpstlichen Segen. 2. Unlängst löste man in Zürich zum Bau der Liebfrauenkirche einen Coupon als Stifter oder Wohlthäter, Gönner, Unterstützer für 50 oder 10, 5, 1 Franken ein, und zwar für ein „Schutzgebetlein", auf dem ein Ablaß von 300 Tagen für den Stoßseufzer: „O süßes Herz Mariä, sei meine Rettung", oder einer von 100 Tagen für den Wunsch: „Gebenedeit sei die heilige und unbefleckte Empfängniß der seligsten Jungfrau Maria" ausgeschrieben wird. — Man darf nicht fragen, wo das angerufene Herz Mariä denn jetzt sei und ob es, oder die angegriffene unbefleckte Empfängniß Mariä, eine Heilswirkung in sich berge. — Auch heute noch sind diese Schutzgebetlein von Zürich aus zu beziehen. — Ablässe sind also kurzer Hand auch gegenwärtig für Geld zu kaufen. 3. Einfach wird vollkommener Ablaß ertheilt durch die priesterliche „General-Absolution", zu der regelmäßig auf Verwendung der Bischöfe alle Seelsorgsgeistliche vom heiligen Vater ermächtigt werden. Dieser Ablaß kann dem bewußtlos Sterbenden zugewiesen werden, wenn der Geistliche „voraussetzt", daß derselbe bei Bewußtsein die Ertheilung eines vollkommenen Ablasses verlangen würde. Die Formel ist die, daß der Priester kraft der ihm vom apostolischen Stuhle ertheilten Vollmacht einen vollkommenen Ablaß und Nachlassung aller Sünden" ertheilt. 4. Während des Jubiläumsablasses werden vom Papste gewöhnlich fast alle anderen Entnahmen aus dem stark in Anspruch genommenen Kirchenschatz eingestellt; dafür ist das Gewinnen dieses Jubiläumsablasses an den dreißigfachen Besuch einer Kirche geknüpft. 5. Ablässe werden schon verdient, wenn man sechs Vaterunser mit Ave Maria und „Ehre sei dem Vater" betet, nämlich „die sämmtlichen Ablässe der 7 Hauptkirchen Roms, von Portiuncula, von Jerusalem und von St. Jakob von Compostella", wenn man die heiligen Stätten von Jerusalem besucht, wenn man die sogenannte Kreuzweg-Andacht hält, wenn man als Mitglied einer Brüderschaft zweimal in einer Theatinerkirche betet. — 50 Tage Ablaß werden verdient, wenn man ein Gebetlein von 9 Worten („O süßester Jesus, sei mir nicht Richter, sondern Erlöser"), 300 Tage Ablaß, wenn man eines von

6 Worten an das Herz Mariä („Süßes Herz Mariä, sei meine Rettung"), 100 Tage, wenn man den Seufzer: „Mein Jesus, Barmherzigkeit!" spricht. Das längst verwesene, aber immer noch süße Herz Mariä ist also am besten vom Papste bedacht.

6. Nach der einen Formel wird vom Papste eine Bitte zu Gott gen Himmel gesandt: „Durch die heiligen Geheimnisse der Erlösung der Menschheit möge dir der allmächtige Gott alle Strafen des gegenwärtigen und des zukünftigen Lebens nachlassen, dir die Thore des Paradieses öffnen und dich zu den ewigen Freuden führen. Amen." Nach der andern ist der Papst selbst Gott und gibt sein Commando im Himmel: „Ich lasse dir auch nach alle Strafen des Fegefeuers, welche du durch Sünden gegen Gott, gegen den Nächsten und gegen dich selbst dir zugezogen hast. Ich schließe dir die Pforten der Hölle und öffne dir die Thore des Paradieses."

7. Durch die allen Beichtvätern des Franziskaner- und Kapuzinerordens verliehene „große Franziskaner-Absolution" wird noch Größeres geleistet, einmal indem die Obern dieser Orden jeden Weltpriester zur weiteren Vergabung dieses Ablasses bevollmächtigen können, sodann indem er nicht blos Sterbenden ertheilt werden kann, endlich indem er die Absolvirten in den Zustand eines neugeborenen, eben getauften Kindes zurückversetzt mit der Formel: „Ich spreche dich los von allen deinen Sünden, durch welche du dich aus menschlicher Gebrechlichkeit, Unwissenheit oder Bosheit versündigt hast, und gewähre dir vollkommene Nachlassung und Ablaß aller deiner Sünden, sowohl der gebeichteten, als auch derjenigen, an die du dich nicht mehr erinnert und die du vergessen hast, soweit sich die Schlüsselgewalt der Kirche erstreckt und ich versetze dich zurück in jenen Stand der Unschuld, in dem du dich befunden, als du getauft warst."

8. Papst Honorius III. bestätigte 1223 den bis dahin unerhörten sogenannten Portiuncula-Ablaß, der ein von Christus selbst dem heiligen Franziscus in der Portiunkelkapelle zu Assisi übertragener vollkommener ist. Derselbe fällt Jedem zu, der und so oft als er im Stande der Gnade mit reumüthigem Herzen am Portiunculafeste in dieser Capelle betet. Nach Gregor XV. (1622) ist er in allen Franziskanerkirchen und -kapellen und, wenn keine da sind, auch in anderen Kirchen, nach Innocenz II. (1695) sogar in der Portiunkelkapelle an jedem Tage zu gewinnen.

9. Man kann tägliche Ablässe gewinnen und noch Pius IX. hat einen solchen von je 100 Tagen verliehen. Gewisse Ablässe verdient man nach der Morgencommunion den ganzen Tag hindurch so oft als thunlich. — Schon wurde der Portiuncula-Ablaß an dem einzigen 2. August von einer fleißigen Dame ungestört in der Kirche auf Nonnenwerth durch fünfzigmalige Einkehr in dieselbe und Gebetsverrichtung fünfzigmal gewonnen.

10. An die Darbringung des heiligen Meßopfers ist, einerlei ob der dasselbe Bezahlende oder der dasselbe Darbringende im Stande der heiligmachenden Gnade sei, ein vollkommener Ablaß für die bedachte arme Seele geknüpft, wenn der Papst den betreffenden Altar für einen privilegirten erklärt hat. In Folge dessen wird man berechtigt, an diesem Altare buchstäblich

zu rühmen: „Hier wird durch jede Messe eine Seele aus dem Fegefeuer be=
freit." — Benedict XIII. erklärte 1724 je einen solchen für alle Patriarchal=,
Metropolitan= und Cathedralkirchen der ganzen Christenheit und beschenkte den
so erklärten mit einem täglichen Ablaß für alle Zeiten. — Clemens XIII.
dehnte dies aus auf alle Stifts=, Abtei= und Pfarrkirchen, aber nur für sieben
Jahre. Und die neuesten Päpste können alle Altäre einer beliebigen Kirche
mit dem Ablaßprivilegium beleihen. Es ist aber auch „jeder Altar privilegirt,
an dem ein lebendes Mitglied" des Franziscus=Xaverius=Vereins „für ein ver=
storbenes eine heilige Messe darbringen läßt oder selbst darbringt."

11. Ja, dieses Privilegium soll zuletzt nicht einmal an einem erklärten
bestimmten Altare haften, noch auch der mühesamen Nöthigung zu diesem
unterworfen sein. Die Päpste können dasselbe sogar der Person eines be=
liebigen Geistlichen anheften, und für den Allerseelentag hat jeder Priester in
sich selbst die Kraft der Erwirkung desselben. Endlich aber bedarf es alles
dessen nicht mehr; denn den Mitgliedern einiger Bruderschaften ist die besondere
Gnade verliehen, daß alle Messen, die nach ihrem Tode für sie gelesen werden,
an sich schon, abgesehen von Altar und Person der Darbringung, privilegirt sind.

12. Nach dem Ablaß= und Bruderschaftsbuch von P. Gaudentius und
dem Paderborner „Ablaßbuch für alle Stände" gibt es der Ablässe unzählige.
Jeder Papst schuf neue zu den alten. Benedict XIV. hatte einmal (1751) die
von Benedict XIII. verliehenen Ablässe zurückgezogen. Da erneuerte sie Pius IX.
im Jahre 1848 und fügte 1851 noch 24 neue vollkommene Ablässe hinzu.

13. Reichliche Ablässe sind an das Tragen eines Stückes von einem
braunen Schulterkleid, des sogenannten Skapulier, geknüpft. Es muß das=
selbe nach dem Urmodell des Simon Stock, des Generalobern der abendländi=
schen Carmeliter 1., aus zwei Stücken wollenem (nicht baumwollenem) oder
kunstwollenem Stoffe und 2., von brauner (allenfalls auch schwarzer) Farbe und
3., aus Weberei (nicht aus Stickerei, Strickerei oder Maschinenarbeit) und 4.,
in Form eines Vierecks gebildet sein. Es darf zwar mit andern Stoffen oder
edlen Metallen verziert, aber nicht als bloße Schärpe über die Schulter ge=
tragen werden. Es soll nicht die braune Farbe verlieren! Wer in diesem
Skapulier gestorben und in's Fegefeuer gekommen ist, erlangt vollsten Strafnach=
laß am kommenden Samstag! — Papst Johann XXII. (1316—1334) hat von
der ihm erscheinenden Mutter Gottes diese Offenbarung erhalten, daß sie ohne
Unterlaß mit ihrer Fürsprache, ihren Bitten und Verdiensten namentlich am
Samstag der Skapulierträgern zu Hilfe kommen werde, indem sie sprach, daß
„sie als eine Mutter voll Gnade am Samstag nach ihrem Tode zu ihnen in's
Fegefeuer hinabsteigen . . . . sie befreien und zum Berge des ewigen Lebens
führen werde." — Papst Paul V. hat in seinem Decret vom 15. Februar 1613
dieses „Samstagsprivileg (Sabbatine)" gläubig anzunehmen gestattet und
durch Clemens X. ist am 8. März 1673 die Versicherung ausgesprochen, daß
die Träger und Trägerinnen des braunen Skapuliers Antheil an den guten
Werken des Ordens und der Bruderschaft der heiligen Jungfrau Maria vom
Berge Karmel und noch größern Antheil an all' dem Guten haben, was in
der gesammten Kirche geschieht.

14. Ebenso sind Ablässe geknüpft an das weiße Skapulier der Trini=
tarier (Orden von der heiligen Dreifaltigkeit), an das blaue von der unbe=
fleckten Empfängniß Mariä, das schwarze von den sieben Schmerzen Mariä
und das rothe vom Leiden des heiligen Herzens Jesu, sowie des liebreichsten
und mitleidenden Herzens der seligsten und unbefleckten Jungfrau Maria. Das
erstere muß blau=weiß=roth sein und aus zwei Hauptstückchen bestehen, deren
Weiß die Herrlichkeit des Vaters bedeutet. Es muß in jedes ein Kreuzchen
eingenäht sein, und zwar das Stämmchen desselben mit rother Wolle, die Liebe
des heiligen Geistes bezeichnend, und das Querbälkchen desselben mit blauer
Wolle, an das Leiden des Sohnes erinnernd. Nicht der Laie kann es, wie
beim Verschleißen des braunen, selbst erneuern; das Ersatzstück muß vielmehr
geweiht werden. Nicht wie dieses ist das rothe einem bewußtlosen Verzückten
von unsichtbarer Hand überreicht worden; aber der Heiland selbst hat das
rothe einer barmherzigen Schwester im Jahre 1846 in Paris geoffenbart. Wer
das blaue trägt, braucht ohne Beichte und Communion nur 6 Vaterunser
und Gegrüßt seist du Maria und Ehre sei dem Vater nach der Meinung des
Papstes zu beten und er hat alle Ablässe gewonnen, die für den Besuch der
heiligen Stätten Jerusalems, der 7 Hauptkirchen Roms, der Portiunculakirche
zu Assisi und des Gnadenortes des heiligen Jakobus zu Compostella ver=
liehen sind.

15. Abgesehen von diesem Skapulier empfängt man schon vollkommenen
Ablaß, wenn man die Kreuzwegandacht verrichtet oder wenn man als Mit=
glied einer Bruderschaft zweimal in einer Theatinerkirche betet.

16. Es ist auch die Combinirung der Ablässe des Skapuliers
gestattet. Man trägt alle 5 Skapuliere als eines, aber an zwei gemeinsamen
Schnüren, die dazu nur von rother Farbe sein dürfen, weil das rothe Skapulier
zu seiner Wirksamkeit der rothen Farbe bedarf, andernfalls es — nicht auch
eines der andern vier — seine Kraft einbüßen würde. Leo XIII. schließt sich
genehmigend der Entscheidung der Ablaßcongregation vom 26. März 1887 an,
und damit ist abgemachte Sache: Zur Wirksamkeit dieser 5 Skapuliere dürfen
sie nicht zusammengeheftet, sondern an der Doppelschnur nur so befestigt werden,
daß jedes einzeln von dem andern sofort klar unterschieden werden kann. Unter
diesen Umständen ist das fünffache Skapulier mit dem fünffachen Erfolge ver=
sehen; man gewinnt am Tage der Aufnahme schon 5 vollkommene, an ver=
schiedenen Festtagen 117 vollkommene und in der Todesstunde 5 vollkommene
Ablässe! Aber wenn einer dieser verloren geht, so sind sie alle verloren, jedoch
nur derart, daß sie täglich durch 6 Paternoster u. s. w. wiedergewonnen
werden können.

17. Nach der Entscheidung der Ablaßcongregation in Rom vom
31. März 1856 „gewinnen die Tertiarier" (Franziskaner des 3. Ordens)
„eine große Anzahl vollkommener und unvollkommener Ablässe auch ohne
Beichte und Communion, so oft als sie die 6 Vaterunser u. s. w. beten. Sie
gewinnen nach dem Ausspruch Pius' IX. die überaus zahlreichen, in der Basi=
lika der heiligen Pudentiana in Rom dargebotenen Ablässe. Dieses Privileg
der Tertiarier hat Pius IX. unterm 22. November 1852 bestätigt.

18. Die Tertiarier gewinnen durch die sogenannte „Gnadencom=pagnie mit den Kapuzinern und Camaldulensern" die unzähligen Ab=lässe von allen Kirchen, Basiliken und von allen Heiligthümern der Welt, und zwar einfach durch Beichte, Communion, Beten des 19. Psalms Exaudiat und die bekannten Gebete im Sinne des heiligen Vaters.

19. Benedict XIII. erklärte unterm 24. September 1726 das „Skapulier=fest" für ein allgemeines Fest der Kirche und insbesondere für ein „Fest Unserer Lieben Frau vom Berge Karmel". — Soll damit gesagt sein, daß die ganze Skapulierhistorie auf Wahrheit beruhe? Besteht nun nicht eine verpflichtende Erklärung jenes Papstes zum Glauben an Skapulierkräfte und =ablässe? Darf der Christ sich zu solchem bekennen?

20. Ablässe werden gewonnen durch den Seraphischen Gürtel (An=denken an den Strick des seraphischen Vaters Franziscus), mag er nun aus Garn oder Wolle, Hanf oder Baumwolle, weiß oder roth oder wie sonst ge=fertigt sein, wenn er auch nicht auf bloßem Leibe getragen wird. Derselbe Monsignore de Segur versichert, daß man mit diesem Gürtel und den 6 Vater=unsern u. s. w. „Tausende vollkommener Ablässe und sicher mehr als 100 000 Jahre unvollkommenen Ablasses verdienen", auf diese Weise also täglich Tausende armer Seelen aus dem „Fegefeuer" erlösen kann.

21. Pius IX. bestätigte im Jahre 1859 das Tragen des St. Josephs=gürtels, belehnte dasselbe mit zahlreichen Ablässen und approbirte die Formel der Segnung dieses Gürtels. Auch bei ihm ist der Stoff gleichgiltig für die Gnadengewinnung, aber er muß 7 Knoten enthalten zur Ehrung der 7 Schmerzen und 7 Freuden Josephi.

22. Auch der schwarzlederne Gürtel der heiligen Monika ist von mehreren Päpsten bestätigt und mit Ablässen begnadigt. — Wie ist alles äußere und innere Detail dieses Gürtels beschaffen? Kann nicht jeder Schwarzleder=gürtel gewisser Arbeiter= und Gesellschaftsclassen benutzt werden?

23. Das Beten des Rosenkranzes bringt Ablaß ein, und zwar mit jedem Krellelein, sei es ein „einfacher" oder ein „Brigittirter" Rosenkranz; aber er muß vom Papste gesegnet sein und man muß ihn mit der Hand berühren und betend abperlen, wobei jede Perle 100 Tage Ablaß einbringt. Leo XIII. verlieh unterm 1. September 1883 für den Rosenkranzmonat Oktober, wenn das heilige Meßopfer statt durch Meßandacht oder kirchliche Liturgie durch das Beten des Rosenkranzes gefeiert oder das heilige Sacrament zu Ehren der „himmlischen Königin vom Rosenkranze" ausgestellt wird, — gewiß eine nicht höher zu greifende Ehre auf Erden! — die Erschließung „der himmlischen Schätze", und zwar mit 7 Jahren und 7 Quadragenen Ablaß bei Gott. Wer zehnmal solchem Gottesdienste beiwohnt, hat nicht nur 70 Jahre und 70 Quadra=genen erworben, sondern bekommt noch extra Freisprechung von aller Schuld und Strafe in Form eines päpstlichen Ablasses. Wer somit den ganzen Monat hindurch bis einschließlich den 1. November die Bedingungen erfüllt, hat schon 224 Jahre und ebensoviele Quadragenen sich eingebracht.

24. Im siebzehnten Jahrhundert wurde die Benediktusmedaille auf=

gebracht und mit Segen und Ablässen begleitet. Durch Benedict XIV. (1742) ist dies bestens bestätigt und zugleich die Formel der wirksamen Weihe vorgeschrieben. Pius IX. ertheilte dem Herold dieser gnadenreichen Medaille, dem Abt Prosper Gueranger von Solesmes, seine Belobigung.

25. So werden auch andere Medaillen, Kreuze, Devotionalien, Rosenkränze, Statuetten, insbesondere Herz-Jesu-Medaillen mit Gnaden und Ablässen vom heiligen Vater befruchtet. — Bedarf es also noch eines Cathedralspruches in feierlicher Form für Dogma und Anwendung desselben?

26. Gemäß besonderer Bewilligung des Papstes Gregor XV. „können alle diese Ablässe den armen Seelen im „Fegefeuer" geschenkt werden". So kann, wie Monsignore de Segur schreibt, ein Tertiarier des heiligen Franziskus durch seinen Eifer das „Fegefeuer" leerfegen.

27. In Neapel liest man an den Mauern der Dominikanerkirche eine (von Canove in seinem „Römischer Katechismus" übersetzte) Ablaßverkündigung als erzbischöfliche Bekanntmachung unter der Überschrift: „Schatz der Ablässe" (tesoro d'indulgenze), nach der Folgendes verheißen ist: a., wenn man mit der allerheiligsten Jungfrau zum gestorbenen Jesus ein kleines Gebet u. s. w. spricht, werden nach Verleihung Clemens' III. jedesmal 15 Seelen aus dem Fegefeuer (sciacciano d. i.) verjagt; b., wenn man ein anderes Gebetlein u. s. w. spricht, wird die Wohlthat von 100 Messen für das Jahr errungen; c., wenn man den Habit der unbefleckten Empfängniß trägt, werden alle Ablässe Roms, der Portiuncula, Jerusalems und Galiziens erworben, welche sich auf 533 vollkommene Ablässe und unzählige unvollkommene belaufen; d., wenn man die 4 Habite so vereinigt tragen will, daß sie nur einen bilden, kann man derartige Exemplare in Erzbisthumsstraße Nr. 63 einkaufen; e., wenn man 3 Vaterunser, Ave's und Gloria's zu den 3 entblößten Gebeinen (ossa) des leidenden Heilands spricht, gewinnt man 200000 Jahre Ablaß; f., 70000 Jahre Ablaß bringt das Beten von 5 Gesetzen des Rosenkranzes ein; g., wenn man die Messe mit Andacht und Aufmerksamkeit hört, erhält man 3800 Jahre Ablaß; h., wer spricht: „Gebenedeit sei die allerreinste unbefleckte Empfängniß der seligen Immerjungfrau Maria. Amen", verdient 100 Jahre Ablaß; i., wer die heilige Wegzehrung (viaticum) begleitet, erwirbt 7 und, wenn mit einer brennenden Kerze, 6 Jahre Ablaß; k., wer den Regulärhabit küßt, erhält 5 Jahre, und wer das Kreuz küßt, 40 Tage Ablaß!

28. Und nun das Absonderlichste und Unbegreiflichste von Ablaß: Reichlicher Ablaß denen, welche zur Anzeige, Ergreifung, Verurtheilung eines Ketzers beitragen, aber auch denen, welche der allmäligen Verbrennung desselben, dem stündigen und oftmals mehrstündigen Wimmern und Jammern des in langsamen Flammen angeketteten Andersgläubigen, der sogenannten Hexen oder der dutzendweise nebeneinander brennenden Mitmenschen, ja Mitchristen, unter heldenmüthigem Niederdrücken jedes Mitgefühls, unter Überwindung eines bischen Nervosität oder gar eines Anfalles von Verrücktwerden „zur größern Ehre Gottes" zuzusehen vermochten! Denn:

**159.** Der unfehlbare Papst, der nach seinem eigenen Ausspruche „nie die Grenzen seiner Gewalt überschritten hat", besitzt nicht nur die Quelle stets fließender Offenbarungen, nicht nur die überströmenden Bronnen der Ablässe, sondern auch die Unendlichkeit der Liebe und Milde des Menschensohnes, zu deren christlicher Übung er mahnt, vorleuchtet und sogar zwingt, indeß er Menschen foltern, einkerkern, einmauern, mit Flammen ansengen, des Vermögens für sich und die Ihrigen zu Papst= zwecken berauben und sogar bei gelindem Feuer allmälich sieben und ver= brennen oder in Pech gewickelt rascher abbrennen ließ und lassen durfte und noch heute darf!

A. Wie war diese Liebe und Milde von Christus der Kirche em= pfohlen und wie durch den Mund des Nachfolgers und Stellvertreters Christi aufgefaßt und ausgeübt? — Christus hatte gesprochen: „Wer nicht in mir bleibt, der wird weggeworfen werden, wie eine Rebe; und sie wird verdorren und in's Feuer geworfen werden und verbrennen." Wenn also — so die wörtliche Sprache der Papsttheologie — die Ketzer nicht in der Kirche und darum nicht in Christo, sondern von ihm getrennt sind und in ihnen die Gnade Gottes dürr ist, ist es angemessen, daß sie in's Feuer geworfen werden und dort in dieser Zeit brennen, wie sie in Ewigkeit brennen werden. Da wir sehen, daß an unsern Körpern bei jenen Gliedern, die an einer unheilbaren Krank= heit leiden, das Feuer als Heilmittel angewendet wird, so muß auch bei den Ketzern, die nicht zur Gesundheit zurückkehren wollen und faulende Glieder sind, das Feuer das geeignetste Heilmittel sein. Wenn sie nun zwar keine Glieder der Kirche mehr, sondern von derselben ausgestoßen sind, so sind sie jedenfalls zu verdammen auf Grund obigen Ausspruchs Jesu Christi. — Oder ist diese dogmatische Begründung aus dem Munde dessen, der die Jünger wegen ihres Feuereifers verwarnte, sie aber das Unkraut neben dem Weizen stehen zu lassen ermahnte, nicht eine römisch=dogmatische, nicht eine durch den Mund des Unfehlbaren in Rom geheiligte? Ist sie nicht von Pius V. approbirt (1572), als sie aus dem Munde seines Inquisitionsbeamten Girolamo Muzio Justino= politano gedruckt erschien? Ist sie nicht unter Geheiß Pius' IX. in der Civiltà cattolica (1853, I. 595.) als „ein erhabenes Wahrzeichen römischer Rechtgläubigkeit" gepriesen? Und doch hat

B. die apostolische Kirche oder eine der romfreien Kirchen nie auch nur etwas Ähnliches gekannt, geschweige denn mit römischer Grausamkeit geübt. Christus hatte mit den Tadelsworten an Jacobus und Johannes,

die auf das hartherzige Samariterstädtchen, das ihnen Aufnahme ver=
weigert hatte, vertilgendes Feuer vom Himmel herabrufen wollten, die
vorwurfsvolle Weisung gegeben, daß der Sohn des Menschen nicht ge=
kommen sei, Menschenleben zu verderben, sondern zu retten (Luk. 9, 53—56).
Hatte er nicht mit dieser und mancher andern Weisung so den Glaubens=
zwang verpönt, als die geistige Bekehrung in der Freiheit der Überzeu=
gung anbefohlen? — Die Kirchenväter nahmen für sich Freiheit des
Glaubens in Anspruch und beließen solche jedem Anderen, indem sie aus
der Natur der Religion selbst die Freiheit menschlicher Entschließung
herleiteten. Nach Athanasius ist es ein „Kennzeichen der wahren
Religion", Niemanden zu ihr zu zwingen, wie ja auch Christus keinen
Zwang geübt habe, während das religiöse Verfolgen ein „Kennzeichen
des Satans" genannt werden müßte. — Christostomus verlangte,
daß die Andersgläubigen mit Liebe behandelt würden und warnte vor
Leibesstrafen gegen dieselben, indem er die praktische Folge voraussah,
daß man mit der leiblichen Bestrafung der Häretiker einen endlosen Krieg
in der Welt entzünden werde. — Noch um 450 erklärte der Kirchen=
historiker Sokrates die Verfolgung der Andersgläubigen als etwas der
rechtgläubigen Kirche Fremdes. — Im Occident bedurfte es an die
tausend Jahre, um die Theorie von Religionszwang und gewaltsamer
Ausrottung der Ketzerei herrschend zu machen. Auf dem Thatengebiete
der spätern römischen Inquisition in Italien hatten sich ostgothische
Arianer und langobardische Katholiken Jahrhunderte lang gegenseitig
geduldet.

Das Herrschaftsstreben Gregor's VII. brachte Wandelung! Alles
und somit vor Allem das religiöse Denken sollte in römische Texte und
lateinische Worte gezwängt, sollte überall und total vom Papste und den
Curialisten abhängig sein, und Jedmänniglich sollte so sehen und urtheilen,
so erkennen und wirken, wie das absolute Regiment der Papsterhöhung
bis zur Papstvergottung es bedurfte. Nun heiligte der Zweck die
Mittel! Während der heilige Bernhard (um 1130) noch gepredigt
hatte, daß die Vorschriften der Apostel nur dahin gehen, einen Häretiker
zu belehren und allenfalls bei seinem Verharren in der Irrlehre zu mei=
den, daher man nach göttlichem Rechte hierüber nicht hinausgehen dürfe,
wurde das Decret Gratians (nach dem Jahre 1152) zwingendes Lehr=
und Gesetzbuch der Geistlichen und ihrer Gerichtshöfe. Unter seinem Ein=
fluße wurde die Entscheidung Urban's II., daß Derjenige, welcher im
Eifer für die katholische Mutter eine Hand voll Ketzer glücklich abge=

schlachtet habe, nicht als Menschenmörder zu erachten sei, eine anreizende Norm zum vielfältigsten grausamsten Vernichten menschlicher Creatur! Ist es jemals als ein Falsum des italienischen Geschichtsschreibers Cesar Cantu von der Curie gerügt worden, wenn er seit mehr denn einem halben Jahrhundert in seinem Geschichtswerke 103 Bullen (von Inno= cenz IV., Alexander IV., Urban IV., Clemens IV., Nicolaus III., Boni= faz VIII., Innocenz VIII., Alexander VI., Leo X., Hadrian VI., Sixtus V., Gregor XV. und andern Unfehlbaren bis zur Fünfzig=Zahl) als existent behauptet, in denen Vorschriften der Inquisitionstyrannen veröffentlicht und anbefohlen sind? Wo lag nun die dogmatische und ethische Wahr= heit? bei Christus, seinen Aposteln und deren Nachfolgern in der Uni= versalität der alten ungetheilten Kirche oder bei dem zweckbewußten höchsten Regenten jener Spezialität der vereinzelten römischen In= quisitionskirche?

C. Und war nicht mit jeder Verurtheilung seitens eines Ketzer= gerichtes Einziehung des Vermögens zum Vortheile der Inquisition, ihrer Orden und ihrer römischen Gesetzgeber und Beschützer verbunden? Hatten doch die Glaubensrichter ausgedehnte Vollmacht zur Verhängung von Geldstrafen! Schon der Bologneserjurist Calderini, derselbe welcher als Ketzer die bezeichnete, welche die päpstlichen Vorschriften miß= achteten, weil sie damit „die Schlüssel zu verachten schienen", erklärte unbefangen, daß die Ketzereiprozesse gegen Verstorbene nur des Vermögens und der Beraubung der Hinterbliebenen wegen geführt würden! Haben die Päpste nicht angeordnet, daß gerade an sie ein Theil der ein= gezogenen Vermögensmassen eingeliefert werden solle, und haben sie nicht damit den Feuerwahn der menschenverbrennenden Orden hinaufgeschraubt? wurden nicht die meistliefernden Inquisitoren von den mildesten heiligen Vätern zu Bischöfen befördert? Die Franziskaner=Inquisitoren in Rom verurtheilten zu Geldstrafen, obwohl sie mit ihrem Armuthsgelübde in Widerspruch kamen und dem Banne verfielen, lösten letztern aber da= mit, daß sie die erbeuteten Summen schnell verbrauchten oder ihren An= verwandten weitergaben. Ein Papst wie Nikolaus III., dem Dante einen Platz in der Hölle anwies, wo „er zuckend mehr als die übrigen Ge= nossen tobet, von rother glüh'nder Flamme ausgesogen", wußte die Be= sitzer des Schlosses Seriano bei Viterbo unter dem Vorwande ihrer Ketzerei durch die Inquisition ihres gesammten Gutes berauben zu lassen und den Raub seinen Verwandten zuzuweisen! Ein Papst wie Johann XXII. ließ die ghibellinischen Visconti, ebenso die Mark=

grafen Rinaldo und Obizzo von Este durch die Inquisitoren als
Ketzer verurtheilen; es erfolgte Confiscation ihrer Staaten und Kreuzzug
gegen sie mit der Androhung der Sclaverei für ihre Unterthanen
und Ablaßverheißung an die Kreuzritter! Dasselbe Verfahren
wurde sodann gegen die Dynasten einiger Städte der Romagna, Orde=
laffi und zwei Manfredi, und zwar mit Ablässen und Kreuzzug bis
zu einträglicher Geld= und Gutseinziehung durchgeführt! Im Jahre 1179
forderte Alexander III. die Gläubigen in Italien und Frankreich zur
Waffengewalt gegen die Manichäer und zur Confiszirung ihres Ver=
mögens auf. Nachdem Lucius VII. (1184) den geistlichen wie weltlichen
Obrigkeiten die Pflicht aufgenöthigt hatte, den Irrlehren nachzuspüren,
die Verdächtigen aber dem weltlichen Arme zur Hinrichtung zu über=
geben, wußte

D. Innocenz III. im Jahre 1209 dem dieser Anwendung zu
Grunde gelegten papströmischen Dogma die mächtigste Anerkennung zu
verschaffen. Durch die Verheißung päpstlicher Sündenvergebung
und reicher Ausbeutung der zu überfallenden Länderstrecken brachte
er Schaaren von Kreuzfahrern für einen förmlichen Religionskrieg der
Jahre 1209 bis 1228 unter seiner Fahne zusammen — und nun erhob
der übermächtige Unfehlbare die Inquisition zu einem stehenden
Gerichtshof. Im Jahre 1232 legte Gregor IX. das ganze Inquisi=
tionsverfahren in die Hände der Dominikaner. Indem diese sich als
domini canes (des Herrn Hunde) rühmten, übten sie eine unumschränkte
Gewalt, für die sie keinem Fürsten und Volke, auch keinem Bischofe, son=
dern nur allein dem römischen unumschränkten Gewalthaber verantwort=
lich waren. Innocenz IV. krönte diese Schöpfung durch Regelung von
Verfassung und Verfahren derselben, und seine Nachfolger hatten seine
Gesetze nur auszudehnen und zu ergänzen. — Was war nun die ethische
und was die juristische Begründung solcher Gesetze und Gerichte seitens
der Päpste und der Curialisten?

Die römische Unwissenheit in der Kirchengeschichte und die päpst=
liche Klugheit in der Schriftdeutung construirte: da die heilige Schrift
die Häretiker Diebe und Räuber nennt und da die Ketzerlehrer den Gift=
mischern und Falschmünzern gleichzustellen sind, so darf man sie wie Diebe
hängen, wie Wölfe todtschlagen, wie Verbrecher durch Tödtung beseitigen.
Abweichung von der spezifisch und local römischen Lehre war nun ein
Verbrechen der verletzten Majestät und nach weltlich=römischem
Rechte gleich einer gegen die Kaiser begangenen Majestätsbeleidigung

zu ahnden. Häretiker waren nun als „Söhne des Satans" zu be=
zeichnen, welchen auch dessen Loos, das Brennen im Feuer, schon hienie=
den zu Theil werden müsse. Entgegen dem heiligen Bernhard spricht
Thomas von Aquin aus der ihm zuerkannten Theilhaberschaft an der
päpstlichen Unfehlbarkeit jeder biblischen Begründung einer religiösen Dul=
dung oder einer schonenden Behandlung der Anderslehrenden die Berech=
tigung ab. Entgegen der Ermahnung des Paulus, nach zweimaliger ver=
geblicher Belehrung einen Ketzer zu meiden, zieht er die irrthumslose
Consequenz, man meide den Ketzer am Besten, wenn man ihn alsdann
hinrichte, bei Rückfälligen aber unterlasse man noch jeden Versuch einer Be=
lehrung und schreite kurzweg dazu, sie zu verbrennen: denn „der zweimal
aus Barmherzigkeit zurechtgewiesene Häretiker, wenn er hartnäckig bleibt,
muß getödtet werden." Gestützt auf den Spruch Salomons (13, 22):
„Dem Gerechten wird aufgespart des Sünders Vermögen" bewiesen
Raimund von Pennaforte (der Sekretär Gregor's IX. (1227—1241)
und sein Ordensbruder, der Inquisitor Monita von Cremona, daß
die Einziehung des Vermögens der Häretiker und die Berau=
bung der Kinder derselben ein dem päpstlichen Rechte entsprechendes
Privileg der Kirche sei, wobei sie zugleich einen Beweissatz aus dem
Corintherbriefe (I. 3, 22) anzuziehen wagten in den Worten Pauli:
„Alles ist Euer." Denn die Kirche beraube Niemanden seines Eigen=
thums, sondern ziehe nur ein, was ihr selbst an sich schon zu Eigen sei.
Endlich hatten Juristen wie Theologen einen probaten Schluß aus der
Gesetzgebung jener Zeit gezogen; wenn die Verletzung der irdischen Ma=
jestät über das Civilrecht hinaus und mit den härtesten Strafgesetzen zu
ahnden sei, um wieviel mehr nicht die Häresie, das Verbrechen der ver=
letzten göttlichen Majestät, möge es auch in noch so geringer Materie,
wenn nur überhaupt entgegen irgend einem Wortlaute der formellen
Lehren des Papstes oder den eigenthümlichen Lehrmeinungen der Orden
der Inquisitionsgerichte begangen sein.

E. Und wie kennzeichnet sich das gerichtliche Prozedere vom Stand=
punkte der weltlichen Gerechtigkeit und Rechtsprechung aus? Das römi=
sche, das deutsche und gerade das canonische Recht hatte bis zur Zeit der
drei Inquisitionsjahrhunderte Fortschritte in der Entwickelung zu einer
humanen Ausgestaltung der peinlichen Gerichtsbarkeit gemacht. Mit welchen
Vorschriften christlicher Mäßigung und Milde, weiser Gerechtigkeit und
gerade auch christlicher Liebe hätten die römischen Päpste jene Ausbildung
fördern müssen! Wie haben sie aber rückschrittlich bis zur äußersten

Rohheit und Grausamkeit dieser Ausbildung Hohn gesprochen? Wie haben sie „die sublime Einrichtung" der Inquisition prozessualisch ausgestattet? — Sie befahlen nicht etwa vorherige Belehrung oder sogar Verwarnung, sondern daß man auf bloses Gerücht hin einkerkern, verurtheilen, das Vermögen einziehen dürfe, und daß man das ganze Verfahren ohne Umständlichkeit, vor Allem ohne Öffentlichkeit, aber stets nur mit der möglichsten Kürze und Strenge durchführen solle. Bei Einsetzung eines Inquisitionsgerichts verkündigten sie zunächst einen Aufruf zu Denunziationen und Spionage und bedrohten Jeden mit Ketzerstrafen, der nicht schon auf blosen Verdacht hin denunzire. Die Anschuldigung bestand schon zu Recht, wenn nur die blose Thatsache vorlag, daß Jemand zu einer nichtrömischen Lehre hinneigte. Die Unwissenheiten und Zweifel, die durch den ununterrichteten Klerus und die Vernachlässigung des Lehramtes seitens dessen besseren Theiles eingerissen waren, gaben keinen Schonungsgrund und keine mildernde Bedeutung für die allein orthodoxen Ketzerrichter des Dominikaner= und theilweise des Franziskanerordens. Gemäß Innocenz IV. war die von Römerzeit her verpönte Erzwingung eines Geständnisses erlaubt und das christliche Rom gestattete aus Papstes Munde, ja befahl zu dem Ende die Folterung der Delinquenten, und gemäß Urban IV. (1263) und Clemens V. (1311) waren die Inquisitoren zur Anwendung der Folter befugt und beauftragt; von der ihnen aus solcher Missethat mit Blutvergießen erwachsenen Irregularität durften sie sich dann gegenseitig auch schnell wieder entbinden! Dem Denunzianten wurde empfohlen, hinter der Scene zu bleiben, da man sonst zu Beweisverfahren, Bestreitungen und dem schon angebahnten Anklage= und Vertheidigungsverfahren gelange; ein solches könne vermieden werden, wenn man sich nur eines Zeugen zu bedienen verstehe, und so bediente man sich jedes Spitzbuben, Trinkers und Meineidigen, aller gewillten Verbrecher, Infamirten und öffentlichen Dirnen als Zeugen für das heilige Judicium. Denn ein einziger Zeuge war genügend, um Folterung eintreten zu lassen, zwei Zeugen waren Grund genug zu einer Verurtheilung! Widerrief der unter den Folterqualen zu einem Geständniß Gebrachte dasselbe als erzwungen, so wurde er als Unbußfertiger verbrannt. Ein auch nur abgeschwächtes Überführungsverfahren, eine Kritik der nach päpstlicher Verordnung nicht kundzugebenden Personen der Zeugen, eine Verhandlung für und wider, eine Gegenüberstellung vor Denunzianten und Zeugen war unzulässig und

unmöglich. Abschwörung und Bußversprechen wegen des Glaubensirr=
thums konnte sogar in dem Falle nicht nützen, wenn der Irrende fuß=
fällig (wie Giordano Bruno) und unter offenbaren Zeichen seiner
Bekehrung sich zum vorgehaltenen Glaubenssystem bekannte, in dem er nun
dennoch vom Ketzergerichte als ein Häresiarch erklärt wurde! Wer als
ergriffener Ketzer den Reinigungseid geleistet hatte, aber auf einem
neuen dogmatischen Fehltritt ertappt worden, war in einem Theile be=
günstigt: es wurde ihm Beichte und Communion gewährt, und freige=
sprochen von der Ketzerabsicht, wie von der Ketzerei selbst, durfte
er im Besitzstande der göttlichen Gnade von denen verbrannt
werden, die ihn gleichwohl als Frevler am Glauben, wenn nicht als
Ketzeranführer, zum Feuertode verurtheilt hatten! Übergeben dem
„weltlichen Arme der" von dem geistlichen geschaffenen „Ge=
rechtigkeit" wurde befohlenermaßen der Verbrennliche schnell zum Feuer
besorgt, die Wegfeuerung selbst aber für den Unglücklichen möglichst all=
mälich zu Ende gebracht; denn „es sollten ihn fromme Personen, die mit
ihm beteten, zur Feuerstätte begleiten", die römische Kirche sollte hier
den weltlichen Arm heiligen, „und jene sollten ihn bis zum letzten Athem=
zuge umgeben, dabei aber nach ausdrücklicher Einschärfung Alles unter=
lassen an Handlungen und Reden, wodurch etwa der Moment seines
Todes beschleunigt und seine Leiden abgekürzt werden könn=
ten." Die Fürsten hatten das kirchliche Verdict sofort zu vollziehen,
wenn sie nicht dem Banne verfallen sein wollten. Zwar mußte die Em=
pfehlung zur „milden Behandlung" dem Verdict beigefügt sein; indeß
war die Befolgung der Milde derart untersagt, daß nach römischem Be=
fehle die weltliche Behörde auch dann verbrennen mußte, wenn
sie das Urtheil für falsch oder geradezu für nichtig erkannt
hatte. Als in Rom am 18. Februar 1582 vor dem schauspiellustigen
Volke einer verhärteten, ausgearteten und von Banditen wimmelnden
Menschenmenge ein Auto da fè für 17 Ketzer gefeiert wurde, ließ man
einen derselben, der seiner Lehre treu bleiben wollte, bei langsamem Feuer
verbrennen, was er mit größter Standhaftigkeit ertrug. Damit die Hin=
richtungen möglichst feierlich wurden, sparte man die Denunzirten in großen
neuerbauten Gefängnissen so lange auf, bis man Colonnen zusammen
hatte; alsdann wurde theatralisch die Verlesung des Urtheils
des heiligen Offizium vor der versammelten Volksmenge vorgenom=
men und nun in einer Serie von Scheiterhaufen die Massen=
verbrennung vollzogen. Jugendliches Alter schützte nicht; in Carcassonne

wurde im Jahre 1222 von den Inquisitoren festgestellt, daß schon Knaben über 7 Jahren, wenn sie in der Irrlehre beharrten, dem Feuertode verfallen seien, und im Jahre 1234 wurden am 12. Mai 6 Jünglinge, 12 Männer und 11 Frauen langsam verbrannt. — Und wenn nun „dieses erhabene", sich sachte vollziehende „Schauspiel" der Papst= religion die Begeisterung der Zuschauer, ohne ihre Leibes= und Gemüths= fähigkeit zu überschreiten, und die Ausdauer der anwesenden Kleriker, Mönche, Bischöfe und Fürsten noch nicht belohnt hatte, mußte der Wunsch nach etwas mehr dieser Art ein auch darum berechtigter sein, weil die Beiwohnung dieses Theaterstückes „ohne Blutvergießen" vollkommene Ablässe aus dem päpstlichen Gnadenschatze ein= brachte. Und dennoch wie leicht war dieser Erwerb zu machen, wenn man, wie das alte Mütterchen zum Scheiterhaufen von Huß in Constanz, Holz zum gründlichern und schmerzhaftern Verbrennen des verhaßten Ketzers in die Flammen trug! wenn man, wie König Fernando III., „der Heilige", eigenhändig die Gluth durch zusammengetragene Reiser= bündel in die Höhe trieb!

F. Und das Alles war römisch und päpstlich, war nach dem Aus= spruch Paul's IV. „der einzige Stolz des Papstthums in Italien" gegen= über den auszurottenden Protestanten, während die Bekenner des Koran sich rühmten, daß solche Einrichtungen ihren religiösen Ansichten und Überlieferungen fern seien. Auch dem Urchristenthum Christi waren sie fern; das Antichristenthum der Päpste hatte den stolzen Ruhm, daß seiner Inquisition keine Erfindung des menschlichen Geistes und keine Übung der Unsitte kannibalischer Volksstämme, keine Verrohung und Grau= samkeit des Menschengeschlechtes an innerm Raffinement und System und an äußerer Ausdehnung gleichkommen konnte und je gleichgekommen ist. Jahrhunderte lang, und über den christlichsten Nationen, zum Marter= thum von Hunderttausenden haben die römischen Päpste ein System ent= wickelt, das mittels Mißbrauchs aller Gerichtsformen und unter Verhöh= nung — von christlicher Lehre und Überlieferung gar nicht zu reden — aller Menschenrechte, ja mit äußerster Bosheit und teuflicher Wuth ihr Weltreich aufbauen sollte: denn die Inquisition ist Hand in Hand mit den Hexenverbrennungen, den päpstlichen Lehren über die Dämonen und den Hexenprozessen die systematische Förde= rungsanstalt der päpstlichen Allgewalt und Unfehlbarkeit!

Oder sollte nicht jede, auch nur geringe Abweichung von dem Papst= willen in den christlichen Anschauungen, geschweige denn Dogmen, als eine

Sünde gegen den Unfehlbaren, jede offene Lehrkundgebung als ein Eingriff in die Vorrechte der päpstlichen Lehrmajestät gelten? „Dem Inquisitor in Dingen des Glaubens nicht gehorchen, ist ein unbemeßbares Verbrechen", und „Wer mit dem römischen Stuhle nicht übereinstimmt, ist ohne allen Zweifel ein Ketzer". (Paschalis II.) Sich über eine Rechtsverletzung seitens des Papstes beklagen, ist ein Attentat gegen die Autorität des Papstes, durch das man „nicht nur in die von göttlichem und menschlichem Rechte eingesetzten Strafen verfallen, sondern auch in schnöder Weise das Verbrechen der Häresie begehen würde". (Calixtus III. im Jahre 1457.) Und „in eigentlicher und strikter Weise wird der Ketzer genannt, der über die Glaubensartikel anders urtheilt, als die römische Kirche . . . . desgleichen wer über das Abendmahl, die Buße, die Ehe und die andern Sacramente der Kirche . . . . anders denkt, als die römische Kirche." (Ambrosius von Vignate um 1460.) Endlich aber: das Ergreifen, Einkerkern, an Händen und Füßen Fesseln „war nur eine Frage an das eigene Gewissen" (des Inquisitors), „ob solches zu thun ihm dienlich erschienen". (Clemens V.) Im 16. Jahrhundert war das Urtheil eines Cornelius Agrippa über die Inquisitoren: „Sie handhaben ihre Gerichtsbarkeit nach dem canonischen Rechte und den päpstlichen Decretalen, als ob es unmöglich sei, daß ein Papst irre. Weder die Schrift, noch die Überlieferung der Väter lassen sie gelten. Letztere können ihrer Ansicht nach irren und irre führen, aber die römische Kirche, deren Haupt der Papst ist, kann nicht irren; den Stil der Curie derselben stellen sie sich als Richtschnur des Glaubens vor und inquiriren nichts Anderes, als ob man an die römische Kirche glaube. Wenn man das bejaht haben sollte, sagen sie sofort, die römische Kirche verdammt diesen Satz als häretisch oder als scandalos oder als beleidigend für fromme Ohren, oder als der kirchlichen Macht zuwider" . . . . Mangels Widerrufs „zeigen sie die Fesseln und das Feuer und sagen: Mit Ketzern muß man nicht streiten mit Gründen und Schriftstellen, sondern mit Fesseln und Feuer", und wenn er nicht abschwören will, übergeben sie ihn wie einen kirchlichen Deserteur dem weltlichen Gerichte, damit er verbrannt werde." Und wodurch unterscheidet sich diese Vergewaltigung von der gleichzeitigen wider die Hexen, von denen die Inquisitoren dem Papste Gregor IX. im Jahre 1231 Kunde gaben, über die des letztern Unfehlbarkeit berichtet, daß ihren nächtlichen Versammlungen der Teufel in Gestalt einer Kröte, eines bleichen Mannes und schwarzen Katers beiwohne und arge Greuel mit den Hexen ver-

übe, während der Papst in seiner Unfehlbarkeit einen Konrad von Mar=
burg ermächtigte, alle diejenigen sofort verbrennen zu lassen, die
„nicht" bekannten, daß sie die Kröte berührt, den bleichen ma=
gern Mann und den schwarzen Kater geküßt hätten? — Und
wie schildert der römische Theolog nach der „Christlichen Mystik" den
Zustand der Behexten und Besessenen? Der Dämon ist dem Wesen der=
selben einverleibt; er ist gleichsam als Entozoe im Leibe der von oben herab
Bestimmten und sitzt ebenso im Schreine ihrer Brust, wie im Gehäuse
ihres Hirns. Und mehr als das: er beherrscht von dort aus ihr Ent=
schließen, von hier aus ihr Erkennen, und zwar bis zur gänzlichen Aus=
füllung ihres Wissens, Willens und Handelns. Von dieser selbstgewählten
Hülle aus erhebt er sich über jeglichen Anruf, jegliche Drohung und sogar
jegliche demuthvolle Bitte. Er macht seine unfreiwillige Herbergsmutter
zu einem Orakel aus den höhern Kreisen, zu einem Schatten aus der
Ewigkeit. Obwohl überwesen im Erdenwesen, äußert er sich, wenn auch
prophetisch, sehr wenig phonetisch; in grunzender Tonweise stößt er ab=
gerissene Drohungen, Schimpfworte und sogar Verfluchungen über die
Christenmenschen aus; ohne Rührung über deren Beängstigung und Ent=
sittlichung setzt er sein Binnenleben fort wie ein Gefangener, der befugt
zu herrschen wäre über die andern Geister im Reiche des Geschaffenen.
Aus diesem Kreise der überirdischen Schöpfung will er anscheinend von
Zeit zu Zeit Etwas offenbaren. Aber theils das Unausreichende der miß=
brauchten Zunge und Sprache, theils das Eingreifen des Fingers Gottes
zügeln den Vorsatz zu einer Überschreitung der Grenzen der ihm zugäng=
lichen Welt der gefallenen Geisterwesen. Kurz — der arme Mensch be=
herbergt den sein ganzes Wesen durchdringenden „Schwarzen Kater",
den ihn ganz bändigenden höllischen „Moloch"! — Aber ein Glück für
ihn: er erkennt seine Mißbrauchung. Je länger er sich als Substrat eines
fremden Organes von Willen und Wissen, als die ohnmächtige Hülle
eines außerirdischen Geistes fühlt, desto entsetzlicher wird ihm die be=
redte Brust ohne Denken des Hirnes, das er dem Zuströmen aus
dem Ätherkreise wieder entziehen und für die angestammte, kirchliche
wie politische, christliche Freiheit den Fängen des Unthiers und den Pran=
ken des schwarzen Katers abringen will. Für die Katholiken — bei
Protestanten, Juden und Heiden ist dieser Unglücksfall unbekannt —
bleibt es einstweilen bei dieser Anschauung der christlichen Mystik, und
wo auch die vorwitzigste und scrupuloseste Hautuntersuchung der alten
Hexe wie des jungen Hexchens nicht einmal das kleinste graue oder rothe

Mal als Eingangspforte des Dämon in deren Leib aufdecken kann, greift man nicht erst zu Pater Aurelian, sondern zu dem Mittel: quod ferrum non sanat, ignis sanat und verbrennt einige Tausend dieser binitarischen Wesen, Mädchen und Molch, Mater und Kater, des Hexentanzes Cötus zusammt dem Dämon und Fötus.

G. Das absoluteste Papstregiment war auf seiner Höhe, dem sub= limen Spectaculo römischer Orthodoxie, Mächtigkeit und Wissenheit an= gekommen! — Und hat denn Rom von allem dem, auch von dem Hexenwahn der zauberischen Weiber, die Nachts mit dem Teufel buhlen und auf dem Besenstiel, der Ofengabel oder dem Elsternschwanz zum Schornstein heraus auf den Blocksberg reiten, und von den hiefür geschaffenen Bullen Innocenz' VIII. (3. XII. 1484) und Jo= hannes' XXII. (1330) auch nur das Geringste zurückgenommen oder berichtigt oder aus Missale und Rituale beseitigt? ist der Incubus und Succubus aus den Klöstern und Pfarrhäusern, aus dem Beichtspiegel und der Bußpraxis verbannt worden? Hat die moderne Papsttheologie auch nur Etwas vom Gebote des Menschenverbrennens und speziell auch nur eine Zeile von den 103 päpstlichen Bullen zur An= weisung an die Inquisitoren bei den Prozessen wegen Hexerei und Zau= berei aus der Geschichte der Papstfehlbarkeit und ihrer Gehilfen, der domini canes, widerrufen oder sonstwie beseitigt? Werden die Verbren= nungen von 1782 in Glarus und 1860 in Mexiko nicht wiederkehren?

Diese Frage beantwortet sich durch die neue und neueste Kirchen= geschichte! Denn:

1. Wenn mehr wie 50 Päpste ihre unfehlbaren Gesetze über die Recht= mäßigkeit und Herrlichkeit der Inquisition erlassen haben, welcher neue Papst darf so unfehlbar sein, deren 103 Ketzerbullen wegzutilgen?

2. Hat nicht, als das Auftreten Luther's sich auch gegen diese Sünden des höchsten Pontifer in Rom richtete, Leo X. einfach jenen Satz desselben: „Es ist gegen den Willen des heiligen Geistes, daß die Ketzer verbrannt werden", verdammt?

3. Hat nicht Paul IV. (1555—1559) dann die Inquisition als die einzige Stütze des päpstlichen Stuhls in Italien gepriesen, haben nicht Pius VII. und Pius IX., als sie 1815 und 1850 in ihre weltliche Macht wieder eingetreten, jedesmal dem Kirchenstaate die Inquisition wiedergegeben?

4. Ist es nicht Lehre der Jesuiten (Johannes de Alloza, um 1600), daß ein Ketzer zur Rückkehr gezwungen werden kann, daß er trotz seiner Aus= sage, innerlich den Glauben bewahrt zu haben, dann gefoltert werden müsse, daß unbußfertige Ketzer mit dem Tode zu bestrafen, die Beschützer und Beköstiger derselben nach Gutdünken mit Prügelstrafe, Landesverweisung, Galeeren= strafe, ja auch mit Einziehung ihres Vermögens zu belegen sind? Daß Ketzer

(Bellarmin um dieselbe Zeit) nach allgemeiner Lehre „excommunizirt, also auch getödtet werden dürfen . . . . weil die Excommunication eine größere Strafe ist als der zeitliche Tod"?

5. Ist es nicht stete Lehrüberlieferung im Jesuitenorden (Suarez, Santa-zelli, de Lugo, Salelles und einigen Dutzenden anderer) geworden, daß die ge-sammte Kirche eine der schrankenlosen Papstherrschaft als einer gött-lichen Regierung unterworfene Monarchie sei, daß jeder (auch gegen seinen Willen) Getaufte unwiderruflich Unterthan des römischen Papst-Kaisers derart geworden, daß er sich nicht ohne Verbrechen des Hochverraths demselben ent-winden könne, und daß folgeweise der der römischen Stuhllehre Widersprechende als Staatsverbrecher und Hochverräther mit Kerker, Galeere, Vermögens-einziehung und geschärfter Todesstrafe zu bestrafen sei?

6. Haben denn die vornehmsten Theologen des sogenannten Jesuitenordens (Salmeron, Bellarmin, Suarez, Valencia, Ribadeneira) irgend eine andere Lehre vertreten, denn die von der Heilsamkeit, Nothwendigkeit und Gerechtigkeit der Ketzerhinrichtungen? Der eine derselben (Suarez) beruft sich auf das Recht des Petrus, die Schafe zu weiden d. i. auch die Schafe einfach todtzuschlagen und sehr complicirt zu verbrennen, wobei aber das Recht der vor-herigen Confiscation ihrer Wolle nicht zur Sprache gebracht wird. Der andere derselben strengt auch Inquisitionsprozesse gegen Fürsten und Könige, indeß nur mit geheimster Verhandlung, an, zu deren Vollziehung der Papst den Regenten für ketzerisch erklären und ihn Mangels Niederlegung der Königs- oder Kaiserkrone als Usurpator oder „Tyrann" vogelfrei und einem Jeden zur Ermordung überlassen bezeichnen könne. Ein anderer (San-tarelli) befriedigt sein Bedürfniß nach einer bestätigenden Stelle des Neuen Testamentes dadurch, daß er die Worte Pauli derart fälscht, daß nun diesem seine Gewalt über die Gläubigen nicht nur zu ihrer Erbauung, sondern auch zu ihrer Zerstörung, also entsprechend auch zu Schwert und Scheiterhaufen gegeben sei!

7. Hat nicht in der ersten Hälfte des vorigen Jahrhunderts der Cardinal Vincenzo Petra sich auf die Friederizianischen Gesetze und die ihnen ge-wordene päpstliche Bestätigung berufen, deren stete Fortdauer als geltender Gesetzesnormen und die Rechtsbeständigkeit der nie außer Übung gekom-menen Strafe des Menschenverbrennens behauptet? ist danach Folter, Kerker und Confiscation in den Augen des Papstes heute aus dessen Straf-codex beseitigt?

8. Hat nicht Gregor XVI. im Jahre 1542 ein Decret der Congregation der Riten bestätigt, das die unter der Volkswuth in Aviquonet im Jahre 1242 umgekommenen Inquisitoren für selig und der öffentlichen Verehrung auf den Altären für würdig erklärte, indem „diese, während sie dort ihrem Amte mit gebührendem Eifer und Fleiß obgelegen, von den Ketzern überfallen und ermordet worden, weßhalb man sie allgemein für heilig gehalten habe"?

9. Hatte nicht derselbe Papst an dem großen Wörterbuch des Italieners Moroni mitgearbeitet, in dem von „der heilsamen und wohlwollenden Institu-tion des verdienstvollen Tribunals der Inquisition" (salutare et benigna isti-tuzione del benemerito tribunale dell' Inquisizione) gerühmt wird?

10. Hat nicht allgemein die römische Wissenschaft (z. B. Devoti in seinem „für klassisch hingestellten und gepriesenen" Lehrbuch des Kirchenrechts) aus der Pflicht des Papstes für das Seelenheil der Gläubigen zu sorgen, die Existenz= berechtigung der Inquisition begründet und deren Einsetzung gepriesen, weil „von ihr bekannt sei, wie viel Gutes sie brachte und wie viel Böses sie abwendete"?

11. Hat nicht Pius IX. in seinem Leiborgan Civiltà cattolica, während in derselben im Jahre 1854 (2, 8, 281) die allgemeine Abneigung gegen die Inquisition nur als ein Symptom der allgemeinen Geistesverwirrung bezeichnet wurde, in demselben Jahre noch als die kirchlichen Mittel zu Bekeh= rungen Geldstrafen, körperliche Züchtigungen, Fasten, Kerker und Stockprügel, und zwar als die den Satzungen der Kirche entsprechenden in Anspruch genommen?

12. Hat nicht der „Univers" in Paris im Jahre 1858 in verschiedenen Ar= tikeln über „Inquisition" seinen Spott „über jene Nachzügler" walten lassen, „denen der Gedanke an die Präventivtortur die Haut schau= dern macht", d. i. an die ersten Grade jener Qual, unter der die Papst= kirche durch ihre Inquisitionspriester dem unschuldig Denunzirten durch Ausrenken einiger Gelenke und Zerreißen einiger Sehnen und Nerven einen Vorgeschmack der zu gewärtigenden höhern Torturgrade für den nicht zu gewärtigenden Versuch eines längern Leugnens beizubringen sich berechtigt erachtete?

13. Hat nicht die Civiltà cattolica im Jahre 1891 folgende Sätze ver= theidigt: Die Tausende von Hexenprozessen können nach gesundem Menschenver= stand unmöglich auf Wahnsinn, Lüge und Blutdurst zurückgeführt werden: folg= lich muß man die Thatsächlichkeit eines directen Verkehrs der Menschen mit dem Teufel zugeben. — Alle die Päpste, die Verordnungen gegen die Hexen nnd für deren Schindung, Sengung, Verrenkung, Zerreißung und Verbrennung ge= geben haben, können an der Thatsächlichkeit jener der Magie zugeschriebenen Scheußlichkeiten nicht gezweifelt haben: folglich müssen wir den Päpsten, Bischöfen und Synoden in dieser Verkündigung der Wahrheit Glauben schenken. — Die Päpste haben die wahren oder zufälligen Miß= griffe der Inquisition nie so bedeutend gefunden, daß sie diese an sich sehr nützliche und mit ihrer Zustimmung entstandene Einrichtung hätten aufheben sollen. — In der spanischen Inquisition ist der religiöse Charakter der bei Weitem vorwiegende gewesen und dieselbe würde nur insofern staatlich=kirch= lichen Charakter haben, als das religiöse Element in ihr den hauptsächlichsten Platz einnahm; sie ist durch die apostolische Autorität der Päpste geschaffen und geleitet worden. Frankreich hat Größe und Ruhm unter seinem großen Könige in den letzten Jahren des 17. Jahrhunderts, und Spanien hat seine höchste Blüthe unter seinem Philipp II. erreicht: mittels und dank der Inquisition! nur eine Hand voll Liberaler, d. h. mit revolutionären Grundsätzen erfüllter Menschen, schreit über die Scheußlichkeiten der Tyrannei der Inquisition als eines Henkers der Gedanken — kurz, Frankreich und Spanien haben wie Italien der Inquisition das große Glück zu verdanken, die katholische Einheit gerettet und den katholischen Glauben bewahrt zu haben. — Das ist die unfehlbare Papstesstimme!

14. Hat nicht Pius IX. auch in dem mit den südamerikanischen Staaten im Jahre 1863 abgeschlossenen Concordate die Bestimmung verlangt und erreicht, die weltliche Behörde habe jede von den geistlichen Gerichten ver= hängte Strafe unweigerlich zu vollziehen.

15. Hat nicht Pius IX. im 15. Satze seines Syllabus den alten kirch= lichen Satz, daß man verbis et non verberibus zum Worte Christi überzeugen müsse, in den neuen entgegengesetzten Ausspruch seiner Unfehlbarkeit verwandelt: „Die Kirche hat die Macht, äußern Zwang anzuwenden; sie hat auch eine directe und indirecte Gewalt."

15. Haben nicht die ultramontanen Blätter Frankreichs „Monde" und „Univers" und in Deutschland das ultramontane „Archiv für Kirchen= recht von May und Vering" die Inquisition fortwährend gepriesen und gegen den „falschen Liberalismus unserer Zeit" in Schutz genommen? Ist nicht in dieser letztern Zeitschrift geradezu die Logik entwickelt, daß die In= quisition, weil das von Luther ausgesprochene Gegentheil durch die unfehlbare Bulle Leo's X. verurtheilt sei, als ein Werk des heiligen Geistes zu gelten habe?

16. Sind nicht die entsetzlichsten Förderer und Handhaber jener gesetzlichen Meuchelmorde und Grausamkeiten, die dem Evangelium, den Vätern, der Kirche, aller Humanität und christlichen Civilisation in's Gesicht schlagen, von Seiner Heiligkeit zu Seligen des Himmels erhoben und als Heilige Gottes gekrönt worden? Ist nicht der Augustinermönch Peter Arbues, der neben dem Dominikaner Caspar Juglar und unter dem Großinquisitor Tor= quemada in Spanien an Unmenschlichem das Übermenschliche bis dahin ge= leistet, daß ihn, wie anderwärts Seinesgleichen, die empörte Volksjustiz am 17. September 1485 lynchte, von Papst Alexander VI. 1661 unter die Zahl der Seligen aufgenommen worden? und hat ihn nicht Pius IX. im Jahre 1867, als noch eines Höhern würdig, unter die Heiligen des Him= mels versetzt?

17. Wird nicht jedem auf Grund seines inquisitorischen Feuereifers Heilig= gesprochenen im römischen Missale eine eigene Messe und im Brevier ein eigenes Offizium gewidmet? Ist damit nicht auch die Heiligkeit der Inquisition ausgesprochen, ihre Fortübung als Mittel zur Erlangung gleicher Heiligkeit empfohlen und der Messelesende oder Brevierbetende auf die Heiligkeit der päpstlichen Sentenz vor Gott verpflichtet?

18. Wird der gegenwärtige heilige Vater, wenn er die ersehnte Wieder= erlangung der weltlichen Gewalt erlebt, zögern dürfen, im Kirchenstaate — und wenn ihm je weitere Macht in andern Staaten zustehen sollte, in diesen — die „ubbidienza senza examine" und „la salutare e benigna istituzione" und in dem „sublime spectacolo di perfezione sociale" das giftige, aber social so wirkungsvolle Sublimat des Primat und des Brennapparat „auf seinem höchsten Grat" wieder zu sanctioniren? endlich in allen Staaten die In= quisition wieder so zu gründen und zu fördern, wie sie unter der weltlichen Herrschergewalt seines letzten Vorgängers in dessen sogenanntem Kirchenstaat noch in Blüthe gewesen, als der weltliche Nachfolger desselben, Victor Ema=

nuel, der Galanthuomo, die Kerker der Inquisition visitiren und die zahl=
reichen, halb erlegenen Opfer derselben in Freiheit setzen ließ?

In der, That ist denn doch mit dieser sublimen christlichen Lehre und
Liebe das Papstthum „auf dem höchsten Grat" angelangt, „wo die Felsen
jäh versinken, und versunken ist der Pfad". Da erhebt sich der Geist, der
Bergesalte, und schützt mit seinen Götterhänden die gequälte, verhetzte,
blutende Christenheit unter seinen stets erneuten Vorwürfen: Mußt du
Tod und Jammer über so viele Staaten und so viele Tausende von
Menschen senden? Raum für Alle, für jegliche und für die ganze christ=
liche Kirche hat die Erde! Was verfolgst du, o Papst, meine Heerde?

Wie zeigte sich der Geist, der alte, ewig junge Geist des Christen=
thums, der schützende, der auf der Bergeshöhe dem Himmel zunächst herrscht?

Wie wird enden der moderne, in der Zeit entstandene, dem alten
Christenthum entfremdete und feindliche Geist des Papst=Königs, der nun
einmal vom Himmel nicht herrschen kann, aber von den sieben Hügeln
Roms, vom Tambour oder gar von der Laterne der Petersfuppel herab
herrschen will? — Und doch: Er wird enden!

Dem Seher der geheimen Offenbarung war das heidnische
Rom als das falsche Prophetenthum vor Augen, das er charakterisiirt
durch die Zeichen der Magie, die es gethan und durch die es verführt
hatte diejenigen, welche das Kennzeichen des Thieres, des christenfeind=
lichen römischen Weltreiches, angenommen und dessen Bild angebetet
hatten; und beiden zeichnet er ihren Untergang. Ist das aus der De=
formation der christlichen Lehre in Rom erwachsene Papstthum nicht auch
der Magie und Theurgie, auch dem Über= und Aberglauben, auch dem
Götzendienst einer vierten Person in der Gottheit, der Adoration eines
neuen Erlöserpaares — der Miterlöserin Maria und des Ablaßerlösers
Papst —, sowie der zahlreichen „Rückbleibsel aus dem Gebrauche Mariä"
und „aus der Bekleidung Christi" (sogar ex lacte materno Mariae und
ex praeputio Christi) anheimgefallen?

Über der römischen Kirche fleht um Gerechtigkeit und Läuterung
„das dunkle zahllose Geisterheer" aller Opfer von aufge=
nöthigter Unwahrheit und geistigem wie leiblichem Gewalts=
mißbrauch, von Folter und Schwert, Kerker und Scheiter=
haufen, Abschwören, Verketzern und Verleugnen!

Das Lamm der geheimen Offenbarung und mit ihm die
hundertvierundvierzig Tausend, die als Kinder Gottes und

16*

Heilige an ihren Stirnen mit dem Namen des Lammes und seines Vaters bezeichnet sind, stehen auf dem Berge Zion dem Feinde gegenüber und sie alle sind aus den Menschen erkauft und folgen dem Lamme, wohin es gehen möge. Und ein Engel schwebet in der Mitte des Himmels zu verkündigen das ewige Evangelium allen Menschen, Völkern, Geschlechtern und Sprachen und Nationen; ein zweiter verkündet den Sturz des heidnischen Roms, das mit Gluthwein der Verführung hat getränket alle Völker; ein dritter droht den Anbetern des Thieres und seines Bildes mit dem strafenden Zorne Gottes.

## XII.

### Proteste. Altkatholizismus. Intercommunion. Unionen der romfreien Kirchen.

> „Es werde Licht!" — „Und es ward Licht."
> Genesis 1, 3.
>
> „Und das Licht scheint in der Finsterniß; und die Finsterniß hat es nicht erfasset."
> Joh. 1, 5.

**160.** Mit dem 18. Juli 1870 war die Verfassung der Kirche gewaltsam gesprengt, das Machtverbrechen am mystischen Leibe Christi vollzogen, seine Braut verunglimpft und mit Lügen verhöhnt. Der Episcopat hatte seine Selbstvernichtung decretirt und das Concil ein= für allemal sein eigenes Todesurtheil unterzeichnet. Die Geschichte der christlichen Vorzeit war ausgelöscht, das Ansehen der Kirche unter einem irrsinnigen Wuste heilloser Papstaussprüche und =anmaßungen zerstört, an die Stelle kirchlicher Wissenschaft eine theoretische Ausgeburt scholastischer und jesuitischer Verkehrtheiten auf den Thron gehoben, von dem Schrift und Überlieferung, apostolische und altchristliche Lehre, Einsicht und Wissenschaft herabgestoßen waren.

Stand von nun an die ganze Unfehlbarkeit der gesammten Kirche nicht auf zwei Augen und erlosch jedesmal, wenn diese sich schlossen, bis zwei andere oder auch zwei= oder dreifach zwei andere — Niemand wußte wie — einstweilen neu aufgethan wären, um nach einigen Tagen oder Jahren ein kirchliches Interregnum ohne den verheißenen Beistand Christi und des heiligen Geistes wieder und stets wieder von Neuem eintreten zu lassen?

Die Menschheit und alle ihre geistigen, kirchlichen und staatlichen Leiter sollten glauben an den Träger und Vollender aller dieser Ansichten und Aussprüche als an den Heiligen und Unbefleckten im Vatican, wie befleckt und unheilig er auch nach Abstammung, Lebensführung, Lehren und Handeln sein mogte. Und dieser Eine und Höchste auf Erden der Christi Wort dahin verkehrt hatte: Einer ist Euer Meister, das bin ich, der Papst, und Ihr seid meine Knechte (Matth. 23, 8), war nun zum Steine des Anstoßes Vieler geworden durch ein System der Wortverdrehung und Sinnverfälschung, des unwahren Bekenntnisses und des heuchlerischen Handelns, der historischen und dogmatischen Lügen, der erneuten gewissenlosen Verfolgung Andersgläubiger und ihrer Religions= diener, sowie der Widersprechenden im Volke und unter den Fürsten.

Pius IX. hatte gefrevelt gegenüber Christus, dessen Stellvertreter und einziger Statthalter auf Erden er sein wollte, an dessen Stelle er nun Fundament und Krönung, Seele und Haupt der Kirche war!

gegenüber der Christenheit, von der er, als der dreimal Gekrönte für seine Machthaberschaft auf Erden, im Himmel und im „Fegefeuer", unter Kniefall nnd Fußkuß Huldigungen des Kopfes und Herzens, so= wie Geschenke an Gold und Edelgestein empfangen wollte!

gegenüber der Kirche — oder ist sie nunmehr nicht vollständig und wahrhaft die vom Cardinal Cajetan so geschmähte „Sclavin des Papstes" nach dem Sinne schmeichelnder Hoftheologen einerseits und herrschsüchtiger Jesuiten anderseits geworden?

gegenüber der gottverliehenen Freiheit des Christen, dessen Gewissen er beherrschte und dessen Wissen er knechten durfte: denn „die Tradi= tion bin ich" und „die Geschichte muß man, wo sie das Gegen= theil beweist und bekundet, von nun an rückgängig machen";

gegenüber dem göttlichen Rechte der Wahrheit Gottes, denn nur er ist „Centrum der Wahrheit und Einheit"; gegenüber dem christ= lichen Rechte der Lehre, denn „ihm sind die Schätze der Offenbarung, der Gerechtigkeit und der Charismen als ihrem einzigen Hüter und Verwalter hinterlegt";

gegenüber der kirchlichen Einheit im Sinne der von Christus ge= wollten Untheilbarkeit seines mystischen Leibes hienieden; denn Pius IX. hat nicht nur die bisheran blos schismatischen Kirchen des Orients nun zu Ketzerkirchen gestempelt, sondern auch die Wiedervereinigung aller wider Roms Unrecht im 15. Jahrhundert aufgetretenen Kirchengemeinschaften für immer unmöglich gemacht;

gegenüber der bisherigen abendländischen Kirche selbst, die er unter Loszwingung der nichtpapistischen Glieder nochmals verstümmelt und zu einer restirenden römischen Partei verunstaltet hat;

gegenüber den Concilien im Allgemeinen, wie dem von Trient im Besonderen, das die Hierarchie nicht dem Papste aneignete, noch weniger unterordnete, sondern als bestehend aus Bischöfen, Priestern und Diakonen definirte;

gegenüber der kirchlichen Forschung, denn „er birgt alle Dog= men und jede Erkenntniß im Schreine seiner Brust";

gegenüber dem Priesterthum, das nur von ihm ressortirt, nur von ihm in seinem Können und Dürfen ausstaffirt, aber auch in seinen Voll= machten und Gnadenverwaltungen von ihm durch concurrirende Reservat= rechte gehindert und beschränkt wird;

gegenüber den Sacramenten: er läßt sich mit der heiligen Eucharistie und dem heiligen Geiste vergleichen und sich die Verehrungswürdigkeit des heiligen Sacramentes angedeihen;

gegenüber den wahren Gnadenmitteln der Kirche: die wahren Büßungen nach dem Maßstab und Vorbild des alten Bußsystems ent= werthet und unterdrückt er, Nachlaß von Sünde und Strafe verwohl= feilert er und bewirkt die angebliche Erweiterung und Vertiefung seines prätendirten Schatzes überschüssiger Verdienste der Bestraften, aus dem er dann die vermeintlichen Begnadigungen der Ablässe für Lebende und Abgestorbene unter Erhöhung seiner Per= son und Würde zu entnehmen und zu vertheilen angiebt!

gegenüber dem Cultus, da er sich als auf höchstem irdischen Throne anbetungswürdig gelten, ein Andachtsbuch zum heiligen Vater passiven und Gottes= wie Papstdienst verrichten läßt: „Dank dem Heiland, der neben Petrus uns Pius gegeben hat"!

gegenüber jeglicher weltlichen und staatlichen Verfassung, denn welche darf nicht gestürzt werden und mußte der weltliche Papststaat nicht zu allererst gestürzt werden, nachdem Pius mit solchen Mitteln die von Christus gegebene Verfassung der Kirche aufgehoben hatte!

gegenüber jedem staatlichen Collegium, Magisterium und Parlamente; denn welches kann noch Vertrauen anrufen und dem Volkswohle dienend erscheinen können, nachdem Einer, der Gleiche unter Gleichen, und dazu in göttlicher Angelegenheit und zur geistlichen Vernichtung von Tausenden, die Acten gefälscht, die Berathung untergraben und die Entscheidung aus sich allein, als von Allen erlassen, veröffentlicht hat!

gegenüber dem gesunden Menschenverstande, insbesondere auch gegen= über dem gesunden Priester= und Bischofsverstande, da die Einsprüche, Entgegnungen, Monita der Priester wie der Laien, der Minoritätsbischöfe wie der Staatsmänner nicht widerlegt, auch nicht zufolge des Umfallens der opponirenden Concilsväter zu Fall gebracht worden;

gegenüber seinem und jedem fernern Priester= und Bischofseid, da er die Schrift entgegen den Auffassungen der Väter und aller Überliefe= rung auslegte und auszulegen befahl;

gegenüber der allgemeinen Sittlichkeit und Menschenwürde, da Christi Werk der Liebe und Schonung in „die sublime Institution" der Verfolgung, die geschichtliche Lüge zur christlichen Wahrheit, die persön= liche Verleumdung und Verdächtigung der Protestkatholiken, sowie das Boycotten und Aushungern der Andersgläubigen zu Inquisitions= rechten innerhalb der Kirche verkehrt worden sind;

gegenüber sogar — auf die er selbst sich bezieht — den Mächten der Hölle, denen er den Ursprung aller Bekämpfungen und Einsprüche vor, auf und nach dem vaticanischen Concil in so ungerechter, als höchst komi= scher Weise zugesprochen und aufgeladen hat;

endlich gegenüber der Person Gottes selbst, neben der kein anderer Gott sein kann, gemäß der Papstelogen in der Civiltà cattolica: „Wenn der Papst denkt, so denkt Gott in ihm", — „er setzt das Werk Christi auf Erden fort", — „er ist in Bezug auf uns dasselbe, was Christus sein würde, wenn er in eigener Person und sichtbar hienieden die Kirche re= gieren würde", — „er ist das Fleisch der Gottheit" und „der Gekreuzigte von Rom neben dem Gekreuzigten von Jerusalem" — und gemäß der weitern ihm gezollten und von ihm gewollten Vergöttlichung, vor Allem der zur vierten Person in der Gottheit!

Wissen und Gewissen mußten ihr Recht üben. Es erfolgten die Proteste, und das Licht des Erkennens mit der Pflicht des Bekennens repristinirten das unerloschene, in den romfreien und den romfeindlichen Kirchen unter steter Hut bewahrte, alte katholische Christen= thum. Kein Abfall zu den Papstdogmen, keine Neuerung der Lehre, aber Treue zu Christus, zu seiner Apostel Überlieferung, Kampf gegen deren Verdrehung und Verdrängung, Fortsetzung der, insbesondere durch die orientalische Kirche als Überkommniß der alten ungetheilten Christenheit gehüteten Einheit in Lehre und Cultus der apostolischen Kirchengemein= den, stete Verbindung und Beziehung in der Gemeindeliebe unter den sämmtlichen christlichen Kirchen und in der Glaubensduldung unter allen Bekennern, wenn auch abweichender christlicher Lehrsätze!

1. Es erfolgte zunächst am 14. August 1870 die Zusammenkunft von Laien und Priestern in Königswinter. Man beschloß eine Protest=

erklärung; aber an wen und wohin sollte dieselbe gerichtet werden? Ein Laie von ......., der unter den Altkatholiken später nicht mehr genannt wurde, secundirte Professor Dieringer für Absendung einer Adresse an die Bischöfe; ein anderer Laie von ....... aber, der nicht mehr besonders genannt zu werden braucht, erklärte: „Die Coblenzer Laienadresse haben die hochwürdigsten Herrn in Trier und in Cöln einfach in den Papierkorb fallen lassen; unsere jetzige Erklärung kann kein Schreiben an Einzelne mehr sein, es muß ein Protest werden laut und öffentlich, für die ganze katholische Kirche, weit in die Welt hinein, in die Geschichte und in die Ewigkeit". Dieser erste nun beschlossene Protest deutscher Katholiken klang hinaus in alle Lande und steht für alle Zeiten, dahingehend, daß eine Entscheidung durch ein ökumenisches, freiberathendes, und einheitlich beschließendes Concil nicht vorliege, und daß die vorliegende mit dem überlieferten Glauben der Kirche in Widerspruch stehe.

2. Es folgte die Münchener Pfingsterklärung vom Juni 1871, von Döllinger und dreißig größtentheils wissenschaftlich hervorragenden Männern unterzeichnet, basirt auf der unverbrüchlichen Treue zum alten Glauben und der Pflicht der Zurückweisung jeder Neuerung desselben, auch wenn ein Engel vom Himmel sie verkünde, mit etwa folgenden fünf Verwahrungen:

a. Es ist bekannt, — und wenn die deutschen Bischöfe es nicht wissen, so sollten sie es wissen — daß es nie Lehre des katholischen Glaubens gewesen, der Papst sei unumschränkter Oberherr oder Gebieter eines jeden Christen und besitze in seinen an die ganze Kirche gerichteten Aussprüchen über den Glauben, über die Pflichten und Rechte der Menschen die Gabe der Unfehlbarkeit, und daß diese Lehren nur der Fälschung ihren Ursprung, nur dem Zwange ihre Verbreitung verdanken. Durch dieselbe wird die Gesammtheit der Gläubigen ihrer wesentlichen Rechte beraubt, das Zeugniß der Gesammtheit entwerthet, das Gewicht der kirchlichen Überlieferung entkräftet und der oberste Grundsatz des katholischen Glaubens zerstört, daß der Christ nur das anzunehmen verpflichtet sei, was jederzeit, überall und von Allen gelehrt und geglaubt worden ist. Das Vorgeben des jüngsten Hirtenbriefes der Bischöfe, Petrus sei es, der durch den Mund des sich für unfehlbar erklärenden Papstes gesprochen habe, müssen wir als eine Blasphemie zurückweisen; denn dem klaren Wortlaute der vaticanischen Decrete zufolge ist nur der Papst, und der aus sich selber, unfehlbar; nur er empfängt den Beistand des heiligen Geistes und ist in seinen Entscheidungen völlig unabhängig von dem Urtheile der Bischöfe, deren Zustimmung zu jedem Ausspruche nun Sache der Pflicht geworden ist und nicht mehr verweigert werden kann. Durch die neuen Decrete erhebt der Papst nicht nur einen Herrschaftsanspruch auf das ganze Gebiet der Moral, sondern er bestimmt auch allein und unter unfehlbarer Lehrautorität, was zu diesem Gebiete gehöre, was göttliches Recht sei, wie dasselbe aus=

zulegen und in Einzelfällen anzuwenden sei. Diese Gewalt, in deren Ausfüh=
rung er an keine fremde Zustimmung gebunden und Niemandem auf Erden
verantwortlich ist, der ein Jeder, wer er auch sei, Fürst oder Taglöhner, Bischof
oder Laie, zu unbedingter Unterwerfung im Gewissen verpflichtet ist, muß als
eine unumschränkte und despotische bezeichnet werden. —

b. Wir beharren in der festbegründeten Überzeugung, daß die vaticanischen
Decrete eine ernste Gefahr für Staat und Gesellschaft bilden, daß sie
schlechthin unvereinbar sind mit den Gesetzen und Einrichtungen der gegenwär=
tigen Staaten und daß wir durch die Annahme derselben in einen unlös=
baren Zwiespalt mit unsern politischen Pflichten und Eiden ge=
rathen werden. —

c. Wir halten uns für wohlberechtigt, auch fernerhin die Unfehlbarkeit,
die dem Papst und ihm allein, ohne jede Theilnahme Anderer, zukommen soll,
eine persönliche zu nennen; denn auch eine amtliche Prärogative heißt eben
mit Recht eine persönliche, wenn sie so fest und unzertrennlich an die Person
geknüpft ist, daß diese sich ihrer weder entäußern, noch sie Andern übertragen kann.
Als alleiniger Gesetzgeber in Sachen des Glaubens, der Disziplin
und der Sitte, als oberster Richter, als unverantwortlicher Ge=
bieter und Vollstrecker seiner Sentenzen besitzt der Papst nach der neuen
Lehre eine Gewaltfülle, wie selbst die ausschweifendste Phantasie sie nicht größer
sich denken kann. Es zeigen die deutschen Bischöfe durch die ungleichen und
widersprechenden Deutungen in ihren Hirtenbriefen, daß sie die Neuheiten und
das Abstoßende dieser Lehre sehr gut erkennen und daß sie im Grunde sich der=
selben schämen. Keiner derselben kann sich dazu entschließen, dem Beispiel Man=
nings und der Jesuiten zu folgen und den vaticanischen Decreten ihren einfachen
und natürlichen Sinn zu lassen. Aber sie vergessen, daß solche Deutungs=
und Abschwächungsversuche, wenn man sie bei andern Glaubensdecreten
sich erlauben wollte, geradezu alle Festigkeit und Gleichmäßigkeit der Lehre er=
schüttern und eine allgemeine Unsicherheit und Ungewißheit des
Glaubens zur Folge haben würde. Wir beklagen einen solchen Gebrauch des
bischöflichen Lehramtes. Wir beklagen noch tiefer, daß dieselben Bischöfe sich
nicht gescheut haben, in einem Hirtenbriefe an das katholische Volk den Ge=
wissensschrei ihrer Diözesanen mit Schmähungen auf Vernunft
und Wissenschaft zu beantworten. Wahrlich, wenn wir von Männern, die
keine höhern Pflichten als den blinden Gehorsam zu kennen scheinen, auf ihre
ehrwürdigen Vorfahren im Episcopat, auf Bischöfe wie Cyprian, Athanasius,
Augustin blicken, so haben wir ein größeres Recht als der heilige Bernhard zu
dem Schmerzensruf: „Quis nobis dabit, videre ecclesiam sicut erat in diebus
antiquis?“*)

d. Sonst pflegte man in der ganzen Kirche den Grundsatz festzuhalten,
daß, sobald von einer Lehre der Zeitpunkt ihres ersten Auftretens an=
gegeben werden könne, dieses ein gewisses Zeichen ihrer Unrichtigkeit
sei. Gerade bei der neuen Lehre der Unfehlbarkeit vermag man den Zeitpunkt,

---

*) „Wer wird uns verleihen, die Kirche zu sehen, wie sie in ihren alt=
christlichen Tagen war?“

in dem sie zuerst sich hervorgewagt, die Personen, welche sie ersonnen, die Interessen, denen sie dabei fröhnten, genau zu bestimmen. Jetzt hat man zum ersten Male — der Fall ist in achtzehn Jahrhunderten nicht vorgekommen — Männer mit dem Kirchenbanne belegt, nicht weil sie eine neue Lehre behaupten und ausbreiten wollen, sondern weil sie den alten Glauben, wie sie selber ihn von ihren Eltern und Lehrern in Schule und Kirche empfangen haben, bewahren und das Gegentheil davon nicht annehmen, ihren Glauben nicht wie ein Kleid wechseln wollen.

e. Wir leben der Hoffnung, daß der jetzt ausgebrochene Kampf unter höherer Leitung das Mittel sein wird, die längst ersehnte und unabweisbar gewordene Reform der kirchlichen Zustände, sowohl in der Verfassung wie im Leben der Kirche, anzubahnen und zu verwirklichen .... Wenn uns gegenwärtig überall in der Kirche die überwuchernden Mißbräuche begegnen, welche durch den Sieg der vaticanischen Dogmen gestärkt und unantastbar gemacht, ja schließlich bis zur Vernichtung alles christlichen Lebens gesteigert werden würden; wenn wir trauernd das Streben nach geistlähmender Centralisation und mechanischer Uniformität wahrnehmen; wenn wir die wachsende Unfähigkeit der Hierarchie beobachten, welche die großartige geistige Arbeit der neuen Zeit nur mit dem Schellengeklingel altgewohnter Redensarten und ohnmächtiger Verwünschungen zu begleiten oder zu unterbrechen vermag: — so ermuthigt uns doch die Erinnerung an bessere Zeiten und die Zuversicht auf den göttlichen Lenker der Kirche. In solcher Rückschau und Vorschau zeigt sich uns ein Bild echt kirchlicher Regeneration, ein Zustand, in welchem die Culturvölker katholischen Bekenntnisses, ohne Beeinträchtigung ihrer Gliedschaft an dem Leibe der allgemeinen Kirche, aber frei von dem Joche unberechtigter Herrschsucht, jedes sein Kirchenwesen, entsprechend seiner Eigenart und im Einklange mit seiner übrigen Culturmission in einträchtiger Arbeit von Klerus und Laien gestaltet und ausbildet, und die gesammte katholische Welt sich der Führung eines Primats und Episcopats erfreut, der durch Wissenschaft und durch die thätige Theilnahme an einem gemeinsamen Leben sich die Einsicht und die Befähigung erworben hat, um der Kirche die ihrer einzig würdige Stelle an der Spitze der Weltcultur wieder zu verschaffen und auf die Dauer zu erhalten. Auf diesem Wege, und nicht durch die vaticanischen Decrete, werden wir zugleich uns dem höchsten Ziele christlicher Entwickelung wieder nähern, der Vereinigung der jetzt getrennten christlichen Glaubensgenossenschaften, die von dem Stifter der Kirche gewollt und verheißen ist, die mit immer steigender Kraft der Sehnsucht von unzähligen Frommen, und nicht am wenigsten in Deutschland begehrt und herbeigerufen wird. Das gebe Gott!"

3. Diese Grundsätze in die Praxis zu übertragen, um sie zur Herstellung des alten Bekenntnisses und Gottesdienstes zu verwenden, um vor Allem die Bildung altkatholischer Gemeinden in das kirchliche Leben

der zerstreuten Getreuen einzuführen, wurde dann im September 1871 die Aufgabe des ersten Congresses der Altkatholiken in München.

Das dort beschlossene Programm betonte von Neuem das Festhalten am alten katholischen Glauben, wie er in Schrift und Tradition bezeugt ist, sowie am alten katholischen Cultus. Die Altkatholiken sind vor wie nach vollberechtigte Mitglieder der katholischen Kirche, und die wegen ihrer Glaubenstreue über sie verhängten kirchlichen Censuren sind gegenstandslos und willkürlich. Die neuen Dogmen Pius' IX. werden vom Standpunkte des Glaubensbekenntnisses, wie es noch in dem sogenannten Tridentinischen Symbolum enthalten ist, als im Widerspruch mit den Lehren der Kirche und den vom Apostelconcil an befolgten Grundsätzen zu Stande gebracht, verworfen. Die alte Verfassung der christlicheu Kirche, die Bischöfe als die unmittelbaren und selbständigen Leiter der Einzelkirchen werden beibehalten. Die vaticanischen Decrete von einem einzigen göttlich gesetzten Träger aller kirchlichen Autorität und Amtsgewalt werden als Verneinung der noch in Trient decretirten göttlich gestifteten Hierarchie von Bischöfen, Priestern und Diakonen verworfen. Soweit ein Primat des römischen Bischofs auf Grund der Schrift von deu Vätern und Concilien der alten ungetheilten Kirche anerkannt war, mag er auch fernerhin anerkannt werden. Nur im Einklange mit der heiligen Schrift und der alten kirchlichen Tradition können Glaubenssätze definirt werden. Ein Concil, das alle äußern Erfordernisse der Ökumenizität erfüllt, aber den Bruch mit der Grundlage und Vergangenheit der Kirche — wenn auch mit Einstimmigkeit seiner Mitglieder — vollzogen hätte, könnte keine verbindenden Decrete erlassen. Die Lehrentscheidungen eines Concils müssen sich im unmittelbaren Glaubensbewußtsein des katholischen Volkes und in der theologischen Wissenschaft als übereinstimmend mit dem ursprünglichen und überlieferten Glauben der Kirche erweisen. Der katholischen Laienwielt und dem Klerus ist, wie der wissenschaftlichen Theologie, das Recht des Zeugnisses und der Einsprache gegen dogmatische Feststellungen zu wahren. Unter Mitwirkung der theologischen und canonistischen Wissenschaft wird eine Reform im Geiste der alten Kirche zur Hebung der heutigen Gebrechen und Mißbräuche und zu einer verfassungsmäßig geregelten Theilnahme der Laien an den kirchlichen Angelegenheiten angestrebt, wobei unbeschadet der Lehreinheit nationale Anschauungen und Bedürfnisse berücksichtigt werden können.

Ist auch nur in einem einzigen Satze oder auch nur in einem Theilchen eines solchen eine Neubildung, eine Gründung von nie bestandener Secte, eine neue Lehre enthalten? oder ist hiermit nicht lediglich die Rückkehr zu den in der römischen Papstkirche beerdigten, aber in allen nicht römischen Kirchen, insbesondere der orientalischen, lebendig gebliebenen Lehren und Satzungen angebahnt werden?

Und wie waren diese Sätze von grundlegender Bedeutung nun zur That zu verkörpern?

Der Münchener Congreß beschloß zu dem Ende am 23. September 1871, daß eine regelmäßige Seelsorge überall, wo die Personen vorhanden sind und das Bedürfniß auftritt, herzustellen, also altkatho= lische Gemeindegründung vorzunehmen sei, daß die im alten Glauben beharrenden Geistlichen vom Staate für die Acte, welche bürgerliche Be= rechtigungen bedingen, als zur Vornahme berechtigt anzuerkennen seien und daß die Altkatholiken zur Herbeiführung einer regelmäßigen bischöflichen Jurisdiction wohlberechtigt seien. Unterdeß wären die Einzelnen in ihrem Nothstande im Gewissen berechtigt, zur Vornahme bischöflicher Functionen fremde Bischöfe anzugehen und, sobald der rich= tige Moment gekommen sei, für die Herstellung einer regelmäßigen Juris= diction zu sorgen.

4. Es erfolgten die Gemeindebildungen in Preußen, Baiern und Baden, als im September 1872 der zweite Altkatholiken=Congreß in Cöln eine Reihe der augenfälligsten Wiederherstellungen des ver= lorenen Althergebrachten beschloß:

Ordnung der Gemeindeangelegenheiten durch Zusammenwirken der Geistlichen und der zum Kirchenvorstand seitens der Gemeinden gewählten Laien, gleiche Behandlung von Arm und Reich bei kirchlichen Func= tionen, Trauungen und Beerdigungen, echt christliche Verwaltung des Predigtamtes und Ertheilung des katechetischen Unterrichts, insbesondere Ver= meidung aller theologischen Spitzfindigkeiten, confessionellen Bitterkeiten, kirchlich= politischen Declamationen! Beseitigung der Meßstipendien, Stolge= bühren und dergleichen, Vermeidung der Mißbräuche des Ablaßwesens, der Heiligenverehrung, der Skapuliere u. s. w., Verwaltung des Bußsacramentes in echt christlichem Geiste!

Hatte der Münchener Altkatholiken=Congreß bereits hingewirkt, daß eine Wiedervereinigung mit der griechisch orientalischen und der russischen Kirche zu erstreben bleibe, deren Trennung von der abendländischen auf ausgleichbaren Unterscheidungslehren beruhe, und die Erwartung ausge= sprochen, daß unter Voraussetzung der angestrebten Reformen, sowie auf dem Wege der Wissenschaft und der fortschreitenden christlichen Cultur allmälig eine Verständigung mit den protestantischen und den bischöflichen Kirchen sich vollziehen werde, so beschloß nun am 21. September 1872 der zweite Altkatholiken=Congreß in Cöln auf Antrag der theologischen Commission des dortigen Central=Comités die Bildung einer Commis= sion, an deren Spitze Döllinger stand, die sich mit den wissenschaft= lichen Untersuchungen der Trennungsgründe und der Mög= lichkeit ihrer Behebung beschäftigen sollte, um alsdann die Ergebnisse zu veröffentlichen und sich mit den bestehenden oder sich noch bildenden Vereinen zur Erzielung ihres großen Zweckes in Verbindung zu setzen.

Die Grundlage und der Ausbau des Altkatholizismus verlangte eine Krönung im Sinne und gemäß dem Urbilde der aposto= ischen Kirchen: am 4. Juni 1873 wurde in Cöln der erste alt= katholische Bischof in der Person des Theologieprofessors und Dom= predigers Dr. Josef Hubert Reinkens in Breslau gewählt. Alle Bischöfe des Jahres 1870 ohne Ausnahme waren die geistig theils zah= men, theils lahmen Vasallen des höchsten Pontifex, die abtrünnigen Parteigänger eines Christus feindlichen römischen Systems geworden! Nun Gott keinen neuen Wein in alte Schläuche gießen wollte, überließ er sie ihrer Sünde und ihrem Papste. Aber jetzt gab es wieder einen echt apostolischen Bischof, der gemäß altchristlicher Ordnung gewählt, und mit den altbischöflichen Freiheiten und Rechten ausgestattet, die unver= fälschte Lehre Christi behauptete und das Evangelium (nicht des unter= würfigen Gehorsams, sondern) der christlichen Überzeugung und der christlichen Liebe verkündete. **Christus vincit!**

5. Welche Reformen hat nun das altkatholische Bisthum, und wie hat es sie vereint mit dem gläubigen Laienthum beschlossen und vollzogen?

a. Die Reformirung der Kirche war in dieser Zeit lediglich die Ab= streifung des derselben angekränkelten Neuen, die Rückkehr zu dem nur mehr geschwächt und mißstaltet vorfinblichen alten Glauben und Cultus, die Lossagung vom Papalsystem und von der römischen Deformation des Christenthums.

b. Hierzu mitberufen war das Laienthum, nicht nur von der ältesten Zeit gemäß apostolischer Überlieferung und gemäß Brauchs auf den alten und ältesten Synoden, sondern auch von der bittern Noth der Jetztzeit, in der die ganze Hierarchie dem Verrathe an der vorpäpstlichen Kirche verfallen war.

c. Grundlage der Entscheidung über Giltigkeit des wahrhaft Katho= lischen mußte das Gesammtzeugniß der ungetheilten Kirche sein. „Die Kirche ist die Versammlung derer, die berufen sind von dem Geiste Gottes, . . . . zur Wahrheit und Heiligkeit; sie ist nicht blos die Ver= sammlung der Berufenen, die in der Gegenwart leben, sondern die Ver= sammlung aller Berufenen von dem Tage des ersten Pfingstfestes an durch alle Zeiten. Das Gesammtbewußtsein der Kirche Gottes offenbart sich nicht in einem einzigen Zeitmomente; seine Kraft ruht in dem Zu= sammenhange mit dem Bewußtsein der vergangenen Zeiten bis zu dem

Einen hinauf, der gekommen ist als das Licht, das da leuchtet in die Finsterniß und erleuchtet jeden Menschen. . . . . Die Synode hat sich in diese Gemeinschaft hineinzuleben und das zu bezeugen, was immer und überall und von Allen geglaubt worden ist; denn für dieses haben wir die Bürgschaft, daß es ausgegangen ist aus dem Munde Gottes." Grundlage für den altkatholischen Glauben war daher zunächst das apostolische Glaubensbekenntniß, sodann die historisch gewordene Überlieferung des immer und überall in der Kirche von Allen Geglaubten. Zu beseitigen waren die in der Zeit entstandenen Auswüchse des Gottesdienstes zusammt allen gewissensbeschwerenden Auflagen der Hierarchie.

Was auf dieser Basis in den altkatholischen Gemeinden unter ihrem Bischofe als Glaubensschatz der christlichen Kirche gelehrt und von den Altkatholiken angenommen wird, besteht zu Recht nach dem Grundsatze des heiligen Augustinus: „Im Nothwendigen Einheit, Im Zweifelhaften Freiheit, In Allem christliche Liebe" und ist auch bisher nicht einmal im Kleinsten als entweder in sich nicht christliche Lehre oder über diese hinausgehende Lehre von den römischen Neuerern dargelegt worden. Die von der altkatholischen Synode und dem Congresse 1873 und 1874 beschlossene Synodal= und Gemeindeverfassung stellt eine kirchliche Ordnung unter Wahrung der grundsätzlichen episcopalen Macht und Freiheit sowie der altchristlichen Freiheit der Laien gegenüber der Hierarchie wieder her. Sie ist weder von römischer doctrinärer Streitsucht, noch von praktischen religiösen Einwendungen bisher heimgesucht worden; sie ermöglicht ein Zusammenfühlen und =wirken zwischen Bischof, Priestern und Laien, dessen günstige und wohlthuende Wirkung überallhin augenfällig ist.

6. Wer sind nun die Altkatholiken?*)

1. Die Altkatholiken sind keine neue Kirche, keine Abtrünnigen oder Sectirer. Sie haben, ihrem Gewissen folgend, die neuen römischen Glaubenssätze zurückgewiesen. Sie haben sich, eingedenk der Ermahnung des heiligen Paulus: „Wenn wir, oder ein Engel vom Himmel Euch anders predigen würde, als wir Euch gepredigt haben, Fluch sei ihm" nicht von der göttlichen Offenbarung ab= und den päpstlichen Lehren zugewendet. Die deutschen Altkatholiken sind, indem sie sich des ungetrübten und unverbürgten Schatzes der von Christus offenbarten Heilswahrheiten erfreuen, innerhalb Deutschlands die alleinigen wahren Mitglieder der alten katholischen Kirche.

2. Die Altkatholiken sind wie die rechtgläubige morgenländische Kirche und wie deren Tochterkirche, die russische, wie die englische Episcopalkirche, die armenische, die abyssinische, die syrisch=persische, die anatolische, die bischöfliche Kirche von Nordamerika und die altkatholische Kirche von Holland im Besitze von Bischof

---

*) Vordem als Flugblatt aus meiner Feder veröffentlicht. D. V.

und Sacrament, Priester und Meßopfer. Von jeher frei vom Papste oder bei zwingenden Anlässen vor ihm geflohen, konnten sie die römischen Anmaßungen bekämpfen und ein eigenes, auch nationales Kirchenthum verleben, ohne aus der katholischen Kirche geflohen oder der Unfehlbarkeit der Gesammtkirche Christi verlustig zu sein.

3. Alle diese Kirchen und ihre Bischöfe, ihre Gemeinden und Priester sind rechtgläubige und gehören zur altchristlichen Gesammtkirche, wollen aber nie und nimmer mit der neurömischen Theilkirche und deren ultra= montaner Papstpartei zum Bekenntniß irr= und abergläubiger Neuheiten vereint sein. Ihre Bischöfe und Priester stehen in der ununterbrochenen Nachfolge in die von Christus den Aposteln und deren Nachfolgern durch die Handauflegung ertheilten priesterlichen Vollmachten.

4. Es ist nicht Christi Absicht gewesen, eine Theilkirche unter Bot= mäßigkeit der römischen Bischöfe zu gründen, noch weniger diese als ausschließliche Hüterin seiner Lehre und ihre Bischöfe als Organe weiterer Offenbarungen oder als geistige und leibliche Herrscher und Züchtiger aller Kirchen und Nationen dieser Erde einzusetzen. Er hat indeß trauernden Ge= müthes die Verwirrung einer solchen Gründung von Menschenhand vor= ausgesehen, als er sprach: „Wenn des Menschensohn kommt, wird er auch den Glauben finden auf Erden?" Auch der heilige Paulus wußte von den bevorstehenden Spaltungen der Kirche, indem er zugleich zur Beharr= lichkeit ermuntert mit den Worten: „Es müssen ja auch Zerwürfnisse unter Euch sein, auf daß die Bewährten offenbar unter Euch wer= den." Wenn diese Spaltungen nicht würden mächtig und langdauernd werden und diese Verkehrungen des Offenbarungsglaubens nicht würden zu einer wahr= haft antichristlichen Bedeutung erstarken können, wozu hätte dann Christus seiner Kirche die Zusicherung gegeben, daß auch die Pforten der Hölle nicht stärker sein würden, als der echte christliche Glaube, auf dessen Fesen er seine Kirche erbauen wolle.

5. Es ist nicht wahr, daß außerhalb der römischen Kirche kein Seelenheil gefunden werden könne. Weder Christus, noch die Schrift, noch die Überliefe= rung der altchristlichen Gesammtkirche haben sich je dahin ausgesprochen, daß nur in der Verbindung mit dem römischen Papste, oder auch nur mit seiner Theilkirche, oder seiner Partei in der Kirche das ewige Leben zu gewinnen sei. Die Bischöfe von Rom rühmen sogar, daß nur da die Kirche sei, wo auch der unfehlbare Papst sei. Aber das Heil wird nur gewirkt in der Verbindung mit der Wahrheit, welche allein ist in Jesus Christus. So konnte bereits im ersten Jahrhundert der große heilige Bischof und Blutzeuge Ignatius in einem Briefe an die Kirche von Smyrna schreiben: „Da, wo Jesus Christus ist, ist auch die katholische Kirche."

6. Diese altchristliche Gesammtkirche betrachtet daher auch die getrennten Kirchen, welche sich nicht nur vom Papstthum, sondern auch vom Priesterthum losgesagt haben, sofern sie dem alten Christusglauben treu geblieben, als ihr angehörende und wahrhaft christliche, dagegen die römische Papstkirche als eine in Irrlehren versunkene und ihre Vorsteher und Herrscher als Feinde und Unter=

graber des echten Christenthums, wie es einst den Heiligen anvertraut worden ist. Nach der Glaubenstrennung des 16. Jahrhunderts hat die Kirche von Rom, ohne die Tragweite dieses Schrittes beurtheilen zu können, auf dem Concil von Trient den Unterscheidungsnamen „römisch-katholisch" für ihre Parteigenossen aufgebracht. Nachdem sie von der alten Lehre längst abgewichen, trennten sie sich nun immer mehr und mehr von dem Bekenntniß des christlichen Glaubens und von der Gemeinschaft mit der katholischen Kirche.

7. Stets von Neuem maßt sich die Papstkirche an, Änderungen am Glaubensbekenntnisse vorzunehmen. Damit alle die irrgeleiteten Papstgläubigen unter ihrem Primate verbleiben sollten, mußten die neuen Lehrverkündigungen der Päpste als nachträgliche göttliche Offenbarungen aus dem Munde des unfehlbaren Beherrschers der Kirche bei Verlust der ewigen Seligkeit anbefohlen werden. Schon längst vordem war unter dem ökumenisch nicht gerechtfertigten Befehle eines Glaubenssatzes bezüglich des heiligen Geistes die alte geeinte Kirche in eine morgenländische und abendländische Hälfte und dann die letztere durch die Anordnung und Ausbeutung der römischen Allgewalt, insbesondere durch Ablässe und Gnadenkäufe in Katholiken und Protestanten gespalten worden. Nun ist zufolge der Verkündigung einer Allgewalt und persönlichen Unfehlbarkeit des Papstes die abendländische Restkirche als eine nicht mehr katholische vaticanische nicht nur von der abendländischen, sondern geradezu von der katholischen Kirche losgerissen. Auch von diesen neuen Dogmen des römischen Pontifex gilt der Spruch: „An ihren Früchten werdet Ihr sie erkennen."

8. Durch die damit allmälich den Päpsten nöthig gewordene Erklärung ihrer persönlichen Unfehlbarkeit, vor Allem durch die von Pius IX. der Kirche aufgedrungenen vaticanischen Lehren, ist die ultramontane Papstpartei in der Kirche in einen greifbaren unlöslichen Widerspruch getreten mit Christi Wort und der heiligen Schrift, mit der ältesten Kirchenverfassung und dem Glauben der apostolischen Väter, mit der Überlieferung aus der ganzen Zeit der geeinten christlichen Kirche, mit den allein als ökumenisch bastehenden Concilien der ungetheilten Kirche der ersten neun Jahrhunderte, mit der nach Zerstörung dieser Einheit von allen nicht römischen Kirchen, wie auch von vielen römischen Theologen bis in die Neuzeit festgehaltenen, ganz entgegengesetzten Lehrmeinungen. Vordem entschieden nur allgemeine Kirchenversammlungen der ganzen ungetheilten Christenheit über die Verbindlichkeit der in dieser bezeugten Gemeinlehren; nachdem die Concilien des Mittelalters, obwohl nur Versammlungen der abendländischen Kirchenhälfte, in Anstrebung einer Reform der Kirche an Haupt und Gliedern ihre Vorrechte und ihre Übergewicht über die Päpste ausgesprochen, gingen diese in ihrer unbemeßbaren Hoffart und Herrschsucht dazu über, ohne und gegen die Concilien zu lehren und die Gewissen mit der Verpflichtung auf ihre Lehren zu belasten.

9. So hat Pius IX. erstens ohne Concil, aber unter dem Scheine der Zuziehung von Bischöfen die unbefleckte Empfängniß Mariä nicht nur als eine wahre Thatsache, sondern auch als eine von Gott geoffenbarte und bei Verlust der ewigen Seligkeit zu glaubende Heilswahrheit öffentlich verkündigt;

zweitens hat er ohne Concil und ohne Bischöfe die Sätze des Syllabus als im Gewissen verpflichtende kirchliche Lehren den römischen Gläubigen aufgenöthigt; drittens hat er gegen die hervorragendsten Bischöfe und Theologen, in Abänderung des Constanzer, des Baseler und selbst des Trienter Concils, mittels des Schein= und Rumpfconcils des Jahres 1870 die Publication seiner Infallibilität und seines Universalepiscopates durchgesetzt und damit dem gläubigen Volke, der Wissenschaft und Geschichte, unserer gesammten Cultur und Gesittung, endlich dem gesunden Menschenverstand ein= für allemal den Fehdehandschuh hingeworfen.

10. Demgegenüber halten es die Altkatholiken für ihre Pflicht, in der Lehre Christi und seiner Apostel zu verharren, in derselben zu leben und zu wirken und in keiner abweichenden zu sterben. Das Festhalten an diesem von Alters her vorgezeichneten Bekenntnisse gibt das Rettungsmittel, die zersplit= terte Kirche wieder zu vereinigen und immer mehr die eine Heerde zu dem einen göttlichen Hirten zusammenzuführen. So wird der Kampf gegen die Herrscherkünste Roms, gegen die Mißbräuche und Ketzereien der Papstkirche eine im Gewissen gebotene Pflicht. Da der heilige Petrus niemals Bi= schof von Rom gewesen, so ist auch kein einziger römischer Bischof Nachfolger Petri geworden. Und selbst wenn Petrus Vorrechte gehabt hätte, wo wäre ihm das Recht eingeräumt, einem andern Bischofe solche zu erwerben oder sie als stets übergehendes Erbtheil an einen Bischofssitz zu festigen? Nie und nirgends aber hat Christus sich sogar einen Stellvertreter auf Erden eingesetzt; nie und nimmer wollte er, daß göttliche Macht und Ver= ehrung bestehe für die römischen Bischöfe. Die Altkatholiken verwerfen ent= rüstet jene Vergötterung eines Menschen, wie sie durch die päpstlichen Aussprüche und theils auch die Presse unter Ermunterung Pius' IX. gepriesen worden, daß nämlich „im Papste die höchste und göttliche Macht Fleisch annimmt", daß der Papst „das lebendige Organ des unbegreiflichen Geistes Gottes", „das incarnirte Werkzeug des wesenhaften Wortes Gottes", „der souveräne und unfehlbare Lehrer der Weisheit und der Kraft Gottes" und „in Fortsetzung des Werkes Christi den Gläubigen das sei, was Christus selbst ihnen sein würde, wenn er in eigener Person und sichtbar hienieden die Kirche regierte", indem er herstelle „jene wunderbare Einheit, aus der wie gleichsam aus einer Ader die Charismen und Gnadengaben des göttlichen Geistes in den mystischen Leib Christi strömen", „die lebendige Fleischwerdung der Autorität Christi", „als Gekreuzigter von Rom" die Einheit mit „dem Gekreu= zigten von Jerusalem", „die dreifache Erscheinung Gottes auf Erden: in der Krippe zu Bethlehem, in der Eucharistie auf den Altären und im Vatican zu Rom", indem er angenommen habe „das Fleisch der höchsten und göttlichen Macht" und höchst anbetungs= würdig sei „wie der göttliche König" und „wie das heilige Sacra= ment in der Hostie", „als König, Pontifex und Hostie", „als dritte sichtbare Gegenwart Jesu Christi unter uns", indem er sei „in seinem Gesammtverhalten, was das heilige Sacrament ist für

unsere Anbetungen", durch „die Andacht zu ihm" „ein wesent=
licher Theil der christlichen Frömmigkeit" und „ein nothwendiges
Element aller christlichen Heiligkeit", sogar durch „sein weltliches
Königthum ein Theil unserer Religion", endlich ein Begnadiger und
Miterlöser und Seligmacher auf Erden neben Gott im Himmel.

11. Demgegenüber halten die Altkatholiken fest an dem einen Grund= und
Eckstein der Wahrheit, denn „ein anderes Fundament kann Niemand legen als
welches gelegt ist: Jesus Christus." Demgegenüber kennen die Altkatholiken
in Übereinstimmung mit der alten papstlosen Kirche und den noch heute rom=
freien Kirchen, sowie mit der ganzen nicht vaticanisch gewordenen Christenheit
nur ein Oberhaupt der Kirche, das unfehlbar ist und uns ein Mal eine ewig
wahre, päpstlich nicht dehn= oder ergänzbare Offenbarung hinterlassen hat mit
der nun von Pius IX. auf sich angewendeten Hinweisung: „Ich bin der Weg,
die Wahrheit und das Leben" und mit der sichern Verheißung: „Ich
bleibe bei Euch bis an das Ende der Welt."

12. Die Altkatholiken verfolgen Andersgläubige nicht; sie leben dem Ge=
setze der Nächstenliebe und der Feindesliebe. Denn sie dünken sich nicht be=
rufen, zu richten, zu verachten, zu schädigen und zu bestrafen, sie
wollen bekennen nach Wissen und Gewissen und überzeugen aus den Worten
Christi und der Apostel unter Hochhaltung der von Gott gesetzten christlichen
Freiheit; sie wollen nicht zerstreuen, sondern bleiben mit den Mitteln des Evan=
geliums bestrebt, zu sammeln und zu einigen.

13. Die Altkatholiken sind als treue Christen und als treue Staatsbürger
Gegner der ultramontanen Einmischungen Roms in die religiöse und politische
Entwickelung Deutschlands. Sie haben sowohl durch den bereitwilligst in die
Hände des deutschen Kaisers geleisteten Huldigungseid ihres Bischofs, als durch
die freiwillige Beobachtung aller und jeder staatlichen Vorschriften bewiesen, daß
nach dem Gesetze Christi die Kirche mit dem Staate in Frieden leben muß wie
kann. Sie haben diese staatlichen Vorschriften weder gewollt, noch bedurft, aber
auch nicht umgangen oder gar untergraben. Sie werden Regierungen und Ge=
setze anerkennen, auch wenn sie von ihnen geschädigt und unterdrückt werden.

14. So stehen die Altkatholiken in der christlichen Gesammt=
kirche und folgen den Lehren der Apostel, eingedenk der heiligen Schrift: „Sie
blieben aber beständig in der Lehre der Apostel und in der Gemeinschaft und
im Brotbrechen und Gebete", und harrend der Verheißung des Herrn: „Wenn
Ihr bleiben werdet bei meinem Worte, so werdet Ihr wahrhaft
meine Jünger sein; und Ihr werdet die Wahrheit erkennen und
die Wahrheit wird Euch frei machen." Sie wollen keine Papstgläubigen,
keine römischen Katholiken sein; sie entrinnen dem Irrthum und der Unwahr=
heit, der Heuchelei und Vergewaltigung des Ultramontanismus, um nicht Christus
und der Kirche zu entrinnen. Sie bekennen Christus und seine Offenbarung,
damit auch dieser sie einst vor seinem himmlischen Vater bekennen möge. Sie
sind und bleiben Glieder der alten apostolischen katholischen Kirche. Denn:
Nicht wo Pius oder Leo, sondern wo Christus ist, da ist die Kirche!
Und wo der Papst nicht ist, da ist Christus! Wo die Kirche dem Papste

gehört und gehorcht, da ist sie des Papstes, aber Christi nicht! Wo aber die Kirche in Christo bleibt, da bleibt auch, wer in ihr bleibt, in Christo!

**Christus vincit, Christus regnat!**

7. Ist denn nun die Rückgestaltung der Kirche nach dem Ideal der Wünsche des heiligen Bernhard, wie sie war in den ersten Zeiten, die Verbesserung der Kirche an Haupt und Gliedern, wie sie Päpste und Laien, Klerus und Reich schon vor fünf Jahrhunderten als unabweisbar nothwendig bezeichnet hatten, und ist die Zurückführung der durch die Päpste vermehrten, erweiterten und verflachten Dogmen auf ihre wahre Bedeutung und Einschränkung im Geiste der christlichen Freiheit und ersten Verkündigung erreicht?

A. Im September 1874 und im August 1875 wurden in Bonn unter Veranstaltung von Döllinger Unionsconferenzen mit Vertretern der verschiedensten christlichen Kirchen gehalten. Neben der deutschen alt-katholischen Kirche waren durch hervorragende Theologen und Laien ver-treten die orientalischen Kirchen (Constantinopel, Macedonien, Dalmatien, Rumänien, Syra und Tenos, Petersburg, Kiew, Athen), die deutsche evangelische Kirche, die bischöfliche Kirche Englands (St. Paul und West-minster in London, Cambridge, Oxford, Chesterfield, Brighton, Lincoln, Winchester, Chester u. A.), die nordamerikanische, dänische, schweizerische, griechische Kirche. Diese alle erklärten ihre Übereinstimmung in einer Reihe von Sätzen wider römische Lehren und Gebräuche, z. B.:

Wir verwerfen die neue römische Lehre von der unbefleckten Em-pfängniß der heiligen Jungfrau Maria als in Widerspruch stehend mit der Tradition der ersten dreizehn Jahrhunderte, nach welcher Christus allein ohne Sünde empfangen ist.

Wir stimmen überein, daß die Praxis des Sündenbekenntnisses vor der Gemeinde oder einem Priester, verbunden mit der Ausübung der Schlüssel-gewalt, von der ursprünglichen Kirche auf uns gekommen und, gereinigt von Mißbräuchen und frei von Zwang, in der Kirche beizubehalten ist.

Wir stimmen überein, daß „Ablässe" sich nur auf wirklich von der Kirche selbst aufgelegte Bußen beziehen können.

Wir erkennen an, daß der Gebrauch des Gebetes für die verstorbenen Gläubigen, d. h. die Erflehung einer reichern Ausgießung der Gnade Christi über sie, von der ältesten Kirche auf uns gekommen und in der Kirche beizu-behalten ist.

Wir erkennen an, daß die Anrufung der Heiligen nicht als eine Pflicht anzusehen ist, deren Erfüllung für jeden Christen zur Seligkeit nothwendig wäre.

Die Seligkeit kann nicht durch sogenannte „merita de condigno" ver-dient werden, weil der unendliche Werth der von Gott verheißenen Seligkeit nicht im Verhältniß steht zu dem endlichen Werthe der Werke des Menschen.

Wir stimmen überein, daß die Lehre von den „opera supererogationis" und von einem „thesaurus meritorum sanctorum", d. i. die Lehre, daß die überfließenden Verdienste der Heiligen, sei es durch die kirchlichen Obern, sei es durch die Vollbringer der guten Werke selbst, auf Andere übertragen werden können, unhaltbar ist.

Wir erkennen an, daß die Zahl der Sacramente erst im 14. Jahrhundert auf sieben festgesetzt und dann in die allgemeine Lehre der Kirche aufgenommen wurde, und zwar nicht als eine von den Aposteln oder von den ältesten Zeiten kommende Tradition, sondern als das Ergebniß theologischer Speculation. Katholische Theologen, z. B. Bellarmin, erkennen an, und wir mit ihnen, daß die Taufe und die Eucharistie „principalia, praecipua, eximia salutis nostrae sacramenta" sind.

Wir stimmen überein, daß das Lesen der heiligen Schrift in der Volkssprache nicht auf rechtmäßige Weise verboten werden kann, . . . . daß keine Übersetzung der heiligen Schrift eine höhere Autorität beanspruchen kann, als der Grundtext, . . . . daß es im Allgemeinen angemessener und dem Geiste der Kirche entsprechender ist, daß die Liturgie in der von dem Volke verstandenen Sprache gebraucht werde.

Endlich kam eine Übereinstimmung mit den orientalischen Theologen bezüglich des Streitpunktes über den Ausgang des heiligen Geistes, und zwar nach längerm Untersuchen und Vergleichen der Lehrmeinungen „im Sinne des Glaubens und der Lehre der alten ungetrennten Kirche" zum Ausspruch. Der Streit, der die beiden Kirchenhälften des Abend- und des Morgenlandes nun tausend Jahre feindlich gegenüber gestellt, kann in seinem wesentlichsten Theile als zwischen Orient und abendländischen Altkatholiken beglichen erachtet werden! Papstes Übermacht, Universalepiscopat und Unfehlbarkeit sind verneint geblieben dort wie hier, auch der päpstliche Befehl Benedict's VIII., daß im apostolischen Glaubensbekenntniß gesagt und allgemein als verbindende Heilswahrheit geglaubt werde, der heilige Geist gehe „auch vom Sohne" aus, ist als ein unrechtmäßiger und fehlbarer verworfen dort wie hier; aber dem Oriente hat dessen größter Kirchenlehrer Johannes von Damascus die Beschränkung in seiner Auffassung der Lehre und dem romfreien Occidente die Beschränkung in der päpstlichen Aufstellung der Begriffe enthalten. Indem alle Anwesenden am 16. August 1875 die Lehre des heiligen Johannes von Damascus dahin annahmen:

„Der heilige Geist geht aus aus dem Vater als dem „Anfang, der Ursache, der Quelle der Gottheit"; in dieser Art „geht er nicht aus aus dem Sohne, weil es in der Gottheit nur Einen Anfang, Eine Ursache gibt, durch die Alles, was in der Gottheit ist, hervorgebracht wird"; „der heilige Geist geht aus aus dem Vater durch den Sohn (ἐκ τοῦ

*Πατϱὸς δια τοῦ Υιοῦ καὶ λόγου προϊόν)*"; „er ift das Bild des
Sohnes, das Bild des Vaters, aus dem Vater ausgehend und im Sohne
ruhend als deffen ausftrahlende Kraft"; „er ift auch die perfönliche Her=
vorbringung aus dem Vater, dem Sohne a n g e h ö r i g, aber nicht a u s dem
Sohne, weil er Geift des Mundes der Gottheit ift, welcher das Wort
ausfpricht"; „er bildet die Vermittlung zwifchen dem Vater und dem
Sohne und ift durch den Sohn mit dem Vater verbunden" —

war der dogmatifche Gegenfaß bezüglich diefer Frage, den kein
Papft, kein Anathem und auch keine frühere conciliarifche Verhandlung
(zu Lyon und Florenz) zu heben vermocht hatte, im Geifte des Friedens
zwifchen zwingendem Lehrfaß und theologifcher Meinung gehoben! Wenn
je nach einem kirchlichen Acte, ift an diefem 16. Auguft 1875 in Bonn
mit Recht das Tedeum und das Pater nofter im Gefühle der Erhaben=
heit über taufendjährigen Zwift und Herrfcherftolz Roms und der Über=
legenheit über päpftliche Wiffenfchaft und Friedensliebe von den geeinten,
auf die Knie gefunkenen Griechen und Lateinern gemeinfam gebetet worden.

B. Und diefe Rückkehr zu den Zeiten der alten ungetheilten Kirche,
diefe wiedereinkehrende friedliche Einheit in der geringern Zahl der noth=
wendigen Heilswahrheiten ift nicht nur ein Wefenstheil des Altkatholi=
zismus, fondern gleichzeitig das von echt chriftlicher Freiheit und Über=
zeugungskraft durchwehte und getragene Gemeingut a l l e r romfeindlichen
jeßigen Kirchen. Die Intercommunion in der Gemeinfchaft des
Gebetes und des Brotbrechens befteht: Altkatholiken werden in Eng=
land zur heiligen Communion zugelaffen und empfangen folche, da die
englifche Hochkirche den Opfercharakter der Abendmahlsfeier an=
erkennt; und fo verfährt auch die Kirche Nordamerikas, während die alt=
katholifchen Priefter dem Anglikaner gleiches Recht gewähren. Der Bi=
fchof von Edinburg empfängt in der Schweiz die Communion im alt=
katholifchen Gottesdienfte der beiden Bifchöfe Reinkens und Herzog. Der
Bifchof von Winchefter ertheilt die Communion in der englifchen Cathe=
drale dem deutfchen Bifchofe Reinkens. Mit den orientalifchen Kirchen
befteht naturgemäß ein über die Intercommunion hinausreichendes Ver=
hältniß im Glauben und Cultus auf der Grundlage älteſter Einheit!

Während Pius IX. noch die Proteftanten als verfluchte Keßer, die
nicht exiftenzberechtigt und mit Feuer und Schwert zu vertilgen feien, als
Apoftel des Satans, Betrüger und Schwindler, als eine ungeftraft graffi=
rende Peft, als vom Teufel geleitete Hohlköpfe, welche dem Mord, Ehe=
bruch und Diebftahl ergeben find, bezeichnete und bezeichnen ließ, und

während Leo XIII. den Protestantismus den pestilenzialischsten aller Irr=
thümer, sowie die Reformation die Mutter der Revolution und die Quelle
der Socialdemokratie und des Nihilismus nennt, erscheinen wiederholt
bei den Altkatholiken auf deren Congressen die Männer der evangelischen
Wissenschaft und Kirchenleitung und erklären ihre Zugehörigkeit zur all=
gemeinen christlichen Kirche und ihre Theilnahme für die Bestrebungen
zur Befreiung von Rom, auch wo sie dogmatisch nicht geeint sein mögen.
Unterdeß wahrt Leo XIII. „in der Uns möglichen Weise die Rechte und
Freiheit dieses heiligen Stuhles" und will „dahin streben, daß Unserer
Autorität der gebührende Gehorsam geleistet, daß die Hindernisse ent=
fernt werden, welche die volle Freiheit Unseres Amtes und Unserer Ge=
walt hemmen, und Wir jene Stellung wiedergewinnen, welche der Rath=
schluß der göttlichen Weisheit den römischen Päpsten schon längst ge=
geben hatte."

Hat die göttliche Weisheit nicht doch schon längst einen andern Rath=
schluß gefaßt? ist derselbe nicht unverkennbar im Wesen und Bestand,
in der gegenseitigen Einigung und gemeinsamen christlichen Anerkennung
und Liebe der romfeindlichen katholischen Kirche zum Ausdruck gelangt?
Hat nicht eine so großartige und tiefbedeutungsvolle Kundgebung, wie die
des zweiten internationalen Altkatholiken=Congresses vom September 1892
in Luzern, den Beweis des Zusammenhaltens und der geistigen Kampfes=
verbrüderung, und damit die Sicherheit des christlichen Sieges über das
unchristliche Heer des Papstes geliefert? — „Endzweck dieser Unions=
bestrebungen sollte nicht sein eine völlige Verschmelzung aller
Kirchen, sondern Ausprägung des altkirchlichen und altkatholischen
Grundsatzes des Nationalkirchenthums und der zwischen den ein=
zelnen Kirchen bei aller Unabhängigkeit jeder einzelnen be=
stehenden engen Harmonie."

Es waren dort versammelt Altkatholiken Deutschlands, der Schweiz,
Österreichs, Hollands, Frankreichs, Spaniens, Rußlands, Griechenlands,
Englands, der bischöflichen Kirche Nordamerikas, der armenischen Kirche
sogar ein Vertreter des fernen orthodox=apostolischen Bischofs von Haiti
— mit ihren zwölf Erzbischöfen oder Bischöfen, beziehentlich dreier Ver=
treter von Bischöfen; an Delegirten dieser Kirchen und Gemeinden etwa
200 Priester und Laien.

Was waren im Wesentlichen und in Kürze die übereinstimmenden
Grundsätze der Einigung und Einheit dieser Katholiken?

Grundlage einer solchen kann nur sein: Protest gegen die neuen Dogmen des Vatican und besonders die päpstliche Unfehlbarkeit, Lossagung von den Verirrungen und Auswüchsen der römischen Papstkirche, Abstoßung der Neuerungen und Verderbnisse des papistisch-jesuitischen Kirchenthums, Aufrechthaltung des wahren Wesens der altchristlichen Gesammtkirche mit den Lehren und Entscheidungen der alten ungetheilten Kirche und ihrer allein ökumenischen Concilien.

Als Glaubens- und Heilslehre ist nur anzuerkennen, was durch das immerwährende und übereinstimmende Bekenntniß aller christlichen Einzelkirchen von jeher als göttliche Offenbarungslehre bezeugt ist. Menschliche Meinungen, theologische und philosophische Speculationen können von keiner kirchlichen Macht zu Glaubenssätzen erhoben werden und sind daher für den Christen keineswegs verbindlich.

Gestützt auf die alte Praxis der christlichen Nationalkirchen, welche bei vollkommener Anerkennung der allgemeinen Ordnungen der Gesammtkirche ihre Selbstbestimmung und ihre Besonderheiten wahrten und letztere den Bildungsverhältnissen, Bedürfnissen und Sitten ihres Volkes entsprechend gestalteten und pflegten, muß es als ein unveräußerliches Recht der morgenländischen wie abendländischen Einzelkirchen anerkannt werden, ungehemmt von hierarchischen Beeinflussungen über das religiöse Denken und Leben ihrer Völker zu walten und in ihren Einrichtungen den nationalen Ansprüchen und Eigenthümlichkeiten Rechnung zu tragen.

Angesichts der Thatsache, daß der Ultramontanismus unter Beihilfe der vorsichtigen Politik Leo's XIII. unausgesetzt seine Thätigkeit steigert und die Menschheit zu berücken fortfährt, indem er sich einestheils als religiöses System der Vorspiegelung von dem Alleinbesitze der echten Heilslehre, anderntheils als politisches System falscher Anpreisungen seiner volksfreundlichen Tendenzen und damit der Herabsetzung und Abschwächung aller selbständigen Gewalten schuldig macht, wird es dringende Aufgabe der Mitglieder aller christlichen Kirchen, den Ultramontanismus in seiner religiösen Richtung als nicht mehr christlich und in seiner politischen Richtung als bildungs-, volks- und staatsfeindlich zu entlarven, zur Unterdrückung und Überwindung desselben alle Kräfte zu vereinigen und allgemeinhin unter Hintansetzung jeglicher untergeordneter Verschiedenheiten der Überzeugung Eingang zu verschaffen, daß die gewaltige wohlgeschulte Macht der römischen Hierarchie gegenwärtig die sozialen Fragen zu ihrem Vortheil ausbeutet, nicht um eine einzige derselben zu lösen, sondern um, wie ehedem die Fürsten und Vornehmen, so jetzt die Arbeiterwelt für ihre Zwecke zu lenken, zu gebrauchen und sich unterthan zu machen.

Es würde mit großer Freude zu begrüßen sein, wenn Angehörige verschiedener christlicher Gemeinschaften sich brüderlich vereinigten zu Zwecken der Erbauung, der Wohlthätigkeit, der gegenseitigen Unterstützung und Förderung guter Werke, ohne confessionellen Charakter.

Wenn es in der römischen Kirche auch heute noch eine große Zahl von der Gesinnung nach gläubigen Katholiken gibt, so eignet der Name „Katholik" doch nur den Bekennern der Offenbarungslehre Christi gemäß dem alten Glauben der ungetheilten Kirche. Der in vielfache Irrungen verfunkenen und vollends entstellten römischen Theilkirche, dem auf dem vaticas nischen Concile zum offiziellen Dogma erhobenen ultramontanen Sistem mit der Anmaßung, daß jene Papstkirche irrthumslos und unfehlbar, daß ihr Bischof in Rom Lehrer und Gesetzgeber der ganzen Kirche, ja daß sie, und zwar sie allein, schlechthin die katholische Kirche sei, kommt das Ehrenprädicat „katholisch" nicht zu. Dieselbe ist nicht mehr katholisch in dem Sinne, in welchem dieses Prädicat von der alten Kirche in das Glaubensbekenntniß ge= setzt worden ist.

An alle Protestirende jedweder Benennung ergeht daher der Ruf, dem offi= ziellen Sistem der römischen Kirche nicht die Bezeichnung der katholischen Kirche zu geben und am Allerwenigsten in diesem Sistem und seiner Partei allein die katholische Kirche zu sehen, während durch Sistem und Partei weder die allge= meine Lehre der alten Kirche, noch deren allgemeine christliche Sitte und Zucht geehrt oder gepflegt wird. —

8. Als in der öffentlichen Versammlung des Congresses ein Redner verkündete: „Le cycle du treizième siècle est fermé, et, si grand qu'il ait été, il ne se rouvrira point. Un autre cycle, grand aussi, à sa manière, est en train de se fermer sous nos yeux: celui du seizième siècle. Un troisième va s'ouvrir — ‚Novus ab integro Saeclorum nascitur ordo.‘ Dieu a voulu la réforme du seizième siècle, parce qu'elle a sauvé l'Eglise en la divisant. Dieu veut bien davantage encore la réforme du vingtième siècle, car elle sauvera l'Eglise en l'unissant!" — war da nicht die neue Phase der Kirchengeschichte an= gebrochen?

Vor Aller Augen war es Licht geworden über Wissenschaft und Dogma, vor Aller Gewissen stand anpochend und erschütternd die For= derung der That des Erkennens, des Bekennens und des nicht blos dul= denden Widerstandes! Am Ausgange des 12. Jahrhunderts hatte „jene gefeierte, von Päpsten und Kaisern hochgehaltene Seherin am Rheine" die Weissagung ausgesprochen, daß die Hoheit der Päpste, welche gleich reißenden Thieren mit ihrer Löse= und Bindegewalt die Menschen fangen und die ganze Kirche zum Hinwelken bringen, indem sie sich die Reiche der Welt unterwerfen wollen, von den Menschen werde gestürzt werden und nur Rom mit geringem umliegendem Gebiete werde theils zu= folge Krieg, theils nach Übereinkunft der Staaten dem Papste verbleiben. Zwei Jahrhunderte später hat die in Rom lebende nordische heilige Seherin den Papst als schlimmer denn Lucifer, als einen Mörder der ihm anvertrauten Seelen angeschuldigt. Dort die heilige Hildegard, hier die heilige Brigitta, zu Beginn des 15. Jahrhunderts die Reform= concilien der abendländischen Kirche haben Recht behalten. Die römische

Kirche kann sich nicht mehr reformiren; sie ist angekommen, ubi nec vitia nec remedia nostra pati possumus; sie kann auch fernerhin nur fort= fahren sich zu beformiren. Aber gegen sie stehen fest die romfreien Ka= tholiken im geistigen Bunde mit den Milliarden der vorvaticanischen Be= kenner und den Tausenden von Märtyrern des alten Christenglaubens. Die Centralisation und Vergewaltigung ist gebrochen, die Einer= leiheit überwunden, die Einheit hergestellt und besiegelt. Jedes Volk kann entsprechend seiner Eigenart seine Culturmission ver= folgen, die Kirche tritt wieder an die Spitze der ihr gebührenden Stellung in Wissen, Cultur, Staat und Welt!

**Christus vincit, Christus regnat, Christus triumphat!**

# Inhaltsübersicht.

## XI. Die Papftkirche in ihrem wei= teren Abirren von Chriftus und der Katholizität.

## XII. Proteste. Altkatholizismus. Intercommunion. Unionen der rom-freien Kirchen.

160. Die Lage nach dem 18. Juli 1870. Die Frevel jener Dogmatisirung. Gewissen und Pflicht. — Die Proteste: 1. Protest zu Königs-winter. 2. Münchener Pfingster-klärung. 3. Erster Congreß zu München. 4. Zweiter Congreß zu Cöln. Bischofswahl. 5. Alt-katholische Reformen. Laienele-ment. Gesammtzeugniß der unge-theilten Kirche. Synodal- und Ge-meindeverfassung. 6. Programm des Altkatholizismus. 7. Unions-bestrebungen und -erfolge. A., die Bonner Conferenzen 1874 und 1875. Dogmatische Einigungen, insbesondere über das „filio-que". B., Zweiter internati-onaler Altkatholiken-Congreß in Luzern 1892. 8. „Und es ward Licht".

# Vierter Theil.

## Ausweichen, Fluchtversuch.

Der Übersendung dieser 160 Visitenkarten zu 160maliger Besuchs=
erwiederung wurde folgendes Schreiben beigefügt:

Herrn Pfarrvicar . . . . . . . .

Hochwürden

hier.

Als Ew. Hochwürden bei Antretung der Vicarstelle an der hiesigen
. . . . . . . . pfarre mir die Ehre Ihres seelsorgerlichen Besuches er=
wiesen, mußte es mehr denn eine gesellschaftliche Pflicht meinerseits
sein, Ihnen den Gegenbesuch abzustatten, zu dem ich bei Ihrem Abschiede
mich auch verpflichtet bekannt habe.

Wenn ich dieser Pflicht bisher nicht entsprochen habe, so war ich
durch die peinliche Vorstellung geleitet, daß die von Ihnen abgelehnte
Erörterung der religiösen Seite Ihres Besuches kaum umgangen und auf
diese Weise mein Erscheinen mindestens zwecklos, wenn nicht geradezu
Ihnen unerwünscht sein müsse. Und doch vermogte ich mich nicht ganz
von der Auffassung zu trennen, das Ew. Hochwürden mit dem Aner=
bieten, mir gegen Unterwerfung und Widerruf Ihre pastorale Thätigkeit
widmen zu wollen, eine Gegenpflicht übernommen haben, nämlich die der
Belehrung und Widerlegung.

Ich begann daher unter Ausnutzung aller mir zu Gebote stehenden
Muße= und Ferienzeit meine Absicht in mehr denn einem Besuche und
mehr denn einer Besprechung auszuführen, indem ich den Streitstoff
einigermaßen zu ordnen und dann in einer sich von selbst ergebenden
Folge zusammenzustellen suchte.

So entstand unter nochmaliger eigener Prüfung so ziemlich aller
Gesichtspunkte an der Hand der mir zugänglichen Quellen= und Autoren=
zeugnisse die ergebenst angefügte Schrift, die Ew. Hochwürden ich mit
besonderer Berufung auf die bei Ihrem Besuche mir bezeugte fürsorg=

liche Theilnahme zur gefälligen Prüfung und Beantwortung — wenig=
stens einiger und der grundlegenden Fragen — vorzulegen mir gestatte.

Daß ich die Angelegenheit nicht leicht genommen, beweisen Zeit und
Umfang der Ausarbeitung, sowie Zahl und Schwere der aufgeworfenen
Fragen und Fraglichkeiten.

Angesichts deren wollen Ew. Hochwürden den Grund und Grad
der mir innewohnenden religiösen und wissenschaftlichen Überzeugung ge=
neigtest nicht unterschätzen, zugleich jedoch auch in dem Ihrerseits bei
Empfang der hl. Weihen geleisteten Eide, die hl. Schrift „nicht anders
als nach dem einstimmigen Consensus der Väter anzunehmen und aus=
zulegen", die Anregung oder vielmehr Verpflichtung finden, in mehr wie
blos eigenem Interesse einer Beantwortung der gestellten Fragen näher
treten zu sollen.    Muß es doch wohl nur als eine natürliche Folge er=
scheinen, daß, nachdem Herr Professor Dr. Weber, der Generalvicar des
Herrn Bischof Dr. Reinkens, auf sein mehrmaliges dringendes Auffordern
hin von Herrn Bischof Dr. Korum ohne sachlichen Bescheid gelassen
worden, ein Laie den ihn zur Bekehrung mahnenden Seelsorger zur
Belehrung auffordert.

Mögen Ew. Hochwürden daher diesem meinem Besuche die Ehre
Ihres gütigen Gegenbesuches baldgefälligst zu theil werden lassen.

Eines nur darf ich wohl als selbstverständliche Bedingung an die
Übersendung meiner Arbeit knüpfen, daß Sie solche nämlich später wieder
in meine Hand zurück gelangen lassen wollen.

Mit aller Hochachtung

Ew. Hochwürden

ergebenster

. . . . . . .

Daß ein Mann wie dieser mein Versucher zum Papstglauben keine
Freude an den Hunderten von Ausfragungen und keine Anwandlung zur
Erwiderung auf auch nur eine einzige derselben empfinde, konnte als fest=
stehende Thatsache gelten.    Aber mittels welcher dialektischen Wendung
er, auf seine Wissenschaftlichkeit und sogar auf seinen Priestereid heraus=
gefordert, sich davonschleichen und dem Geständniß seines Glaubens=
wahns und Wissensmangels sich entwinden werde, das war allmälich immer=
mehr ein heiterer Gegenstand ahnungsvoller Spannung geworden. Alles
ignoriren: das hieße, in Ignoranz untergegangen sein! Alles studieren:
daß hieße, sich als Unstudierten blamiren — und so blieb das Spannende
der Zwischenzeit durch das Räthsel gesteigert, ob und wie der zweite

Versuch sprachlosen Entkommens unter der Miene inneren Gekränktseins werde in Scene gesetzt werden.

Dreizehn Wochen hielten meine Stimmung in der vergnügten Erregung, daß immer näher der Tag der Räthsellösung heranrücke, durch die jene vielfachen katholischen Fragen eines Laien unter den Händen eines studierten neukatholischen Seelsorgers als „Fragen ohne Antwort" bestätigt werden sollten. Unterdeß hatte ich in der 11. Woche gemahnt. Da verkündete mir, zum zweiten Male dicht herantretend, mein Versucher sein Entrinnen. Der bereidete Dolmetscher der Worte der Schrift drückte sich schnell vorüber; der gelehrte Dogmatiker und Historiker entwischte, schaffte sich das leidige Manuscript bestens aus den Augen und wahrte seine Flüchtlingsstellung in charakteristischer Weise mit folgendem Begleitschreiben:

Herrn . . . . . .
Hochwohlgeboren
hier.

Von einer kleinen Erholungsreise zurückgekehrt fand ich Ihr Geehrtes vom . . . . . . und beehre ich mich nach Wunsch das Manuscript Ihnen zurückzusenden. Soviel mir Zeit erübrigte, habe ich die Arbeit angesehen. Sie bitten „Ew. Hochwürden wollen angesichts der Zeit und des Umfanges der Arbeit, sowie der Zahl und Schwere der aufgeworfenen Fragen und Fraglichkeiten, den Grund und Grad der mir innewohnenden religiösen und wissenschaftlichen Überzeugung geneigtest nicht unterschätzen;" dann ersuchen Sie mich, des Eides bei den hl. Weihen eingedenk zu sein, die hl. Schrift „nicht anders, als nach dem einstimmigen Consensus der Väter auszulegen" und betonen, daß Sie alle „Muße- und Ferienzeit" auf die Arbeit verwandt hätten. Recht gerne will ich auf Grund des Umfanges der Arbeit Ihren Fleiß anerkennen, im übrigen kann ich jedoch Ihren Bitten leider nicht ganz willfahren und halte mich dazu berechtigt, weil ich nicht nur alle „Muße- und Ferienzeit", sondern vier Jahre ausschließlich den theologischen Studien unter Leitung gediegener Professoren als „Fachmännern" gewidmet und die gewonnenen Kenntnisse 24 Jahre nach Kräften vermehrt habe. Dennoch muß ich auf eine Behandlung auch nur einiger Fragen verzichten. Um solche Fragen zur eigenen und Anderer Befriedigung zu bearbeiten, genügen nicht „Muße- und Ferienzeit", dazu muß man die Zeit eines Theologen als Fachgelehrten haben, oder aber im eigenen Berufe wenig zu thun

18*

haben. Meine außerordentlichen Berufspflichten der Seelsorge und des Kirchenbaues, machen es mir trotz der gemachten theologischen Studien absolut unmöglich. Der „Sehnsucht nach Aufklärung für den Fachge= lehrten" kann ich also schon aus diesem Grunde nicht entsprechen; aber davon auch abgesehen, erscheint mir eine Erwiderung ganz und gar zwecklos und unwürdig, zwecklos mit Rücksicht auf das Selbstbewußtsein und die Sicherheit, mit welcher Sie „als Fachgelehrter" in einer Art persönlicher Unfehlbarkeit Ihre Ansichten darlegen, unwürdig wegen des Tones, in welchem Sie die heiligsten Lehren und Gebräuche der katholi= schen Kirche behandeln. Dieser Ton paßt ganz zu dem, in welchem mein Besuch bei Ihnen in einem altkatholischen Blatte vor zwei Jahren ebenso unwürdig, als unwahr geschildert war. Endlich erlaube ich mir, Sie darauf hinzuweisen, daß der Glaube nach Lehre des Herrn und der heiligen Apostel nicht nur das Resultat des Studiums ist, sondern auch, und so= gar vielmehr eine Gnade ist, die den Demüthigen verheißen und denen gegeben wird, wie jede Gnade, die darum beten. Daß Sie um den Glauben beten, hoffe ich, obschon die unfehlbare Gewißheit, die Sie zur Schau tragen, im Widerspruch steht sowohl mit der „Sehnsucht des Fach= gelehrten nach Aufklärung", als auch mit dem Gebet um den Glauben. Denn wozu bei solcher Gewißheit noch beten um den Glauben und nach Aufklärung sehnen? An der Demuth des Glaubens muß ich aus dem= selben Grunde ebenso zweifeln. Als ich Ihre Arbeit durchblätterte, mußte ich mit aufrichtiger Theilnahme für Sie angesichts der Ver= irrungen und Blindheit immer wieder an den Mann denken, dessen Heilung im Evangelium uns erzählt wird, der neben dem Wege saß und blind war und darum flehte: „Jesu, fili David, miserere mei! Domine fac, ut videam" und zu dem der Heiland sprach: „fides te salvum fecit." In der Versicherung, daß ich in diesem Sinne für Sie bete und beten werde bin ich

in aller Hochachtung

Ihr ergebener

. . . . . . . . .

Pfarrvicar.

Also beten wollen Sie, — sprach ich zu mir — ganz wie Herr Bischof Korum für Herrn Professor Weber! Aber lehren wollen Sie nicht, das kann und besorgt allein der Papst! Zur Bekehrung ohne Be= lehrung drängten Sie sich dicht zu mir heran auf meine Stube, ohne Entgegnung gingen Sie davon und ohne Widerlegung lassen Sie die

christliche Treue zum alten apostolischen Bekenntniß! Denn zu Ihnen ist
gesprochen: Gehet hin in alle Welt, jedoch belehret Niemanden! Bekehret
mit unverdrossener Selbstgenügsamkeit alle Welt zum heiligen Vater in
Rom, aber belehret sie nicht über ihn! Und wenn über sein Wesen,
Wirken und Wollen Fragen gestellt werden, dann entfliehet! Und wenn
die Welt euere Papstgelehrsamkeit nicht einsehen kann, dann entweichet
und rufet rückwärts, daß ihr selbst ja die römische Wissenschaft besitzet,
da ihr sie vier Jahre lang studiert und sie wirklich während euerer
Studienzeit, sowie auch seitdem stets begriffen habet, ganz so wie man
sie euch von Rom aus, zwar nicht wie damals nach Trient im Postfell-
eisen, dann aber schneller und sicherer nach überallhin im Weltpostverein
eingesandt hatte. Darauf schüttelt den Staub der Flucht von euren
Schuhen und aus euren langen Schleppen und beharret schweigsam in
dem verheißungsvollen Gedanken, daß ihr seid und bleibet das Salz der
Erde und daß mit diesem römischen Salze dereinst, wenn alles Salz der
Worte Christi hinnieden schal geworden, noch stets in euerer geistigen
Küche weiter gekocht werden muß, bis zum Ende der unfehlbaren Päpste
hinnieden. —

Suchen wir den flüchtigen Pflichtwidrigen zu ereilen und zu beurtheilen!

# Fünfter Theil.

## Öffentliches Erkenntniß.

> Wissen und Gewissen,
> Das ist des Menschen Kern und Wert.
> Bekennen und bekämpfen,
> Das ist er selber ganz.
> Drum sei's ihm ganz gewährt.

### Hochwürdiger Herr Pfarrvikar!

Nach dreizehn Wochen, deren drei letzten Sie dem süßen Nichts= thun auf der grünen, schwarz punktirten Insel Borkum gewidmet, er= übrigte Ihnen Zeit zur Rücksendung meiner 160 Visitenkarten, mit der Sie das briefliche Geständnis verbinden, die Fragen nach dem Grunde Ihres Unfehlbarkeitsglaubens und die Beweise der Grundlosigkeit und Verwerflichkeit desselben „angesehen" zu haben. Sie gestehen sogar des Weitern ein, dieses „Ansehen" noch dadurch verflacht zu haben, daß Sie ihm nur einige freie Reste ihrer freien Zeit zuwendeten.

Damit haben Sie sich offenbar Ihr eigenes Urtheil ge= sprochen! Denn was würden Sie über Ihren Arzt urtheilen, wenn er zu Ihrer Heilung Ihr körperliches Übel blos „ansehen", dann aber, als ob damit schon Ihr Lourdeswunder gewirkt sei, sich nicht weiter Ihrem Leiden widmen wollte? Was würden Sie von seiner Gewissenhaftigkeit und Pflichttreue urtheilen, wenn er, zumal bei grassirender Ansteckung, die Kranken nur besehen, dann aber, weil er vordem auf der Hochschule schon allzu viel gelernt habe, ohne Entscheid bei ihrem Übel belassen wollte?

Und nun erst diese Ihre Unterlassung, da Sie, ungerufen auf meinem Zimmer vorsprechend, mir Ihre Dienste angeboten hatten, vor Allem da Sie einer so schweren Erkrankung, einer um sich greifenden Seuche, der des Antinfallibilismus und Altkatholizismus, gegenüberstanden und doch mindestens ein, wenn auch nur palliatives Mittel aus dem Arzneischatze Ihrer Hochschullehrer hätten versuchen können!

Von den Leibärzten des letztverstorbenen russischen Kaisers ist uns berichtet worden, daß sie seiner Krankheit wegen Reisen unternommen und die fernen Lehrstühle des Auslandes aufgesucht haben, um ihr Wissen über sein körperliches Leiden zu vertiefen und die neuesten Erforschungen und Heilmittel zu erfahren. Welch ein Unterschied! Bei denen galt es, ihre irdische Gelehrsamkeit für den höchsten Herrn des unermessenen Reiches und vielleicht für dieses selbst nutzbar zu machen. Und Ew. Hochwürden, der zu heilen und zu lehren berufen sein will, erübrigte in dreizehn Wochen keine Zeit für Erwiderung auch nur eines der hundert und sechzig Besuche, für pflichtmäßige Vertiefung oder Erweiterung Ihrer Hochschulstudien, für eine wenn auch nur kleine Spende aus Ihrem Wissensschatze zum Zwecke der Heilung jener schmachvollen Seuche der Millionen papstloser und papstfeindlicher Christen, der Beseitigung des die Menschheit social, moralisch und politisch zersetzenden Übels, vor Allem der Verherrlichung Ihres höchsten überirdischen Herrn des Reiches der Himmel und der Erden! Und das obwohl Sie doch gewiß auf dem Raume desselben Briefblattes und in der Zeit derselben Niederzeichnung mindestens eine Stelle der heiligen Schrift, mindestens ein Text der Väter, auf die sich Ihr Priestereid stützte, hätten entkräften können! Und wenn es Ihnen selbst nicht gar leicht geworden, warum sollten Ihnen auf Borkum nicht ein Dutzend Ihrer Studiengenossen, Ihrer Amtsbrüder, vielleicht auch Ihrer fachgelehrten Dozenten zum Gedeihen einer pflichtmäßigen Abfertigung haben behilflich sein können? Warum konnten Ihnen in Ihrer Pfarrei oder im ultramontanen Wahlcomité nicht all' die vielen studienreifen Gelehrten oder doch ein couragirter unreifer Ungelehrter vor ihrem Volke unter die sinkenden Moses-Arme greifen? Waren doch sie alle von Herrn Bischof Korum aufgerufen, mit der Rüstung ihres Wissens und Talentes unter die Fahne des modernen Kreuzheeres zu treten und den unblutigen Kampf für die päpstliche Zukunftstheologie wenigstens mit einigen Tropfen Tinte zu bestehen!

„Man muß viel Zeit haben", sagen Sie. Die Beschämung, die meine ideale Verwendung von Zeit und Mühe sogar während der Ferien und der Erholungsstunden Ihnen bereiten mußte, prallte an Ihrem Selbstbewußtsein ab, längst Alles gewußt zu haben, und die Vorhaltung des im Stiche gelassenen Eidesversprechens ermuthigte Sie zu schriftlichem Selbstlobe und einer kühlen Ablehnung des Denkens mit stolzer Scheu vor der klargelegten alten apostolischen Wahrheit.

Ist Ihnen nicht der Gedanke emporgestiegen, daß die Verwendung der Zeit auf Vertiefung in diese Wahrheit für einen Jeden vorgeschrieben ist mit den Worten: „Suchet vor Allem das Reich Gottes und seine Gerechtigkeit und alles Weitere wird euch zugegeben werden?" Und so haben Ew. Hochwürden im Sinne des Evangeliums Recht: „Man muß Zeit haben" — das ist in Ihrem Sinne aber: Ich darf keine Zeit haben zu prüfen, ob meine auf Petrus gebaute (?) Kirche noch überhaupt eine christliche, geschweige denn die von Christus gegründete und allein auf ihn erbaute einzige sei. Sie haben in Wirklichkeit trotz Ihres Eides nicht einmal das Recht, die „übereinstimmende Lehre der Väter" zu befragen und noch weniger haben Ihre Laien die Befugniß, die heilige Schrift und ihre altanerkannten Ausleger zu Rathe zu ziehen. Wehe dem Freunde solch' eigener unmittelbarer Belehrung! Anathema dem, welcher Schrift und Väter mit Christus und den Aposteln versteht und in sich aufnimmt! „Ihr alle seid mein", ruft der Papst. Um die Kraft der Überwindung, ihm den ganzen Verstand zum Opfer bringen zu können, betet der Jesuit; diese Kraft voll und ganz aufbieten zu wollen, schwört er Gott, dem heiligen Ignatius und dem heiligen Vater. Der Nichtfachmann hat keinen solchen Papstverstand; aber er soll um ihn zu Gott beten! Er ist dieserhalb gewiesen an den Fachmann Caplan, dieser an den Oberfachmann den Seminardozenten, dieser an den Fachhauptmann Bischof — und dieser erklärt seiner ehrfürchtigen Heerde von Klerikern wie Laien, daß es kein Wissen und Gewissen mehr giebt, da wir alle sind des Generalobersten für dieses Fach, des allerhöchsten Wissers und Neu-Offenbarers für Himmel und Erde zu Rom!

*　　*　　*

Was ist Zeit? frage ich Ew. Hochwürden. — Zeit ist Geld, vielleicht auch Wohlleben! Warum aber wirkt es so alterirend auf Sie ein, daß Zeit in Hintansetzung von irdischem Gewinn und „süßem Nichtsthun" den göttlichen Dingen zugewendet und dem Kampfe mit dem komischen kirchlichen Aberglauben gewidmet wird? — Und außerdem: Zeit ist Leben! Warum aber entziehen Sie sich der Ausnutzung Ihres Lebens oder fürchten Etwas von demselben einzubüßen? „Der gute Hirte gibt sein Leben für seine Schafe!" Was sollte Ihre Zeit sein? frage ich weiter Ew. Hochwürden. Sicherlich würden Sie Ihrem Berufe eines Abtheilungsführers in der Dr. Korum'schen Heilsarmee entsprechen können, wenn Sie Ihren Lebenszweck und Ihre Eidespflicht unter die Führung und Regel Ihres freiwillig übernommenen Zwanges stellen wollten. Sicherlich würde Ihre Bescheidenheit jedmorgenblich den Entscheid erhalten, wenn eben jeden

Morgen Ihr Priestereid reden dürfte, der Ihnen die Pflicht, „nach dem Consensus der Väter" zu lehren und zu wirken, in's Gewissen rufen muß. Der Zwang, den Sie auf Ihr Wissen und Gewissen gelegt haben, ist der eines freien Studiums der altchristlichen Kirche und ihrer Väter, zugleich aber der strengste und bindendste des in Nichts von denselben abweichenden Bekenners und des auf Grund dieser altkatholischen Lehren zu führenden Kampfes wider die ihrer spottenden Papstdogmen.

Ihre Zeit ist dem Allem nicht gewidmet! Kirchlicher Forschung in der Schrift und den Vätern verehren Sie einen römisch=kirchlichen Fluch. Um der Komik zu entgehen, bescheiden Sie sich, das als „solche einmal ansehen" zu bezeichnen; um unbekümmert das Haupt in dem Schooße Ihrer allein Recht habenden (?) und allein (?) seligmachenden (?) Kirche (?) bergen zu können, verbergen Sie den Verstand und lassen unter dem Opfer desselben „die hohe Kraft der Wissenschaft der ganzen Welt verborgen" bleiben, blos um diesen Worten der Hexe im Goethe'schen Faust den Beifall zu ertheilen:

„Und wer nicht denkt,
Dem wird sie geschenkt,
Er hat sie ohne Sorgen."

Lassen Sie sich noch einige Strophen eines andern wahrhaft katholischen, deutschen Mannes, Carl Simrock's, an dieses Urtheil als Illustration zu „Verstandesopfer" anfügen:

„Das Opfer bringen der Vernunft,
Wollt' ich es auch wie deine Zunft,
Was hätt' ich denn aus mir gemacht,
Du hast es wohl nicht recht bedacht.

Gäb' ich das Edelste dahin,
Was Gott dem Menschen hat verlieh'n,
Dem blöden Thiere wär' ich gleich
Und ganz verarmt, der erst so reich.

Die Menschenwürde legt' ich ab,
Wenn ich mich der Vernunft begab,
Auf allen Vieren müßt' ich gehn
Und nicht mehr auf zum Himmel seh'n.

„„Verehren soll ich Gott im Geist
Und in der Wahrheit"", wie es heißt:
Kann ich das noch, wenn ich verdummt
Bin wie ein Thier, das bellt und brummt?

Vernunft und Sprache wurde mir
Zu Teil, und nicht dem dummen Tier:
Gebrauchen soll ich sie mit Fleiß
Zu Menschenwohl und Gottespreis.

Geschäh' ihm große Ehre hier,
Wenn seiner Schöpfung Kron' und Zier,
Das Salz der Erde würde dumm
Und lief im Walde mit Gebrumm?"

Warum wollen nicht auch Ew. Hochwürden Vernunft und Sprache
in all' der gottgegebenen „Zeit" mit „Fleiß" gebrauchen „zu Menschenwohl
und Gottespreis?" In der That: Wenn Ew. Hochwürden neun Jahr=
hunderte in dem Gesammtglauben als katholische Kirche geeint, unvereinbar
und in Widerspruch mit den päpstlichen Hoheitsgelüsten, dann sechs Jahr=
hunderte in hellem Streite und blutigem Kampfe gegen die römischen
Herrscherextreme, endlich drei weitere in der allmählichen äußern Unter=
jochung unter die sich kühn vermehrenden geschichts= und kirchenwidrigen
Dogmen festgestellt vor sich haben, dann geziemt es dem Manne, dann
verpflichtet es den Christen, dann zwingt es unter Strafe des Eid=
bruchs den geschworenen Kleriker, die Augen aus der Verschleierung zu
erheben und den Muth zu haben nicht zum Ansehen und Davon=
gehen, sondern auch zum Erforschen und Unterscheiden, zum Er=
kennen und Bekennen. An den Priester und Prediger vor allen
Anderen ist die Paulinische Weisung ergangen: „Prüfet Alles, das Gute
eignet Euch an!" Ew. Hochwürden dagegen standen vor mir, wehrten mit
beiden schwarzbeschuhten Händen gegen Schrift und Schriften, verhängten
die scheuen Augen angesichts der Kirchenväter, auf die Sie doch vereidet
waren, und wollten kühl in Schweiß nicht einsehen, daß Sie auf der
selbstgeschaffenen komischen Scene in eine regiewidrige Versenkung gefallen
waren; und aus dieser empor wiederholten Sie die traurigen Mähren
von der all=einzigen Petruskirche des Papstes und dem durch Übertragung
von Petri Verdienst sanctifizirten Pontifex in Rom.

\* \* \*

Und seitdem, — hochgeehrter Herr Pfarrvicar, — was ist da
Ihre Zeit gewesen? Sie entschuldigen sich mit den Mühsalen für den
Kirchenbau. Als ob die nicht auch ein Laie oder ein minder reich be=
gabter Kleriker, ein Subbiacon, ein Exorzist, ein Lector oder ein Ostiarier
leisten könnte und, insofern Gott Ihre Vollendung vor der Ihres Werkes
beschlossen haben sollte, auch leisten müßte! Sie betonen Ihre Standes=

arbeit. Als ob Predigt und Beichtstuhl nicht vollste Kenntniß der Offen=
barung Christi und Abscheu vor den römischen Offenbarungen und Lügen,
vor den päpstlichen christuswidrigen Dogmen erheischte. Sie ignoriren die
Verdammungsworte eines hl. Bonaventura, der trotz so vieler ihm er=
wiesener römischer Ehren die Papststadt für die Buhlerin der Geheimen
Offenbarung erklärte, welche mit dem Wein ihrer Hurerei Fürsten und
Völker trunken mache, ohne daß Sie fragen nach den Irrungen und Lastern
Roms in so vielen Jahrhunderten. Sie wiederholen unbeklommen meine
Hinweisung auf Ihren Priestereid. Als ob Ihnen jener entgegen der Lehre
der Väter und der gemeinsamen außerrömischen Überlieferung erdichtete
Fels Petri eine Entbindung vom Eide und mit ihr die höchste Achtung neben
Ihrer höchsten Selbstachtung einbringe, als ob Sie in der Eidesverletzung
mit Nachbetung der pseudo= und antipetrinischen wie paulinischen Kirchen=
lehren hüben und drüben einen höchsten Antheil an Achtung und selbst
an petrinischer Papstheiligung zu gewinnen vermögten.

Fragen Sie sich selbst, ob Sie mit diesen Mitteln eine Christuskirche
und eine Christengemeinde werde aufbauen können! Indeß:

Sie bauen ja nur eine heilige Josephskirche. — Wollen Sie
sich da nicht fragen, wer Ihnen näher stehe, eine Kirche für Joseph,
den kurzzeitigen Schützer des gottgeschützten Erlösers, aus todten Steinen
und mühesamen Sammlungen fertig gebracht für den Papstglauben, dazu
für eine kleine Weile bis zu ihrem Verfalle — in den todten Steinen, und
viel schneller noch in dem tödtenden Papstglauben — oder die Kirche
Gottes, mit wenig Lehren aufgebaut in lebendigen Steinen, den Christus=
gläubigen, über dem göttlichen Felsen, dem Erlöser selbst, mit dem Eckstein, den
die herrschaftlichen Frohnarbeiter des mittelalterlichen Kirchenthurms bereits
verworfen hatten, und mit der Verheißung ihrer gottverbeistandeten Dauer
über die römische Zukunftstheologie hinaus in die Ewigkeiten der Ewigkeiten!

Was gilt Ihnen höher, das Wort Pauli (Eph. 2, 19—21): „Ihr
seid nicht Fremdlinge und Gäste, sondern Mitbürger der Geheiligten
und Hausgenossen Gottes, gebaut auf den Grund der Apostel und Pro=
pheten, wovon Jesus Christus selber der Eckstein ist, durch welchen der
ganze Bau zusammengehalten, heranwächst zu einem heiligen Tempel
im Herrn, durch den auch ihr miteingebaut seid zu einer Wohnung
Gottes im Geiste" — oder die Verheißung des Schöpfers des Josephs=
und Herz=Josephscultus: „Ihr seid nur Fremdlinge, geschweige Mit=
bürger meiner Heiligkeit, wenn ihr euern Verstand nicht vor mir beugen
wollt, nicht einmal meine Gäste, wenn ihr meiner Einladung zum

Gregorianismus, Urbanismus und Pianismus nicht folgen wollet, um durch euere Folgsamkeit Mitbürger der Jesuiten und Hausgenossen des Vaticans zu werden, der gebaut ist auf den Grund der Geheiligten auf dem Stuhle zu Rom, wovon der Papst als ausersehene „Hülle der Gott= heit", als „das Fleisch der göttlichen Macht", „das Werkzeug des wesen= haften Wortes Gottes", in dessen vierter Person und in der Unfehlbar= keit Christi der Prellstein ist an dem „Wege", gegen die „Wahrheit" und das „Leben", durch den der ganze Papstbau zusammengehalten wird als eine frisch=freie und fromm=fröhliche Zwangsanstalt der Geister? — Damit ist denn die weitere Frage gegeben:

Wozu Ihnen, Ihrem Tempelbau und Ihren Templern ein heiliger Joseph? — Sie sehen, daß Ihr heiliger Vater jene paulinische Wohnung Gottes im Geiste ist wie im Fleische. Pius selbst ließ in seiner Unfehlbarkeit verkünden, daß er sogar der fleischgewordene Geist Gottes sei und daß Jesus Christus, der souveräne Herr aller Dinge, seinen Sitz habe im Papste. Für ihn besteht Anbetung, wie die Gottes, wie die des heiligen Altarsacramentes, wie die der göttlichen Dreieinigkeit. Für ihn wird ein Andachtsbuch verfertigt und in den deutschen Gauen — wohl zur Herbeiführung von „Ein Hirt und eine Heerde" — übersetzt und verbreitet mit viel frommen Andachten und Gebeten zu ihm. Vor seinem Brustbilde, dem „Schreine seiner Brust" voll der Dogmen und Gnaden, fleht man „um Pius IX. willen" statt „um Deines Sohnes Jesu willen" und bezeugt dann die Erhörung um dieses Heiligen in der Gottheit willen.*) Warum also nicht eine Piuskirche statt einer Josephskirche? Pius hatte die Macht, die conciliarisch anerkannte „verehrungswürdige Gottesgebärerin" mit Huldi= gungen zu begnaden, die Joseph nicht gekannt, und sie auf die göttliche Höhe zu heben, die Joseph nicht zu ahnen vermogt hatte. Also war Pius heiliger und mächtiger mindestens denn Joseph, der Bräutigam Maria's. Warum hat Pius nicht den Vorrang vor ihm bei Widmung Ihrer Kirche? Hatte doch außerdem die „allmächtige Jungfrau" noch selbst am Meisten auf Pius als den Geheiligtesten der vom Weibe — geplantermaßen nach unbefleckter Empfängniß — Gebornen hingewiesen,

---

*) Vgl. Joseph Malfatti, Director des Gebetsapostolats für Deutschland, in der Monatsschrift dieses VIII. Jahrgangs, 1872, Seite 81. Das päpstliche Brustbild wird zwischen die Statuen von Maria und Joseph gestellt und dann wird Erhörung um seinetwillen erfleht, damit diese von ihm so viel geehrten Heiligen nun auch ihm ihren Respect zollten.

als sie am 18. Juli 1870 in der Concilsaula, sich nicht mehr bei dem Kirchenpatronate Josephs beruhigend, mit Gönnergnaden aus ihrem hohen Bilde auf ihren eigenen Günstiger herabblickte und unter himmlischer Revanchirung „sich nicht lumpen ließ", ihm nunmehr zu seiner Vergött= lichung zu verhelfen. In der That: Pius war damals Joseph über, und ein jeglicher heiliger Vater steht, auch so lange seine unbefleckte Empfängniß eine Todtgeburt bleibt, über dem heiligen Schutzvater Christi. Die Voraussetzungen dieser Logik werden ja gerade auch durch die heilige Schrift und die kirchliche Überlieferung unterstützt. Denn was bezeugen diese und was bezeugen diese nicht?

*   *   *

Die heilige Schrift weiß allerdings mehr von Joseph, denn von einem verfassungsmäßigen Alleinregenten der Kirche, einer vierpersönlichen Dreifaltigkeit oder einer dem Papste innewohnenden Offenbarungsquelle. Die Überlieferung durch die Liturgie der heiligen Messe spricht in der Präfation keineswegs: „daß in dem Bekenntniß der wahren und einigen Gottheit in den" vier „Personen deren Besonder= heit und in der Wesenheit" der Vier „deren Einheit und in der Majestät" der Vier „aber deren Gleichheit angebetet" werde.

Aber ist es denn viel mehr wie Nichts, was die Schrift vom heiligen Joseph und vom heiligen Herzen Josephs weiß?

Joseph geht von Galiläa nach Bethlehem, um sich mit seinem ver= mählten Weibe Maria aufzeichnen zu lassen (Luk. 2, 4. 5); er ist mit ihr vermählt und erhält göttliche Weisungen durch den Engel für sein Glauben und Handeln bezüglich der bevorstehenden Geburt Christi (Matth. 1, 18 ff.); er wird im Traume durch einen Engel zur Flucht mit dem göttlichen Kinde nach Ägypten angewiesen (Matth. 2, 13 ff.); er ist auch nach dessen Geburt mit Maria bei ihm, als die Hirten des Feldes zur Anbetung an der Krippe in Bethlehem erscheinen (Luk. 2, 16) — und dann verweilt er nicht mehr bei dem lehrenden, wirkenden und leidenden Jesus, erscheint nicht mehr neben Maria unterm Kreuze, nicht zur Kreuz= abnahme oder zur Bergung des heiligen Leichnams. Hier wird sein Name in Vergessenheit gesenkt durch den Gleichnamigen von Arimathäa, der um den Leichnam des Erlösers bemüht bleibt, ihn in dem neuen Grabe beerdigt und den treuen Seelen beisteht, die ihrem Herrn dahin gefolgt, wo der Schutzvater seiner Kindheit fehlt, nachdem schon längst der Zimmermann von Nazareth nicht mehr neben Maria — vielleicht nach göttlicher Absicht — zu finden gewesen war. (Mark. 15, 43. 45. Luk. 23, 50. Matth. 27, 57. Joh. 19, 38). Und, frage ich nun Ew. Hochwürden:

Was darf uns Joseph sein? Doch nicht mehr, als was uns über ihn „durch die Kirche, welche die Säule und das Fundament der Wahrheit ist, zu glauben vorgestellt wird." Und da genügt uns, wenn auch nicht Ew. Hochwürden, sowie den Gläubigen des Gregorianismus, Urbanismus und Pianismus, daß die Kirche des ganzen ersten Jahrtausends ihn in ihrem Cultus, vor Allem in ihrer ältesten Litanei, der von Allen Heiligen, unter diesen gar nicht kennt und dann nur auf's Mäßigste erwähnt, daß erst die Franziskaner des 15. Jahrhunderts und der Papst ihres Ordens, Sixtus IV., ihn in's Missale und Brevier aufnehmen, indem sie unter menschlichem Entschluß ihm ein Fest des geringsten Grades zubilligen, daß zuletzt wieder Pius IX. „der ununterrichtetste und untheologischste aller Päpste" es ist, der 1847 ihm diesen irdischen Festesgrad um zwei Stufen erhöht und 1871 in ihm der ganzen römischwestlichen Kirche einen sogenannten Patron mit neuer Überspringung zweier Stufen und Zubilligung eines erstklassischen Namensfesttages mit Octave zudecretirt hat.

Was darf Ihnen, hochwürdiger Herr, nun Joseph sein? — der Begeisterung der Hamlet'schen Schauspieler gebührte das Lob, das sich für ihn persönlich zu der selbstzüchtigenden Vorhaltung gestaltete: „Was ist ihnen Hekuba!" oder hatte Hekuba Existenz und wer hatte ihr Wesenheit und Figur gegeben? Und an Ew. Hochwürden stellt sich die züchtigende Vorhaltung so: dürfen Sie sich um diesen nicht nachgewiesenen und vordem kirchlich nicht rezipirten Heiligen derart echauffiren, daß Sie ihm einerseits eine Kirche bauen, anderseits aber den Mißcredit anheften, ein unfehlbarer Papst habe ihn, den zu Christi Zeit Verstorbenen, heute zu dem Patron der Kirche herabgesetzt, als ob dieser 1900 Jahre lang die Kirche in alle Papstspaltungen und -verirrungen und auch in die eigenen Pius'schen herabpatronisirt habe, gleich als ob dieselbe gar keinen unfehlbaren, geistigen wie weltlichen Befehlshaber in Rom besessen, der sie ja selbst in die Ewigkeiten der Ewigkeiten ungeachtet und trotz des verheißenen göttlichen Beistandes noch weiter herabpatronisiren könne und werde?

Nicht zu streng fällt der in diese Frage gelegte Entscheid, Herr Pfarrvicar! Und während ich jetzt wieder Zeit und Erholungsstunden Ihnen, vielleicht auch einigen Andern, zuwende, läßt Papst Leo XIII.

durch einen hervorragenden Kirchenfürst, den Patriarch von Venedig, in der majestätischen St. Markuskirche eine Predigt über die Majestät seiner Heiligkeit mit der Versicherung halten: „Der Papst ist nicht blos der Vertreter Jesu Christi, sondern auch Jesus Christus selbst, verborgen unter der Hülle des Fleisches. Wenn der Papst spricht, ist es Jesus Christus, der da redet. . . . . Demnach hat man, wenn der Papst spricht, nicht erst zu prüfen, sondern nur zu gehorchen; man darf weder seine Entscheidungen kritisiren, noch seine Gebote discutiren."

So lautet die echte Zukunftstheologie des vaticanischen Restes des römischen Theiles von der abendländischen Hälfte der katholischen Gesammtkirche! Es ist wahre Christenlehre aus dem weithin dringenden Munde der jesuitisch-vaticanischen Bischöfe und Professoren, wie sie auch Ignatius von Loyola lehrte: „Wenn dir Gott auch ein unvernünftiges Thier vorgesetzt hätte, so dürftest du dich nicht weigern, ihm als deinem Lehrer und Führer blindlings zu folgen, weil Gott es also verordnet" — durch die weithin dringenden höchst vernünftigen Bullen und Decrete seines Stellvertreters im Vatican. Denn wenn man an dessen Thüre klopft, wer kommt hervor? „Christus und das Evangelium", sprach Louis Venillot.

Aber was würde zu dem allem der heilige Markus selbst, was auch noch unter Vorschreiten der von ihm gegründeten Patriarchenkirche zu Alexandrien die geeinte katholische Kirche der Entstehungszeit des venezianischen Wunderbaues, diesem modernen Oberst-Fachmann unter seinem Generaloberst gesagt haben! Die Antwort liegt in dem Weltgericht der Weltgeschichte: nicht ein Drittel der Menschheit hienieden ist in fast 1900 Jahren zum Christenthum gebracht worden, und von der einen, heiligen, katholischen Kirchen ist das Verdict niedergezeichnet: In der einen soviel Widerspruch, Streit und Zerissenheit, in der heiligen soviel Lug und Fälschung, in der katholischen so geringe Kopfzahl mit größter Vielköpfigkeit, in der apostolischen so große Zahl ohne Kopf und die größte Zahl dieser Köpfe unter zwar einem, aber christus- und apostelwidrigen Kopfe in Rom!

Und da frage ich Ew. Hochwürdeu nochmals, warum man nicht statt eines San Marko-Domes oder einer St. Josephskirche mit mehr Berechtigung einen Pius-Dom, oder eine Gregor-Basilika, oder ein Leo-Münster bauen wolle, oder vielleicht auch eine Theophylaktus-Kapelle, oder zur Verehrung früherer heiliger Väter eine recht schöne Johannes-Kirche, so für Johann X., den als Unfehlbaren Theodora auf den Thron und Marozia in's Gefängniß gehoben und da erdrosselt hat, oder für Johann XI., den Sohn der Marozia und Enkel des heiligen Vaters Sergius III., oder für Johann XII., den leider mehrfach unheiligen Vater? Denn auch diese waren Hülsen über die „eingefleischte" Wesenheit Gottes, vierte Personen der Trinität, Heilige mit heiligen Herzen, — obwohl gewiß ihren etwaigen Statuen zu jener Zeit keine Stein=, Holz= oder Stoffherzen in Gestalt und Farbe des Coeur=Aß vor den Brustschrein aufgeklebt worden wären! Warum auch nicht gerade aus Dankbarkeit heutzutage endlich solche Dankkirchen und Kapellen bauen zu der Päpste Ehren, aus Dankbarkeit für denjenigen, — Ew. Hochwürden müssen sagen: für den heiligen Joseph, — der jetzt endlich die Unfehlbarkeit und Allgewalt als in jener irdischen Hülse so lange verborgen, nun als neueste erlösende Heilswahrheit vor die nicht mehr erschreckten Augen geführt hat!

Aber Wissen und Gewissen sind und bleiben ja doch nur bei dem Einen, und ihn zu controliren ist dem Einzelnen bei Strafe des Verlustes der ewigen Seligkeit verboten. Die Tugend der Eidestreue ist die feige Magd vaticanischer Wahrheitsverhöhnungen geworden. Von der modernen Theologie gilt am ehesten der Fluch eines Mephistofeles:

> „Am Besten ist's auch hier, wenn Ihr nur Einen hört
> Und auf des Meisters Worte schwört."

*　　*　　*

Ich zeigte Ihnen ein halbes Hundert von Fälschungen und Lügen, die allein in dem vaticanischen Decrete vom 18. Juli 1870 eingesponnen seit vierundzwanzig Jahren klargelegt sind. Sie aber wehrten die Wahrheit ab, die Ihnen mit den schriftmäßigen unveränderlichen Documenten bewiesen war, ohne auch nur zu fragen, wann, wie und von wem diese Lügen mit Hilfe der früheren durch den schwarzen Papst des Jesuitenordens und den weißen Papst der Jesuitenkirche colportirt und in unser Christenthum importirt worden sind. Sie wollten sich bekreuzen, als ich Ihnen das Wahrheitliche und Inhaltliche gegen das „ubi Petrus ibi ecclesia" und „Roma locuta res finita" vortrug. Wie erst, wenn ich Ihnen die Thatsache: „res locuta Roma finita" vorgehalten hätte!

Haben Sie zu Füßen Ihrer Lehrer nie die Empfindung gehabt, daß man Ihnen gefälschte Belegstellen oder gar keine, sei es aus der Schrift, sei es aus den Kirchenvätern, vorbringen konnte, daß man Ihnen Beweise aus der Geschichte schuldig blieb oder sich einander widersprechende Beweise kundgab, mit einem Worte: Daß Sie das Opfer der Unwahrheit und Fälschung, der Überlistung und Bethörung geworden sind?

Und wenn Sie nicht die Gottesgnade gehabt haben, mit allem dem auf den Berufsweg der Wahrheitsforschung hin= und von der Weiter= pflanzung der Thorheiten und Listen abgeleitet worden zu sein, so mögen Ew. Hochwürden auch heute noch diejenigen Enthüllungen würdigen, welche die neuesten Erforschungen in den Strafacten der römischen Kirche zusammengestellt haben. Sie sprechen von Ihren Fachmännern aner= kannten Rufes. Aber bürgt der Ruf für den Fachmann und der Fach= mann für die Wahrheit? Wer hat den Ruf gemacht, wer den Dozenten berufen? Auch die Irrlehrer, und gerade die erfolgreichsten, hatten ihre Lehrer von Fleiß und Ruf; auch erzogen sie Nachbeter ohne Fleiß, aber mit gleichem Ruf wie ihre Meister der Irrlehren. Versunken ist deren Ruf und verweht der päpstliche Wissensapparat, daß die Erde stillstehe nach Worten der Schrift, daß die Sonne sich bewege und die Erde eine flache Tellergestalt ohne Gegenfüßler habe, da letztere sonst in schrift= widriger Weise nicht „im Angesichte Gottes wandeln könnten", daß es Hexen und verteufelte Menschen gebe, die man und mit denen man alle Teufel verbrennen dürfe und sogar müsse nach Christi Willen und Gesetz, daß die Päpste herrschen müssen über Völker und Nationen und über deren Fürsten, daß sie Ehen scheiden und Eide lösen müssen, um der göttlichen Gerechtigkeit willen!

Und doch waren die päpstlichen Wissenshelden dieser Classe Irrlehrer von Ruf und Erfolgen in so vielen Ländern und Jahrhunderten, auf so vielen, auch gerade den profanen Gebieten.

Ist Ihnen, hochwürdiger Herr Pfarrvicar, denn nicht evident er= schienen, daß es nur einen Quell der Wahrheit giebt, dessen Urgrund festzustellen ist nach Wissen und Gewissen im Anschluß an das ewige Wort und nicht an die zeitlichen Verunklarungen und Verdüsterungen unter Nebeltrug und Schleiersinn. Einfacher ist allerdings, aber auch mephistophelischer die Weisung:

> „Im Ganzen haltet Euch an Worte!
> Dann geht Ihr durch die sichere Pforte
> Zum Tempel der Gewißheit ein."

Fragen Ew. Hochwürden nur einmal unbefangen sich selbst:

Wissen — woher haben es Ihre Lehrer, es sei denn von den Vorgängern, von den Bischöfen, von den Päpsten.

Gewissen — wozu sollten diese es bewahren und befragen? Es ist für sie bei ihren Lehrern und für diese bei deren Bischöfen und für diese alle bei dem General=, Radical= und Centralgewissen auf dem Hügel am Tiber in Italien.

Als auf Ihrer höheren Lehranstalt vor einigen Dezennien ein neuer Professor angestellt werden mußte, schickte man den bestaccreditirten Schüler der Anstalt zur Erlangung der Fachmännigkeit nach einer jesuitisch=accreditirten Universität, auf der er bald Doctor war — und dann war er Decennien lang Kirchenlicht, das seinen Berg von Helligkeit und Glanz aus der damaligen päpstlichen Siebenhügelstadt bezog. Ohne Zweifel haben auch Ew. Hochwürden sich vor ihm

> . . . des Schreibens ja befleißt,
> Als dictirt Euch der Heilig' Geist.
> Was eben Ihr schwarz auf weiß besaßt,
> Konntet Ihr getrost nach Hause tragen.

Und als der selige Professor Michelis, zum seligen Erzbischof Melchers beschieden, dessen infallibilistischem Verfangen mit der vorwurfs= vollen Frage entgegentrat: „Wo bleibt dann aber alsdann mein priesterliches Gewissen", erhielt er die bestechende Antwort, für einen katholischen Priester habe das Gewissen keine Gültigkeit, er habe das Gewissen seines Bischofs, der ihn weise nach den Weisungen des heiligen Vaters.

„Fort mit Wissen und Gewissen" — das ist die römische Kanthare auf die Zungen und in die Gaumen aller Hochwürden der Papstkirche.

Als ich vor nunmehr fast fünfzig Jahren die in der Notredame= kirche zu Paris vor der dortigen Geisteselite gehaltenen Kanzelvor= träge Lacordaire's in die Hand bekam, begeisterten mich die Sätze: Die Belehrung beruht auf der Vernunft; die Kirche muß also die höchste Vernunft besitzen, welche es unter dem Himmel gibt; sie muß die höchste metaphysische, die höchste historische, die höchste moralische, die höchste sociale Macht sein; die Kirche hat die Wissenschaft, denn sie ist eine gelehrte Körperschaft; sie besitzt die Tugend, ihre Lehre selbst ist eine Tugend, und die größte Anzahl von Anhängern aller Länder und aller Stände, auch der lernenden Classen; diese besitzen ebenso sehr Wissenschaft und Tugend, wie die Glieder der lehren= den Kirche und geben der katholischen Wahrheit Zeugniß durch ihre Kenntnisse und Handlungsweise. — Wie entartet ist die moderne Richtung mit ihrem Hohne auf Wissen und Streben der christlichen Laien! Wie allwissend erscheint da jeder vierjährige Theologiestudent, der als Theologe prangen will, ohne auch nur zum Theologiker gediehen zu sein, und sich mit Hiſtörchen, Wunder- und Papſtſagen aufregt, wie ein Myſtiker oder wie eine Hiſteriſche, die bemitleidet zu werden trachtet, nicht wie ein geſunder, im Chriſtenthum, der Geſchichte und insbeſondere den Papſt- und Dogmenänderungen unterrichteter, über der Seminarbildung ſtehen- der Laie — ich verweiſe auf den Freund Lacordaires: Graf Monta- lambert, gewiß ein Kirchenlicht, aber der Widerſacher Pius' IX. und Verächter der Unfehlbarkeit, auch angeſichts des nahenden Todes! Und ſo bin ich getröſtet in dem Gedanken, daß dieſe beiden über dem nicht einmal vierjährigen Theologieſtudenten und Jugendevileptiker mit Alters- prophezieen ſtehenden Gelehrten dem Laienzorn und -eifer als einem Theil der „kirchlichen Vernunft", „Wiſſenſchaft" und „Tugend" einen Lob- ſpruch und Glückwunſch geſpendet haben würden.

\* \* \*

Aber die moderne Lehrrichtung der Zukunftstheologie in den ultra- montanen Pflanzſtätten krankt noch an Schlimmerem. Da die Quellen- forſchung mit der Lehre verbunden und das Reſultat der Forſchung dem Lernen zu Grunde gelegt ſein muß, warum entrathet der Kleriker während ſeiner Lehrzeit der Erforſchung der antipapiſtiſchen Quellen, warum nach derſelben der Wiſſenſchaft und der Lehre, die da ſelbſt eine Tugend iſt? wird dieſe Überhebung über die Beweiſe von Fälſchungen und Ver- drehungen papſtwidriger Urkunden in der Periode des letzten römiſchen Gewaltſtreiches nunmehr nicht geradezu Sünde, wird ſie durch die Lehre von Quellenwidrigem unter Abwerfung der prieſterlichen Eidespflicht nun nicht ein Verbrechen wider den heiligen Geiſt und die Kirche Chriſti?

Vier Jahre wollen Sie, hochwürdiger Herr, ſtudiert und Ihr Wiſſen und Gewiſſen dem Dozirenden anvertraut haben. Als Sie ein Knabe waren, redeten Sie und lernten Sie wie ein Knabe. Aber ſchon vierundzwanzig Jahre Ihres Mannesalters dauert der offenkundigſte Kampf gegen die Lüge. Und da Sie nun ein Mann geworden waren, thaten Sie ab „was kindiſch war"?

Haben Ihre Lehrer Ihnen etwa zur Theorie von den Dogmen des unfehlbaren Univerſalmonarchen der Kirche auch die Einwendungen und deren Belegſtellen, haben Ihre geprieſenen Fach- und Flachmänner auch zum Gregorianiſchen Dictatus, zu den Inquiſitionsbullen eines Inno- cenz IV., der Stebinger Bulle Gregor's IX., der Nachtmahlsbulle Ur- ban's VIII., dem Syllabus Pius' IX. Ihnen die Einwürfe der „Wiſſen- ſchaft" und der „Tugend", die Auflehnung der „höchſten ſocialen" und die Empörung der „höchsten philosophischen, historischen und moralischen Macht der Welt" zur Kenntniß gebracht?

Und trotzdem es nicht geschehen, ist es Ihnen inmitten des inner- und außerkirchlichen Kampfes unseres Vierteljahrhunderts nicht einmal zeit- oder theilweise um Ihr priesterliches Gewissen, um Ihr sittliches Bewußtsein ein wenig befangen oder öbe geworden? Und wenn nicht — wie waren diese göttlichen Urbilder in Ihnen zu Folge der Fälschungen und Überlistungen der Hierarchen übertüncht und verwischt worden? Denn diese kannten die Methode:

> Wenn Ihr's nicht fälscht, so könnt Ihr nicht betrügen,
> Wenn es nicht aus der Täuscherseele dringt
> Und mit urkräftigem Belügen
> Die Hirne der Bethörten zwingt.

Man hatte Sie mit gefälschten Schriftstellen genährt und Sie hielten fest an Pius; man hatte Ihnen das Gewissen ausgeredet oder gar abge-sprochen, und Sie hielten die Lüge für gewissenhaft; denn Ihr Gewissen ruhte in des Papstes Schooße dicht an der quellenden Brust seiner Offen-barungs- und Überwindungsgewalt. Der unwissendste aller Päpste, der dreiundsiebzigjährige Greis, der 50 Jahre früher schon in dem be-schränkten Kreise seines Wissens geistig greis gewesen, war als der höchste Dogmatiseur über alle Ihre Fachmänner emporgestiegen und verkündigte seiner fließenden Hofcamarilla die neuen Dogmen, die von ihr in alle Welt weiter getragen werden sollten. Bonifaz VIII. hatte ein Dogma auf sein Gewissen genommen und war mit demselben gestrandet; Pius IX. hatte ihrer drei nach seinem besten Unwissen zum Belag für seine Un-fehlbarkeit formirt und reformirt, abgemeißelt und umgemodelt, bald halb verneint und bald wieder ganz bejaht. Er behielt die Hirne der Be-thörten fest in seiner Hand. Die noch anwesenden Bischöfe warfen sich vor seiner göttlich-höchsten Wissenschaft nieder, als das Kerzenlichtchen im Concilssaal damals die Geburtsstunde seines neuesten irreformabeln Pro-duktes unter göttlicher Bewahrheitung aller jener Fälschungen beleuchtete. Und dann unterwarfen sich diesem Irrlichte die entflohenen Bischöfe, als sie in die Heimath davongekommen sein wollten; dann warfen des Weiteren die von ihnen bestellten Professoren sich zu ihren Füßen nieder und zu dieser Professoren Füßen war das junge Priester-thum in Andacht niedergesunken; denn es handelte sich nach L. Veuillot um „Jesus Christus, den souveränen Herrn aller Dinge, der seinen Sitz in dem Papste hat" und jetzt durch diesen souveränen Herrn und

des Professors Geist von dessen Sitz herab in dem Geiste der sich ent=
wickelnden Geistlichen zu einem neuen Sitzplatz gelangen sollte.

Als wir Kinder waren, urtheilten wir wie Kinder und glaubten
Märchen. Sind Hochwürden nun doch kräftig den Märchen entwachsen
und in die Jahre geschossen, um Richter über fromme Kindsbücher und
ketzerische Lügengeschichten geworden zu sein. Wollen Sie nun nicht
endlich auch mit Übungen in der kirchlichen Scheidekunst beginnen? denn:
„qui bene distinguit, bene judicat“, oder:

Wer gut scheidet, auch gut richtet, oder: Wer nit scheidet, der irrlichtet.

Aber mehr denn das! er erjagt Lügen. Und mehr wie das! er
wird zur Verkörperung der Lüge selbst, nicht blos deren Träger und
Pfleger, sondern deren incarnirtes Wesen im eigenen Wesen. Oder ist
Ihnen niemals das Meer von hierarchischen Lügen aufgetaucht, in dem
Rom Sie schwimmen gelehrt hat, als es Ihnen durch jene „Fachmänner
von bestem Rufe“ in vier Jahren die Examenreife anerziehen ließ, die
es selbst als Ihr Befähigungsgrad zur Ertheilung papistischen Schwimm=
unterrichts reglementirt hatte!

Wissen Sie es denn nicht: Einem jeden römisch geschulten, päpstlich
bestätigten Bischofe, der nun aus den geöffneten Schleusen des Universal=
episcopates seine Kraft und Wesenheit bezieht, wird bei seiner Consecration
der Lug und Trug anerfleht und eingebetet. Damit die päpstliche
Parole durch Anrufung des allgütigen Gottes und Erflehung des heiligen
Geistes im Episcopate zur That werde, läßt der Papst über jeden neu=
consecrirten Bischof die Bitte an Gott richten, daß dieser ihm auf die
jetzt beschrittene Missionsreise die „Reinheit der Hände“ des trugvollen
Jakob gegenüber dem Isaac und Esau mitgebe. Nach der Verleihung
der bischöflichen Gewänder und Insignien an den neugeweihten Bischof
betet der Consecrator, indem er ihm die violetten Handschuhe anzieht,
entsprechend der Papstvorschrift im Pontificale Romanum*): „Umgib, o
Herr, die Hände dieses Deines Dieners mit der Reinheit des neuen
Menschen, der vom Himmel herabgestiegen ist, damit, wie Jakob, Dein
Geliebter, nachdem er seine Hände mit Lammfellchen umhüllt und seinem

---

*) „Circumda, Domine, manus hujus ministri tui munditia novi homi-
nis, qui de coelo descendit, ut, quemadmodum Jacob dilectus tuus, pelli-
culis hoedorum opertis manibus, paternam benedictionem, oblato patri cibo
potuque gratissimo, impetravit: sic et iste, oblata per manus suas hostia
salutari, gratiae tuae benedictionem impetrare mereatur. Per dominum
nostrum Jesum Christum.“

Vater recht angenehmes Essen und Trinken gereicht hatte, die väterliche Segnung erlangt hat, so auch dieser, nachdem er Dir mit seinen Händen das heilbringende Opfer dargebracht hat, den Segen Deiner Gnade zu erlangen verdiene, durch unsern Herrn Jesum Christum."*)

Was ist da nicht in die Seele des neuen Bischofs hineingebetet! Ist damit nicht dem Episcopate mit dem unerlaubten Zweck auch das un= erlaubte Mittel Jakobs in die Hände gelegt? Und welcher Römling schwört nicht auf schnelle und fruchtbare Wirksamkeit dieses Gebetes? welcher vaticanische Bischof aber muß demzufolge nicht an diesen Lamm= fellchen kranken, mit Hand und Herz in dieser Jakobssünde der Maskerade und des Lug= und Trugwerkes stecken und die höchste Stufe dieser Jakobs= leiter zu ersteigen wissen als Engel unter den Engeln der Trugsucht, Fälschung und auch Verleumdung! Und zeigt uns nicht die Papst= und Bischofsgeschichte der abendländischen Kirche die Ausnutzung und Ver= herrlichung dieser Täuschungsmittel in einer Kraft und Menge, die in dem vaticanischen Decrete zu einem dichten Strauße blühenden Unkrautes zusammengewunden ist?

*　　*　　*

Und so ist dieser Geist der Lüge in die Curie und die ganze Hierarchie fest eingenistet. Er ist als Fluch der bösen That ein fortwähren= der Zwang zu neuen Lügen. Er arbeitet im Fleische des kirchlichen Organismus und wie die Mikrokokken und die Spirillen schraubt er sich weiter und tiefer durch alle Theile der Hierarchie wie der Laienschaft hin. Nach oben hin accreditirt er bestens und begnadet reichlich nach unten. Der auf den Wegen des Wahrheitsmißbrauches Ertappte und öffentlich Angegriffene muß Carriere machen. In den Katechismen und Religions= handbüchern sogar prangt Verschweigen der Wahrheit und Verfälschen der sichern echten Texte; in der Presse, den Vereins= und Kammerreden pflanzt sich Unwissenheit und Verdrehungskunst, auch ein Stück Verleum= dungssucht als ewige Krankheit fort und führt ein kühnstolzes Regiment über die einfachen altkatholischen Sätze Christi und der Väter. Der Jesuitenorden kann die zweckheiligenden Mittel und den Trug für sich nicht entbehren; durch ihn nützt er unter eigener Selbstsucht dem Papste, und dieser, unter Verhüllung seiner Ohnmacht, nur mächtig durch den Orden, stützt zum Zwecke seiner neuen Dogmatisationen den Jesuitismus!

---

*) Bischof Reinkens und sein consecrirender Bischof Heykamp von Deventer haben bei seiner Bischofsweihe in Rotterdam derartige Gebete zusammt solchen Handschuhen weglassen zu sollen geglaubt!

Gepflegt und verhätschelt seit Pseudoisidor, genießt Lug und Trug in der römischen Kirche die zarten Wohlthaten des allmächtigen Herrschers, dessen Stellung erhaben ist supra jus, contra jus et extra jus; eben bei ihm gilt gegen die religiösen Parias des altchristlichen Glaubens: „Nimm Dich in Acht, Bursch, die Peitsche! — Die Wahrheit ist ein Hund, muß in's Loch, muß ausgepeitscht werden; aber Fräulein Windspiel darf am Kamin stehen und stinken." (Shakespeare, König Lear I, 4.) Und diese Wahrheitspeitsche wird nach Ignaz von Loyola und dessen „Lehrweis= heit" gehandhabt: mit Klugheit! denn „auserlesene Klugheit mit geringer Heiligkeit ist mehr als größere Heiligkeit mit geringerer Klugheit." Und wieviel mächtiger muß diese Wahrheits= peitsche wirken, wo clericale Klugheit ohne jede Heiligkeit oder sogar gepaart mit päpstlicher Heiligkeit besteht! War es vielleicht auch Ihre Klugheit gar, verehrter Herr Pfarrvicar, daß Sie bei Ihrem pastoralen Bekehrungsbesuche mich dicht vor den Bescheid stellten und mir dann jeden Entscheid schuldig blieben und auf meine vielen Fragen und Frag= lichkeiten mir nur einen Brief nach krummem Richtscheit schreiben woll= ten, den Gott der Wahrheit herausfordernd, der Ihren Text in gerade Richt umschreiben solle?

Bis das nun aber geschehen, mögen Ew. Hochwürden auf den krummen Wegen und schiefen Ebenen der Pius'schen Ausartungen ver= harren, die Ihnen dutzendweise zu mehr als bloßem „Ansehen" vor Augen gerückt sind. Und so sollen Sie auf denselben öffentlich angefestigt sein, bis ihr Losreißen von ihnen eine ebenso erkennbare öffentliche Thatsache sein wird. Daher muß Ihnen aber dieses Urtheil in wenigstens einigen Hauptstrichen die geschichtliche Infizirungsarbeit des Papismus in den Wegen seiner geheimen Mache als die Elemente seiner Gerechtigkeit vor= halten. Liegt doch bei keiner Ketzerei ein von der Kirchengeschichte so klar beleuchtetes Gebiet ihres Keimens und Wucherns, ihres Verbreitungs= und Verwüstungsprincips vor, als bei der römischpäpstlichen.

Schon mit der Erdichtung der römischen Taufe Constantins und seiner Heilung vom Aussatze beginnt im 5. Jahrhundert der Reigen alles dessen, was zur Erhebung Roms über Constantinopel, die Stadt des gleichen Ehrenprimats, gefälscht worden. Hier ist der Papst Silvester verherrlicht als der Vorkämpfer der weltlichen Kaiserherrlichkeit mit der durch sein Taufen und Wunderwirken bewährten Papstmacht und =heilig= keit. Gegen Ende dieses Jahrhunderts wird dann in Rom in der Falsch= münzerei für den Schatz des höchsten Priesters und Länderfürsten fleißig

weiter geprägt: Acten einer Synode in Sinuessa mit einem Märchen zu
Gunsten des Papstes Marcellinus und dann einer nicht existirenden Synode
in Rom vom Jahre 321 zu Ehren des Papstes Silvester, Gesta Liberii
zur Reinigung des Papstes Liberius von seiner Ketzerei mittels Beschwö=
rung eines himmlischen Wunders, Gesta des Papstes Xystus III. mit
der Verdammungsgeschichte seiner Beschuldiger, ein Tendenzschreiben des
Concils zu Nicaea zur Erlangung einer päpstlichen Bestätigung seiner
Beschlüsse, die Geschichte eines nicht existirenden Bischofs Polychronius
von Jerusalem, eine fernere Synode des Silvester, der unverantwortliche
Zusatz der indeß bald entlarvten Gesandten Leo's I. zum Canon 6 des
Nicänischen Concils auf dem zu Chalcedon (451), „daß die römische
Kirche stets den Primat gehabt habe", die perfide Einschiebung der
Worte: „Und der Primat wird dem Petrus gegeben, damit eine Kirche
und Kathedra zur Erscheinung komme .... und wer die Kathedra des
Petrus verläßt, glaubt der noch in der Kirche zu sein?" — eine Fälschung,
die Pius IX. 1856 in seiner Encyclika und 1870 in seinem Concils=
Schema sich anzueignen erkühnt hat.

Gegen Schluß des 6. Jahrhunderts wird der Titel des Patriarchen
zu Rom in berechneter Fälschung verändert in „ökumenischer Patriarch."
Leo der Große muß ihn als einen von Gotteslästrern und Frevlern er=
funden von den Stufen der römischen Kirche zurückweisen.

Zu derselben Zeit hatte man dem alten Catalog der römischen
Bischöfe eine Verherrlichung durch Fictionen angedeihen lassen und so
das wunderliche Papstbuch (Liber pontificalis) als höchst wirksames
Glied in die Kette der päpstlichen Fictionen und Falsificationen einge=
führt; denn nun wurden alle jene wundersamen Dinge über Constantin,
Silvester, Liberius, Sixtus III. und Andere obrigkeitlich päpstlich be=
wahrheitet, und diese Obrigkeit erstarkte zu der obersten Stelle der Ge=
setzgebung der Kirche wie der Staaten! Es fehlte nur noch die Vernutzung
dieses Papstbuches zum Schmuck des Pseudo=Isidor — und die Welt
glaubte den Fälschern, daß der päpstliche Thron von Petrus stamme und
der Papst seit Petri Zeit stets als der absolute Beherrscher der ganzen
Kirche dagestanden und verherrlicht worden sei.

Unterdeß hatte jener Papst Symmachus (498—514), zu einer
Ehrenrettung gegenüber häßlichen Beschuldigungen genöthigt, die Welt
durch seinen Secretär Diakon Ennodius dahin täuschen lassen, daß die
Päpste vom heiligen Petrus „Unschuld und Heiligkeit" geerbt hätten
und auch alle seine Nachfolger persönlich heilig sein würden: ein weiterer

Stein in's Brett des Gregorianismus ist gewonnen! Jener Papst Agatho (678—681) dreht die von den 18 Kirchenlehrern der Vorzeit übereinstimmend aufgefaßten Worte Christi, er habe für Petrus gebetet, daß sein Glaube nicht wanke, jetzt dahin, er habe den Nachfolgern desselben eine Glaubenskraft bis zur Unfehlbarkeit erbetet. Nun war es nur eine Folgerung, die Gregor VII. zog, daß er jene Heiligkeit an sich selbst erprobt haben wollte und dieselbe als durch Glaubenssatz festgestellt der Welt aufdrohte: von jetzt an ist sie Bestandtheil der kirchlichen Gesetzbücher geworden, und die Macher konnten von sich rühmen, daß sie das violette Handschuhwerk verstanden und gut vollendet hatten: „ein Jeder aber kann es nicht; das muß verstanden sein."

Und wenn die Welt, ihre Völker und Herrscher sich nun dem Gregorianismus beugten, haben sie auch die persönliche Heiligkeit geglaubt und auch eine persönliche Unfehlbarkeit so aufgenommen, daß der Übergang in eine solche Ausgeburt wie die des Pianismus denkbar gewesen wäre?

*　　*　　*

Wollen Ew. Hochwürden noch mehr Beschämung erfahren, so sind zu nennen: die Verfertigung der Urkunde über die nicht existente Schenkung eines weltlichen Herrscherbesitzes durch Kaiser Constantin, in der der römische Papst nunmehr sogar als der Inhaber des Stuhles Petri über das Reich und dessen irdischen Sitz mit kaiserlichen Gewalten und Ehren erhoben und demgemäß zur Gewalt über die angestammten Patriarchensitze von Jerusalem, Antiochien und Alexandrien und den concurrirenden Sitz der Constantinsstadt erhöht dasteht; die ebenfalls zu Beginn des achten Jahrhunderts dreist vollzogene Erdichtung eines Briefes des heiligen Petrus an die Frankenkönige, „seine Adoptivsöhne", damit sie mit ihren Frankenheeren Rom und die römische Kirche zu erretten eilten — und diese Finte wirkte bekanntlich; dann die zur Bethörung der deutschen Könige erdichtete Urkunde einer Länderverschreibung Pippin's, welches zunächst dem großen Karl, und zwar mit Erlangung seines Zweckes, ihn zu weitern Landesverschenkungen zu vermögen, vorgelegt wurde; ferner das der (wahrscheinlich ebenfalls erdichteten) Schenkung Ludwigs des Frommen zugefälschte Verzeichniß weiterer Landesübertragungen: Alles zur größern Länderehre des Königs von Rom!

Und in diesem unreinen Fahrwasser wollen Ew. Hochwürden weiter rudern zur Wiederherstellung des „ältesten und ehrwürdigsten Thrones der Erde." Segeln doch in demselben die jährlichen Anträge auf

Wiederherstellung dieses über seine Fictionen, Fälschungen und Sünden enblich zusammengebrochenen Staates. Und Ew. Hochwürden wollen die Folgen dieser Sünden weiter pflanzen! Sie entziehen sich der Kenntniß der geistlichen und staatlichen Machenschaften für die Seelen= und Fürsten= beherrschung des Inquisitionszeitalters aus dem gewollten Grunde, den Fälschungen treu zu verbleiben und den Fälschern mehr als Gott zu ge= horchen.

Und damit sind alle diese Sünden der Versündiger auf dem Papst= stuhle, auf den Bischofssitzen und in den Priesterwürden freimüthig von Ew. Hochwürden auf eigene Schultern genommen. Das Voraufgeführte wird durch gleichzeitige und nachfolgende Meisterwerke von Fälschungen der Isidorischen Decretalen mit etwa hundert vordem nicht be= standenen Texten und von Erfindungen der Gregorianischen Stre= bensgenossen bis zur päpstlich sanctionirten Codifizirung im Decrete Gratians zur Erhöhung des Papstes nun auch auf die Höhe eines Weltgreuels erhoben, und dann last not least erfolgt am 18. Juli 1870 mit Hilfe des Schmeichlerconcils das Krönungswerk des „Vaters in der Wahrheit" — ja sogar mit einzelnen Kraftstellen, welche wörtlich aus ihrer Unwahrheit in das Gesetz Pius' IX. übernommen werden, da= mit sie als göttliches Gesetz der Vorzeit nun auch der Mit= und Nach= welt geltend sein sollen.

Auch an diesem Werke partizipiren Ew. Hochwürden! Und ferner: Sie nehmen eine ganze Reihe solcher römischen Kunststücke auf die Zunge des gottesdienstlichen Mundes! In der Beichte sprechen Sie: ego te absolvo — und die alte Kirche ließ nie den Priester absolviren; sie ließ bis zur zweiten Hälfte des dreizehnten Jahrhunderts vielmehr, wie noch jetzt im Staffelgebet der Messe, nur Gott bitten, daß er Absolution ertheilen und zum ewigen Leben führen möge. Sie reserviren dem heiligen Vater die Macht dieser Lossprechung in von ihm selbst begehrten Fällen, und wer „in den päpstlichen Gewässern gefischt hat", kann nur vom Papste oder seinem Spezialbevollmächtigten von dieser Höllensünde losgesprochen . werden. Sie machen sich zum „Richter des Beichtenden" und Ihre Los= sprechung überhebt trostvoll der von Paulus aufgelegten Prüfung durch den Reuigen selbst! — Um Ew. Hochwürden an Einzelnes des von Ihnen blos „Angesehenen" zu verweisen: Sie empfehlen päpstliche Ablässe und verkünden Ketzerbullen. Sie machen aus der „Empfängniß der unbefleckten Maria" die „unbefleckte Empfängniß Mariä". Bei der Trauung sprechen Sie: „Ich anerkenne und bestätige die Ehe dieser Brautleute, welche sie selbst „geschlossen haben" und die so geschlossene Ehe trennen Sie mit dem heiligen Vater. Ein Gregor VII. hat die giltig angetrauten Frauen der nicht verheiratheten Priester des elften Jahrhunderts zusammt ihren kirchlich=legitimen Kindern von den Pfarrhäusern vertrieben; ein Pius IX. hat seine Erlaubniß und Dispens zur Verheirathung eines Jesuiten auf chinesischer Mission mit einer heidnischen Chinesin ertheilt und dadurch diese Ehe „anerkannt, bestätigt und gesegnet". — Und nun erst die Fabeln und Fictionen des römischen Breviers! Sprechen Sie dieselben nicht allesammt mit frohunterwerflicher Gläubigkeit?

So zieht sich vom historisch wichtigen Zeitalter der schismatischen Lossagung von der morgenländischen Kirche und ihrer altchristlichen Patriarchate ein langer Lügenfaden durch die Hände der strafverfallenen Patriarchen Roms mit ihren Kurialisten und Klerikern des Abendlandes. Wenn Ew. Hochwürden das belächeln wollen, so werden Sie nicht straf= los hören, was Concilsbischöfe selbst im Jahre 1870 in Rom öffentlich als päpstliche Fälschung beurkundet haben. Es ist bezeichnend für die gregorianischen Lehren und die Syllabusaussprüche Pius des Neunten, bezüglich des weltlichen Herrschersystems Roms. Es gestaltet sich als urtheilsmäßiger Vorwurf der Fehlbarkeit der Päpste.

Denn was Gregor VII. und Bonifazius VIII. gewollt und erlangt, wird in einer zu Rom von Cardinal Rauscher verfaßten und von zahl= reichen Bischöfen der europäischen Culturstaaten sowie auch Amerikas unterzeichneten Eingabe an Pius IX. am 10. April 1870 als Unrecht und Unwahrheit gestempelt! Jene Gewalt wird zwar als eine jenen mittelalterlichen Päpsten vom öffentlichen Rechte der abendländischen Völker zugeschriebene und daher gesetzmäßige bezeichnet. Wir wissen aber mit den Unterzeichnern, daß es nur eine auf dem Wege der Gewissens= vergewaltigung und politischer Ränke angemaßte, niemals allgemein von den Völkern und Fürsten anerkannte gewesen ist. Und so wird ihre da= malige Gesetzmäßigkeit von den Concilsprälaten selbst als das Product der Fehlbarkeit der Päpste dargestellt! Dieselben sollen indeß damit entschuldigt werden, daß sie, „wie es damals auch dem Gelehrtesten" der angeblich in sich Unfehlbaren „zu widerfahren pflegte, die frühern Ge= schehnisse nach dem Gesichtspuncte der Vorzeit beurtheilten, und durch falsche Erzählungen von den Päpsten der Vorzeit, welche die Kaiser ab= gesetzt hatten, getäuscht worden waren". In dieser Täuschung hätten sie öffentlich dekretirt d. h. ex cathedra verkündet, daß ihnen von Gott das Recht verliehen sei, über alle zeitlichen Dinge bezüglich deren Mora=

lität Gesetze und Verurtheilungen ergehen zu lassen, daß Christus dem Petrus und den römischen Bischöfen beide Schwerter verliehen habe, deren weltliches nach ihrer Vorschrift von den Fürsten und Kriegern gehandhabt werden müsse, daß Bonifaz VIII. und mit ihm die Päpste bis in's 17. Jahrhundert verkündigt und allen Gläubigen anzunehmen befohlen, die Herrschaft in weltlichen Dingen sei eine von Gott selbst den Päpsten übertragene. Dem aber gänzlich entgegen wollten die Unterzeichner jener Eingabe Pius IX. in's Angesicht widerstehen und als ur= alte, zugleich durch die Übereinstimmung der hl. Väter, die Aussprüche und Beispiele aller Päpste bis auf Gregor VII. befestigte Wahrheit bezeichnen, daß die kirchliche Gewalt gemäß göttlicher Einrichtung keineswegs ein Recht der Absetzung der Fürsten und der Ent= bindung der Völker vom Bande des Gehorsams besitze. Diese Wahrheit verbergen oder unterdrücken hieße, was Gott verhüten wolle, den ursprünglichen Sinn des göttlichen Gesetzes der Zeitbedürfnisse halber fälschen!

Wenn diese Concilsmitglieder den Gregorianismus, Urbanismus und Pianismus als eine Irrlehre und eine nichts weniger denn gott= gesetzte Fälschung verwerfen, warum dürfen und wollen die Satelliten des Papstes auch nicht einmal seit 1870 dem Lug und Trug der schwarzen und der weißen Päpste ihr Verdammungsurtheil fällen? Warum wollen Papst, Bischöfe, General= und Pfarrvicare über all' den Un= glauben unserer Zeit und vor Allem der deutschen Gelehrten wimmern und auch zetern, da doch all' das wunderliche Falsche, das nunmehr über die Maßen in's Unglaubliche aufgehäuft und überboten ist, seit Jahr= hunderten vor Aller Augen liegt. — Wer glaubt Euerm Predigen und Verfälschen? Wer glaubt, daß Ihr ihm selbst noch glaubt? Oder sollen wir nicht dem Ausspruche des heiligen Bonaventura über die römische — „Hölle", nicht den Trauerausbrüchen einer hl. Katharina von Siena, Hildegard und Brigitta mehr Vertrauen schenken?

Ew. Hochwürden wollen deren Worte blos „ansehen", und nicht einmal das; denn jenes blose „Ansehen" meiner eigenen Worte kann Sie noch nicht hinreichend abgehärtet haben für die Sprache der Hei= ligen. Aber in Versen des „deutschen Romfahrers", der meine Sprache und Geschichtskenntniß überragt, sind Ihnen die Wendungen über Rom vielleicht genießbar. Sie lauten:

„Die Trümmer sah ich alter Römerpracht
Zur Festung dienen einer Priestermacht.

Ich sah ein Weib, das mit sich handeln ließ,
Die man die „allgemeine Kirche" hieß.

Ich sah wie man in dieser Pfaffenstadt
Uns ohne große Kunst zum Narren hat.

Sah unserer Väter Glauben in der Hand
Ungläub'ger Priester als ein Gängelband.

Sag' ich es kurz und klassisch, was ich sah
Am Tiberstrom?  Cloaca maxima!

Wir gingen und mit derbem Kohlenstrich
Schrieb an des Vaticanes Mauer ich:

In diesen tausend Kammern thront der Trug!
Ein Deutscher kam nach Rom und wurde klug."

\*     \*     \*

Und ist nicht auch heute noch bei dem Papste die Mißbrauchung der geschichtlichen und dogmatischen Wahrheit zu hierarchischen Zwecken ein erlaubtes und gar erlauchtes Mittel?  Es legt Zeugniß ab auch gegen Sie!

Gen Ew. Hochwürden werden die letzten großen Encykliken Leos XIII. zugleich Gericht und Urtheil! — Zunächst die bezüglich des orientalischen Schismas.

Leo muß natürlich als Unfehlbarer die sämmtlichen päpstlichen Un= wahrheiten seiner sämmtlichen Vordermänner (und auch einiger Vorder= jünglinge) als Wahrheiten kräftig honoriren oder schwächlich ignoriren. Papst Eugen IV. hatte die des Edictes an die Armenier und die Ver= lockung des griechischen Klerus mit den Texten des Pseudo=Isidor und des Decretes Gratians auf dem Gewissen, als diese ihm seine Beleg= stellen als apokryphisch verwarfen.  Folgerichtig hat Leo in seinem ober= sten Hirtenschreiben „an alle Fürsten und Völker" die verblüffendsten Un= wahrheiten in die Welt gerufen.  Er weiß, daß inzwischen durch die Un= fehlbarkeitserklärung Pius' IX. eine unüberwindliche Trennungsmauer gegen die nicht mehr schismatische, geschweige denn orthodoxe Kirchen= hälfte des Morgenlandes gerichtet worden.  Die heilbare Spaltung ist in eine unheilbare Zerrissenheit gehässiger Ketzerei verwandelt.  Und nun darf Leo dem in der Geschichte der ersten tausend Jahre seiner Kirche bestbewanderten orientalischen Klerus die Geschichtslüge bezeugen, in der Zeit der ungetheilten Kirche habe der Orient den Patriarchen von Rom nicht als „Ersten unter Gleichen", nämlich den fünf Patriarchen dieser ungetheilten Kirche, sondern als den Fürst der Kirche anerkannt!  Leo

bringt es über sich, damit aus thatsächlicher Unwahrheit einen Beleg for=
muliren zu wollen, daß — die Geschichtswahrheit jener Thatsache sogar
einmal vorausgesetzt — ein absolutes autonomes Kirchenoberhaupt
in Rom durch Religion und Recht begründet, daß zum Hohne der weg=
geleugneten Concile von Chalcedon und Constantinopel eine höchste All=
gewalt des Papstes über Fürsten und Völker, Glauben und Wissen
und vor Allem sogar eine persönliche Unfehlbarkeit des Patriarchen zu
Rom eine von selbst gegebene und auch consequente Wahrheit sei!

Und weiter: Leo XIII. muß natürlich die antipatristische Erklärung
des Zeugnisses Christi: „Du bist Petrus ein Fels, und auf diesen Felsen
will ich meine Kirche bauen" mit seinen Vorgängern Gregorianern wie
Pianern theilen; er muß auch eingestehen, es sei vollste Wahrheit, daß sich
diese Auslegung unter dem kirchenzerspaltenden Schwerschritt der Päpste
bewahrheitet habe. Allein wo hat er die geschichtliche Thatsache gelernt,
daß „der Name des apostolischen Stuhles (?) bei allen Völkern der christ=
lichen Welt heilig (?) und hoch in Ehren (?)" gewesen, daß „Morgen=
land (?) wie Abendland (?) gehorchten (?) einmüthig (?) ohne alles
Schwanken (?) dem römischen Papste als dem rechtmäßigen (?) Nach=
folger des heiligen Petrus (?) und demgemäß als dem Stellvertreter (?)
Jesu Christi auf Erden"? Wie kann Papst Leo Etwas von einer „ohne
Mühe" zwischen Lateinern und Griechen in Lyon und Florenz geschaffenen
Einigung schreiben, in der dieselben „die Lehre über die oberste Regie=
rungsgewalt der römischen Kirche als Dogma aufgestellt haben"?

Soviel Worte, soviel Fälschungen! Besteht doch keine conciliarische
Besprechung dieser Parteien, noch weniger eine Übereinstimmung, am
wenigsten ein Beschluß derselben. Im Gegentheil dieser Wahrheiten ist
aber der historische beharrliche Widerspruch der griechischen Bischöfe und
ihrer Kirchen gegen das Schriftstück Clemens' VI. festgestellt! Beruhte
doch diese ganze Kirchenisolirung überhaupt auf dem grundsätzlichen
Widerspruch gegen ein autokratisches Rom! Hatte doch noch 1868 der
Patriarch von Konstantinopel Pius IX. für die Einladung zum vatikani=
schen Concil mit der Betheuerung gedankt, daß der Orient niemals, so=
lange die Kirche Christi auf Erden bestehen werde, das Zugeständniß
machen könne, es existire in ihr ein „Bischof" als „Lehrer und Haupt,"
ein „unfehlbarer Patriarch," wenn er ex cathedra rede, da nur bei dem
Concil Unfehlbarkeit sich finde und insbesondere diesem oder jenem Papst
oder Patriarch der Primat seiner Amtsresidenz nur von Menschen
zudecretirt, nie aber durch göttliche Einsetzung vertreten sei.

Und da so dem modernen unechten Petrus, der des echten Nach=
folger sein will, von dem wahren Nachfolger des wahren Paulus in's
Angesicht widerstanden worden, können die Schlußworte Leo's, die er
nach all' den falschen Histörchen an die Fürsten und Völker des Erdkreises
richtet: „Dich ruft die gemeinsame Mutter, die Kirche, schon längst zurück,
Dich erwarten mit Sehnsucht all' Euere katholischen Brüder," doch nur
als von Leo an Leo selbst gerichtet erscheinen.

* * *

Aber noch mehr von der Jetztzeit! Leo XIII. versucht dieselben
Histörchen unter denselben weichen Tönen kirchenväterlicher Theilnahme
gegenüber der anglikanischen Kirche. Kann denn hier die Größe
des Verlustes und die Wehempfindung über die Lücke davon befreien,
eher die Wahrheit zu bekennen und die Fälschungen zu vernichten, als einen
ultramarinen sentimentalen Ruf um Annahme des Gefälschten über den
Canal nach dem Inselreiche ertönen zu lassen?

Wenn das Papstthum in England Bresche schießen will, muß es zu=
nächst gegen sich selbst schießen, indem es seine Sünden öffentlich ver=
dammt, auf den Zustand vor seinem Sündenfall sich besinnt und, indem
es mit „Rundschreiben an die Fürsten und Völker der Erde" Abbitte leistet,
zu dem altkatholischen Zustande als dem allein christlichen und allein
heiligenden zurückkehrt. Um zu bekennen und dadurch zu bekehren, muß
aber Leo XIII. das Gegentheil von dem schreiben, was er in seinem
apostolischen Schreiben mit unapostolischer Wahrheitstreue geschrieben hat.

Da sollen nach seiner Darstellung zu Gregors d. Gr. Zeit die britischen
Inseln „noch im Heidenthum begraben" gewesen sein, als ob nicht
Ausgangs des 2. Jahrhunderts der römische Bischof Eleutherius für die
britische Mission gesorgt gehabt, als ob es keinen Märtyrer St. Albanus
und im 4. Jahrhundert 3 Bisthümer (Eboracum, London und Lincoln)
gegeben, als ob nicht zu Abt Augustinus' Zeit schon das Christenthum in
Canterbury eine Gemeinschaft erreicht gehabt und nächst Papst Cölestin
(gestorben 432) in derselben Zeit den christlichen Gemeinden den Bischof
Palladius nach Irland gesandt, als ob nicht der Belgier Patricius, der
Apostel Irlands (gestorben 465), dem heiligen Vater jemals bekannt
geworden sei. Da verfertigt derselbe mit der Heranziehung der Bekeh=
rung des Kaisers Constantin und seiner Mutter Helena ein falsches Facit
zu einer religiösen Annäherung an England; er weiß nicht, daß Helena
in England schon Mitglied der britischen Kirche gewesen, und verhehlt zu

Gunsten der Usurpation einer römischen Taufe Constantins unter dessen
gleichzeitiger Heilung vom Aussatze (!), daß derselbe erst auf seinem
Todesbette durch einen arianischen Priester getauft worden ist; er be=
hauptet kühn, das Evangelium sei von Rom aus in das Britenland ge=
bracht worden, dieses sei papistisch katholisch gewesen und erst durch die
Reformation aus seiner „Gemeinschaft mit dem römischen Stuhle" her=
ausgerissen worden: als ob nicht Rom sich geschieden und England mit
Bannfluch weggestoßen hätte! als ob die Kirche Gregors d. Gr. und der
vierzig Benedictiner des Augustinus den Glauben Roms aus dem Munde
eines Gregors VII., Innocenz III. und Pius IX. empfangen gehabt,
die Dogmen von 1854, 1864 und 1870 mit Eifer ergriffen und ge=
ehrt habe! als ob nicht noch jener Cardinal Vaughan in Würdigung alles
dessen seinen obersten Herrn in Rom hätte vor dem Erlasse jenes mit=
leidig frommen und nur auf frommes Mitleid berechneten Trugschreibens
bestens bewahren wollen! Leo „beleidigt das der Welt gemeinsame Zart=
gefühl;" „die angelsächsische Welt lächelt über solch' kindliche Frömmelei;"
„sie kann den Papst als einen . . . . alten Herrn betrachten, welcher . . . .
die Geschichte mit einer so feierlichen Miene verkehrt, als ob das so sein
müßte;" „die heutigen Forderungen Roms sind dem englischen Verstande
und dem englischen Gewissen zu abstoßend, als daß sie die Engländer zu
einer Unterredung bestimmen könnten."

So das wiederholte laute Urtheil der Anglikaner über das Papst=
thum, über Rom und Leo XIII., über römische Wissenschaft und päpst=
liche Wahrheit, zugleich ein Verdict über Roms Unterworfene und
Priester!

Und alle diese zusammt Ew. Hochwürden halten sich für würdig
der Mitwisser= und Mitthäterschaft, anstatt einfach zu beherzigen: „die
Wahrheit wird Euch frei machen," und wählen statt der kräftigen
Niederwerfung jener vaticanischen Spaltdogmen und der endlichen
Schließung des Kirchenspaltes jenes weichliche und nur ketzerische Ge=
bet Leos XIII. „zur schmerzensreichen Mutter" um Vereinigung in
„derselben wahren (?) Heerde" . . . . „mit dem Oberhirten, dem
Stellvertreter (?) deines Sohnes!"

*　　*　　*

Und nun die Bischöfe mit ihrer Wahrheitsliebe! Vor dem Concil
verkünden sie in feierlichem Hirtenschreiben mit der alten Christenheit
zur Beruhigung und Tröstung der heutigen, daß der Papst nicht plötzlich

neue Glaubenssätze machen, keine noch unbekannten Wahrheiten er=
finden könne. Auf dem Concil widersprechen sie den falschen Neuerungen
und sehen im Geiste das erschütternde Gericht Gottes hereinbrechen.
Der Papst sagt ihnen à la l'état c'est moi kühn heraus: „Die kirchliche
Überlieferung bin ich" und „Meine Unfehlbarkeit empfinde ich in mir".
Und was sagen dann die Bischöfe?

Ein Bischof Krementz von Ermland versichert, daß der Honorius=
fall die Unfehlbarkeit Lügen strafe, da sie die ökumenischen Concilien
verletze und in verschiedenen Theilen der Kirche dem katholischen Volke
unbekannt, in seiner Diözese längst aus der theologischen Schule ver=
bannt sei und in Katechismuslehre und Predigt niemals vorgetragen
werde. Und dann straft er der Unfehlbarkeit zu Liebe den Honoriusfall
Lügen!

Ein Bischof Hefele von Rottenburg ist davon überzeugt, daß die
Lehre der Unfehlbarkeit weder in der heiligen Schrift, noch in der kirch=
lichen Überlieferung begründet sei und daß das christliche Alterthum auf
der entgegengesetzten Lehre gestanden habe; er erkennt es für einen
Scandal, wenn auch nur 50 Bischöfe mit dem Papst stimmten, und
will sich nicht „bange machen" lassen. Noch einige Monate nach dem
18. Juli erklärt er, Nein nicht in Ja lügen zu können und seine
Entthronung erwarten zu wollen, aber niemals etwas Unwahres als
Offenbarungssatz hinstellen zu können; nun habe Pius den Kir=
chenstaat verloren und wolle auch noch „die Kirche verwüsten". Und
dann fälscht er von seinem deutschen Bischofssitze herab das alleinchrist=
liche „Nein" der Kirche in das antichristliche „Ja" des Papstes und
arbeitet gewissenhaft mit an der Verwüstung der Kirche; dann überläßt
er sein hervorragendes Wissen dem von ihm durchschauten römischen
„Schein und Namen", und hintergeht mit diesen sein vordem empfind=
liches Gewissen. Sein Concilsausspruch: „Was kümmert man sich in
Rom um das Gewissen der Leute, wenn man nur seine Herrschsucht be=
friedigt", ist ja eine sacrilegische Verleumdung gewesen!

Ein Bischof von Ketteler in Mainz hatte am 13. Juli 1870 noch
mit Nein gestimmt, am 15. dem Papst mit Thränen zu Füßen gelegen,
auf daß er von seinem Herrlichkeitsdogma absehe und in Nachgiebigkeit
gegen die Wahrheit der Kirche Friede und Einigkeit wiedergebe.

Ein Fürsterzbischof Rauscher, ein Erzbischof Fürst Schwarzenberg,
ein Bischof Stroßmayr, die überzeugtesten Anhänger der alten Lehre
und beredtesten Gegner des modernen Dogmas, ein als der letzte im

Hinsinken noch ringender Bischof Beckmann in Osnabrück forderten dann in ihrer Proskynese mit Baisement den altkatholischen Vernichtungsspruch heraus: „Was ist da bewunderungswürdiger: die Frechheit oder die Dummheit?" — und sie beugten sich auch diesem!

*  *  *

Und um für ihre selbstgeschaffene Niederlage eine moralische Ver=schleierung zu gewinnen, verfielen die Umgesunkenen alsdann ihrem römi=schen Vorbilde zu Dank darauf, dieses selbst mittels dogmatischer Ver=fälschungen zu verketzern. Es ist eine Ironie des Bösen, daß sie das aus geschichtlichen und theologischen Fälschungen weitesten Maßes zusammen=geschobene vaticanische Decret zu eigener Beschönigung selbst durch neue Verdrehungen und Verstümmelungen noch mehr herunterbrachten.

Nun trat als der erste in die Heimath entkommene Unterwürfige Bischof Krementz mit neuerfundener Beunwahrheitung des neuen Dogma auf, nicht sprechend zu der großen Gemeinde, sondern zu den Latein=kundigen, zu der gebildeten Papistengemeinde. Und wie verschleierte und vermummte er nach seiner mystischen Vorliebe jenes Decret? — Er verkündete in seinem lateinischen Hirtenschreiben vom 8. September 1870 von seinem Ermländer Bischofssitze aus, die Gabe solcher Inerrantia wohne weder in dem bloßen Haupte, von dem sie dem Körper zu=ströme, noch im bloßen Leibe, daß sie von diesem gleichsam zum Haupte emporsteige, sondern in dem mit dem Haupte vereinigten Körper und in den mit dem Haupte verbundenen Gliedern; ausgeübt werde das unfehlbare Lehramt aber endgiltig (finaliter) durch das Haupt d. h. den Papst. — Die vaticanische Irrthumslosigkeit des Papstes ist nun doch päpstliche Unfehlbarkeit ex sese und, da unten Haupt = Papst ge=setzt ist, muß auch oben Haupt = Papst sein. In jene Sätze verkleidet er=gibt sich daher folgende Philippika des Herrn Krementz gegen die alte Lehre, den gesunden Menschenverstand und das vatikanische Decret selbst:

1) Zunächst ist die Kirche, der mystische Leib Christi, in einen bloßen Leib, also in einen kopflosen Torso verdreht. Diesem enthaup=teten bloßen Leib ist das entleibte bloße Haupt als ein ebenso selbst=ständiges, getrenntes und andersgeartetes Stück entgegengestellt. Christus hat also Zweierlei gegründet, Zweierlei als Eines, seine eine aposto=lische Kirche mit zwei selbstständigen Fehlbarkeiten: dem nach dem Con=cile „aus sich" und auch „ohne Zustimmung der Kirche" irrthumslosen Kopfe, der die Unfehlbarkeit besitzt, mit welcher Christus seine Kirche in

ihrer Ganzheit ausgestattet wissen wollte, — dieser Kopf ist aber nach Dr. Krementz der Unfehlbarkeit unfähig! — und dem nach Christus in sich und in ihrer eigenen Übereinstimmung irrthumsunfähigen Leibe seiner Kirche, seinem eigenen mystischen und unentzweibaren Leibe — der aber gleichfalls nach Dr. Krementz der Fehlbarkeit unterworfen ist, — und zwar auch sogar dem Vaticanum zum Trotz, das die Unfehlbarkeit dieses Gesammtorganismus verzeichnet hatte und mit ihr den Papst in seiner Einzelheit ausgestattet wissen wollte!

2) Das eine so gesetzte Trennstück=Papst ist, da die Gabe der In=erranz nicht in ihm wohnt, in sich und damit auch „aus sich" voll=kommen fehlbar! Das Concil hat also am 18. Juli 1870 eine falsche These als neues Dogma beschlossen — und somit hat auffallenderweise der irrende Papst es „finaliter" der Christenheit aufgebunden!!

3) Das andere so gesetzte Trennstück=Kirche läßt vom getrennten Haupte sich Nichts „zufließen" und ihm Nichts von sich „emporsteigen." In dieser Trennung ist es fehlbar! Das beweist, da nicht und obwohl nicht jede Unfehlbarkeit abhanden sein kann, daß sie keinem von beiden dennoch in die Hand gelegt ist. Das aber widerstreitet einerseits dem verheißenen göttlichen Beistand und macht also Christum zum Lügner. Das widerstreitet auch anderseits dem unfehlbaren Pius, der nach seinem Decrete gerade die Unfehlbarkeit besitzen will, mit der Christus seine ganze Kirche ausgestattet hat.

4) Und der durch die Krementz'sche Verbindung des Zweierlei (un=beschriebener Art!) construirte (unberechenbare) Totalkörper ist schaffens=fähig. Die beiden Einzelwesen haben zwar keine Unfehlbarkeit „in sich" und können keine ausstrahlen „aus sich"; aber dennoch können sie ein Ma= und Paternitätsverhältniß herbeiführen und sind dann ihr eigenes Product in sich selbst unter Gutsgemeinschaft: bloßer Kopf=Leib erzeugt in bloßem Leib=Kopf und bloßer Leib=Kopf in bloßem Kopf=Leib, obwohl keiner von ihnen vordem in seiner Errantia auch nur Keime des zu Pro=ducirenden besessen hatte, solche Homuncula Inerrantia: eine verblühte Wissenschaftlichkeit kirchlicher Philosophie, vielleicht auch die moderne Blüthe der Pharmakopöe, nännte sie die Inerrantia In=Krementzia! Ob=wohl die engste Verbindung beider bloßen Coefficienten besteht, ist doch präponderirend der Vater=Erzeuger, der die Finalentscheidung über die Ebenbürtigkeit des Confectes ein= für allemal allein besitzen soll.

5) Vielleicht auch so: der nach Dr. Krementz fehlbare Papst über=trägt seine sprudelquellige Finalpotenz in die Kirche, und diese steht in

einem fortwährenden idealen Empfänglichkeitsnexus für Unfehlbarkeit zu ihm, so daß sie, die nach Christus unfehlbare, aus ihm, dem nach Dr. Krementz fehlbaren, überhaupt erst ihre finale Gottesgabe empfängt: das wäre eine sozunennende Inerrantia Ex-Krementzia!

6) Oder vielleicht auch umgekehrt so: der nach Christus fehlbare Papst erwirbt von der nach Christus unfehlbaren Kirche seine moderne vaticanische Errungenschaft dieser Inerranz, und die nach Dr. Krementz fehlbare bloße Kirche besitzt von diesem nach Dr. Krementz ebenfalls fehlbaren bloßen Haupte ihre (von Christus ihr eingeprägte!) Gesammtunfehlbarkeit: Bravo! eine unverkennbare Coinerrantia Coin-Krementzia! Vielleicht aber verwittert solche Zweck- und Vernunftehe dieser ganzen Inkremenzurabilität unter ihrer eigenen Mortalität und geräth in die Calamität der hebräischen Blamabilität: „Wer nischt hat, nischt erheirath, nischt ererbt, der bleibt ein armes . . . . . bis er sterbt."

7) Vielleicht auch so: diese Coinerrantia ist weder eine ideale, noch eine mechanische, sondern eine causal-mathematische. Zwar kann Fehlbarkeit nicht durch Vervielfältigung Unfehlbares hervorbringen; auch gibt Fehlbares zu gleichviel Fehlbarem oder Unfehlbarem addirt, nur die Summa Errantia. Muß es also wohl differenzirend sich bewirken? Der nach Cardinal Philippus fehlbare Papst ist in der nach Jesus Christus unfehlbaren Kirche untergebracht; es differenzirt sich Unfehlbarkeit! folglich ist der Kopf unfehlbar, und zwar der bloße, der mit Recht darum finaliter sogar entscheidend herrscht. — Oder die nach Cardinal Krementz fehlbare Kirche wird in dem nach dem Concile unfehlbaren Papste untergebracht. Dadurch bleibt ebenfalls Unfehlbarkeit übrig! Folglich ist der bloße Kopf in seiner Hülle im bloßen Leibe aus sich sprechend auch aus sich unfehlbar, darum beherrscht er das Ganze aus sich und nicht aus dem Consense der Kirche, indem er (Haupt) aus sich (Haupt mit Torso, aber jedenfalls mit Brustschrein)˙ seine absolut gottgeborenen Wahrheitsergüsse verlautbart, und zwar natürlicher Weise darum, weil nach dem Concil das Haupt die Unfehlbarkeit hat, mit welcher Christus seine ganze Kirche erfüllt wissen wollte!

8) Leider ist nun aber die Kirche nach dem verketzerten Vaticanum, wie Herr Krementz es nun mystifizirt hat, ein todter Körper (wie für unentwickelte Kinder) von Werg und Leder, und der Kopf ist von todtem Porzellan mit todtem Haarzopf. Dieser Kopf aber auf jenen Rumpf festgekittet liefert der unreifern Jugend ein Lebewesen; „doch hängt der Zopf ihm hinten." Oder noch mystischer gedacht ist nach dem

bischöflichen Verbeutungsschreiben der Körper wie ein Stückchen dürres Holz. Demselben wird in einem chemischen Präparat utan svafvel och fosfor ein inhaltreicher Kopf aufgeheftet, der nun Zweck und Namen der Paraffinerade Tändstickor fertigstellt; und so geräth aus der eigenen Lichtbeschaffung vom päpstlichen Haupte her die dürrhölzige Kirche in ihr helles Erglühen und Aufstrahlen zu göttlichem Lichte.

9) Oder die ganze Cointrementzia ist uicht blos ideelle, auch nicht rein maschinelle, sondern eine desmologische, lebendig organische Verbin= dung à la Siamesische Zwillinge. Jeder Jlling ist an sich ein selb= ständiger, selbstbewußter und eigenwilliger, dabei nicht kopf= und nicht gliederloser Organismus; aber dennoch ist er ein Zwilling! denn beide sind am Schreine der Brust so mit einander verwachsen, daß sie nur in dieser Verbindung, deren künstliche Aufhebung unter den Händen selbst unseres doctorirten Bischofs eine töbtliche Vivisection werden mußte, wie aus vergemeinschaftlichtem einzigem Brustkorbe ihre Einfälle als „aus sich" hervorgekeimte Coinerrantia verkünden können.

10) Vielleicht giebt es noch großartigere Vorbilder der Vereinigungs= fähigkeit von Kopf und Rumpf in der Naturwissenschaft, die dem Herrn Bischof damals die Neuschaffung seiner frischen Variante für die Aus= legung des Concilsdogma erleichtert haben. Und so war er im Auslegen frisch und munter, legte es nicht aus, und so legte er was unter. Denn es gibt Lebewesen mit unauffindlichem Kopfe und auch aus bloßem Kopf= rumpf gebildete, wie die halslosen Pottwale, die Kopf und Körper „in Einem" haben. Einzig und allein die Statuen enthaupteter heiliger Märtyrer er= scheinen beim römischen Cultus als bloße Rümpfe, indem der aufrecht stehende Häuptling sein bloßes Haupt in der Rechten trägt. Allein hier hatte der damalige romfeindliche Großinquisitor wohl bedeutungsvoll an dem geheiligten Ganzen die Vergewaltigung verübt, daß der mystische Leib den „aus sich" sprechenden Kopf verächtlich außer sich geschafft und von sich getrennt gehalten hatte!

11) Endlich haben Seine bischöflichen Gnaden damals vielleicht auch eine naturwissenschaftliche Vergleichung seiner Correcturlehre mit den erstaunlichen, damals neuesten Lehrexperimenten angestrebt. Wenn bloßer Kopf und bloßer Rumpf Quellen für das werdende Licht der Unfehlbar= keit sein sollen, so wissen die bis zur Lateinkunde gelangten bischöflichen Leser sicherlich auch, daß gleiche Lichtquellen und auch gleiche Tonwellen sich nicht mehr vertragen, sondern gleichzeitig verschlingen und aufzehren, sobald Berg auf Berg oder Thal auf Thal stößt. Und wenn Herr Phi=

lippus Kremenz dem entgegen etwa seiner Auslegung untergelegt haben sollte, der Kopf sei eben der Berg und das Thal die Kirche, so wird der in's Thal stürzende Berg zwar dieses ausfüllen, aber dann wird weder Berg noch Thal, weder Kopf noch Rumpf mehr vorhanden sein. — Doch nein! Seitdem Cardinal Manning in London zur Propaganda des echten Pius'schen Zukunftsdogma verkündet hat, daß man die Geschichte, wenn sie einer Papstoffenbarung widerspricht, rückgängig machen muß, durfte auch zur Propaganda des unechten Philippus'schen Ewigkeitsdogma die widersprechende ungläubige Naturgeschichte dahin umgeschrieben werden, daß zwei sich vereinigende Unfähigkeiten übernatürlicher Ordnung eine neue geistige Naturfähigkeit vollkommenster, ja göttlicher Potenz zum Dasein bringen können.

\* \* \*

Und diese entsetzlichen Mystifizirungen des Vollgehaltes des vaticanischen Decrets sind vielleicht noch viel zahlreicher beabsichtigt gewesen. Allein schon dieses Hendekaëmeron wird in seiner unglücklichen Elfzahl glänzen, obwohl nicht in elf bloßen „Tagen" vollendet, an deren sechstem das Menschlein Inerrantia aus dem Haupte des modernen Zeus als verkränkelte Göttin sprungreif geworden, dem sich der verständnißreiche Klerus des Herrn Kremenz beugen mußte. Zwar hat mit dieser eminenten Mache seine Eminenz auch den ärmsten Ermländer nicht demens gemacht. Aber es sind die Schüler der sogenannten Fachmänner und diese selbst, vor Allem die unbewußten Diözesanen alle, wie sehr auch die Philippinen des heiligen Philippus Neri im 14. Jahrhundert von dieser Kremenzia verschont waren, als die parolepflichtigen Philippinen des Philippus Veri des 19. Jahrhunderts von den violetten Handschuhen ihres Episcopates nicht ungestreichelt verblieben. Sie regten sich nicht. Auch der Wurm krümmt sich unter gewissen Verletzungen seines gewundenen Daseins; aber die verwundene bischöfliche Verfälschung des falschen päpstlichen Lehrsatzes verursachte weder Grimmen noch Krümmen. Alles blieb sanft und standhaft, sogar hoch aufrecht; es krümmte sich ja nur unter dem mystischen Krummstab. Und der Klerus blieb zur Weiterfälschung bischöflich vorgeschult für Predigt und Beichtstuhl, auf krummsten Linien und Pfaden. Und darum schrieb nunmehr auch Herr Bischof Eberhard seinen Unfehlbarkeitshirtenbrief geständigermaßen auf jene krumme Linie, um gleichwie Gott grad zu schreiben. Darum setzte er auf sein päpstliches Krummscheit wie auf das grade göttliche Richtscheit einen Glauben, der zwar keine Berge, wohl aber Christi Worte versetzen konnte.

Und Ew. Hochwürden vermessen sich ebenfalls, von Gott gewürdigt sein zu wollen, nach demselben Krummscheit eine Vero=Handschrift mit vaticanischen Nero=Lettern leisten zu dürfen. Und dabei hat theilweise die heilige Unwissenheit, theilweise die unheilige Verschwiegenheit Ihrer Schreiblehrer Sie nicht einmal das erkennen gelehrt, was Döllinger bereits am 10. August 1869 in der Erkenntniß, daß die Unfehlbarkeit eine in der betreffenden Commission des Concils „abgemachte Sache" sei, an den damaligen Professor Reinkens schrieb: „Man fängt nachgerade an, sich als katholischer Theologe in schlechter Gesellschaft zu finden und zu schämen." Warum wollen Sie mich discreditiren, daß ich als katholischer Laie mir die beste Gesellschaft, nur nicht die Gesellschaft Jesu und ihrer Theologen ausgefunden habe?

*      *      *

Und in dieser selbstgewählten „schlechten" Gesellschaft arbeiten Ew. Hochwürden weiter, um fernere Gesellschafter durch dieselben Fälschungen und deren Um= und Neufälschungen zu bethören und einzufangen. Sie blieben auch als Mann den Jugendphantasieen einer christlichen Papstkirche anhänglich. Es wird also weiter gelehrt in solch' trügerischen Entstellungen und Phantastereien, sowohl für die aufstrebende Jugend unserer Nation, wie für das angehende Priesterthum Ihrer Kirche.

Ein Bischof Dr. Conrad Martin hatte in seinem Lehrbuch für die höhern Unterrichtsanstalten mit den alten Katechismen von Oberberg, Ontrup u. s. w. die Unfehlbarkeit der einen heiligen apostolischen Kirche gelehrt, und nun wurde ein Blatt des Buches zerstört und das neue Dogma über die Unfehlbarkeit des Papstes eingeklebt. Aber der Leugner muß ein gutes Gedächtniß haben: jene alte Katechismuslehre, auch die seinige vorher, als er Professor, und nachher, als er Bischof gewesen, ist' auf mehrern alten Blättern stehen geblieben als Siegerin über des neuen Blattes neue Fälschung! Und steht dieselbe denn da im Geiste seines heiligen Vorschreibers? Auch an dieser ist ein bischöflicher Falschgriff zum Fallstrick der deutschen Jungmannschaft vollzogen: das ganze Dogma der ex sese-Infallibilität ist gegenüber Pius wie Krementz dahin gefälscht: 1) Die Kirche übt ihr unfehlbares Lehramt 2) in außerordentlicher Weise aus 3) durch die päpstlichen Lehrentscheidungen, 4) und zwar durch solche ex cathedra gegebene; daneben übt die Kirche dieses Lehramt auch durch die allgemeinen Concilien aus. Aber: Seit dem 18. Juli 1870 übt mit rechtlicher canonischer Wirklichkeit

der Papst über die Kirche und ihre alte Lehre hinaus „aus sich irre=
formabel" die Unfehlbarkeit aus, sprudelt neue Dogmen als Offen=
barungen „aus sich", nämlich dem Schreine seiner eigenen individuellen
Brust aus, und zwar als Entscheidungen nicht einmal mehr in klaren
Dingen, sondern auch in hundertjährigen Lehrstreitigkeiten, trotz eines
Concils, dessen Väter mundtodt verbleiben und abreisen, oder gar
ohne jedes Concil, da mundtodte Väter auf der Heimreise so wenig be=
deuten wie ein unberufenes Concil, endlich auch als Gegenentschei=
dungen wider unbestrittene Sätze der Kirche und wider feststehende
Aussprüche legitimer allgemeiner Concilien — und das unter einer
Drohung: „Sie sollen alle verenden", — nämlich angesichts dieser meiner
Kathedra, „aus" der nicht gesprochen werden kann, weil noch nie „aus=
drücklich" aus ihr gesprochen worden und dieselbe als Sprachinstrument
des Papstes oder als Sprechorgan der Kirche bislang unerkannt ge=
blieben war!

Und diese dogmatische Mäntelung ist unter der violetten Decke der
bischöflichen Handschuhe als Anleitung unserer deutschen Jungmann=
schaft zu Ehre und Treue verübt! Wohin würden Ew. Hochwürden
und Ihre Gesinnungsgleichen unter der gleichen Decke die Volksschulen,
höhern Lehranstalten und Universitäten auf den Lügenwegen leiten wollen
und auch leiten! — Und wie täuscht der Episcopat das große Heer der
erwachsenen Gläubigen? Und wie hilft der selbst doctorirte Klerus recht
gewissenhaft mit, dem Worte Pauli (Ephes. 4, 25) zu entsprechen: „So
leget denn die Lüge ab; redet Wahrheit, Jeglicher mit seinem Nächsten."

Ew. Hochwürden unterstützen offen den Bischof in Trier und stehen
fest zu ihm. Also empfangen Sie auch seine Verurtheilung! Es liegen
zwei Urtheile gegen ihn vor. Das eine hat ihm seine Capitalleistung
bischöflicher Art und Würde in der Heilig=Rocks=Reclame, dem
Trierer Wunder im unerlaubten Wettbewerb, eingebracht.

Herr Bischof Dr. Korum läßt einige in der Trierer Domkirche be=
wahrte „sagen= und lückenhafte Stofftheile", die in einem byzan=
tinischen Gewande von Seidenstoff=Vorder= und crêpe de chine=Rücken=
seite verborgen waren, durch zwei im Nähen geschickte Franziskanerinnen
in neuen Stoff einnähen. Diesem gibt er Rockformat und stellt die nun
fertige tunikaförmige Stoff=Tüll=Grenadine der Christenheit als den
echten hl. Rock Christi zur Adoration aus. Die 20 andern, ebenso
sagenhaften, dabei aber ebenso echten Voll= und Halb= und Viertelsröcke,
welche in Argenteuil, Santjago, Bremen, Oviedo, Mainz, Loccum, Gent,

Jerusalem, Halle, Mantua, Frankfurt am Main, Moskau, Cöln, Con=
stantinopel, Rom (Lateran) u. s. w. aus dem Reiche der Chimäre er=
hoben und zeitweise zu einem Weltereigniß mißbraucht wurden, sind
außer Concurrenz gesetzt und selbst dem echten hl. Rocke in Argenteuil,
dem im Lateran zu Rom und sogar den zweiten Lückenstücken (den
Rockzipfeln in der erzbischöflichen Capelle) in Trier, wird der nicht mehr
unerlaubte Wettbewerb angekündigt — kühnkluger Weise entgegen den die
Echtheit garantirenden, unfehlbaren Heiligkeiten eines Gregor XVI., eines
Alexander III. und Nicolaus, eines Urban VIII.! Sind das Dinge der
Wahrheit?

Und welcher Mittel zur Propaganda der Unwahrheit bedient sich
der römische Bischof? Zunächst verübt er als katholischer Historiker das
Unverantwortlichste! Die ungenügende und unbrauchbare Urkunde eines
Trierer Stadtchronisten wird ihm trotz alledem sein „Schein", auf dem
„er besteht" bis zum Vergießen des Herzblutes seiner vertrauens=
seligen Gläubigen. Er selbst zwar zieht sich in diesem Stadium wieder
zurück, streitet nicht, und den geschäftlichen Kampf kämpft er selbst auch
hier nicht; vielmehr läßt er seinen bischöflichen Secretär Dr. Willems
schriftstellerisch auftreten. Dieser schreibt auf seinen und seines Bischofs
Doctoreid zwei d. h. zweierlei, und zwar zweierlei sich gegenseitig be=
lügende Texte: eine Schrift zu Gunsten eines ganzen Rockes, eine andere
zur Bewahrheitung sogenannter „lückenhaften Stoffstücke". Jene Schrift
veröffentlicht er „für's Volk"; das wird sie und muß sie glauben, denn
er schreibt sie „Mit Genehmigung des Bischofs"! Diese aber ver=
faßt er „für die Gebildeten"; die können sie und werden sie glauben,
denn er schreibt sie „Im Auftrage des Bischofs"! Sind das nicht
Dinge doppelzüngiger Lüge und dazu auf dem Gebiete der Heiligung
der Menschheit!

Dem Volke genehmigt der zweimalige Doctoreid eine einheit=
liche vollständige Tunika des Herrn (?) von etwa 5 Fuß Länge (?)
und etwa 3 Fuß Breite (?) mit anderthalbfüßigen Ärmeln (?), welche
„auch bei einer großen Person bis auf die Fußknöchel herabfällt" (?) und
„ringsum geschlossen ist" (?) — Nun ist das ja die Grenadine=Hülle
über dem unfehlbar echten, aber nicht existenten Röckchen!

Den Gebildeten wird unter demselben Doppeleid diese heilige Tunika
gänzlich verschwiegen. Für sie besteht die Reliquie aus „drei über ein=
ander gefügten Stofflagen" (?) und „zwischen dem Über= (?) und Unter=
stoffe (?) befinden sich lückenhaft zusammenhängende Stofftheile", die

„ohne Zweifel (?) ursprünglich das ganze (?) Gewand gebildet" haben. — Nun ist das ja das echte und wohlexistente Röckchen in der Hülle des Mäntelchen! — Aber die Reliquie ist nahtlos!

Dem Volke wird daher mit Genehmigung des Herrn Dr. Korum durch Herrn Dr. Willems angezeigt, daß das für es bestimmte „körper= lange heilige Gewand" — und dies ist ein hochwichtiges Merkmal! — „bei allen bisher angestellten Untersuchungen keine Naht wahrnehmen" ließ, daß der Herr Bischof nebst Domkapitel und Fachmännern bei ihrer vorigjährigen Prüfung diese Wahrnehmung der Nahtlosigkeit bestätigt und sich deshalb durchaus zu Gunsten der kirchlichen Überlieferung für diesen körpergroßen Rock ausgesprochen haben.

Den Gebildeten dagegen wird von beiden doctorirten geistlichen Herren zu glauben verordnet, daß die für sie bestimmten heiligen lücken= haften Stofftheile „in dem erwähnten jetzigen Zustande" trotz Unter= suchung kein directes (?) Resultat ergeben haben, ob ursprünglich Nähte vorhanden waren oder nicht.

Nun wohl! Herr Bischof Dr. Korum trägt an seinen Händen in den violetten Handschuhen die Parallele deren des Jakob aus den trug= vollen Lammfellchen, und zwar zufolge des zu seiner Weihe papstver= verordneten Bittgebetes — und da die Welt betrogen werden will, so werde sie betrogen! Denn:

Die Reliquie muß müssen, sie muß echt sein und muß ausgestellt und — aborirt werden! — Der fünffüßige Rock für's Volk mit seinen anderthalbfüßigen Ärmeln zeigte unter bischöflicher Genehmigung keine Nähte, und so wird als Rock für das Volk Grenadine ausgehängt; für gebildetes Publikum wird dies lückenhafte Wrack der Stofftheile, welche ursprünglich genäht oder auch ungenäht gewesen, überhaupt nicht auf= gezeigt, da es in jenem neu angefertigten Überrock von Grenadine ver= näht und in dieser Verkleidung den Tausenden von Gläubigen nur my= stisch unsichtbar vorhanden ist!

Und damit die Menge auch nicht dem Wrack der Patrizier mehr Glauben als dem Rock der Plebejer zuwende, betheuern die beiden Herrn Geschichtengelehrten, daß in den von ihnen dargelegten Gründen „ein Jeder eine Bestätigung erblicken werde für die Ueberlieferung, daß das= selbe" (nämlich der Rock) „aus dem fremden Lande, aus dem Orient stammt" (ganz so wie die 20 ferneren heiligen Röcke und Wracke) „und in früher Zeit uns überbracht wurde" (was Nichts beweisen kann) „als höchster Schatz unserer Kirche" (was nicht bewiesen, aber widerlegt werden kann). Und die römisch=gläubige Volksmasse ist blind=gläubig, wie der betrogene Jacobsvater, dessen promovirter Sohn Felix glücklich genug war seinen hl. Vatersfegen zum Lob und Ruhm des heiligen Rockes zu ver= wenden, um auch noch weitere Blendungen mit demselben vorzunehmen im Dienste der römischen Wahrheit. Und komischer Weise springt dem doctorirten Glückskinde nicht die Parallele in die Augen, daß auch der ge= schichts= und dogmenwidrige Unfehlbare in Rom unter einer Hülle ohne Naht, der stofflichen des geistigen Wesens Gottes, und zwar mehr wie mystisch, enthalten sein soll, während das geschichts= und wahrheitswidrige Wrack in Trier unter der Maske des Rockes, jenes Stoff=Tülles nabel= kundiger Nonnen, als ebenso wahr wie echt verborgen bleiben soll!

> Wenn Ihr's nicht fälscht, Ihr werdet's nicht erjagen,
> Daß Geld Euch in den Kästen klingt
> Und mit urkindlichem Behagen
> Die Seele in den Himmel springt.

Wohl aber wird — und das möge kein Vorwurf für Ew. Hochwürden sein — dem Herrn Bischof Felix nützlich sein, daß nach der ihm hinreichend bekannten Jesuitenlehre (Constitutio des Ordens VII, 5.) dem Ordens= general die Allmacht beiwohnt, jede Tod=, geschweige denn läßliche Stoff= verwechslungssünde bezüglich Grenadine de dato 1891 und antiken Gewebes de dato 33 nach Christi Geburt in ein verdienstvolles Werk umzu= wandeln. Oder war diese Umwandlung nicht schon stillschweigend ertheilt, als die Ausstellung jenes „echten Rockes" als ein gutes Werk gestattet und hochgepriesen wurde? oder war es kein verdienstvolles Werk, daß Bürger und Bauern getäuscht und Mengen Geldes nach Trier gebracht worden sind zur „größern" Ehre (?) des mit göttlicher Anbetung zu verehrenden Rockes und seines unbekannten Vorbesitzers auf Erden?

\*        \*        \*

Und nun werden Ew. Hochwürden auch auf die zweite der Korum'= schen Thaten, selbst wenn Ihre Bauzeit dadurch verkürzt werden wird, als nothwendiges Glied der Urtheilsgründe aufzumerken haben — der Ur= theilsgründe auch gegen Sie, solange Sie sich in solcher Gefolgschaft bewegen.

Herr Dr. Korum hatte den „hl. Rock" dem christlichen Volke zur „Adoration" ausgestellt. Dem gegenüber hatte der evangelische Theologe Reichard in einer Druckschrift die „Anbetung" des Rockes, sowie der Reliquien überhaupt, in Ausdrücken gerügt, die ihn zur Verantwortung vor die Strafkammer zu Trier führten. Herr Korum trat bei dieser Ver=

handlung als mitbeleidigter Nebenkläger in eigenem Interesse und als Zeuge der Staatsanwaltschaft im öffentlichen Interesse auf. Es handelte sich daher, abgesehen von allem Weitern, um die schriftlich vorliegende geschichtlich gegebene Wahrheit, daß nach der römischen Theologie in der Papstkirche des Abendlandes über die Verehrung der Reliquien hinausgehend deren Anbetung angeordnet wird?

Und was behauptet der Herr Bischof, auf seinen Doctor=, seinen Priester= und Bischofs=, sowie seinen gerichtlichen Eid? Indem er selbst den Angeklagten auf Beweise herausfordert und Angaben aus den Kirchenvätern verlangt, pocht er auf das Dogma von Thomas von Aquin, und als der Angeklagte ihm gerade diesen als Gewährsmann bezeichnet, geht er zu dem Hohne über, daß sein Gegner, wenn er das Wörterbuch über „adoratio" aufgeschlagen und „die Quellen selbst nachgelesen, das Richtige gefunden hätte". Und da behauptet auf Grund dieser eigenen Studien, und des selbst vorgenommenen Nachschlagens im Thomas von Aquin, dem monopolisirten höchsten Gipfel kirchlichen Wissens und päpstlicher Rechtgläubigkeit, der so eben vereidete päpstliche Bischof Dr. Michael Felix Korum zu Trier vor der Strafkammer daselbst, beim Bevorstehen einer Gefängnißstrafe des in diesem Punkte in seinem Rechte stehenden Angeklagten, er als alter Docent gegenüber dem jungen Theologen, daß Thomas von Aquin den Reliquien keine Anbetung, sondern nur Verehrung zukommen lasse.

Was ist nun die Wahrheit — oder besser: Was hat der Eid des nicht als blosen Thomas=Gläubigen sich vordrängenden Herrn und Doctors der Theologie als Wahrheit auf seine Zunge gebracht? Er hat ja seinen Gewährsmann vordem studirt, ihn genau jetzt nachgelesen; sein advocatorischer Rechtsbeistand hat ja sogar das Buch mit zur Sitzung gebracht und es rechthaberisch da vor sich gelegt; der Eindruck dessen muß ja den Eid des gelehrten Zeugen unterstützen — und was sagt dieser? — Es ist nicht festgestellt, ob der Herr Bischof den Eid in seinen violetten Handschuhen geleistet hat, aber nach den stenographischen Berichten hat er die Aussage wenigstens keineswegs mit lammhaft sanften Mienen gemacht; vor allem ist es Thatsache — und dieselbe ist trotz ihrer Veröffentlichung ungeschwächt geblieben —, daß diese bischöfliche Aussage die schroffeste Unwahrheit enthält!

Der Zeuge Dr. Korum weiß von lange her aus seinen jesuitischen Studien, aus seinem Unterrichten über Anbetung des Schöpfers und Verehrung der Geschöpfe, Heiligen und Reliquten, aus dem in die Sitzung beigebrachten Buche auf's Genaueste und steift sich fest auf sein Wissen dessen, was Thomas von Aquin in der 25. Frage des 3. Theils seiner Summa lehrt; aber er sagt, daß dieser und daß die katholische Kirche das nicht lehrt. Und er besteht auf dem Gegentheil und macht den Ange= klagten zum Lügner und strafgerichtlichen Verbrecher! Und wie macht er das? Thomas von Aquin zollt den geschaffenen Wesen einfache Verehrung (cultus duliae), aber Gott die allein ihm gebührende Anbetung (cultus latriae). Und die Bilder anlangend bejaht er die Frage, ob ein Bild Christi anzubeten sei mit der Gott gebührenden Anbetung „nicht wegen des Bildes an sich, sondern wegen des Gegenstandes, dessen Bild es ist". Und das Kreuz Christi anlangend erhebt er sich wider die Gegen= meinung und behauptet, daß dasselbe anzubeten sei mit der Gott ge= bührenden Anbetung, weil wir solche dem zollen, auf den wir die Hoffnung unseres Heiles gründen; diese gründen wir aber auf das Kreuz indem wir „o crux ave, spes unica" beten. Und nicht allein darum muß dasselbe angebetet werden, weil es uns Christi Leib vorstellt, sondern weil es von den „Gliedern Christi berührt" und so „mit dem Blute Christi benetzt ist". Und weitere Reliquien, insbesondere Reliquien Christi, anlangend fügt Thomas hinzu, es müsse gesagt werden, daß wir, insofern es sich um Berührung mit den Gliedern Christi handelt, nicht bloß das Kreuz anbeten, sondern auch Alles, was auf Christus sich erstreckt .... die Nägel, die Kleidungsstücke, die Lanze und seine heiligen Wohn= stätten: die Krippe, die Spelunke (seiner Geburt) „und Aehnliches". Und das Alles stand in derselben Frage 25, und genauer unter Artikel 3., 4. und 5., die der Herr Dr. theologiae gelesen und gelehrt hatte!

Da nun gemäß der Encyklika: „Aeterni patris" Leo's XIII. vom 4. August 1879 in der Lehre des Thomas von Aquin die Kirchenlehre enthalten sein muß, so hat der Angeklagte Reichard mit Recht behauptet, was Herr Bischof Korum mit Unrecht auf sein Wissen hin als unwahr bezeichnet hat. Den Kleidern Christi, dem heiligen Rocke in Trier, den 19 fernern heiligen Röcken in neunzehn anderen Städten und den Windeln Christi in Aachen, „so die Mutter Maria (nach Bock: Verzeichniß der Heiligthümer zu Aachen) selbst eigenhändig fein säuberlich gewaschen," auch den Sandalen Christi in Prüm muß nach päpstlicher Kirchen= lehre göttliche Anbetung zu Theil werden.

Und das Gegentheil hat der Herr Bischof sogar auf seinen Eid ge= nommen, indem er es mit festen Worten dem Gerichte erklärt und den angeklagten Protestanten „mit dem Knirschen des ganzen innern Menschen" der Textfälschung und Lüge zieh, und hat es auch als „durch Gottes

Erbarmen und die Gnade des apostolischen Stuhles in Rom" ge-
förderter Kirchenfürst für der Seelen Seligkeit beglaubigt. Und damit
ist es zur Wahrheit und uns ist zur Lehre geworden, daß auch der Nicht-
katholik sich vor denen zu hüten hat, die äußerlich in lammhaft sanften
Handschuhen erscheinen, in deren Innern aber Roth und Blau in unechter Mischung zu einem falschen Violett vergoren ist.

Und für Ew. Hochwürden können noch nicht einmal diese Jakobinisch
gefärbten Hände des Pontificale Romanum zur Abschwächung Ihrer fortdauernden Mitschuld an dem bischöflichen Corumpiren des Glaubens und
der Gläubigen angerufen werden. Denn für Sie ist nicht jenes römische
Gebet um Trugkunst und Falscheid gesprochen worden und für Sie ist nicht
anzunehmen, daß Ihnen ohne Gebetsverrichtung die sündhafte Gnade
solcher Bitterhörung erwiesen worden wäre! Aber bei eiblicher Unwahrheit kann ich Ihnen einen Entschuldigungsgrund verrathen: Nach
Jesuitenlehre kann man, so oft sich ein anständiger Grund, die
Wahrheit zu bemänteln, darbietet, ohne Sünde Zweideutigkeit beim
Eidschwure anwenden. Und wenn man auch sagt: „Ich schwöre bei
Gott," dabei aber Gott nicht zum Zeugen anrufen will, so ist „Nichts
mehr geschehen, als wenn ein von seinem Lehrer abgerichteter
Papagei dieselben Worte aussprechen würde." Und wer aus veralteter
Gewohnheit, gleichsam in einem unüberwindlichen Anfall, falsch
schwört, sündigt ebenfalls nicht. Endlich wer sich beim Schwören oft des
geheimen Vorbehalts bedient, sündigt nicht, wenn er aus sehr wichtigem
Grunde mit dem nicht rein geistigen Vorbehalte geschworen hat.*)

Nehmen Ew. Hochwürden zu dem bischöflichen Falscheide — ich
rede nicht von Meineid! — eine Zweideutigkeit aus wichtigem Grunde
oder — ich rede auch nicht von öftern Fällen! — eine sogenannte
„mentale Restriction in einem unüberwindlichen Anfalle" an, und die
Jesuiten-Absolution geht dahin: Wozu noch Arabiens Wohlgerüche,
die blaurothe Hand ist rein; in guter Gesellschaft befinden sich Ew.
Hochwürden und können in Ehrerbietung vor Seinen bischöflichen
Gnaden verharren ohne geistigen Vorbehalt!

\* \*
\*

Und nun — neben den höhern Lehrschulen — die Erziehung des
jungen Klerus nach all' den gegebenen Vorbildern zum christlichen Zeug-

---

*) So: de Castro-Palao, Tamburini, Filliucius, Suarez, Trachala —
Jesuitenmoral-Lehrer.

niß der Unwahrheit: der Seminarist ist in dieselbe schon eingeführt, der Exorzist ist mit ihr vertraut, der Diakon in ihr ausgebildet; er hat sie über allen kirchlichen Pflichten und auf allen hierarchischen Stufen als „Licht vom Himmel" von den Päpsten und deren Bannerträgern ausstrahlen gesehen. Nun muß das leichtgläubige, römisch-stolze und allein seliggemachte Gemüth wie ein gutes Erdreich täglich begossen werden mit nährenden und immer mehr befruchtenden Historien für die alleinige Glorifizirung der Papstkirche. Denn es gibt keine andere, und daher hat nur sie die Domäne der dämonischen Mirakel und das Monopol der kirchlichen Spectakel, wie sie im römischen Brevier gesammelt und geheiligt sind. Stolz und hoch schreiten mit demselben die Hochwürdigkeiten auf öffentlichen Wegen einher, indem sie studienmäßig Geschichtskenntnisse in sich einbeten; selbstgenügsam beweisen sie auf den Eisenbahnbänken den mit der schofelsten Reiselectüre beschäftigten Fahrgästen ihre sittliche Ueberlegenheit, indem sie jenen wahren Schatz unwahrer Heiligen- und Heiligenvater-Geschichten in ihre Ueberzeugung einbetten. Und doch ist es — selbst in Ew. Hochwürden Hand — ein höchst verehrenswerthes Buch von reicher Fülle phantastischer Gebilde, wie sie seit Gregor VII. und Gregor IX. als geistige Milch römischer Echtgläubigkeit für die reifere Jugend der Geistlichkeit zusammengetragen sind. Zunächst wurden Stücke der falschen Decretalen Pseudo-Isidors in diese Lesungen damals eingefügt; das besorgte Clemens VIII. (1592—1605), indem er insbesondere die Theile aufnahm, welche lehrten, daß die Bischöfe nur die dienenden Gehülfen des Papstes seien, während er selbst der Universalbischof der Gesammtkirche sei, daß eine Kirchenversammlung mangels päpstlicher Bestätigung ihrer Beschlüsse keine Gültigkeit habe, daß die Fülle der Macht (also auch in Glaubenssachen) allein beim Papst bestehe, und daß der Staat keinen Geistlichen vor sein weltliches Gericht laden dürfe. Dafür wurde die vordem aufgenommene Ketzerei des unfehlbaren Papstes Honorius den Augen der Betenden entzogen, die Fabelgeschichte von dem Papste Marcellinus und der Synode von Sinuessa aber eingeführt. Damit der junge Subdiacon nun auch von früh an für die Aufnahme der prinzipiellen Papstverhimmelung den empfänglich gemachten Boden in sich weiter befruchte, wurden erfundene Histörchen zum Theile komischster Art, z. B. zerschlagene Eier oder parzellirte Kühe, die wieder ganz gemacht worden, in die kindliche Seele gepflanzt, und das so verbesserte Erdreich war dann zur Aufnahme der schlimmsten Erdichtungen fähig geworden. Glaubhaft gemacht durch die päpstliche Empfehlung, daß die Wunderwirker „durch zahllose Wunder ausgezeichnet", „durch stets fortdauernde Wunder berühmt geworden," sprudelte nun das Brevier von dem Unglaublichsten das Komischste hervor: Die Seele der heiligen Scholastika ist in Gestalt einer Taube — eine Tangente zum Erscheinen des heiligen Geistes und eine Parallele zur Himmelfahrt bevorzugter Weltbürger! — in den Himmel aufgenommen worden; der heilige Einsiedler Paulus von Theben erhält in der Wüste täglich durch einen Raben ein halbes Brod, dann aber beim Eintreffen des heiligen Antonius von Theben ein ganzes; der heilige Johann von Gott schreitet unversehrt dreißig Minuten lang zwischen den hellaufschlagenden Flammen einer Feuersbrunst einher. Auch eine ganze Reihe von Uebernatürlichkeiten des Wandelns, z. B. auf ungebälktem Wasser, spielt sich theatralisch vor dem in Gottes Natur wandernden Beter ab: der hl. Raymundes von Pennaforte gelangt auf seinem über die See ausgespannten Mantel in sechs Stunden von der Insel Majorca nach Barcelona, ohne daß ihm auf dieser 160 Meilen langen Strecke auch nur der Athem gehemmt wird, und dann kann er in Barcelona unversehrt durch die verschlossene Thüre in seine Zelle eintreten; über die Meerenge von Sicilien fahren auf einem Mantel der hl. Franz von Paula mit einem Genossen; über einen Fluß setzt auf ausgebreitetem Mantel der heilige Johann Capistranus zusammt seinen Gefährten; der heilige Jakob von Picenum, von einem Schiffer in den Po geworfen, gelangt auf eben solchem Mantel auf dem Po trocken hinüber an's jenseitige Ufer.

Nicht nur das Wasser trägt, sondern auch die Winde tragen die heiligen Menschen hienieden. Daher das Schweben heiliger Priester über dem Boden von Rom — vielleicht eine imperfecte leibliche Himmelfahrt oder ein Vorbild, wenn nicht eine Vorstufe für die Zukunfts-Himmelfahrt heiliger Päpste zu Rom! — Und diese Dinge sind nicht zu lesen als fromme Legenden, sondern es sollen Thatsachen sein, die mit gläubiger Inbrunst gebetet werden müssen, da Gebete an dieselben angeschlossen sind, die von Heiligen herrühren müssen; denn nach Gregor VII. sind von seinen 153 Vorgängern 100 nicht blos heilig, sondern heilig in der höchsten Potenz gewesen. Und die Unterlassung des Lesens mit Gebetsstimmung ist darum mit Recht eine Todsünde! Das blose Ablesen kann nicht fruchten und nicht gelten!

Auch nicht mehr Legende ist es, daß da der heilige Johannes unversotten einem Fasse siedenden Oeles entkommt und die heilige Ursula mit ihren 11 000 Jungfrauen (?) von Hunnen (?) bei Cöln (?) zur Zeit des Kaisers Gratianus (?) niedergemetzelt wird — als ob da nicht Zeit und Ort und Perſonen erlegen wären. Komiſch wirkend verfehlt die märchenhafte Geſchichte eines angeblichen Papſtes Clemens, des dritten Nachfolgers (?) Petri auf deſſen infallibeler Cathedra in Rom, ihren edlen Zweck der Papſtverherrlichung: An's ſchwarze Meer nach der Stadt Chernon verbannt, wird er von den Chriſten dort als Heiliger berehrt, und dieſe beten am Strande, da der Chriſtenverfolger Trajan ihn mit einem Anker am Halſe in's Meer werfen läßt. Zufolge des Gebetes weicht das Meer drei Meilen weit vom Ufer zurück und nun erblicken die Beter auf dem freiliegenden Meeresgrunde ein kleines tempelartiges Marmor= haus und in dieſem neben ſeinem losgewundenen Anker eine ſteinerne Kiſte, in der der heilige Leichnam des heiligen Vaters bereits geborgen iſt. So ein Wunder ſollte einem Papſte angedeihen! folglich war ſo ein Clemens ein damals exiſtenter Papſt, ein offenbar unbefleckt empfangener, unfehl= barer, heiliger Vater in Chernon am ſchwarzen Meer! Und es fehlt in dem Bilde nur die Weibesfigur mit dem ungrammatiſchen Hinweis: „Ich bin die unbefleckte Empfängniß.“

Und Ew. Hochwürden leſen und beten das Alles gläubig mit. Ew. Hochwürden ſind ein leibliches, liebliches Anpflanzungsterrain — keine bloſe Verſuchsſtation mehr —, für die gewöhnten päpſtlichen Trügereien, und bei Hinweis auf die Ammenmährchen dürfen Sie ruhig ſich ſogar ſtraflos halten. Denn Aber= und Unglaube iſt etwas Allgemeines, Ge= wohntes in der römiſchen Chriſtenheit. Sie werden ſich geradezu recht= fertigen dürfen mit den Worten Wallenſteins: „Denn aus Gemeinem iſt der Menſch gemacht, und die Gewohnheit nennt er ſeine Amme.“ —

Und während vor Ew. Hochwürden die Ausgeburt der päpſtlichen Fictionen und Falſificationen „in der dreifachen Potenzirung: Pſeudo= Iſidor, gregorianiſche Schule und Gratian“ mit ihren weiteſten Fang= ſchnüren im römiſchen Brevier zu Tage liegt, wollen Sie dennoch unver= wandten Blickes an der ſchweigſamen Liſt und ſchellenlauten Lüge ihrer Vorleſer und Vorbeter Gefallen bewahren! als ob es in den Litaneien nicht ſchon erfleht würde: „daß wir der anerkannten Wahrheit nicht wider= ſtreben, bewahre uns, o Herr!“

\*          \*          \*

Doch Ew. Hochwürden widerſtreben ja nur der anerkannten Wahrheit! Ihre Geſellſchaft und Amtsgenoſſenſchaft nöthigt Sie dazu, und die Un= wahrheit nöthigt Sie zu dieſer Geſellſchaft. Sie ſtehen nun inmitten der Ausgeburten dieſes Syſtems dicht vor der hellbeleuchteten Couliſſe dieſer

Künste. Wollen Sie noch die untersten Acteure und Faiseure er=
kennen?

Als es im Jahre 1824 der Curie geboten schien, die altkatholische
Kirche in Holland nun endlich niederzuwerfen, fand sich ein Monsignor
Capaccini, der die päpstlichen Verfolgungen mit weichverfänglichen Vor=
stellungen zum Erfolg leiten sollte. Es mußte weitergelogen werden, die
Utrechter Kirche unter ihrem Episcopate sei eine Jansenistenheerde, und
ihr Erzbischof Johannes van Santen sollte zu diesem Geständniß
eingefangen werden. Leo XII., der nach dem mißdeuteten Worte Christi
sich unter der Verheißung: „Von nun an wirst Du Menschen fangen"
sicher zu glauben schien, ließ dem Wahrheitskämpen van Santen Fallstricke
legen. Und so stellte Capaccini unter der Aufforderung bedingungsloser
Unterwerfung unter den römischen Stuhl folgendes Truggewebe zusammen:
„Sie sehen, daß der Tisch hier mit einem grünen Tuche bedeckt ist. Wenn
nun ein Vater seinen Kindern das Eintreten oder Einschauen in dieses
Zimmer verboten und eines derselben ungehorsamer Weise dennoch durch
das Schlüsselloch die grüne Farbe wahrgenommen hätte, würde es dem
Vater später haben verweigern dürfen, die Farbe seiner Ueberzeugung zu=
wider actenmäßig und durch seine Unterschrift als roth zu bezeichnen?
Keineswegs — denn der Vater hatte das Recht, auf Grund seiner Auto=
rität von seinen Kindern das Vertrauen zu verlangen, daß er das Richtige
in jenes Aktenstück geschrieben habe, und das Kind hatte das Unrecht der
eigenen Besichtigung der Farbe begangen und somit nicht mehr die Frei=
heit, diese Farbe wahrheitlich als grün zu bezeichnen; der Vater hatte
mit Recht den Einblick verboten und mit Recht die Bezeugung der falschen
Farbe verlangt; der vorhergegangene Ungehorsam enthob nicht der Pflicht
eines spätern Gehorsams." Wie der papstfürchtige Wahrheitsfeind hinzu=
setzte, „fordert das göttliche Gebot, daß ich meinem Vater gehorsam und
mit Verläugnung meiner eigenen Meinung zu Willen sei; indem ich durch
meine Verpflichtung gegen Gott zur Bezeugung der rothen Farbe genöthigt
bin, muß ich eine optische Täuschung durch einen Sonnenstrahl als
Strafe meines Ungehorsams oder sonst einen Grund meines Versehens
annehmen und bin vollkommen gerechtfertigt, meinen aufrichtigen Glauben
an die rothe Tischdecke zu beurkunden." —

Nun wohl! Das ist Ew. Hochwürden geschätzte Geistesfreund= und
Geistesgesellschaft. Diese Decke ist aber grün geblieben, und Monsignor ist
bei alledem nicht roth geworden; denn jene war in guter Wolle, dieser in
böser Lüge gefärbt. Und Rom verharrt noch heute in dem falschen Jubilat,

daß die Utrechter Kirche jansenistisch sei, während diese in ihrer Wahr=
heit und in der altkatholischen Lehre fortbestehend keinen Strahl vom
Himmel als Strafe ihres Ungehorsams zu fürchten hat.

Und ich führe Ihnen noch einen Geistesbruder als päpstlichen Fackel=
träger der Verdrehungskunst vor die Sinne. Der Mann, der an guten
Berliner Ton gewöhnt, das Concilstreiben in Rom am 21. März 1870
dahin charakterisirte, daß es in Berlin „in einer Versammlung von Schustern
anständiger als in dem Concile" hergehe, und sich gegenüber dem „per=
fiden Treiben" der vaticanischen Niederstampfer und =schreier zu der Ver=
wunderung hingerissen fühlte, „daß der deutsche Episcopat noch nicht aus
der Haut gefahren" sei: der preußische Feldprobst Namszanowski,
Bischof von Agathopolis in Berlin, erkannte es zwei Jahre später
beim Beginn des altkatholischen Gottesdienstes in der St. Pantaleonskirche
in Cöln für keine Verletzung, sei es seines guten Tons, sei es seiner gut=
katholischen Haut, mit den Waffen positiver Unwahrheit gegen jenen Gottes=
dienst anzukämpfen. Er erdichtete im Widerspruch gegen alle römisch=
curialistischen Gottes= und Rechtsgelehrten den Satz, daß der Gottesdienst
der altkatholischen Geistlichen, obwohl in einer Kirche gehalten, in der man
bis dahin die alte katholische Wahrheit in Lehre und Cultus gepflegt ge=
habt habe, unter den juristischen Begriff des Sacrilegs falle und die
Kirche für die Zukunft entweihe. Und das wirkte allüberall hin an=
spornend in die gutkatholische Gesellschaft und Confraternität, in die niedere
Klerisei und in die Massen. Selbst so ein Semikleriker von Küster war
nun so römischcurialistisch=canonistisch gebildet, daß er in seiner Kirche
nur mehr bedeckten Hauptes erschien unter der Rechtfertigung: „Das ist
kein Kirch, das ist ein Sakerleg." —

Und so sind auch Ew. Hochwürden Presse und Preßkapläne, Redner
und Kampfhähne allüberall in die klerikale Lügentunke getaucht worden.
Es bedarf nur eines Blickes auf ihre Druckerschwärzkunst, um absichtliche
Lügen und Entstellungen gegen uns Altkatholiken mit der Erwartung:
aliquid semper haeret eingeschwärzt zu finden. Wenn Ew. Hochwürden
mir nochmals das Glück Ihres, dann aber nicht blos receptiven Besuches
zu erweisen nicht für überflüssig erachten wollten, würde ich Ihnen die
Blätter ihrer seelsorgerlichen Protection vorlegen, welche zum Beispiel über
unsere großartigen, weltumspannenden internationalen Congresse schwarz
in Schwarz erlogen sind. Eines ihrer Leib= und Geistorgane hat alsbald
nach dem Congreß in Rotterdam auf seiner ersten Seite drei solche Ar=
tikel voll von greifbarstem Lug und Trug in Druck gesetzt. In Frank=

reich nennt man die nach jeder Revolution, sei sie auch mit Petroleum ausgeführt worden, auftretenden Edelgestalten, welche nach Sturz der Verfassung die altehrwürdigen Gebäude auf Abbruch kaufen und ihre Kunst= alterthümer zerstören oder verschleudern: la bande noire. Gibt es nicht auch in der katholischen Kirche diese Partei, welche die alte von Christus eingesetzte Verfassung gestürzt, die unersetzbaren Alterthümer seiner Stiftung verwüstet und seine Weisheit und Wahrheit in Scherben geschlagen hat?

Und gerade auch das Laienthum der vaticanischen Umsturzpartei in der Kirche — nicht weil Ew. Hochwürden es von den „Fachmännern" ausschließen und seiner Zeit auch entgegen Jakobus und selbst Petrus von dem Laienconcil in Jerusalem ausgeschlossen haben würden, sondern weil es in dieser klerikalen Tunke durchseuchtet worden, — ist bekanntlich mit Leichtigkeit in das feindliche Lager des Infallibilismus, des Universal= episcopats und der absoluten Allgewalt des sogenannten Thron= und Stuhl= erben Petri übergegangen. Mancher Namen unter der Coblenzer Laien= adresse und der von 28 katholischen Mitgliedern des Zollparlamentes be= schlossenen Adresse an die deutschen Bischöfe nicht mehr zu gedenken, sei Ew. Hochwürden nur zweier Wahrheits=Bekenner, welche diese letztere Adresse mitbeschlossen hatten, hier Erwähnung gethan.

Peter Reichensperger hatte während des Concils sein Bekennt= niß vor einer Tafelrunde in Berlin dahin abgelegt, daß man sich über diese Papstunfehlbarkeit nicht aufregen solle, da es unmöglich sei, daß man in Rom solchen Unsinn mache.

Windthorst hatte offen erklärt, daß er sich eher den Kopf abschlagen lasse, als daß er so Etwas glaube.

Und als am 31. Januar des Jahres 1873 die Reichenspergersche Glaubensüberzeugung öffentlich im Abgeordnetenhause zur Sprache gebracht wurde, ließ Peter Reichensperger es geschehen, daß sein Bruder August jene Worte in Abrede stellte, und schwieg sie als seine eigenen von seinem Platze aus todt, wie wahr sie auch gewesen waren.

Und als es auch Windthorst opportun erschien, sein Bekenntniß auf den Kopf zu stellen, hielt er mit überzeugter echter Coin=Kremenzia sein bloßes Haupt auf dem bloßen Nacken, um diesen unter die Unwahrheit zu beugen und um jenes mit dem nie verlegenen Unfehlbarkeitsmunde — gewiß einem Hauptstücke utan svafvel och fosfor — in den Dienst der römischen Fälschungen zu stellen und um es — gewiß ein stattlich raffi- nades Tändstick — vaticanischen Zündstoff in's Land reden zu lassen. Denn er redete zündende Wahrheiten. Einmal gestand er es selbst mit un=

verfrorener Wahrheiterkeit. Es war in Cöln nach seiner Anti-Septennats-
rede in der antipatriotischen Volksversammlung, als er von der Tribüne
herabsteigend seinen Gratulanten das selbstvernichtende Geständniß ablegte:
„Da hab' ich mich wieder einmal mit Gottes Hilfe recht kräftig durch-
gelogen." — Friede seiner Asche und seiner Ehrenkirche! aber wie viele
socii malorum (Genossen ihrer Sünden) haben mit diesen ihren starken
Vorbildern den unmöglichen Reichenspergerschen Unsinn Christus in den
Mund gelogen und die angekündigte Windthorstsche Kopflosigkeit mit der
Vergottung des unfehlbaren Hauptes zu Rom zu tilgen vermeint. Zwar:
„Die Welt will belogen werden, daher werde sie belogen" — aber: Wehe
über die Lügner, denn „was bedarf Gott eurer Lüge?"

*　　*　　*

„Falsche Mäuler sind dem Herrn ein Greuel", lautete das Urtheil
Salomonis (Sprüche 12, 22). Da haben Ew. Hochwürden die Heerschau
über die Greuel in der päpstlichen Heilsarmee vor Augen, wie sie, durch-
seucht von dem Lügenbacillus in ihrem ganzen Personal bis zum Semikleriker Küster und von ihrem obersten Commandanten bis zum hintersten
Troß herab, dem Ende des Jahrhunderts das Gepräge einer allgemeinen
tiefgehenden Demoralisation aufdrückt: ein päpstlich geschaffener Entwick-
lungsboden, ein seit Jahrhunderten mit Vaticanismen gedüngter Fort-
pflanzungsherd! Während beim Wuchern einer Seuche endlich doch in
jener niederen Thiernatur ein Verkommen der Bacillen und Mikrokokken
auf der unermessenen Opferstätte Rückkehr zur Gesundheit gestattet, verstärkt und verallgemeinert sich bei jener vaticanischen Durchseuchung nur
immer heftiger das Verkommen in niedrigste Unnatur des Menschenthums,
erweitert sich unter moralischer Widerstandslosigkeit die Decrepations-
stätte der Opfer des päpstlich gebotenen Verstandesopfers. Neben
den komischen Scenen der Papst- und heiligen Rocksanbetung hat auch
unser Jahrzehnt noch nicht die theilweisen Anbetungen, theilweisen Verehrungen unechter Heiligthümer, die Echternacher Springprozession, die
Gesetzwidrigkeit des Verfahrens des vaticanischen Pastor Stöck in Trier
gegenüber einem fremden protestantischen Mündelkinde, den wissentlichen
Meineid eines Elsässer jesuitischen Pfarrers Alphons Burtz als eine wohl-
erlaubte Handlung, die jammervollen Aachener Verletzungen gelobter Treue
im Amte und in der Krankenpflege aus der ungebändigten Auswucherung
römischer Unnatur auszuscheiden vermogt. Die römische Kirche ist in
jener Unnatur, Menschenverfolgung, geistigen und moralischen Unterjochung

nicht mehr das Asyl der christlichen Freude und Freiheit, weithin nicht mehr die Stätte christlicher Nächstenliebe! Denn:

> Nicht singend mehr und jubelnd
> Durch's alte Vaterhaus
> Zog mit dem heil'gen Vater
> Der letzte Mensch hinaus.

Und so wird immer weiter vom hohen Thurme herab mit der miß= brauchten St. Petersglocke in die Welt hinein geläutet:

> Kirchenstaat und Schulgesetz,
> Jesuiterei und Judenhetz,
> Echternacher Prozession,
> Irrenanstalts Conzession,
> Alexianer Pflegestümper,
> Echte Aach'ner Heiligtümber,
> Blaues Mündel, schwarzer Stöck,
> Neunzehn braune heil'ge Röck!

Und Ew. Hochwürden machen sich, mit oder ohne Opfer Ihres In= tellektes, zum wahren Glockengießer für solches Geläute; denn das Werk soll seinen Meister loben. Sie würdigen sich hoch hinauf zum Strang= zieher all' jener falschen Glocken in ihren Kirchen, Klöstern, Schulen, Ver= einen und Pflegehäusern; denn der päpstliche Regen kommt von oben. Sie machen sogar mehr wie problematische Besuchsexperimente, um den allerhöchsten Glockenruf fromm=froh weiterzutragen. Allein das Verlocken mittels Ihrer Glocken wollte wenig glücken!

Nicht einmal innerlich ringen Sie nach Wahrheit. Und doch fordert Christus, daß Sie seine Wahrheit aufnehmen; denn die sollte Sie frei machen und zur Schaar der Kinder Gottes, „die ihn aufnahmen", als er „in sein Eigenthum kam", einreihen für Ihre Zeit und Ewigkeit. — Und wie verhindern Sie diese Aufnahme und verschließen die Einkehr in dieses Eigenthum?

Ihr äußeres Bekenntniß schon predigt die hundert Lügen und Fäl= schungen für den Weltthron des mittelalterlichen Papstthums, die Dutzende von falsifizirten Belegstellen für das vaticanische Drecret unserer modernen Zeit. Für diese erfreuen Sie sich an dem vermeinten Todtengeläute über die papstlose, die schreckliche Zeit der vormittelalterlichen Kirche und Kirchen, neuestens auch der todterklärten altkatholischen Kirchen aller Staaten der Welt. Stummkühn treten Sie in unberechtigtem Schritte in die fremden Stuben und beurtheilen als dummbreist jeden Getreuen und Wissenden des verhetzten alten, von Christus gegebenen Kirchen=

glaubens. Für die natur= und schriftwidrige Zukunftstheologie ohne Zu=
kunft, vielleicht sogar in ihrer verkünstelten Krementz'schen oder verdop=
pelzüngelten Martin'schen Auslegung, für die von Bischof Korum im
Trierer Dome und von Cardinal Krementz vom Thurme des Aachener
Domes herab persönlich vorgeführten heiligen Falschthümer, für die täu=
schungsvolle Verwendung der päpstlichen Ablaßerfindung und Gnaden=
verkäufe, die Melchers'sche Aberkennung des priesterlichen Gewissens, die
mittelalterliche Schöpfung mannigfältiger Sündenränge und Reuestufen
unter richterlicher Macht des Klerus und höllenfeuersicherer Ansage des
Sündenerlasses, die abergläubigen Todtenzettelgebete und Andachten, ja
für den ganzen tausendarmigen Lügenapparat des Vaticanismus folgen
Ew. Hochwürden dem Secundenzeiger Ihrer obersten Thurmuhr des
„höchsten Pontifex" in Rom und der allerhöchsten Schloßthurmglocke
Ihres allerobersten „Scheitels der Kirche" im Vatican.

Während im Syllabus Pius IX. die letzte Spur einer Religions=
freiheit verflucht, sagen Sie mit ihm in revolutionärem Freiheitssturme
sich los von der Grundlage der christlichen Religion unter dem Sturze
ihrer althergebrachten kirchlichen Verfassung und Autorität! Nachdem
derselbe Pius auch die Preßfreiheit in das Teufelsreich verwiesen, sie
aber für sich, sein Herrschaftsgelüste und Schmeichlerconcil damals in
seinem eigenen Königreich mißbraucht hat, nutzt Ihre falsche Lehre die
Druckfreiheit bis zu und mitsammt ihrer Hefe aus für christuswidrige
Dogmatik und Moral, verwendet Ihre Schule und Genossenschaft die
Presse zum heilsamen Verbreiten und Verherrlichen der Täuschungen und
Lügen des Episcopats und Papats! Nachdem Pius dort auch die Frei=
heit der Philosophie als Ausgeburt der Irrlehren und als Pesthauch
der Häresien aus dem Reiche der Wissenschaften zu marodiren versucht
hat, erklärt bereits sein erster Nachfolger Leo XIII. den philosophischen
Sonnengott der Kirche, den textwidrigen Souffleur der Infallibilität,
Thomas von Aquin, für das fleckenlose Gestirn der Rechtgläubigkeit,
dessen Spectrum er, der „aus sich Unfehlbare", in seinen Brustschrein ein=
zieht, um es als eigene Lichtquelle unter trugvollem Heiligenschein wieder
auszustrahlen! In der That aber:

Wie Thomas, bekanntlich durch die päpstlich ein= und fortgeführten
Fälschungsreihen vatifanatisirt zu der irrigen Summa: Jnerrantia
gelangt ist, so muß unter dieser Verrechenkunst nun auch sein alter ego
in Rom, der höchste, aber doch nur coinerrante Thomasier der Dogmatik,
glaubend ohne zu sehen, dessen vaticanabischen Fälschungen unterliegen. Einst=

weilen zehrt er noch an den geborgten düstern Spectrallinien und heiligt seinen Lehrer wegen dessen philosophischen Freiheitsextrems:

Die absolute Beherrschung der Menschen, die unbeschränkte Gewalt über Geistes- und Gewissensfähigkeit liegt in der Monarchie (?). Da sie die ausschließlich gute Staatsform darstellt (?) und da von Christus seiner Kirche nur die beste Verfassung gegeben ist, so ist auch von Christus die alte Kirchenverfassung als die absolute Monarchie eingerichtet unter ihrem unbeschränkten (Sclavenhalter und) Gottesstatthalter in Rom. So der gläubige Thomas! Und Ew. Hochwürden?

Während Sie an dem Fangnetze der Vaticaner mit blöden Augen immer mehr und mehr trügerische Maschen einknüpfen, gelangen Sie über alle jene falschen Heiligthümer zu Trier uud Aachen, über die unechten Erscheinungen zu Marpingen wie zu Lourdes in das Stadium der An-betungsfreude des weit in die Welt hinein verkündeten, in Rom aufge-zeigten und im St. Peter herumgetragenen falschen Heiligthums. Immer mehr beladen sie sich mit der Blame keuscher Ignoranz gegenüber der absoluten Gewalt „Jnerranz" in aedibus vaticanis (in den Prunk-schlössern des Vatican) von seiner absoluten Majestät göttlicher Ebenburt und Wesensgleichheit als vierter — doch nein! Diese Himmelszone war schon von der göttlichen Majestät einer „Himmelskönigin Maria" vor-eingenommen — als fünfter Person der nach alter Christenlehre be-kanntlich doch nur dreipersönlichen göttlichen Dreieinigkeit!

*　　*　　*

Das Erkenntniß über Ew. Hochwürden ist in das Gebiet der römi-schen Glockentöne hinübergeschritten. Nicht mit Unrecht! denn Ew. Hoch-würden belieben selbst in Ihrem Geehrten vom Tone und dann wiederum vom Tone zu reden. Leider haben Sie hierbei jedoch aus reinem Guß und Klang nur falsches Getöne aufgefangen. Ehe ich Ihnen nun aber auf das Gebiet Ihres persönlichen Sphärenklanges folge, ist Eines noch zwischen Ihnen und einem Dritten, und zwar auch um meinetwillen, streng festzustellen:

Sie bezeichneten das im Bonner „Altkatholischen Volksblatt" seiner-zeit über Ihren Besuch Geschilderte als in seinem Tone unwahr. Ich bin dem Verfasser und Einsender jener öffentlichen Schilderung, gleich wie mir selbst, die Festnagelung schuldig, daß Sie den thatsächlichen Inhalt des Veröffentlichten nicht Lügen strafen wollen, noch weniger können. Von einer egoistischen Benutzung des Si fecisti, nega (Wenn

du es gethan haft, leugne) werden Sie also rein in der Oeffentlichkeit
dastehen. Andernfalls würden ja auch Zeugen der Wahrheit vorhanden
sein! Auch irgend des kleinsten Abweichens von der Wahrheit, sei es
sogar nur in Silben oder Worten, finde ich keinerlei Rüge in Ihrem
Schreiben. Und das ist ein redliches Zeugniß für „die ganze Wahrheit
und Nichts als die Wahrheit" in der nach meiner Erzählung abgefaßten
Schilderung jenes Dritten, die ich nicht nur nicht gewollt, sondern sogar
zu unterlassen gebeten hatte.

Das vorausgeschickt, frage ich ernstlich, wie kann eine Schilderung,
die in ihrem ganzen Verlaufe auf Wahrheit beruht, unwahr austönen?
Und ich gehe weiter: wessen ist denn der Ton, sei es bei Ihrem Besuche,
sei es bei meinem Gegenbesuche, würdig gewesen?

Ein Tongemälde, das auf Natur und Wahrheit beruht, kann Ihrem
Gehörgang vielleicht nicht sanft oder nicht ebenmäßig genug erscheinen;
es wird aber darum doch ein classisches, der guten, alten Christenzeit
nachcomponirtes verbleiben müssen. Mit Ihrer theologischen Zukunfts=
musik voll Unnatur und Unwahrheit kann und darf es nimmer harmo=
niren. Ihnen, der Sie an dieses ewige Molltoniren gewöhnt, würde
auch ein etwas stärkerer musikalischer Schnupftabak statt der Leittöne
keinen Reue= und Leidton zum Hirne führen! Die Wahrheit ist uner=
bittlich und damit zum Durgeschlecht gehörig geboren, und wenn es zum
Kampfe geht, begnügt sie sich nicht mit Schonung der Lüge, sondern
folgt dem Spruche Luthers: „Nimm's Wort in die Faust".

Keinem Dogma Ihrer abgewirthschafteten Fachmänner, keinem Ge=
setz Ihrer ablebenden isolirten Restkirche, keinem kirchlichen Brauche von
dogmatischer Berechtigung oder Bedeutung ist Unehre angethan. Aber
da die römischen Erfindungen, Fälschungen und Lügen der Kirche und
auch der Hierarchie einschließlich eines katholischen Bischofs in Rom un=
würdig sind, so werden Ew. Hochwürden begreifen, daß die Herborhebung
und Klarlegung derselben Ihrer nicht unwürdig sein kann, solange Sie
sich selbst als ehrwürdigen Diener derselben geehrt wissen wollen. Wer
Wind säet, wird Sturm ernten! — jedoch ist Ihnen nur sanftes Säuseln
des Humors zu Theil geworden. Von den „Greueln" der „falschen
Mäuler" — und das ist wohl die Hauptsache — ist Nichts aus der
vaticanischen Musik gegen Sie übernommen; aus der Rede= und Druck=
stimmung der Kaplanshetze ist Ihnen Nichts heimgezahlt; von dem
„Wort in der Faust" ist bei Ihrem unerlaubten und dabei ziellosen Be=
suche nicht das Leiseste an Sie herangeklungen; auch bei dessen komischer,

allzulanger Dauer war der Moment, wann Sie nach Ihrer schweigsamen „ewigen Cantilene" die Thüre von außen zumachen wollten, gänzlich Ihrem musikalischen Geschmacke überlassen geblieben.

Warum haben Sie sich damals nicht der Auffassung Göthe's über Ihr Land und dessen Leute erinnert? Seine Worte möchte ich Ihnen, falls einmal diese Zeilen durch Ihre unverschlossenen Augen in Ihren aufgeschlossenen Sinn gelangen sollten, erklingen lassen: „Große Flüsse haben wie das Meeresufer immer etwas Belebendes"; der An=wohner „drückt sich viel in Gleichnissen und Anspielungen aus, bei einer innern menschenverständigen Tüchtigkeit bedient er sich sprichwörtlicher Redensarten. In beiden Fällen ist er öfters derb, doch, wenn man auf den Zweck des Ausdrucks sieht, immer gehörig." Nun wohl: gehörig derb werden Ew. Hochwürden, selbst ohne ein an derbe Klänge gewöhntes zukunftsmusikalisches Ohr, meine Gleichnisse und Anspielungen nicht nennen; überhaupt wird kein classischer Musiker einen derben Ton in dem obigen zweiten Theile herausklingen hören. Bei Ihrem Besuche aber, wie bei meinen artigen Ausfragungen war das Belebende des großen Flusses nicht wohl in mir zu unterdrücken, zumal ich bei Ihnen nicht eine Spur großen Flusses entdecken konnte.

Während die monotonirte Unbelebtheit Ihres Besuches und Ihrer unarticulirten Zwischentöne mich zu einigem frohen Schmettern meiner „Gleichnisse und Anspielungen" herausfordern mußte, gab mir der Ge=danke, daß in Bevorzugung vor Ew. Hochwürden und den hochwürdigsten Gnaden und Eminenzen ich und ich in meiner altkatholischen Gemeinde mit Kirche und Pfarrer, Opfer und Sacrament, Bischöfen und Weihen höchst gewürdigt und begnadet worden sei, bald auch den deutschen Muth, Ihnen und Ihren Sultanen wie Unterthanen das muntere Kriegsspiel mit krie=gerischen Klängen vorzutragen. Schwer war dasselbe nicht; denn difficile satiram non scribere — und die Satire hatten ja Sie und die Ihren mit würdigen Leittönen hundertfach mir in den Kopf gesetzt. Daher ist demselben auch nur eine Ihrer und der Ihren würdige Tonsetzung ent=quollen!

*<br>*     *

Ich gehe mit Ihnen noch einen Schritt weiter. — Ein Werk, wie meine Composition, das sich an so viele Hochwürden richtet, soll gewiß nicht bloß würdig, sondern auch schön sein. Ihr damaliges Urtheil über meine classischen Noten aus der alten Ueberlieferung der Christen=zeit nannte meinen Stil „nicht schön". — Als ob „die Faust", in der

„das Wort" des Widerspruches wider derbe, wenn auch theilweise spassige Unwahrheiten zuckt, Ihnen als ein dolce cantabile der vox angelica aus der Orgel der römischen St. Peters= oder der hiesigen St. Josephs=kirche hingehaucht sein könnte. Und doch war alles Ihnen damals Er=widerte und später Vorgehaltene schön im edelsten Sinne des Wortes weil es aus der geoffenbarten alten Wahrheit dessen erklang, der allein die Wahrheit und auch gerade einzige unfehlbare Wahrheit seiner allein göttlichen Lehre ist. Daß Ihnen meine damalige Lehrunterweisung „nicht schön" in die Seele drang, ist nicht meiner Muse Schuld, da eben Ihr Glaube und Wissen recht unschön und Ihre Seele nur nach den Zinken der römischen Stimmgabel, nicht nach den geistigen Schwingungen des göttlichen Kammertones gestimmt war. Daher dürfen Sie wahrheits=widriger Gläubige gegen die kleine Dosis meiner bittern Pillen nicht aufmucken, Sie reizungswidriger Ungläubige gegen den kleinen Kitzel meines Stachels und Sporns nicht aufzucken. Das geschah Gott zu Ehren! So ein bischen Gesichterschneiden über jenen und so ein wenig Gejucke unter diesen kann ja weder entstellen, noch bestrafen, sollte aber Ihre Curirung von falschem Glaubensmuth und faulem Belehrungsun=muth anstreben nach der Salomonischen Rezeptirkunst (Sprüche 26, 4. 5): „Antworte dem Thoren nicht nach seiner Thorheit, damit du ihm nicht gleich werdest; antworte dem Thoren nach seiner Thorheit, damit er sich nicht weise dünke." Sie aber dünkten sich trotz aller meiner Antworten weise ohne jede Antwort, und so unterlagen Sie meinen Fragen, auch meinen bittern Mitteln bis zu dem scharfen Worte, genau in der beschriebenen Weise nnd unter den bezeichneten Schlägen, wie sie Ihnen in der altkatholischen Bonner Zeitung und in allem Voran=stehenden aufgezählt worden. Unschön ist's nur ihrerseits, daß Sie meinem „heiligen Eifer" und den Hieben gegen die Wechsler und Zöllner der Kirche die Schönheit absprechen wollen. Zu einem erlaubten alttestamentlichen Prophetenzorn hat sich das Wort in meiner Faust nicht verstiegen, und so diene Ihnen zur Lehre, was ich als den moralischen Grund meiner Würdigung und Ausfragung nochmals, wenn es Ihnen auch noch so unschön entgegentönt, mit den Worten des weisen Salomo vorhalten muß: „Falsche Mäuler sind dem Herrn ein Greuel".

Wohl aber verbleibt Ew. Hochwürden gegenüber meinem Tone ein bischöfliches Wort zum Troste. Sintemal der Königliche Armeebischof Namszanowski 1870 meinte, daß es in Berlin auf einer Schusterkneipe anständigeren Ton absetze als in Rom auf dem Concile, sind auch Ew.

Hochwürden zweifellos von mir noch über die vaticanischen Väter (ich darf nicht hinzufügen: und über die Berliner Schuster) heraufgewürdigt.

\*   \*   \*

Das Erkenntniß über Ew. Hochwürden und Genossen gelangt zu seinem Finale, möchte sich aber von den Orgel= und Glockenklängen nicht so ganz unmusicalisch verabschieden. Denn

> „Hoch klingt das Lied vom braven Mann,
> Wie Orgelton und Glockenklang."

Und doch hatte er nur „Vater und Mutter und Kind" mit leichtem Kahne vor einem nassen Tode gerettet; aber Sie, braverer Mann, theilen den Ruhm, den ganzen vaticanischen Rest jener päpstlichen Partikel des abendländischen Stückes der apostolischen Kirche mit Ihrem seichten Vatikahne zu dürrem Hinsiechen auf's Trockene gerudert zu haben. Ihnen muß umso mächtiger das Preislied der Zukunftssänger erklingen, als Sie noch täglich mit Ihrer Barcarole nicht nur Väter und Mütter und Kin= der vatikahnisiren, sondern sogar über die Cölner 11,000 heiligen Jung= frauen hinaus den ganzen Katholikenbestand heutiger vatikanischer Kinder aus der Hochfluth der geistigen Freiheit der Kinder Gottes in die uferlose Charybdis Ihres Dogmenwirbels hinübergondeln. Sie dürfen es sich daher zu eigenem besondern Verdienste anrechnen, wenn ich das gegenwärtige Finale noch nicht ausklingen lasse, Ihrer Barcarole — auch wo sie zur Sara= bande oder zum Saltarello überströmt, — noch eine Weile nachlausche und dann einige hochtönende Themata Ihrer „Leier ohne Schwert" etwas contrapunktirlich verarbeite.

Zuerst ein Giocoso! — In Ihrem heiligscheinigen Schreiben ohne heilige Schrift können Sie der „Sehnsucht nach Aufklärung für den Fach= mann" — so schreiben Sie in Ihren Gänsefüßchen — nicht entsprechen. Indeß welcher Ihrer Fachgelehrten hat von Ihnen Aufklärung ersehnt oder gar begehrt? Die Gelehrten, die Sie vor einem Viertelsäculum mächtig angezogen, wissen, daß Sie an ihrer Sphäre vier Jahre lang gesogen, und lassen Sie nachträglich augenfällig bei Ihrer Sehnsucht in Ihren Gänsefüßchen allein. Wenn Sie aber geständigermaßen sogar der Sehnsucht des Nichtsachmannes nach Aufklärung „nicht entsprechen können", so mögen Sie eben trotz Ihrer Berufs= und Eidespflicht — Gott sei bei uns! — bei Ihren Gänsefüßchen verbleiben, um ferne von uns sich an dem Giocondo=Giocoso Ihres Gänsekleins in mollgeschlechtlichen Leittönen oder auch leidtönendem Pathos weiter zu vergnügen. Ihre genüglich

vergnügliche Anlage ist unverkennbar; denn schon kehrt Ihre Muse zum
Scherzando zurück! Da wird es ergötzlich, ihr ebenso zu folgen.
— In Ihrem Erwiderungsschreiben ohne Erwiderung wollen Sie auf
eine Erwiderung „verzichten". Als ob Sie auf Etwas, daß Ihnen nicht
zur Verfügung steht, Ihnen sogar unerschwingbar ist, noch verzichten könnten!
ganz als ob seit dem 20. September 1870 auch noch ein Verzicht des
heiligen Vater-König auf sein menschlich errungenes, menschenwidrig regiertes
und unmenschlich ruinirtes „Reich von dieser Welt" gegeben wäre! Sprechen
doch auch Sie wahrheitlich sein: „non possumus", und wenn nicht, so bewahrheiten Sie, mindestens doch vor Ihren Vaticanesen, Ihr: „possum" — in den
Gängen und Klängen der Posse könnte es Ihnen gewiß gelingen und als historischer Titel aus Ihrer eigenen Geschichte, den kein Papstspruch rückgängig zu
machen vermag, sei Ihnen empfohlen: „Der possirliche Fuchs oder die
impossibeln Trauben." Aus dem Weinberge des Herrn würden diese
zwar nicht stammen, denn da giebt es nur süße, vorausgesetzt, daß sie
eben an der Quelle gekostet, nicht nach Verarbeitung aus Fälscherhand
bezogen werden! Unterdeß beharrt trotz Ihres Verzichtes auch die Schaar
aller offenkundigen Vaticantoren Ihrer Posse solange in der Ueberzeugung
von Ihrem non posse, als Sie nicht in greifbarer Art Ihren possen-
musikalischen Befähigungsnachweis geführt haben. — Schon ernster wird
jetzt aber Stil und Tempo, da die Erinnyen Ihres Verzichts auf Aufklärung jetzt in gewichtigem Schritte im
Andante effettuoso auftreten! — Nochmals mögte zwar der
Lehrauftrag Christi und Ihr Eideszwang gegen Sie eine rächende Pose
nehmen; dieselben meiden aber die Orchestra solcher Possenbühne und
überlassen der überwältigenden Moral die musicalische Stimmführung.
Die Moral wägt dann vor Ew. Hochwürden ab, daß für Jeglichen im
Gewissen verboten ist, Jemanden zu hintergehen, mit trügerischen Klängen und Weisen in Suggestionen zu versetzen, unter Amt und Amtsan-
sehen in Irrthum einzufangen oder sogar in Ketzerei zu stürzen. In die
sinkende Wagschale fällt die ganze Zeit nach Ihrem Besuche bei mir!
denn das Gewissen verlangt in Dingen der Belehrung Anderer und um
wieviel mehr der Belehrung in den überirdischen Wahrheiten die höchste
Sicherheit der Ueberzeugung, gefestigt gegen alle Einwürfe, die gemacht
werden konnten und seit einem Vierteljahrhundert von den ersten Fachmännern unserer Zeit Ihrer ungewußten Wissenschaft gemacht worden
waren. Als ich sie aus den Urkunden der ältesten christlichen Zeit Ihnen
vorsagte, verschlossen Sie Ihre Sinne! Da Sie dieselben aber nicht ab-

leugnen, noch weniger wiederlegen konnten, mußten Sie vom Zweifel und
durch diesen mindestens vom Zwange des Schweigens beherrscht sein.
Sie aber! als Sie schachmatt saßen, fingen Sie an, dieses komische Li=
bretto zu erdichten und auf drei Seiten Quart=Briefpapier mit Ihren
klimperlichen Noten zu versehen. Sie bliesen Etwas auf die klassischen Ur=
kunden des alten Christenthums und der Oeffentlichkeit flöteten Sie
Etwas. Aber wo blieb Ihr Blasewitz und was leistete Ihre Zauber=
flöte? Selbstgefällig lauschten Sie den Wendungen und Windungen Ihrer
erborgten Motive nach; denn mit dem bloßen Ansehen des einen Textes
oder der anderen Frage war die Leier ihres Wissens und Gewissens
wieder reingestimmt und die überspannten Saiten Ihrer Glaubensharfe
verharrten im Widerstande gegen jeden sorglichen oder seelsorglichen An=
sturm zu ihrer Auslösung. Sie konnten nicht mehr gutgläubig sein
in Ihrem Innern; aber Ihre Innerlichkeit war nicht mehr ausschließlich
gestellt in die Frage Ihrer persönlichen Harmonie. Von nun an durften
Sie auch nicht mehr gutgläubig erscheinen zur Reklame, zum Decla=
miren und Vorspielen jener falschen Sätze Ihrer unchristlichen Muse.
Denn Ihre Dogmatik war nun eine Frage des Gewissens gegenüber
Ihren Hörern und Betern! Und mir, dem Sie als sein Verleiter zu solch'
trügerischen Weisen die Belohnung mit dem Heile Ihres machtlosen Rock=
setzens von dem mystischen Leibe Christi hatten ins Ohr flüstern wollen,
mir vor Allem waren Sie zum Studium der klassischen Lehrharmonie und
zur Rechenschaft über die Früchte Ihres Fleißes bezüglich meiner recht=
gläubigen Notirungen verpflichtet! Wie oft sind Sie in den zahllosen
Fragen und Einwürfen, Fraglichkeiten und Vorwürfen aus dem Krähen=
winkel der Violett= und der Schwarzkünste unter die wohlwollend aus=
gebreiteten Flügel der alleinberechtigten allgemeinen Mutterkirche gerufen
worden — aber „Du hast nicht gewollt!" Mit Ihrem kühnen „Verzichte"
auf Studium glaubten Sie die Gewissensverantwortung nicht nur mir
und den Altkatholiken, sondern auch Ihren eigenen Seelsorglingen gegen=
über weggeblasen zu haben. Aber auch hier versagte Ihre Aufgeblasen=
heit! Denn wenn Sie bei jedem Anruf zu irgend einer auch kleinsten Rück=
äußerung immer noch verzichten, so habe zwar ich persönlich wiederum
„keinen Bedarf". Aber vielleicht doch wären Sie gerade der Held für
das Werk meiner und sovieler Verirrter Bekehrung gewesen, vielleicht hätte
der Meister der Wahrheit und Künder der geistigen Freiheit sich Ihrer
als seines schwachen Werkzeuges bedient, um dem Kampfe zwischen alter
Glaubensreinheit und unreinem Zukunftsglauben in der Kirche ein Ziel zu

setzen; vielleicht wären Sie gerade der Mann gewesen, die Altkatholiken zu fanatischen oder heuchlerischen Vaticanariensängern zu entmannen, den klerikalen Vaticantus in einem Vaticandante effettuoso zu einem einträglichen Cassenstück Ihrer Mährchenbühne in die Welt hinaus posaunen zu können. Oder wäre das Ihrer Kunst zu niedrig, Ihrer Aufgabe nicht würdig gewesen? — Sie setzen mit einem

Grave ein und erklären mit aller Grandezza, eine „Erwiderung erscheint unwürdig“. Nun wohl, man hätte sie ja hochwürdig erwarten müssen. Ob sie aber würdig ausgefallen, die überhaupt nicht erfallen, das entzieht sich dem öffentlichen, natürlich auch Ihrem persönlichen Urtheile. Dennoch scheint es sich Ihnen nicht entzogen zu haben, daß Ihre vorausschauende Sorge keine ganz bodenlose sein müsse. Denn, würde wohl Stil und Inhalt, Satz- und Folgerichtigkeit den Hochwürden des Componisten entsprochen haben? oder würde unter Ihrem geringen, gerade gegen Ihre Fachmänner zu richtenden Eifer und Ihrer selbstgenügsamen Einbildung einer amtlichen Durchdrungenheit von oberamtlicher Unfehlbarkeit Ihre Muse nicht einige Disharmonien, falsche Sequenzen und unauflösbare Vier- und Fünffaltigkeiten in Ihren Vaticantus infirmus eingeschmuggelt haben? würde es uns Altkatholiken classischer Christenzeit von unserm harmonischen Prinzip des Einklanges mit der Offenbarung aus würdig erschienen sein, Ihrem römischen Sirenensang ohne Ohrenwachs nahe zu bleiben? und dies zumal wenn ultramontane Metrik und Methodik in Ihrem tausendstimmigen Chor: „Et tu necdum conversus ne infirmes fratres“ oder in Ihrem ununterbrochenen Canon: „Ergo de, decip, cipian, piantur*..“ in curialistischem Do ut Desdur und pianistischem Zweimal zwei ist 5=Sechsteltakt wäre von Ihnen verwendet worden? Natürlich würde diese Kunst ihrer Musik würdig gewesen sein! auch Ihrer würdig gewesen wäre, daß Sie die Notenlinien hierfür nach krummem Richtscheit gezogen und in dieselben eine integrirende Kette von Pausen eingetragen, Fragezeichen als Viertelpausen, Punkte für ungelöste Fragen, hohle Notenköpfe als Ihre Autoren, schwarze für die Töne der „weißen Jakobiner“, weiße für die der bande noire, und dann tacet in allen Stimmen eingeschrieben hätten, es sei denn für die große Trommel in Grave=Notirung .zur Stütze der längsten Posaune des letzten Gerichts über die gegenwärtige Zukunftsmusik Ihrer päpstlichen Theologie! — Würde diese Erwiderung Ihres Talentes, Standes und Verstandes „würdig“ gewesen sein? Zwar waren die ersten Seelsorger der alten Christengemeinden auch unstudirte „Fachmänner“, gläubige Handwerker, wie die

Apostel ihrerzeit selbst, zum Unterhalt von Frau und Kind, dabei die Diener (nicht des Papstes, sondern) des Altars und ihrer Gemeinden; sie waren frei von jedem Vordrängen ihres Standes und Verstandes. Sie übten keine Gerichtsbarkeit aus im Beichtstuhle oder im Gottesdienste unter der Ankündigung: „Ich absolvire dich;" sie kannten auch keine Generalabsolution an einen Sterbenden oder über einen Todten und am Wenigsten in je einem (Ein=, Drei= und Vierherren=) Seelenamt an dem nämlichen Tage; sie hatten auch noch nicht die päpstliche Ablaßverleihung zugestanden, geschweige denn erfunden für Ihren Apostel oder Patriarchen. Allerdings — warum Sie zu solchem Stande oder gar zur Ehelichung einer klardenkenden, wahrhaft religiösen Frau, die den priesterlichen oder bischöflichen Gatten vor Ueberglauben und Aberwitz hätte bewahren können, in die alte Zeit zurückwürdigen! Allein wenn Sie Ihre Würde mit ge= senktem Kinn, aber frei gehobenem Auge, auch noch so bescheiden abschätzen, warum unterschätzen Sie die meine, die der Altkatholiken, die der Prote= stanten als der Umstimmungsobjecte unter dem sanften Vati=Kantschu Ihrer possenhaften Vati=Kanarienbühne? Schon Ihr Beginnen mir gegenüber war ein meiner unwürdiges. Ich gehörte so wenig wie jeder andere Katholik zu Ihren römischen Catecheten oder italienischen Sangesscholaren, und wenn Sie die mir gewidmete Gewissens= und Wissensversuchung auch jetzt noch Ihrer würdig halten wollen, durften Sie sich derselben dem Altkatholizismus gegenüber erkühnen, da Sie von dem alten Katholizis= mus Nichts wußten und Nichts wissen durften, und war dieselbe nicht überkühn, da Sie, selbst wenn Sie Etwas wußten, mich keines Tones Ihrer Erwiderung würdigen wollten? — Und nun bleibt trotz Ihres sträflichen und nicht straflos verbliebenen Fehlgriffs Ihr Stil so hoch= trabend und Ihr Ton so übertrieben falsch, daß Ihr Maëstoso bereits enteilend Ihnen gründlich abhanden gekommen ist. Wenn Pius IX. durch die Empfindniß seiner Unfehlbarkeit zu der Erhöhung seiner weltlich herab= gedrückten Majestät gelangen wollte, so wollten Sie unter der Spürniß Ihrer Beteiligung an seiner Majestät nur tiefer in den schwarzen Ver= senkungsschacht Ihrer schlecht construirten Possenbühne herabgerathen. So aus trostloser Niederung hervor wollen Sie noch, zwar als possirlicher Held, aber auch als immer stolzer Römer, Ihrem hohen Kothurn in dem Zuruf gerecht werden: Eine Erwiderung ist ganz und gar zwecklos wegen der Sicherheit Ihrer Beweise! — Und das war die Wahrheit!

Aber auch diese Declamation ruht auf falschen Sätzen und verkehrtem Tonfall, und da Sie auf Grund blosen „Besehens" meiner Berichte und Be=

weise schon eingesehen haben, daß ich eigene Dogmen fabrizire und private Meinungen vortrage, so widmen Sie mir in pompöser Orgel=Cadenz (ma senza cadere, schrieb Mozart dazu) meine feierliche Erhebung in die Majestät eines römischen Dogmatiseurs und Hoflieferanten. — Als ob nicht Jedweder soviel Recht, wenn auch nicht soviel Fähigkeit, zum Unrecht der Erfindung und Durchbrückung falscher Dogmen hätte, wie Pius IX. für sich haben wollte! Indem er die Unfehlbarkeit der Kirche auf 0 herab=, seine sündige Fehlbarkeit aber auf die Unfehlbarkeit der Kirche heraufbrachte, so hat er sich eben auf 0 herunter= und in den Spott der Welt hinausgebracht! Die Mißthaten dieses gewaltsamen, gotteswidrigen und seelenverderbenden Sforzando ahmt ihm auch der stolzeste Frevler in der Welt nicht nach; nur ich allein soll dreist=gottlos genug sein, das, was Niemand als ein Papst verbrechen konnte und mogte, diesem nachzuthun, alle Menschen zu überragen, um die einzigartige heilige Vatersünde mit muthiger Gewalt mir anzueignen und mit non possum sogar dogmatisirlich neben ihm auf dem Vati=Katheder zu sitzen. Und das behaupten und glauben Ew. Hochwürden voll der Ueberzeugung, als ob auch es Ihnen unfehlbar zum Glauben vorgestellt wäre, leider auch als ob nicht gerade ich Ihnen in allen zwölf Dur= und zwölf Molltonarten nach den kirchlich grab= linigen Notensystemen vorgesungen hätte, daß ich wie jeder gute Christ die „eine, heilige, allgemeine, apostolische Kirche" zu hören und ihre gottverheißene Unfehlbarkeit anzuerkennen habe. Gewaltsam hat Pius diese in den Vatican zu sich entführt, und mit Recht tritt nun eine Welt von Protestirenden auf, um die Entführte aus der unreinen Pauperität, in der Seine Heiligkeit in den baticanischen Lustgefängnissen, selbst ge= fesselt „an seinem Körper" und Geist und seinen Monnäten, die Gottgegebene nun in dem dürftigen Behälter seines Brustgefängnisses eingesperrt hält, wieder auf die höchste Numer ihrer Freiheit und Hoheit empor zu heben.

Und trotzdem wollen Sie meinen alten Glauben des Concurrirens mit den unheilvollsten Dogmatisationen der Päpste würdigen, mich also geradezu des Vaticanismus zeihen. Während ich selbst mich nicht nur des Canismus, sondern auch des Asinismus würdigte, wenn ich päpst= licher Kammermusikant, ausübender Dogmenautor und altkatholischer Offenbarungsconcurrent zu werden mich unterfinge, bringt mich die Ehre Ihrer Beschuldigung der eigenen Glaubensirrungen und =verwirrungen in die Nebenbuhlerschaft mit einem Ihrer jüngsten Heiligen, gleich als ob meine Fragen und Fraglichkeiten ein Katechismus des Jesuitenpater Peter Vati=Canisius über „die Kirche" wäre. Und doch hat er, der da=

mals noch nicht Heiltge, damals auch noch die Kirche die „Lehrerin, Bewahre=
rin und Auslegerin der Wahrheit" und „eine unverletzliche Autorität"
genannt und Petrus als „Mund und Haupt der Apostel" gepriesen.
Ich mögte nicht stolz gemacht sein, daß Sie mich dem Papste so
vatik=ähnlich postiren. Aber spielen Sie mir eine einzige Note aus der
alten Glaubenscomposition, eine einzige Figur aus dem Katechismus der
christlichen Harmonielehre auf, die von einem altkatholischen Laien, Priester
oder Bischofe, und zwar trotz der Trennung von dem römischen Oberst=
bischof, aufgebracht worden wäre. Sind denn nicht alle die geschichtlich
gewordenen Dissonanzen von Häresien wider die überlieferte Glaubens=
harmonie und nicht gerade alle die Ohren der Welt erschütternden Schrei=
effekte des Arianismus, des großen Schisma, des Gregorianismus und
Pianismus von den Päpsten selbst componirte oder doch aufgeführte,
jedenfalls zum Weiterpauken bei Seelen Seligkeit anbefohlene, revolutio=
näre Kirchenmusiken? Freilich zum Theil Originalmusiken komischster Art,
aber von noch nicht überwundener, im Gegentheil durch jene neue Com=
position wieder bestätigter Bedeutung! Zum Beispiel die herz= und ohr=
zerreißenden Höllenmusiken im „Curialstil": „den Leib" des entgegen der
Curie und dem Papste im Glauben Feststehenden „dem Satan übergeben,
damit so seine Seele gerettet werde". Wir Katholiken aber vatikanzeln
nicht, auch pochen wir weder auf gezogene, noch auf ungezogene Vatica=
nonen, wie unsere Gegner; wir beharren in dem Kanon der altkirchlichen
Sänge und Weisen nie verklingender Harmonie in Christus. Den päpst=
lichen Vatikahnführern überlassen wir das Anführen unwissender oder be=
schränkter Christen und den Vaticanonisten das Einniften und Ueberlisten
mit den Unwahrheiten ihres Vatikanzleistils!
Die „unsinnigste, gotteswidrigste Irrlehre der ganzen Kirchen=
geschichte", der Arianismus, begradirte zwar den Sohn Gottes, ließ aber
den Vater auf seinem Throne. Ew. Hochwürden unsinnigste und
gotteswidrigste Irrlehre, der römische Polytheismus, aggradirt aber den
Menschen zu einem Gott und reißt zu Ehren eines Productes der Ma=
rozia oder des Kaisers oder der Carbinäle die ganze Dreifaltigkeit aus
ihrer Himmelshöhe herab zu einer Papstesgleichen. Der Arianismus
nahm dem Sohne die Gottgleichheit, nein: die Gottwesenheit; der Se=
miarianismus ließ ihm wenigstens die Gottähnlichkeit; aber der Pianis=
mus fügte dem schon heiligen höchsten Herrn, dem es ob seiner Gott=
ähnlichkeit noch nicht bange geworden war, endlich noch die Gottgleichheit,
nein: die Gottwesenheit hinzu!

Und so sind Ew. Hochwürden tief unten beim Höllenlärm wahr=
haft infernaler Musik angelangt. Wenn sonst die Poesie für göttlichen
Aufschwung die Hoheit der Musik anruft, greift sie hoch über die menschliche
Tonkunst hinaus in die göttliche Natur einer Musik der Himmelssphären;
allein Ew. Hochwürden sind stolz mit Ihren Sangesbrüdern in der
schwarzen Tiefe des Versenkungsschachtes Ihrer Papstbühne die Un=
töne und Jammerlaute des ächzendurchbebten Inferno überhören zu können.
Und bei diesem unseligen Stolze soll Ihr Blick in der Anschauung des
Vaticanes und seines Gefangenen sich stählen, um über die höllischen
Mächte hinwegschauen zu können, welche über den Ruin Roms und das
Verderben sovieler Flüchtlinge aus der Kirche Christi jubeln, indeß sie
diese der göttlichen Verheißung gemäß nie überwältigen werden. Und so
wird einstweilen über dem ungeheuern Krater göttlicher Geduldung und
menschlicher Nothwehr unausgesetzt um das goldene Kalb des Geschäfts=
katholizismus und den neuen Gott in Rom herum der infernale Vatican=
can weitergetanzt. Pfäfflein wie Mönchlein, unter ihnen nicht im Ge=
ringsten verschämt auch Ew. Hochwürden, entzücken sich an diesem leiden=
schaftlichen Gebahren und seiner hochdithyrambischen Musik, obwohl —
die Entlarvung des Idols jenes Götzenkalbes und dieses Lügengottes
Allen vor Augen steht.

* * *<br>*

Und so ist ihnen allen verteufelt wohl unter den typischen Klängen
der Valse infernale ihres neuen, zukunftstheologischen „Robert der
Teufel". Der ganze Troß von vaticanischen Alliirten walzért mit, in=
dem er unter dem Höllenjubel der Lüge seinen Hexensabbat feiert. Das
Appassionato ihrer eingebildeten Wissenschaftlichkeit hat alle berauscht,
daß sie über das bischöfliche Wort von dem „Zittern erregenden Gericht
Gottes" hinweggetäuscht sind — und so rühmen sie sich gar noch mit
Gregor VII., sie hätten die Gerechtigkeit geliebt und die Ungerechtigkeit
gehaßt, daher sie nun in ihrer Glaubensverzückung selig versterben wollten
auf der schwarzen Mummenschanze vaticanischer Hofschranzen. Denn unter
dem Jubilo jener „fachmännischen" Katzenmusik haben sie sich auf dem
hohen Cothurn pfäffiger Pfiffigkeit zu komischen Figuren gestaltet; unter
dem rhythmischen Heulen tanzender Derwische stolziren die meisten auf
den gnadenvollen Stelzen ihrer veilchenblauen Sola=Rechtgläubigkeit
und bemerken nicht, daß sie ein= über das andere Mal stolperten über

die Stoppeln des längst ruinirten kirchlichen Ährenfeldes. Nach der Em=
pfehlung Luthers müßten alle statt dessen nun „dem Teufel das Kreuz
ins Angesicht schlagen und nicht viel hofiren;" aber sie fühlen sich eksta=
tisch mitgehoben zu ihrer Vaticantate auf den Menschgott=Papstkönig
und lassen „den Gruß erschallen Zum ewigen Rom, Zu ihm, der die
Schlüssel Des Himmelreichs hält Und den sich Gott zum Zwingherrn Der
Kirche hat bestellt." Zu glücklich fühlen sie sich in jener schwarzen Un=
tiefe unter der Vaticantilene der Vaticanarier, Vaticanabier und Vati=
can=Alliirten, als daß sie nicht die Schlußstrophe: „Es zucken die Blitze,
Der Donner laut rollt, Und Gott hat es gelitten, Man weiß was er ge=
wollt", vollends vergessen hätten, als daß sie nicht in Ihrer Versenkung
jedes musikalischen Mittels der Erden= oder der Sphärenklänge, wie viel
eher denn jedes Höllenmittels spotteten, das sonst erschütternd wie ver=
söhnend sie aus dem Furioso Ihres Sturmlaufes gegen Christum
emporzurütteln vermocht hätte. Und so bleibt Ihnen und den Ihrigen
nur, mit den tanzenden Derwischen in das Vaticantabile einzufallen:
„Hier stehen wir, wir können nicht anders, der Papst hilft uns Armen".
Dieses Papstspott=Vertrauen führt zu dem süßschmerzlichen Papstmitleid,
mit dem der Vatican sich geradezu berauscht und enthusiasmirt, wenn
die Tonwellen seines Inferno hochgehen; eben noch schaukelt draußen unter
dem Tosen der selbstbeschworenen Stürme Ihr „Schiffchen Petri": das
schon längst im Tonfall der See ächzende Vati=Kähnchen der antipetrini=
schen Kirchenpartikel! Und wenn es auch möglich wäre, daß der Antipeter
Peter Reichensperger mit seinem belächelten „Unsinn" des Unfehlbar=
keitsdogmas wie mit Sturmeswüthen gegen das Schiffchen antobte, so
würde übertönend ihn bewältigen das einfache, pflichtdemuthvolle Gebet
zum heiligen Vater, so ein einziges Ex profundis=Stoßseufzerchen zu
Pius IX. Denn nicht bedarf es mehr des sentimentalen Gassenhauers des
Trumscheites, der tuba marina aus den Zeiten des Thomas und
Duns Scotus; es werden ja unter Vermarinirung von Ew. Hochwürden
festländischem Krummscheit sogar auf hoher See die krummen Wellen=
linien des damaligen Antipeters sich glätten zur Einfahrt in den Hafen
Petri, des ersten Universalbischofs und unfehlbaren Vatikahnlenkers zu Rom!
Und Ew. Hochwürden gelangen in dem Furioso Ihres Enthu=
siasmus noch zu Höherm, denn dem „Unsinn" Petri Reichenspergers,
nämlich zum Verhöhnen statt zum Verherrlichen Ihres Ideals auf
dem Throne eines heidnischen Divus Augustus. Mittels Ihres Nicht=
wissens und Nichtahnens wird das Wollen Ihres schlechten Zweckes zum

Müssen seines glücklichen Mißlingens! Und dadurch sind Sie mitsammt Ihren Sängern und Bläsern, Cantricen und Cancanesen bei dem echtesten Pathetico tragicomico in Dienst gekommen. Während der tragische Held an seinem erbarmungslosen Eigenwesen sich selbst aufreibt, wird Ihre ganze Vaticampagne, so heldenlos und thatenarm sie mit ihren Söldlingen in der Kirchengeschichte auch dasteht, der Tragik ihrer sträf= lichen Eigennatur unterliegen. Das veilchenblaue Trugwerk mit dem fal= schen Hochmuth der Sola=Erkenntniß aus dem Brustschrein des Papstes und mit der falschen Demuth der Wissensfurcht vor der Offenbarung Christi hat die sogenannte streitende Kirche entmannt. Nicht mehr zur Waffenerhebung gegen falsche Profanwissenschaft wie gegen religiöse Wahn= gespinnste fähig, unterliegen die römischen Helden dem nun nicht mehr tragischen Spott ihres unblutigen Endes auf der Welt= und Wissensbühne des zwanzigsten Jahrhunderts des Heils, auf der gerade sie den Hohn= gesang auf das alte Kirchliche in Dogmen und Gebräuchen, und diesen ge= rade auf einen immerhin apostolisch eingesetzten Bischof intonirt hatten.

Kein „Ketzer" der neunzehn Jahrhunderte, kein „Ketzer" der Un= fehlbarkeit des Papstes in der ganzen Kirchengeschichte hat so wenig Ach= tung seiner Irrthümer, aber auch so viel Höhnung seiner Lehren er= fahren müssen, als der Dogmatiker Pius IX. in dem letzten Viertel unseres Jahrhunderts. Und Ew. Hochwürden sind Mithöhner geworden: der verdienstlose Gesangshumorist der Papstbühne, und noch darüber hinaus: die widerwillige Buffo=Figur eines Todtengräbers Ihrer Partei= kirche, der unentbehrlichsten Rolle Ihrer tragi=komischen Oper.

Zwar, Ew. Hochwürden mögen den Humor nicht leiden, — man ersieht es aus Ihrem Brieftexte — und mit Ihrem Rechte: denn der Humor Ihrer Stellung im Vaticanismus ist mehr wie ein solcher; er ist ein Spott der Verachtung Ihrer eigenen Mache und des totalen Fiasco Ihrer komischen Oper. Ihr Spott ist fürwahr Ihr aus dem Cada= vergehorsam geschmiedeter Nagel auf den Sarg des Vaticadavers. Aber mein Humor! der ist ein erlaubtes Mittel! der stammt aus der Wahrheit und ihrer frohen Botschaft. Wir, die Gegner der römischen Aufgeblasen= heit, ziehen gegen Ihre Musikanten zu Felde, indem wir auch fröhlich singen, auch vergnügt blasen und uns auf lustige Weise passioniren und vergaudiren, zumal wenn der Pfarrherr die Fibel führt statt der Feder.

Und sind denn nicht auch diese Tonstimmungen der menschlichen Seele himmlische Gaben, göttliche Einlagen in unser Erlösungsdasein, von einem Können stammend, das aus dem verlorenen Paradiese in das Men=

schenthum gerettet worden ist? Drum singe, wem Gesang gegeben in dem
deutschen Christenhain, wem der liebe Gott neben den vier Sinnen auch
das Gehör für seine himmlischen Noten und statt des vaticanischen Trum-,
Krumm- und sonstigen Scheits, statt der Trugschlüsse mit Pedalbehand-
lung in dem vierfüßigen Äff-moll und des Canossatremolo in dem baar-
füßigen Eis-bur seine gutbesaiteten reingestimmten Instrumente zur zeit-
weisen Benutzung überlassen hat.   Und wenn der heilige Vater falsche
Tonstimmung hat, setzen wir ihm eine frisch-frei-fröhlich-fromme Stimmung entgegen; wenn er einen Stil gegen die klassisch-christliche Kunst
annimmt, danken wir dem, der uns zu seiner Wahrheit frei und würdig
gemacht hat, „schlagen dem Teufel das Kreuz ins Gesicht" und attakiren
den Papst mit dem Spieß des Humors; und dann blasen, singen und
flöten wir ihm — Nichts nach, aber corrigiren ihm seine Composition, z. B.
seinen Sang an Ägir aus seinem höchsteigenen Brevier: „Der Du von
dem Himmel bist, Jüngstens unbefleckt empfangen, Einstens auf zum
Himmel fährst Mit dem irb'nen Leib behangen" — oder sein: „O Du, der
die Schlüssel des Himmelreichs hält, O heiliger Vater Leo, vom Gottes-
sohn bestellt; Die Kirche wollest trösten, die Ketzer grünlich rösten, Wie's
Dir und uns gefällt."

Ich frage Ew. Hochwürden ernstlich, ob im Grundton, in der Se-
quenz und Melodie dieser Humor nicht ein gottgegebener, erlaubter, ob
er nicht ein in seinen Gedanken, Worten und Werken gerechtfertigter ist?
geht er doch von der thatsächlichen Wahrheit aus, misst an der religiösen
und verurtheilt aus der sittlichen.

Anders bei Ew. Hochwürden und Ihren Vatican-Alliirten! Wenn
diese gegen uns Altkatholiken Humor produziren wollen, so werden
sie alsbald stark inhuman und möchten uns am Liebsten gleich zur Befrie-
bigung Ihres Humors lebendig inhumiren; oder sie werden voll leicht-
geschürzten Humors verdächtigend, verlogen und „ungehörig derb"; und
wenn sie es könnten, würden sie neben dem Boykott und persönlichen
Scandal gerne bis zum Aufschlitzen, Einritzen, Ansengen und Abbrennen
in ihren gottseligen Werken gegen uns vorgehen. Denn es ist keine Sünde
aliquot (b. h. eine gehörige Anzahl) Ketzer von Altkatholiken trucidasse
(b. h. niedergemetzelt zu haben)! Wenn es heute noch ausführbar wäre,
würde die Vatic-Armee uns morgen etwas vatic-armenisch humorisiren!
Und wenn sie keinen Humor produziren wollen, werden sie tra-
gischer Weise dennoch Höhner nnd Spötter, entstellen ihr Gnadenbild zum
Spottvogel (nicht der Heiden, aber) der Christen und versündigen sich

durch die Verunglimpfung des auf dem vaticanischen Acker gehobenen Schatzes (nicht einmal von tönendem Erze, aber) von einem thönernen, tonlosen „bloßen Kopf ohne Leib" und „bloßen Torso ohne Haupt"! Denn sie profaniren mit ihrer Bandamusik den allein Heiligen; sie persifliren mit ihrer Bühnenkunst die „fünfte" oder gar schon die „vierte" Person der heiligen Dreifaltigkeit"; sie nivelliren ihren höchsten und ultimiren ihren ersten christlichen Seelenhüter hienieden. Da wird — von jetzt an trotz Wissens und Gewissens! — der eigene Humor eine Spottgeburt von Hohn auf die Preißsänger selbst und ihren Priesling. Und das ist mehr als Schicksalsdrama; das ist wahrhafte Tragikomödie — nur leider ein unsittliches Kassenstück.

Da ich keinen dogmatischen Glauben von Ew. Hochwürden bean= sprucht habe, werde ich Ihnen diese vaticanische Spottgeburt an einem der vielen in Ihrer Papstschöpfung miterschaffenen Producte aus der ersten Herrschaftsperiode des Unfehlbarkeitsdogmas vor Augen führen als eine von der veilchenblauen Schule componirte und vom höchsten Noten= pulte der Erde aus dirigirte, also unübertreffliche vierstimmige Fuge.

*　　*　　*

„Was ist an Cäsar?" spricht Cassius im Shakespeare'schen Drama, „klingt etwa sein Name besser als der Deinige?... Womit nährte er sich denn, um so groß zu werden?" Und so wurde sozusagen an derselben Stelle der Stadt Rom nach 1900 Jahren die wohlbegründete höhnende Frage gestellt: „Was ist an Pius? womit nährte er sich denn, um so groß zu werden, ein Cäsar der Gesammtkirche und jeden Reiches von dieser Welt?" Hat ja doch die römische Kirche dem Papstwerden niemals eine geoffenbarte Entstehungsform, auch niemals eine sacramentale Wir= kung, wohl hat ja aber der 18. Juli 1870 dem gewordenen Papste den plötzlichen Erwerb der Infallibilität und des Universalepiscopats beige= messen. Wohl auch fand jener Tag einen Adepten vor, der sich schon innerlich unfehlbar geglaubt hatte, sich aber seit diesem Tage und mittels dieses Tages nun auch als unfehlbar fühlte. Papstwerden und Unfehlbarwerden, Umschlagen geistigen Glaubens in leibliches Empfinden, Übereinstimmen von Hirn und Haut, Ausfluthen von innerem Wühlen zu äußerem Fühlen, Fortschreiten von Herzensrührung zu Nervenspürung — das sollte ja in ein= und demselben Acte vollzogen sein.

Da nun Ew. Hochwürden sich durch meine Fragestellung, wodurch und in welchem Moment die Unfehlbarkeit dem Papste erwachse, haben unterrichten müssen, daß sie überhaupt nicht vorhanden ist, so werden Sie gut thun, sich der Reihe der Anhänger einer Marozia zu entziehen und lieber diese als einen Bischof Ihrer Kirche zu verlachen und zu verhöhnen. Denn:

„Vordem Marozia machtvoll erschuf die unfehlbaren Päpste" — und dem dürfen Sie ohn' allen Humor für den 18. Juli 1870 zusetzen:

„Heute das Schmeichler-Concil schaffet unfehlbar den Papst."

Und wenn das Woburch auch nachgewiesen oder etwa durch das einer Marozia eingeräumte Übermaß göttlicher Erbarmung als Zuwendung der Gottähnlichkeit vom Himmel herab zu erklären wäre, — und das soll meinerseits kein Hohn sein! — ist dann die Frage, wann und wo wird es wirkend und ausgiebig, die in ihrer Antwort zum Spott führen muß, eine Sünde gegen die Nächstenliebe? oder hat der den Lacherfolg zu ver= antworten, der den Spott bereitet hat? — Hören Sie des Weiteren, hochverehrter Herr!

In den Hirtenbriefen nach dem 18. Juli 1870 sagen die synodalen Infallibilitätszeugen selbst: Nicht immer, nicht im Lehnstuhl, nicht auf der Promenade, nicht am Tiberstrande ist der heilige Vater so jedes Mal und so ohne Weiteres unfehlbar. — Ist nun die Frage, ob er es durch seine Erniedrigung auf das Stallstühlchen oder durch seine Erhöhung auf den Tragbalcon werde, nicht eine eminent wissenschaftliche? ist die Frage, ob er zum Verkünden irreformabeler Entscheidungen jedesmal auf dem Stuhle Petri sitzen und die Worte „ex cathedra Sanctissimi Petri" mitver= künden müsse, nicht eine von Bischöfen und Päpsten selbst angeregte, hoch= feine canonische? müssen nicht deshalb schon diese Fragen über jeden Vorwurf der Verhöhnung erhaben sein? — Nun soll der Papst zwar in sich seine Unfehlbarkeit, wie Pius sagte, empfinden! Ist da die Frage, ob diese Empfindung nicht eine Täuschung seines inneren Menschen sein könne, eine wenn auch lustige, dann doch durch jene Behauptung natur= gegebene? Bischöfe und Papst rufen mit dem Priester= und wir mit dem Laienverstand eine Untersuchung ins Leben, ob nicht durch physische, intellectuelle oder psychische Einwirkungen eine Störung jener Em= pfindung erfolgen, nicht gerade bei der ärztlich erst zu erforschenden Spe= zialnatur des jedesmaligen heiligen Vaterorganismus gerade diese oder jene Einwirkung auch jene oder diese Innerstimmung erzeugen konnte, er= zeugt hat und zweifelsohne in Zukunft jedesmal erzeugen wird? Die physische Momentqualität muß von den Nährmitteln, ihrer Quantität und

Qualität, sogar ihrer Reihenfolge beim Genießen abhängen: ob — zumal bei der päpstlichen Altersclasse italienischer Race — weißer oder rother oder gar Rosenkohl, weißes oder schwarzes Brod, weiße oder rothe Rüben oder Schwarzwurzeln, glitzernder Vaticandiszucker oder gelbliches Vatic-Anisbrod, ob Ochsenschwanzsuppe oder Bärenschinken, ob Havanna, Manilla oder Palatina, ob protestantischer Kaiſerſect, katholischer Champagner oder revolutionärer vino spumante eingeführt worden iſt! Die intellectuelle Stimmung, welche nachgewiesenermaßen durch Genuß von Ochsenhirn oder italienischer Eselswurst oder phosphorspendender Erbsenkoſt beeinflußt wird, kann auch von der momentanen Lectüre geleitet ſein: ob Seine Heiligkeit Veuillot oder Döllinger, Deschamps oder Düpanlout, Hergenröther oder Montalembert, Scheeben oder Reinkens, und zwar in gerade welcher Seelen= oder Leibesverfaſſung, gekoſtet haben! Die pſychiſche Stimmung wird von einer schlechten Nachtruhe, einer verzögerten Erwartung, einem böſen Zeitungsartikel, einem Gewitter, einem vermeintlichen Beſeſſenen oder Geſpenſte, einer römischen Kammerrede, einigen Millionen Baticaſſa zu wenig in der Baticaſſette, einigen Schlägen gegen Baticaner und Domini=Canes, nur nicht von dem Teufel ſelbſt herrühren können! Iſt da nicht jede Frage eine ebenſo ernſte und durch das kirchliche Weſen wie durch das perſönliche Gewiſſen gebotene, dazu eine ſo gar ſchwierige, ja geradezu durch die italienischen Irrenärzte trotz eines jedesmaligen papſtgeiſtigen Tagescurſes und durch die baticaniſchen Heilkünſtler trotz Lourdes= und Ignatiuswaſſer und Walpurgisöl nicht mehr zu löſende? Und doch — ſind das nicht Fragen jener Biſchöfe ſelbſt, von ihnen einem jeden gewiſſenhaften Chriſten aufgenöthigt? insbeſondere nöthig zu den vom Papſte ſelbſt niemals zurückzuweiſenden Unterſuchungen ſeiner Leibärzte bezüglich ſeines ſtündlichen innern und äußern Menſchen? Hat doch der vorſichtige Grübelſinn mißtrauiſcher Geſundheitsapoſtel ſchon 1870 in Rom darauf geſonnen und öffentlich empfohlen, dem höchſten Biſchofe der Welt einen Schutzengel gegen den Gebrauch unverſchuldet krummer Linien und unbewußt dummer Einfälle beizuordnen, und zwar in der Perſon eines permanenten tranſigenten Geiſtesarztes neben dem täglichen conniventen Leibesdoctor!

Wer alſo hat dieſe humorvolle Unterſuchung hervorgerufen? wer fragend: „Womit nährte ſich Pius," dem Reichensperger'ſchen „Unſinn" neue Nahrung gegeben? Kein Altkatholik ſprach ſo! aber die Sache ſelbſt hat geſprochen: Res locuta! Rom ſelbſt ſprach mit der Tragik einfachſter, natürlichſter Logik ſeine Selbſtverurtheilung: Roma locuta! In der Auto-

genese derselben generatio aequivoca, in der seine selbstgezeugte Unfehl=
barkeit ihren Ursprung erhalten, hat es über sich die Selbstverhöhnung
verhängt: Res finita! Die Selbstvernichtung hat sein tragisches Ende
zum Schlußurtheil erhoben: Roma finita! —

Warum grollen Ew. Hochwürden mir? Könnte ich denn gegen
den gesunden Menschenverstand die Sache Rom's vertheidigen,
da es unter dem Fluche der eigenen bösen That vor dem Weltgerichte
der Weltgeschichte steht, da jener schlichte Christensinn, von Ihnen selbst
und Ihren Vatican=Alliirten marodirt und exilirt, sich in den Posten des
advocatus Dei (des Sachwalters Gottes) gegen jenen Reichensperger'schen
„Unsinn", den advocatus diaboli (den Fürsprech des Teufels), in den
Sattel gehoben hat! Mühelos gewann er den Streit, denn die tragische
Spottgeburt aus jenem „Unsinn" konnte doch nie Dogma werden!

Erkennen Ew. Hochwürden nun die Eigenart Ihrer fugalen Kom=
position? „Quem Deus perdere vult, prius dementat (Wen Gott so ganz
verderben mag, dem legt er den Verstand erst brach)." — Hier haben Sie
das Thema aus Ihrer Fuge und recht Ihrem Tonsinne entsprechend!
Denn da Christus seine Kirche aus dem Romanismus erretten wollte,
ließ er die römische Restpartikel unter dem Humor ihres Eigenspottes
in ihre vernichtende Selbstverhöhnung verfallen, in die von Reichens=
perger entdeckte Dementia und die erzbischöfliche Krementzia, in die bischöf=
liche Korumpirung und priesterliche Paganirung, in die Piation der römi=
schen Pionicre, Vatikanzeler und Vatikapläne ohne irgend welche Hoffnung
einer Expiation, aber mit sicherer Exstirpation aller jener Vaticreaturen und
mit vollendeter Extinction des Vaticanes selbst aus der Geschichte der Kirche.

Und nun mögen Ew. Hochwürden auch die vier Hohnstimmen jener
vaticanischen Spottfuge erlauschen: Erstens Bardensang im
Himmel: „Gottvater sitzt neben dem thronenden Papste, der heilige Vater
beim Bruder=Genossen!" Zweitens Piushymne auf Erden: Gott=
sohn sitzt zu Füßen, In Andacht zu grüßen, Zwei Vätern gehorchend,
Hübsch folgsam dem Bruder, Dem heiligen Vater." Drittens Derwisch=
lied in Rom: „Gott, heiliger Geist! Ausgehend vom Vater, Auch Aus=
gang des Oheims, Durchgang durch den Sohn, Durchgänger nach Rom
In den heiligen Vater, Kostgänger der Dogmen Im Schrein seiner
Brust!" Und viertens Hexentanz im Inferno: „Sie sind nun zu
Vier! Doch Gottheit sind wir! Wir all' und der Menschgott, Viel
Götter, doch kein Gott! Das ist unser Hohnspott! Wären ihrer nur
drei, Mit uns wär's vorbei!"

Und dann setzt noch Ew. Hochwürden zwar modernes, aber schon moderndes Hilfsthema ein: „Guter Dinge sind vier, Zu Pio nono's Zier. Der „Pianist" hackt Clavier, Daß er Dogmen fugir', Neue Sätze componir' Und sich selber blamir': Der wahrheitverhackende Papstpionier." Nun ertönt aus „vollem Werk" das Finale von Ew. Hochwürden pianischem Klingklanggefuge, das „Hexenthema" des Taumels vom Genuß zur Verzweiflung, in Marcia funebre aufschreitend — nicht mit der tuba marina, aber — uit des Basses Grundgewalt aus der tuba mirum spargens sonum: „Wie lang' sie geschuldet, Gott hat sie geduldet. Er ließ sie stolziren, Nun laufen sie auf Vieren."

Denn das Opfer des Verstandes ist erbracht, und der nahende Vernichtungsspruch verlangt Opfer gegen Opfer. Werden Ew. Hochwürden auch dann vaticanisiren? Wird es auch dann Ihren Vatican-Alliirten vaticannibalisch wohl sein?

Das gesammte papstlose und papstfeindliche Christenthum athmet auf gegen das christuswidrige und göttersüchtige Unchristenthum des Papstes; dessen eigener Spott auf den gesunden Verstand hat der Drehkunst aller seiner Fugirungen und der Drehkrankheit aller vaticanischen Figurirungen, den Tanzdrehungen der infernalen Walzer und den springenden Jauchzern des Vaticancan den Lohn des Schweigens bereitet.

Werden Ew. Hochwürden es nicht brennend unter Ihren Sohlen empfinden? — „Die Glocke ruft, das Stäbchen bricht". Sogar der böse Geist drängt die falschen Musicanten und violetten Debutanten: „Auf! oder Ihr seid verloren. Der Morgen dämmert auf." Und der Kirche Urchristenthum ruft nochmals laut drohend in die Scene: „Was steigt aus dem infernalen Boden auf? Was will der an dem heiligen Ort?"

Werden auch Ew. Hochwürden jetzt mit den schwarzbeschuhten Händen die Augen verdecken, mit den Ihrigen das wahnwitzige Schibboleth „der Papst hilft uns Armen" in die Lüfte heulen und in diesem Wahne das rächende Wort heraufbeschwören: „Gericht Gottes! Dem habt ihr euch ergeben!"

Wollen Ew. Hochwürden mit Ihren Eides= und Sangesbrüdern nicht so viel Verstand annehmen, das Gottesurtheil zu ahnen, das die ewige Wahrheit, Weisheit und Gerechtigkeit fällt: „Die Kirche lebt, weil Christus lebt! Seine Kirche ist gerettet, aber die Papstkirche gerichtet!"

\*    \*    \*

Und nun das öffentliche Verfahren geschlossen, noch ein höchst per=
sönliches Wort an Ew. Hochwürden.

Man erzählt von einem Richter, der nach Fällung des Todesurtheils
dem verirrten reuigen Übelthäter empfohlen habe, sein Leben von nun an
der Besserung zu widmen. Anders bei Ihnen, anders in mancherlei Rich=
tung und Beziehung; aber wieviel günstiger für Sie in einer, und zwar
der hauptsächlichsten Richtung? Ich möchte gewärtigen, daß Sie, und
zwar ohne Reue und gegen Willen, zur Änderung Ihrer Ansichten
und Bestrebungen gelangen werden. Denn wie die Selbstmache der päpst=
lichen Anmaßungen zu deren selbstgegrabenem Grabe, wie der unwillkür=
liche Eigenspott der Vaticaner zur unvermeidlichen Selbstvernichtung
ihres Systems führen muß, so könnte mit Hilfe Gottes Ihre Umkehr ge=
wirkt werden: durch Sie selbst! So meine Zuversicht auf Ihre Er=
kenntniß und Sinnesänderung! Sie gründet in der Ankündigung Ihres
Betens für mich.

Ich habe Ihnen das Beste vorgestellt, das Gott uns vom Himmel
herab verkündet und das Christus durch seine Apostel und Evangelisten
uns überliefert hat; ich habe Ihnen mein Bestes an Denken und Arbeiten,
an Fleiß und Andacht, an ernstem Logisiren und leichtem Humorisiren
zugewendet. Ich habe Sie aus der Sclaverei des Papstes zur Freiheit
in Christo erheben wollen. Da ich mich zu den nihil desperantes, jedoch
nicht zu den nihil inde sperantes zu zählen geneigt bin, so erwarte ich
Hilfe für Sie, Hilfe durch Sie selbst.

Sie wollen für meinen Glauben beten. Vielleicht lesen Sie einmal
das Viele dieser römischen Fragen ohne Antwort und das Wenigere dieses
Schlußerkenntnisses. Welcher Glaubenssatz des Christenthums Christi
fehlt mir? Ich kann Ihnen nur wiederholen, daß ich festhalte und fest=
halten muß mit — nicht wie Sie sagen: „meiner unfehlbaren Gewiß=
heit", sondern — der mir von Gott geschenkten Gewißheit der unfehl=
baren Worte Christi an den Lehren seiner und nicht an dem Lug= und
Trugwerk Ihrer Unfehlbarkeit. Begreifen Ew. Hochwürden doch, daß
man wohl um diesen Glauben für einen Dritten Gebete zum Himmel
senden kann, daß man aber nicht beten darf, es möge Jemand diese Sätze
verrathen und vergessen und Ihre Schätze des Unwissen= und Unchristen=
thums gegen die ursprüngliche geoffenbarte Wahrheit eintauschen!

Im Beginn des Jahrhunderts frug ein Gelehrter, wie man im Ent=
wurfe des geplanten Strafcodex als Unterart des Mordes das „Todt=
beten eines Feindes" bestrafen solle. Erkennen Ew. Hochwürden denn

nicht, daß das Todtbeten des geistigen, gläubigen und religiösen Menschen mit viel schwerwiegenderem Caliber unter jene Mordkategorie fallen muß? Ihr Gebet für meinen Glauben, für das Opfer des Intellektes zum Zwecke des Papstrespektes, würde bei einem minder fanatischen oder einem mehr unterrichteten Priester mindestens ein sacrilegischer Frevel genannt werden müssen! Ihnen wird Einiges von dem Vielen verziehen, weil Sie zu diesem Vielen nicht berufen und nicht von Gott gewürdigt waren. Aber es wird Ihnen alles Übrige zugegeben werden, so Sie das Reich Gottes suchen werden. Und Sie suchen es unbewußt, Sie finden es ungewollt! Dazu mögte ich mich und auch Sie an Etwas erinnern.

Als ich ein Knabe war, hatte einmal mein Ihnen schon bezeichneter Religionslehrer eine Erwägung über die Früchte des Gebetes auszusprechen Gelegenheit. Ich habe dieselbe in meine Zeit der greisen Haare herübergetragen. Es fragte nämlich ein Schüler, wozu das Gebet für Jemanden, der längst verstorben und vielleicht längst in der Hölle ist. Und unser Religionsgelehrter unterrichtete uns: „Und wenn er auch nicht in der Hölle, sondern in der Vereinigung mit Gott im Himmel ist, so ist das Gebet nicht verloren; Gott wird es einem Andern zuwenden, der noch aus der Finsterniß zum Lichte der ewigen Glorie aufgenommen werden soll."

Daß ich das von der Knabenzeit her bis hierhin in mir getragen und geborgen habe, wird Ihren Gebetsmuth für meine Gläubigkeit, sofern Sie an derselben noch immer zweifeln wollen, vielleicht etwas herabstimmen. Aber meinen Muth für die Früchte Ihres eigenen Gebetes hat es erhöht: Ihr Gebet wird Eigenlohn bringen. Da Ihnen Gott in seiner Barmherzigkeit Ihr Abbeten meines Glaubens nicht anrechnen wird und da ich Ihnen dasselbe wie alles Weitere, das Sie mir zu meiner arbeitsamen Freude aufgelegt haben, nicht anrechnen mag, so bleibt es in meine Hoffnung tief eingesenkt, daß Sie für sich selbst gebetet haben. Und das noch aus einem ferneren Grunde! Denn werden nicht alle Papstsünder, insbesondere ein Gregor, Urban und Pius drüben zu erbitten suchen, daß deren und Ihre kirchlichen Delicte nun hüben zum Heile der Kirche von Gott umgelenkt werden? Also werden Sie, wie bisher an mit dem unbewußten Selbstspott die Vernichtung Ihrer eigenen Sache, so mit Ihren ungewollten Selbstbitten Ihre eigene Umkehr erwirken helfen. Ihre Gebete für mich und Ihre Seufzer gegen den ketzerischen Altkatholicismus werden zur Erhörung für Sie, sicher auch zur Erhöhung des rechtgläubigen Christenthums Früchte bringen! Während die Öffentlichkeit verkündet, solcher Starrsinn der Ignoranz müßte noch ins zwanzigste

Jahrhundert leben, um in finnlosen Kezereien und verwegenem Aberglauben sich überwindend die cloaca maxima zu reinigen und die römische Kirchen=partei zu ruiniren, darf ich Ihnen den offenen Wunsch aussprechen: Oh, daß durch Ihr Opfer für mich Sie selbst errettet würden aus Ihrer Opferung des Verstandes für den falschen Gott in Rom und Sie aus der schwarzen Versenkung durch die violetten Schatten hindurch zum Lichte der echten Gottheit und ihrer Offenbarung geleitet würden! In diesem Sinne widme ich Ew. Hochwürden meinen von Ihnen anerkannten Fleiß und empfehle Sie in die heilsame Erhörung Ihrer eigenen Bitte: Jesu, fili David, miserere mei, Domine, fac ut videam! Jesu, Sohn Davids, erbarme Dich meiner, Herr, mache daß ich sehe! daß ich Deine Stimme erkenne und ihr mit Fleiß nachhorche, um auch die zu Dir führen zu können, die ich in Verblendung nach dem römischen Götzenbilde hingeleitet habe, die aus der einen katho=lischen Kirche in die nicht mehr katholische Abfallkirche, aus der heiligen Kirche Christi in die unheilige eines „heiligen Vaters", aus der apostolischen in die jesuitische Papstkirche verlockt worden sind, — indeß ich für mich Ihr Wort festhalte, da Sie selbst mich ja als den Mann bezeichnet haben, zu dem der Heiland gesprochen: Fides te salvum fecit; Dein Glaube hat Dich heil gemacht.

Gegeben

an der Stelle Ihres verunglückten Bekehrungsanfluges

am

Feste der Kreuzerhöhung

1895.

# Namen-Verzeichniß.

Druck von Pöschel & Trepte in Leipzig.